U0729490

Weiguang

王伟光自选集

WANGWEIGUANG ZIXUANJI

学习 理论文库

学习出版社

王伟光

　　王伟光，1950年生于辽宁省丹东市，祖籍山东省海阳市。哲学博士、博士研究生导师、教授。现任中共中央党校副校长，中国马克思主义研究基金会理事长。中国共产党第十六次全国代表大会代表、第十届全国人大代表、全国人大法律委员会委员。中国马克思主义哲学史学会副会长、邓小平理论研究会会长。马克思主义理论研究和建设工程首席专家。马克思主义一级学科和哲学一级学科学术带头人。1987年荣获国务院颁发的"国家有突出贡献的博士学位获得者"荣誉称号。享受政府特殊津贴。

　　长期从事马克思主义理论和哲学，以及社会主义改革开放和现代化建设中重大理论与现实问题的研究。在研究马克思主义中国化问题、利益问题、社会主义社会矛盾和发展动力问题、人民内部矛盾问题等方面，有所创新。主持多项国家哲学社会科学基金项目。出版学术专著20余部，主要有：《社会主义矛盾、动力和改革》、《社会生活方式论》、《政治体制改革论纲》、《控制论、信息论、系统科学和哲学》、《经济利益、政治秩序和社会稳定》、《利益论》、《创新论》、《"三个代表"重要思想研究》、《科学发展观的研究与实践》、《社会主义和谐社会的理论与实践》、《建设社会主义新农村的理论与实践》、《效率、公平、和谐》。即将出版的学术专著主要有《马克思主义利益论》等。主编主要有《马克思主义基本问题》、《"三个代表"重要思想概论》、《社会主义通史》（八卷本）。译著主要有《历史与阶级意识》、《西方政治思想概论》。在《人民日报》、《光明日报》、《求是》等国家级报刊杂志上发表论文300余篇。许多论文为《新华文摘》转载。

序　言

为了使读者了解我的《自选集》诸篇文章的撰写背景，简略地向读者推介一下我的理论工作者生涯。

一

我的理论工作者生涯大体可以分为四个时间段。

第一个时间段是从 1984 年到 1990 年。我所从事的主要理论工作是结合重大现实问题，从事马克思主义和马克思主义哲学的教学和研究。我是 1984 年研究生毕业，在中央党校哲学教研室任教。先后担任讲师、副教授、教授，硕士研究生指导教师、博士研究生指导教师，历史唯物主义教研组组长，马克思主义哲学原理教研室主任。主要承担中央党校主体班次的马克思主义哲学和我国改革开放和现代化建设当中的重大理论和现实问题的教学任务。如，讲授马克思主义哲学原理、新时期人民内部矛盾问题、中国特色社会主义理论、党的思想路线和基本路线、社会主义改革开放等课程。在教学活动和亲身感受的现实生活中，我对社会主义改革开放和现代化建设的一系列重大现实问题产生了浓厚的研究兴趣，曾先后作过农村改革、城市改革、国企改革、机构改革、政治体制改革、社会矛盾和问题等方面的调研。对社会主义社会矛盾和发展动力、社会主义商品经济及其运行、新时期人民内部矛盾、政治体制和行政机构改革、社会主义民主和法制建设、社会主义意识形态、社会主义发展规律等问题进行了较为认真的研究。在较为广泛的调查与研究的基础上，我对一些重大理论问题展开了较为深入的探索。比如，中国特色社会主义理论、社会主义商品经济理论、社会形态和社会形态演变规律理论、社会主义社会矛盾和发展动力理论、正确处理人民内部矛盾理论。同时对马克思主义哲学理论问题，如社会矛盾论、社会动力论、社会利益论、社会价值论、社会意识论、人的本质论、人的主体性研究等都进行了认真的思考。我曾经著文参与了当时理论界的人道主义问题的讨论、主体性问题的讨论、社会形态和社会形态演变规律问题的讨论。在这期间，我与他人合作翻译了《西方政治思想史概论》、《历史与阶级意识》等国外学术和理论专著。著述了《社会主义社会矛盾和发展动力》、《社会主义矛盾和改革》、《社会利益论》、《社会生活方式论》、《政治体制改革论纲》、《经济利益·政治秩序·社会稳定》等著作。与他人合作主编《自然、社会、科学的辩证法》。

第二个时间段是从 1991 年到 1992 年。这个时间段比较短，仅仅一年多的时间。我到地方任职锻炼，更多地接触实际工作，实际地而不是空洞地思考和研究一些重大理论与现实问题。在河北省秦皇岛市担任市委常委、副书记。曾在秦皇岛市海港区区委工作过。在市委分管过工青妇群众团体、企业工委、对外开放、农村、党建、宣传等工作。在工作实践中，我力图从理论与实践相结合的角度，深入思考了一些实际问题和理论问题，如党的建设问题，国有企业改革问题，农村、农民、农业问题，中国社会主义的前途和命运问题等。

第三个时间段是从 1992 年到 1996 年。除大部分时间从事教学行政管理工作外，我集中精力探索了中国特色社会主义建设的某些重大理论和现实问题。先后担任中央党校哲学部副主任、教务部常务副主任、教务部主任。1994 年任校委委员，参与中央党校的集体领导。对于干部教育规律和党校教育规律作了初步地探讨，撰写了一些关于党校教育规律研究的论文。积极推进教学改革和规范化、制度化和科学化的教学管理，努力推进党校教学新体系和教材新体系的建设。在担任繁忙的教学行政工作之余，着力研究邓小平理论、中国特色社会主义发展规律，以及社会主义改革开放中的一些重大理论问题和现实问题，如"什么是社会主义，怎样建设社会主义"问题，中国特色社会主义现代化建设问题，新时期人民内部利益关系和利益矛盾问题，新时期中国社会各阶级、阶层和利益群体的变化问题，社会主义市场经济体制改革问题，邓小平理论和邓小平哲学思想问题，马克思主义哲学的前沿问题等。主要著述有《利益论》、《创新论》。参与编写了《马克思主义著作选读》、《马克思主义哲学著作选读》、《邓小平理论辅导》等教材。

第四个时间段是 1996 年至今。在这个时间段，我的工作任务发生重大变化，从主要从事理论和教学工作，转变为主要从事行政后勤管理工作。除了担任繁杂的行政事务外，我的理论工作主要集中在关于中国特色社会主义理论与实践和马克思主义中国化理论形态的研究上。1996 年任中央党校副秘书长、1998 年 2 月任副校长，主要分管行政管理、后勤保障、校园基本建设、信息化建设、地方党校指导、外事工作等。从 2000 年开始，协助常务副校长处理党校的日常事务。在校委领导下，我担负比较繁杂的行政管理和后勤保障工作。努力推进党校后勤社会化改革，逐步建立适应市场经济要求、具有党校特色的"服务社会化、管理科学化、保障现代化"的后勤保障体系；积极推进党校行政管理工作的"规范化、制度化和科学化"建设，逐步建立有效的党校行政管理运转体系；大力推进全国党校远程教学工程、中央党校数字图书馆工程、校园网络工程和农远中心资源库工程建设，开拓中央党校信息化建设的新局面；主持推进校园规划与基本建设，使中央党校校园面貌发生了很大改观，使学员和工作人员的学习、工作和生活条件发生了很大变化。

在处理繁杂的行政事务之余，我始终没有忘记作为一名马克思主义理论工作者的责任。特别是进入 21 世纪，更多地参与了教研工作和理论工作，参加了"三基本、五当代"教材建设工作，参与并主持编写了《马克思主义基本问题》、《"三个代表"重要思想概论》、《科学发展观研究》等教材；主持了多项国家重大科研项目，如社会主义初级阶段的利益关系研究、中国特色社会主义发展道路研究、科学发展观和构建社会主义和谐社会研究、马克思主义中国化的最新成果研究、中国当前社会各阶级、阶层和利益群体变化研究、新时期人民内部矛盾和利益矛盾研究、加强和改进党的建设和党的领导研究、建设社会主义新农村研究等；担任马克思主义理论研究和建设工程首席专家、主持马克思主义基本观点若干专题研究。在"什么是社会主义、怎样建设社会主义"问题上提出了自己独特的见解，主持编写了《社会主义通史》八卷本。著述了《科学发展观的研究与实践》、《构建社会主义和谐社会的理论与实践》、《建设社会主义新农村的理论与实践》、《效率、公平、和谐》、

《"三个代表"重要思想研究》、《党校工作规律研究》等专著。从1997年开始一直担任中央在中央党校举办的省部级专题研讨班领导小组成员并兼办公室主任工作。十六大以来，先后参与过学习"三个代表"重要思想、树立和落实科学发展观、构建社会主义和谐社会、建设社会主义新农村等重要班次的具体办班工作和担任讲课任务。多年来，一直担任中央党校主体班班次的讲课任务，先后担任过正确处理人民内部矛盾、中国特色社会主义基本理论和实践、构建社会主义和谐社会、全面落实科学发展观、邓小平哲学思想研究、党的思想路线和基本路线等授课任务。主持马克思主义一级学科、哲学一级学科建设工作。主持马克思主义研究基金会工作，努力做大做强做活做好马克思主义研究基金会，建立中央党校"教学科研"、"学科建设"、"人才强校""三项基金"，推动对教学科研、学科建设和人才强校"三大工程"的支持力度。

二

理论来自于实践，哲学的生命力源于现实生活。从事马克思主义理论研究，必须紧密结合重大现实问题开展研究，这是马克思主义理论工作者作出成绩的正确出路。集自己从事理论工作多年的体会，我认为，从事马克思主义理论工作，最重要的就是要解决好学风问题，理论联系实际，努力做到以现实生活中的重大实际问题为中心，开展马克思主义宣传和研究。

在这里，我摘引 1994 年第一期《哲学动态》对我的一次《访谈录》，题目是"现实的哲学必须研究现实的矛盾"。该《访谈录》反映了我对马克思主义理论研究的体会。

问：听说您一直致力于现实问题的哲学研究，尤其对社会主义初级阶段的社会矛盾问题有一定造诣。那么，您为什么要选择这样的研究方向？您已经开展了哪些方面的研究？

答：说我有志于现实问题的哲学研究，这倒是真的，但"造诣"却谈不上。

我之所以选择现实问题的哲学研究，是基于这样两个方面的考虑。其一，哲学应当面对现实，只有回答现实提出的重大问题，它才有生命力，也只有从现实生活中捕捉出重大课题，加以深入的开拓研究，才能真正地发展哲学。黑格尔曾从唯心主义观点出发，揭示了哲学和时代的关系，他说："哲学的任务在于理解存在的东西，因为存在的东西就是理性，就个人来说，每个人都是他那时代的产儿。哲学也是这样，它是被把握在思想中的它的时代。"哲学的生命力在于它是时代精神的概括，现实的哲学就是时代的哲学。时代哲学是时代矛盾的理论结晶，任何社会历史的哲学命题，都是针对该时代矛盾的尖锐化而提出来的。对该时代矛盾的正确认识和科学抽象，正是对该时代特征、规律的把握，也就是该时代的时代精神——时代哲学。资本主义自由竞争时代所特有的矛盾是唯物史观产生的客观条件，唯物史观主要就是在对资本主义内在矛盾的理论概括和科学说明基础上形成的时代哲学。我国现实的社会主义正处于其发展的初级阶段，它在发展过程中存在着一系列的社会矛盾。因此，发现和认识我国社会主义初级阶段社会矛盾的新特点，揭示我国社会矛盾和矛盾动力作用的客观规律，正是马克思主义哲学在中国所面临的重大的时代哲学课题。

其二，社会主义在中国及别国所走过的曲折历程，尤其是它在苏东所遭受的重大挫折，也充分说明了正确认识社会主义初级阶段的社会矛盾之必要。

关于我近几年结合现实生活提出的重大问题所进行的理论探讨和研究，主要有以下一些课题：社会形态理论及社会形态演变规律，社会主义初级阶段的利益群体和利益矛盾，社会主义初级阶段的基本矛盾、主要矛盾，人民内部矛盾和社会主义的发展动力，社会主义初级阶段的意识形态等。

问：您是否认为，回答了社会主义初级阶段的社会矛盾问题，也就为建设有中国特色的社会主义理论提供了哲学基础？

答：是的，在我们这样的大国实现社会主义的现代化，谈何容易！从主观上看，恐怕必须要解决好对中国社会发展规律的认识。毛泽东同志指出："辩证法的宇宙观，主要地就是教导人们要善于去观察和分析各种事物的矛盾的运动，并根据这种分析，指出解决矛盾的方法。"[①] 认识事物规律，就是认识事物内在矛盾的特殊性；认识中国社会主义现阶段的国情，就是认识它的内在矛盾的特殊性。只有深刻认识社会主义现阶段社会矛盾的特殊性，才能认清中国社会现阶段的社会本质，认清有中国特色的社会主义的发展规律。

问：认清了中国社会主义现阶段的国情、本质，把握有中国特色的社会主义发展的内在规律，也就可以制定指导我国社会主义现代化建设的正确的路线、方针、政策和措施了。

答：是这样的。正是从这个角度讲，对我国社会主义初级阶段社会矛盾的科学认识，为建设有中国特色社会主义理论提供了一定的哲学依据。新中国成立40多年来的实践表明，每当党和国家的领导对社会矛盾的判断和处理失误，就会严重影响社会主义民主和法制的建设，就会给社会主义中国带来不应有的损失。社会矛盾是一个复杂的系统，只有正确处理我国社会存在的各类矛盾，才能按照我国现阶段社会矛盾的客观规律，建立起能够

---

① 《毛泽东选集》第1卷，人民出版社1991年版，第304页。

有效地调节社会矛盾的民主体制和法制体制，保证有中国特色的社会主义协调发展。

问：通过您的介绍，我体会您的基本观点是，哲学研究必须紧密结合实际，分析现实矛盾，回答从现实中提炼出来的重大课题，这就是哲学面临的现实任务。

答：您理解得很对。哲学只有说明现实才有生命力，只有揭示时代矛盾才有理论上的彻底性。哲学要具有生命力，在理论上必须有现实感和时代感。哲学一定要从现实中提炼问题，才能升华，才能发展。而且，哲学所概括的问题必须是该时代的重大课题，是时代矛盾的集中反映。就马克思主义的历史唯物主义来说，要发展，就要解决三个层次的问题：一是善于概括历史唯物主义的基础理论，如社会发展规律论，社会矛盾论，社会动力论，社会利益论，社会价值论等；二是善于回答时代和现实提出的重大理论问题，如社会主义发展的规律问题，社会主义改革问题，人民内部矛盾问题等等；三是善于解决当前历史唯物主义研究中的难点、热点问题。做好这三个层次的概括，才能从时代高度发展马克思主义的历史唯物主义。

上面摘引的这段《访谈录》，时至今日，仍然体现我从事马克思主义理论工作的主要感受和深切体会。

三

我的《自选集》正是按照《访谈录》中谈到的思路

和想法编辑的，大体反映了我从事理论工作四个时间段的概况。第一部分是关于马克思主义哲学理论。第二部分是关于马克思主义中国化。第三部分是关于重大现实问题研究。每一部分我都按照时间顺序排列，大体反映了我从事马克思主义理论工作的进程，反映了我的理论研究成果。为了尊重历史，除了作个别文字修正和篇幅删减，对于基本观点和主要内容，我都没有作改动。如有不对的地方，也是囿于当时的认识，请理论界同行和读者们提出批评意见。

　　感谢我的学生马军显为本书的编辑出版付出的辛勤劳动。

王伟光

2007 年 1 月于中央党校校园

目　录

关于马克思主义哲学理论

关于马克思主义中国化

关于重大现实问题

关于马克思主义哲学理论

GUANYU MAKESI ZHUYI

ZHEXUE LILUN

飞向"自由王国"*

　　我国古代大思想家孟轲讲过一个宋国人"拔苗助长"的故事。后来，唐朝诗人陆龟蒙在一首诗里评论这个故事说："孟子讥宋人，非其揠苗蹶。"意思是说：孟子讲这个故事，是讽刺那些违反客观规律，凭主观想象办事的蠢人。

　　我国古代有一本书叫《吕氏春秋》，书里讲了一个楚国人"刻舟求剑"的故事。这个寓言故事也是讽刺那些不顾事物的发展变化，一味按老章程办事的蠢人。

　　上面两个寓言故事，大概人人都听过，而且听了一定会捧腹大笑。不过，笑完以后，应该想一想，我们自己比那宋国人、楚国人高明吗？当然，现在不会有人再去拔苗助长、刻舟求剑了，但是，类似那样的主观蛮干、脱离实际、违反客观规律的蠢事，仍然多得很。认真检查起来，我们每个人都可以从自己身上找到几个例子。正因为人们

＊ 本文发表于《社会科学世界漫游》，中国少年儿童出版社1986年版。

还在不断地犯主观和客观相脱离的错误，所以这两个故事直到今天还很有教育意义。故事虽然简单，却包含着非常深刻的哲理。而所谓哲理，也就是哲学的道理。

哲学是一门古老的学问。"哲学"这个词最早来源于古希腊文。在古希腊，"哲学"是由"爱"和"智慧"两个字组成的，意思是"爱智慧"。中国的古书常教导人们要"明哲"、"通理"，就是要求人们明白、通晓事物的内在道理，按照事物的发展规律去办事。从古老的词义上来理解，哲学是使人变聪明的学问。因此，在古希腊，人们把哲学家尊称为"哲人"，"智者"，意思是最聪明的人。在我国古代，人们把哲学家看做先知先觉的圣人。

更明确地说，哲学是一门关于世界观的学问，是人们对世界的总看法，总观点。比如，世界的本质是什么，是物质还是精神，世界的状态是什么样的，是运动变化的，还是静止不动的；万事万物是按照什么规律运动发展的，人类社会的本质是什么，是社会存在决定社会意识，还是社会意识决定社会存在，怎样认识阶级、政党、国家、家庭；怎样解释社会历史，怎样对待人生等等。总而言之，哲学所研究的，都是关于自然界、人类社会和人的思维活动的带根本性的规律。

早在原始社会，人们在生产斗争中就开始萌发了最初的哲学思想。那时，人们在实践中，感觉到外界事物是不依赖人的精神而存在的，这就形成了朴素的唯物主义思想萌芽。唯物主义认为，物质是第一性的，精神是第二性的，物质决定精神。同时，由于原始社会生产力很落后，人们的眼界很狭隘，对许多事物，许多现象不理解，解释不了，以为有一个神秘的力量在主宰着世界，这样，就产生了唯心主义的思想萌芽。唯心主义认为，精神是第一性的，物质是第二性的，精神决定物质。后来，进入阶级社会，一些思想家把人类朴素的唯物主义观点系统化、理论化，形成了唯物主义哲学。唯心主义哲学也是在阶级社会中形成的。由于剥削阶级脱离体力劳动，远离生产实践，容易夸大精神的作用，所以一些剥削阶级思想家比较多地发展了唯心主义哲学。唯物主义哲学和唯心主义哲学的斗争，贯穿在整个哲学发展的历史中。在哲学发展史中，还交织着辩证法和形而上学的斗争。辩证法认为，世界是发展的、变化的，处于矛盾运动过程当中，应当用发展的观点、矛盾的观点来看待分析世界上的一切事物。形而上学认为，世界是静止的、固定的，它是用静止的观点来看待分析世界上的一切事物。在 19 世纪的德国，出了一个大哲学家黑格尔，他发展了辩证法这个哲学理论。然而，他的辩证法却和唯心主义结合在一起。黑格尔的辩证法思想，对马克思主义哲学的形成产生了很大的影响，马克思吸取了黑格尔哲学的合理成分，以及人类历史上一切优秀的哲学思想，创立了目前世界上最先进的哲学体系——辩证唯物主义和历史唯物主义。

哲学是一个大的学科，它的研究内容有辩证唯物主义、历史唯物主义、自然辩证法、中国哲学史、西方哲学史、马克思主义哲学史等。它还包括逻辑学、伦理学、美学等分支学科。

过去，人们常常把哲学看成神秘的、高不可攀的学问。如今，这种神秘感逐渐被打破了。人们通过实践懂得了：哲学就在我们身边，人人都可以掌握它。哲学并不能解决某门学科、某项工作中的具体问题，但是无论你学什么、做什么，都离不开哲学。因为，哲学可以从根本上提高人们认识世界和改造世界的能力，使人们走出"必然王国"，进入"自由王国"。当人们对客观规律还不了解的时候，他只能不自觉地、被动地受客观规律的支配，而不能有所作为，就是说，他还处在受自然规律支配的"必然王国"里。比如，当人们还不了解水的规律时，他会因为看到水淹死了人，而对水产生惧怕心理，不敢接近水，当人们在实践中逐渐认识了水，熟悉了"水性"，也就能利用水的规律，在水里自由自在地游泳，还能利用水来灌溉田地，开辟航运，兴办水利工程，发展养殖业等等。人征服了水，成了水的主人，他也就从"必然王国"进入了"自由王国"。

比起古人来，今天人类认识世界、改造世界的能力已经大大地提高了。但是，在我们的面前还有许多"必然王国"需要去克服。让我们插上哲学的翅膀，不断地从"必然王国"飞向"自由王国"吧！

马克思论人的本质及其
科学世界观的形成[*]

马克思关于人的本质的认识，在他确立科学世界观的过程中占有很重要的位置。他关于人的本质的认识与他确立新世界观的进展状况是密切相联的，与他的科学世界观的形成大体是一致的。随着完成向唯物主义和共产主义的转变，马克思关于人的本质的认识逐渐达到成熟程度。《关于费尔巴哈的提纲》（以下简称《提纲》）是马克思新世界观形成过程中的重要里程碑，在《提纲》中，他对人的本质也作出了经典的表述。《德意志意识形态》（以下简称《形态》）是马克思恩格斯共同完成创立新世界观历史任务的标志，在其中他们对人的本质作了全面的科学的阐发。

我们暂且把马克思科学世界观的形成划分为四个时

---

* 本文是作者硕士论文的一部分，发表于《马克思主义研究》（丛刊）1985 年第3 期。

期：一、马克思确立新世界观的初期——柏林大学时期至《莱茵报》时期。此间，马克思接受了黑格尔哲学的影响并参加了青年黑格尔运动，在政治态度上他持有资产阶级民主主义的观点。在《莱茵报》期间，马克思开始了向唯物主义和共产主义的转变。二、实现由唯心主义向唯物主义，由民主主义向共产主义的转变时期——《黑格尔法哲学批判》至《德法年鉴》时期。此间，《黑尔格法哲学批判》一书标志着马克思明确转到了哲学唯物主义立场，《德法年鉴》的文章则表明他已转向共产主义。马克思由黑格尔唯心主义理性基点转到了唯物主义"市民社会"基点上，认识到具体的社会生活决定人的具体社会特性。三、开始从事系统的经济学研究，为创立唯物史观直接做准备的时期——《1844 年经济学哲学手稿》（以下简称《手稿》）时期。此间，马克思以认真的经济学研究为基础，初步阐发了新世界观的基本特征和内容，为马克思主义科学世界观的形成做了重要的思想理论准备。马克思提出人的本质是真正的社会联系，是劳动，是真正的共同体三个相互关联的命题，已接近于科学的人的本质观。四、唯物史观的确立时期——从《神圣家族》开始，经过《提纲》到《形态》，马克思最终确立了历史唯物主义的科学世界观，他和恩格斯共同完成了创立唯物史观的伟大历史任务。马克思对人的本质作出了经典论述，从一定的社会生产活动及其生产关系出发来说明人的本质，创立了科学的人的本质观。下面我们依据马克思世界观的发展过程，来具体探究马克思关于人的本质的认识的形成过程。

一、马克思确立新世界观的初期
对人的本质的认识

　　早在中学时期，马克思在法国启蒙主义的影响下，就已经树立了为人类幸福献身的崇高志向。在大学求学期间，他开始致力于确立新世界观的探索。在柏林大学就学时他接受了黑格尔哲学的影响，并参加了青年黑格尔派运动。马克思的博士论文《德谟克利特的自然哲学和伊壁鸠鲁的自然哲学的差别》（以下简称《博士论文》）表明他已经站到了反对封建专制的革命民主主义的立场上。当时，马克思的哲学观点比较接近青年黑格尔派鲍威尔的"自我意识"哲学。马克思在确立新世界观的初期对人的本质的认识，同他当时的思想倾向是一致的。

　　在1841年的《博士论文》中，马克思站在黑格尔唯心主义哲学的立场上，第一次对人的本质问题作了表述，他说："对神的存在的证明不外是对人的本质的自我意识存在的证明。"① 在这里，马克思本意是驳斥关于上帝存在的本体论证明法，通过对有神论的批判，马克思引出了对人的本质的看法。他指出，上帝存在的本体论证明，实际上只是证明了人们关于上帝的观念的存在。上帝是什么，无非是人们对自身本质的虚假认识，是人类的一种自我意识。因此，证明神存在，恰恰证明人具有自我意识的

---

① 《马克思恩格斯全集》第40卷，人民出版社1982年版，第285页。

能力，证明人的本质是自我意识。人的本质是自我意识，这是马克思关于人的本质的最初看法。

马克思研究了古希腊晚期的自我意识哲学，吸收了德国古典哲学关于自我意识概念的一些合理成分，注意克服青年黑格尔派关于自我意识概念的主观唯心主义倾向，赋予自我意识三个新的含义，并以此来规定人的本质。

（一）自我意识体现了人类在同外部世界的相互关系中的主观能动性

在《博士论文》中，马克思批判伊壁鸠鲁哲学片面强调自我意识、绝对自由的错误倾向，同时也注意到伊壁鸠鲁哲学关于人的意识能动性的合理因素。马克思认为，哲学自我意识是"本身自由的理论精神"①，它会不断地发展，不断地进取。这样一来，哲学自我意识就会把自身从旧哲学的束缚中解放出来，冲出旧哲学的牢笼，转而面向理论精神之外的世俗现实，变成实践的力量，成为"转向外部的吞噬性的火焰"②，成为改造世界的能动的力量。马克思站在黑格尔唯心主义哲学的基础上，以自我意识来规定人的本质，强调了人在历史活动中的主观能动性。

（二）自我意识不是脱离客观环境的绝对自由的意志，而是受一定前提条件制约的主观精神

马克思既没有像青年黑格尔派鲍威尔那样，把历史发

---

① 《马克思恩格斯全集》第40卷，人民出版社1982年版，第258页。
② 《马克思恩格斯全集》第40卷，人民出版社1982年版，第258页。

展归之于纯粹主观的自我意识，也没有像黑格尔那样，把历史看成纯客观精神的外化过程。同时他注意到机械唯物主义忽略人的历史主动性的缺陷。他把历史发展概括为人的主观能动性同外部世界相互作用的过程，强调了人的主观能动性对客观外界的改造能力。在《博士论文》中，马克思批驳了伊壁鸠鲁哲学宣扬绝对意志自由的倾向。马克思认为，必须从人与环境的相互作用的角度来考察人的自由，把人与环境割裂开来虽然可以达到抽象的精神自由，却使人丧失了通过环境来认识和改造世界的可能性。人的自我意识不是脱离一定条件的绝对的意志自由，脱离一定条件的意志自由不过是抽象的自我意识的幻想，把自我意识提升为绝对真理，就会为神秘主义大开方便之门。同时，马克思认为，人也不能脱离人与人的相互联系而存在，脱离人与人相互联系而存在的人不过是单纯的自然产物。马克思说："一个人，只有当同他发生关系的另一个人不是一个不同于他的存在，而他本身，即使还不是精神，也是一个个别的人时，这个人才不再是自然的产物。"① 可见就在这时马克思已经注意从人们的相互联系去研究人的本质。

（三）自我意识不是纯粹的哲学概念，它包含了"自由"的政治意义

德国古典哲学自我意识概念是保守的德国资产阶级政治理想的理论概括。黑格尔仅仅停留在对人的自我意识本

① 《马克思恩格斯全集》第40卷，人民出版社1982年版，第216页。

质作理性的解释上。青年黑格尔派一开始代表了德国资产阶级民主派的要求，但却把德国古典哲学自我意识概念推向极端，把自我意识变成"行动哲学"的唯一的力量，幻想通过宗教批判来改造德国。马克思赋予自我意识以新的内容，并以此规定人的基本特征，赋予人以强烈的革命进取精神和直接的自由民主的本性，它具有反宗教、反封建的革命倾向。

1841 年到 1842 年之交，马克思的思想发生了有决定意义的转折，他开始摆脱青年黑格尔派的影响，投身于现实的政治斗争。1842 年年初，马克思写作的《评普鲁士最近的书报检查令》就是这一转折的标志。1842 年 4 月，马克思开始为《莱茵报》撰稿，同年 10 月担任该报编辑。现实斗争推动马克思开始向着唯物主义和共产主义转变。《莱茵报》时期是马克思确立新世界观的重要时期，与此同时，他关于人的本质的认识也发生了重要的变化。

一方面，由于马克思在这时还没有摆脱黑格尔唯心主义哲学的影响，没有摆脱法国启蒙思想的人本自由的观点的影响，因而他进一步发挥了人的本质是自我意识的基本看法。不过与以往不同，马克思大大发挥了自我意识概念的政治含义，把自我意识延伸为自由理性，并以此为武器，向封建制度展开了猛烈的抨击。马克思认为，人是一种理性的动物，理性的本质就是自由，人作为理性动物是生而自由的。马克思还把自由扩展为人民的自由，并从人民自由出发抨击普鲁士专制制度。他认为，国家是理性的最高体现，国家要成为理性的国家，必须是自由的国家，要求按照自由的原则，建立一个"相互教育的自由人的联合体"，① 来取代压制自由的普鲁士专制制度。

另一方面，在《莱茵报》时期，由于马克思的世界观开始了向唯物主义的转变，所以，他对于人的本质问题的认识，也开始超越唯心主义的观点了。这时，马克思观察问题的着眼点已经开始从抽象的理性转向处于一定客观关系中的现实的人，转向物质利益和经济问题。马克思在分析莱茵省议会辩论中各个等级代表对出版自由的不同态度时，在关于林木盗窃法的辩论以及就摩塞尔地区农民生活状况同官方进行的论战中，马克思觉察到，精神自由并非人的唯一本质，人并不是抽象的人，而是处于具体的、现实客观关系中的人。现实生活中的物质利益推动人的活动，形成不同的等级，支配每一个人的态度。

《在摩塞尔记者的辩护》中，马克思说"在研究国家生活现象时，很容易走入歧途，即忽视各种关系的客观本性，而用当事人的意志来解释一切。但是存在着这样一些关系，这些关系决定私人和个别政权代表者的行动，……只要我们一开始就站在这种客观立场上，我们……会在初看起来似乎只有人在活动的地方看到客观关系的作用。……一定的现象必然由当时存在的关系所引起"。② 马克思在分析摩塞尔农民贫困原因时，通过大量事实

---

① 《马克思恩格斯全集》第1卷，人民出版社1956年版，第118页。
② 《马克思恩格斯全集》第1卷，人民出版社1956年版，第216页。

"揭示出一般关系对当事人意志的巨大影响"①，认为只要证明客观关系对人的行动的决定作用，就可以"为说明问题打下了远远超出任何人的因素范围的基础"。② 这里，马克思体验到：人的行动，国家的社会生活体现了一种"关系的客观本性"，客观关系决定人的行动和意志。人的活动、国家生活受客观关系和等级制度的制约，受物质利益的支配。

同时，马克思还注意到当时德国等级压迫、等级对立的事实。他借助黑格尔的术语，把历史分为自由时期和不自由时期。他认为封建社会是不自由时期，在这个时期，人类社会是一个等级靠另一个等级为生，人受等级关系的制约。由此可见，马克思对人的本质的看法虽然还没有摆脱理性的观点，但他并不是完全抽象地研究人及其本质，而是接近于对社会作阶级的分析，明确研究现实社会中处于不同等级的人。他明确表示要维护社会上备受压迫的贫困群众的利益。总之，马克思已经觉察到，一定的个人处于一定的客观关系中，个别人隶属于一定的等级，人具有客观关系和等级关系的本性。

对马克思确立新世界观的初期关于人的本质的思想的分析表明：马克思关于人的本质是自我意识的结论，内在地包含了可以进一步合理发展的积极成分，内在地包含了自我否定的合理因素。然而，受黑格尔和青年黑格尔派哲

---

① 《马克思恩格斯全集》第 1 卷，人民出版社 1956 年版，第 237 页。
② 《马克思恩格斯全集》第 1 卷，人民出版社 1956 年版，第 216 页。

学影响，借用自我意识这个抽象的属性来规定人的本质，毕竟是一种唯心主义的人的本质观。从黑格尔的理性原则出发说明不了人的本质，从人的自由理性本质出发也解释不了现实问题。必须从黑格尔唯心主义的理性基石转到唯物主义的现实基础上来，才能真正找到说明人的本质，找出解决现实问题的途径。马克思在《莱茵报》时期开始了这个转变，即开始转向用唯物主义的观点来解释人的本质，研究处于一定等级关系中的人，把自己当做劳动人民利益的代言人。

二、马克思实现"两个转变"时期对人的本质的认识

　　1843 年 3 月，《莱茵报》被查封，马克思公开声明退出《莱茵报》编辑部，这标志着马克思唯心主义和革命民主主义发展阶段的基本结束。严酷的斗争现实使马克思深刻地认识到，黑格尔的思辨哲学与现实之间存在着严重的矛盾，必须批判黑格尔哲学的理性原则、国家观和人的本质观。因此，在克罗茨纳赫的短短几个月里，马克思阅读了大量的历史著作，研究了政治制度和市民社会关系以及国家的本质，探索了所有制同阶级结构与政治法律制度的关系，分析了社会发展史尤其是法国大革命以来的历史，探讨了历史发展的一般规律。所有这些新认识推动马克思由怀疑黑格尔唯心主义，到批判黑格尔唯心主义，实现了世界观的"两个转变"。在此过程中，费尔巴哈唯物

主义对马克思思想转变产生了积极影响。马克思世界观的这种新发展，充分体现在《黑格尔法哲学批判》和"克罗茨纳赫笔记"以及发表于《德法年鉴》的文章中。在这个期间，也形成了马克思关于人的本质认识的第二个阶段。

马克思 1843 年夏写作的《黑格尔法哲学批判》，标志着马克思已经转变到哲学唯物主义立场上。马克思在批判黑格尔国家和法哲学的基础上，提出了市民社会是国家和法的基础和前提的重要结论。这是历史唯物主义的发端，是马克思观察说明社会问题的出发点发生转变的契机。

基于上述思想条件，马克思提出了人的本质在于社会特质的看法。马克思在《黑格尔法哲学批判》中说："'特殊的人格'的本质不是人的胡子、血液、抽象的肉体的本性，而是人的社会特质。"① 人作为自然界的高级动物，当然具有自然属性，可是这种自然属性不能说明人与动物的本质差别。人成其为人是因为人具有特殊的社会关系，具有"特殊的人格"。这就清晰地表明，人的本质在于社会性。人们只要联系这一阶段马克思全部思想的变化情况，就不难理解人的本质在于社会特质这一论断的深刻含义。

首先，马克思关于人的本质在于社会特质的思想，与他在《莱茵报》时期，接触到现实的等级的人，意识到

---

① 《马克思恩格斯全集》第 1 卷，人民出版社 1956 年版，第 270 页。

人具有客观关系的本性、等级关系的本性的思想，有着必然的联系。马克思的"社会特质"概念就是关于现实生活赋予人以客观关系本性的思想的进一步概括。

其次，马克思关于人的本质在于社会特质的提法，是从市民社会、从"现实的经验的人"①的唯物主义前提出发而得出的结论。

黑格尔认为：国家是理性的最高表现，家庭、市民社会是国家的概念领域。国家的职能和活动不是同肉体的个人发生联系，而是同个人的普遍的特质发生联系。黑格尔根本颠倒了市民社会、现实的个人同国家的关系。马克思认为，在黑格尔那里，理性成为独立的主体，市民社会、现实的个人同国家的关系变成了理性所具有的想象的内部关系。事实上，现实存在的人、市民社会才是国家的前提。而市民社会是由其成员构成的，市民社会的成员就是现实生活中的人，"市民社会"同"现实的人"是同格概念，市民社会决定国家，同现实的人决定国家归根结底是一致的。据此，马克思进一步认为，国家只是现实的经验的人的实现，现实的经验的人是国家的基础。而黑格尔把国家同现实的个人之间的这种关系颠倒过来，"不是从现实的人引申出国家，反倒是必须从国家引申出现实的人"。② 通过批判黑格尔的国家与法哲学，马克思明确地提出了市民社会（现实的人）决定国家的结论。这个结

---

① 《马克思恩格斯全集》第 1 卷，人民出版社 1956 年版，第 292 页。
② 《马克思恩格斯全集》第 1 卷，人民出版社 1956 年版，第 292 页。

论表明马克思从以理性为出发点的唯心主义立场，转变到了以市民社会中"现实的经验的人"为出发点的唯物主义立场。马克思正是从这个唯物主义基点出发来分析人的本质的，"社会特质"就是生活在市民社会中的人所具有的现实的社会本性。

再次，马克思关于人的本质在于社会特质，不仅是批判黑格尔唯心主义国家观的产物，而且同费尔巴哈"自然的人"的说法也有一定的区别。

马克思关于人的社会特质的提法，确实是在受到费尔巴哈唯物主义的影响之后，批判了黑格尔哲学而得出的结论。然而，马克思从来不是全盘接受费尔巴哈主义，他一直对费尔巴哈哲学持有一定的异议。同时，马克思虽然抛弃了黑格尔国家决定市民社会本来颠倒的思辨原则，却吸收了黑格尔唯心主义历史观中的合理因素。前文曾提到，黑格尔认为国家的职能不同肉体的个人发生联系，只同个人的特质（人的普遍特质）发生联系。黑格尔猜测到，个人通过国家的活动和职能，体现出一种"特殊的人格"，体现出社会的特质。但他却把个人同个人的社会特质对立起来，把人的社会特质绝对化了。

马克思剔除了黑格尔唯心论的糟粕，吸取了其合理的成分。马克思认为，国家的职能和活动离不开个人的活动，个人是国家职能和活动的物质承担者，只有人的肉体才能参与国家的活动，动物则不行，这说明人具有动物所不具有的特殊的社会性质。国家的职能和活动是人的社会特质的存在和活动方式，人"作为国家的成员，作为社会生物的规定，才成为他的人的规定"，"才获得人的意义"。①

马克思还初步认识到劳动对人的社会本质、等级本质形成的作用，他说："个人是否仍旧属于自己的等级，这一部分取决于机缘，一部分取决于本人所从事的劳动等等。"② 尤其重要的是，马克思还进一步指出，被剥夺了一切财产的人们和直接劳动的等级，是市民社会各集团赖以安身和活动的基础。他认识到了劳动等级的直接的具体劳动是现实社会存在和发展的基础。费尔巴哈讲的社会性实际上是一种抽象的自然性。黑格尔把人类社会看成客观理性的外化，把人的社会性归之为理性的产物。马克思的"社会特质"概念虽然还不是建立在生产关系概念基础上的"社会性"概念，然而由于马克思的"社会特质"概念是在唯物主义"市民社会"概念的基点上提出来的，所以它已经超越费尔巴哈、黑格尔的社会性的提法。

1843 年 10 月中旬，马克思迁居巴黎，参加了无产阶级的革命实践。他这时虽然尚未摆脱费尔巴哈哲学人本主义的影响，但实际观察问题的着眼点已经是现实的人——无产阶级和资产阶级及其生存的社会条件。1844 年年初，马克思在《德法年鉴》上发表的《论犹太人问题》和《〈黑格尔法哲学批判〉导言》，从对黑格尔国家和法哲学的批判转入对黑格尔历史哲学的批判，进一步发挥了他在

---

① 《马克思恩格斯全集》第 1 卷，人民出版社 1956 年版，第 345 页。
② 《马克思恩格斯全集》第 1 卷，人民出版社 1956 年版，第 345 页。

《黑格尔法哲学批判》中所确立的唯物主义思想，发挥了关于人的本质的唯物主义的见解。

在《论犹太人问题》中，马克思认为，犹太人的现实本质在市民社会中得到了普遍的、世俗的表现。犹太人所具有的、不同于其他民族的特性，如生意人的本性，不能用犹太教来说明，必须用犹太教产生的现实基础、实际需要、私有制来说明，即用犹太人生活于其中的市民社会来说明。因而，马克思说："在现代社会中，我们都看到现代犹太人的本质不是抽象的本质，而是高度的经验本质。"① "经验本质"，意指犹太人在现实生活中直接表现出来的现实特性。马克思认为，犹太人的本质不是抽象的，而是具体现实的本质，这种现实的本质应当用犹太人生活的社会条件来说明。在《〈黑格尔法哲学批判〉导言》中，马克思则指出："人并不是抽象的栖息在世界以外的东西。人就是人的世界，就是国家，社会。"② 在这篇文章中，马克思注意到现代资本主义社会中无产阶级形成的历史原因，从而指出了无产阶级的社会地位和历史使命。但这篇文章表明，马克思这时关于人的本质的认识，同克罗茨纳赫时期相比还没有发生根本性的变化。这主要是由于马克思在这时尚未进行系统的经济学研究和从经济学理论出发去剖析现实的社会关系。马克思明确说过："对宗教的批判最后归结为人是人的最高本质这样一个学

① 《马克思恩格斯全集》第1卷，人民出版社1956年版，第451页。
② 《马克思恩格斯全集》第1卷，人民出版社1956年版，第452页。

说，从而也归结为这样一条绝对命令：必须推翻那些使人成为受屈辱、被奴役、被遗弃和被蔑视的东西的一切关系。"① 由此表明，从基调上来看，马克思关于人的本质的认识还没有摆脱费尔巴哈人本主义的影响，即他仍然承认"人是人的最高本质"。顺便说明一下，马克思在此论证"人的解放"问题时，还是以"人是人的最高本质"的观点作为理论依据。但是对于"人是人的最高本质"这个命题，马克思已赋予它不同于费尔巴哈的抽象的"人"学的实际内容。这就是说，马克思强调从社会关系出发去把握人的本质，通过根本变革现实的社会关系，去求得人的最高本质的实现。马克思已经认识到，具体的社会生活决定了人的具体的社会本性。

从认识人的自我意识——自由本质到认识人的社会特质——经验本质，这是马克思关于人的本质认识的一次重大进步，《黑格尔法哲学批判》和《德法年鉴》的两篇文章体现了这个进步。这个变化表明：马克思对现实的人及其本质的认识，由唯心主义理性原则的基点转到"市民社会"的基点上。在一定程度上，马克思意识到要从现实社会生活出发去说明人及其本质，认识到人的本质在于社会性，而人的社会性不是抽象的，是具体的、现实的，是受一定社会条件制约的。

---

① 《马克思恩格斯全集》第 1 卷，人民出版社 1956 年版，第 460—461 页。

三、确立唯物史观的重要准备
时期对人的本质的认识

从《黑格尔法哲学批判》到《德法年鉴》期间，马克思对现实的人及其本质，对国家的基础市民社会，对无产阶级的存在及其阶级特点，对"人的解放"的条件的分析，基本上还是通过研究世界历史，分析一般社会问题而引出的一般结论。要对上述问题做出真正科学的说明，还必须克服费尔巴哈的抽象的人的本质观和异化论，还必须从经济学理论去剖析现实社会关系入手。《德法年鉴》停刊后不久，马克思集中时间和精力系统地研究了资产阶级经济学家的著作，在此基础上，马克思首次全面地批判了黑格尔的整个思辨哲学体系，批判了资产阶级经济学和资本主义经济制度。《手稿》集中体现了马克思这个阶段的研究成果，它对马克思唯物史观的形成起到了重要的作用，为马克思主义科学理论体系奠定了雏形。同马克思思想的这一重大转折相一致，马克思对人的本质的认识，也发生了重大变化，由此构成了马克思对人的本质认识的第三阶段。

黑格尔受古典经济学影响，在一定程度上看到了劳动的作用，这对马克思关于人的本质的认识产生了影响。黑格尔肯定并发挥了人的历史能动性，把劳动看成人的能动的创造活动，把劳动过程看成主体和客体的辩证统一过程，从而为正确认识现实的人及其本质提供了一种辩证的思维方法，打开了从现实的人对现实的世界的能动的改造过程，从人们在改造过程中所发生的实践的关系入手，去认识现实的人及其本质的思路。

但是，黑格尔所说的劳动是抽象的精神活动，因此马克思必须批判黑格尔的思辨哲学，赋予劳动具体的社会经济内容。马克思在恩格斯《政治经济学批判大纲》的直接影响下，开始对政治经济学进行系统的研究。在研究中，马克思吸取了亚当·斯密等英国古典经济学家的劳动价值论的合理思想。当然，从整体来看，马克思这时对古典经济学最主要的研究成果——劳动价值论，基本上采取了否定的态度。在古典经济学家来看，构成财富本质的不是某种特殊的劳动，而是一般的劳动，即抽象劳动。马克思受此启示，一方面把劳动看成为物化在不同商品中的特殊种类的劳动；另一方面把劳动看成为生产商品的一般劳动，并且研究了一般劳动在人类发展中的意义，接触到了抽象劳动背后的人与人之间的关系，资本主义的经济关系。同时，马克思还批判了古典经济学家忽视工人阶级利益的阶级局限性。正是由此，马克思对黑格尔的劳动概念加以唯物主义的改造，对人及其本质作了更深入的研究。当然，马克思的"劳动"概念主要还是从古典经济学那里袭用来的，他只是受到黑格尔劳动概念的一定程度的影响。

在此我们顺便指出，在马克思思想变化的这个重要阶段，赫斯对马克思思想转变起到了一定的启发作用。在人的本质问题上，《德法年鉴》的文章早已表明，马克思的认识同赫斯的认识十分接近。赫斯的主要影响是：他认为，人的本质在于人的自由活动，人的本质，人借以同动物区别开来的特殊性恰恰在于他的自由的、不以任何外来的强制为转移的活动。[①] 他反对把人的活动归之于抽象的精神活动，要求创造符合这种本质的社会，认为人的具体的自由活动决定人的生活和思维。他认为，个人的真正本质在于人们的产品交换、贸易和协作，人的一切思想和活动都来源于人的产品交换和共同劳动。[②] 赫斯已经不自觉地探讨了更为根本的经济现象问题，把人、人的本质问题同经济关系问题联系起来。赫斯的合理思想在一定程度上启发了马克思注意从人的生产活动和交换活动方面来认识人及其本质，马克思在批判地吸取前人思想成果的基础上，形成了比较接近于唯物史观的关于人的本质的结论。为了叙述方便，我们暂且把这个时期马克思关于人本质的思想分成两个命题来探讨。

第一个命题：人的本质是真正的社会联系，是劳动。

1844 年上半年，在《詹姆斯·穆勒〈政治经济学原理〉一书摘要》（以下简称《摘要》）中，马克思提出，人的本质是人的真正的社会联系。人们在生产的社会活动中创造了社会联系，从而也就创造了自己的社会本质——真正的社会联系。在《摘要》中，马克思认为，不论是

① 《赫斯哲学和社会主义论文集》（1837—1850）1961 年柏林版，第 228、331页。

② 参见《赫斯哲学和社会主义论文集》（1837—1850）1961 年柏林版，第 228、331 页。

生产本身中人的活动的交换，还是人的产品的交换，其意义都相当于类活动……这里马克思使用的"类活动"一词，是从费尔巴哈那里借用过来的，但实际上它已经具有不同于费尔巴哈"类"概念的内涵。费尔巴哈把人看做是孤立的"人类个体"，所谓"类"是人的不同"种"和"个体"特性的集合，是把个体自然地联系起来的共同性，是"个体"的抽象物，是人的本质。可见，费尔巴哈的"类"、"类活动"没有任何实际的社会内容。

　　而在马克思看来，在生产及其交换的活动中，人们必然发生一定的社会联系，人的本质正是通过这些社会联系而体现出来的。马克思的"类活动"具有社会生产活动、社会联系的实际内容。马克思认为：人不是抽象的概念，而是作为现实的、活生生的、特殊的个人。人的"社会本质不是一种同单个人相对立的抽象的一般的力量"。①马克思举例说明，如果一个人是私有者，也就是说是特殊的占有者，那么他通过自己特殊的占有就证实自己的人格，使自己同他人既相区别又相联系。一个人私人占有工厂、矿山，这就决定这个人是资本家而不是工人。人们在生产活动中所结成的私有性质的联系决定人们相应的现实本质。

　　在《手稿》中，马克思站在唯物主义的立场上，通过经济学的分析，通过具体的社会历史的分析，借用古典经济学的劳动概念，改造了黑格尔唯心主义的劳动观。马

---

　　① 《马克思恩格斯全集》第42卷，人民出版社1979年版，第24页。

克思对人的本质的认识有了重大突破。这个突破是认识到人的劳动实践活动体现了人对客观外界的改造能力,接近于找到既克服旧唯物主义的"直观性",又克服唯心主义"思辨性",从而正确认识人的本质的认识途径。马克思认为:人的劳动是一种有意识、有目的的、自由自觉的活动,根本不同于营造巢穴动物的"直接的"生产,动物是被动地适应自然,而人是有意识地改造自然,劳动是专属人的能动的改造活动。马克思把劳动活动概括为"对象化"过程,"对象化"过程就是人"通过实践创造对象世界"①,创造自身的过程,它是人类最基本的物质生产实践活动。马克思始初的关于人的本质是自我意识的命题,只是从理性原则出发来说明人的主观能动性,说明人的本质。而马克思的人的劳动本质观,则从人类的物质实践活动来说明人类的能动的改造能力,说明人的本质。

第二个突破是马克思初步找到了现实的人及其本质的形成和发展的现实前提。马克思认为劳动是"人的能动的类生活"②,也就是说,是一种社会性质的活动,孤立的个人不可能进行生产劳动,必须通过集体的形式,结成某种"实践的、现实的关系"③。马克思分析异化劳动时指出,通过异化劳动,人生产出他同产品的关系,生产出他同生产物品和生产行为的关系,生产出其他人同他的生

---

① 《马克思恩格斯全集》第42卷,人民出版社1979年版,第96页。
② 《马克思恩格斯全集》第42卷,人民出版社1979年版,第97页。
③ 《马克思恩格斯全集》第42卷,人民出版社1979年版,第99页。

产和他的产品的关系，以及他同这些人的关系，生产出现实的社会。这个看法涉及了生产关系概念的实际内容。在《手稿》中，马克思把劳动活动及其关系看成社会的"经验的基础"①，马克思指出："宗教、家庭、国家、法、道德、科学、艺术等等，都不过是生产的一些特殊的方式，并且受生产的普遍规律的支配。"② 马克思以自己当时所能达到的理论水平，初步表达了他后来在成熟著作中所阐明的唯物史观的基本原理。在《黑格尔法哲学批判》中，马克思把人及其本质的现实前提归之于"市民社会"。在《手稿》中，马克思通过经济学的研究，开始意识到要从人的劳动活动及其关系出发，才能认识现实的人及其本质。

基于上述思想，在《手稿》中，马克思对人的本质有了更进一步的认识：

第一，认识到人是社会的存在物，对人的社会本质认识更深刻了。在《黑格尔法哲学批判》中，马克思关于"社会特质"的概念还是一般历史分析的结论，其内容还是很一般、很贫乏的。在《手稿》中，马克思通过从经济理论上的分析，确立了劳动的现实的社会内容，揭示了人类社会生活的现实基础。人是社会存在物的结论包含了深刻的现实内容。比如，马克思认为，生产按其本质来说是一个社会过程，不可能作为孤立的个人活动而存在，人

---

① 《马克思恩格斯全集》第 42 卷，人民出版社 1979 年版，第 121 页。
② 《马克思恩格斯全集》第 42 卷，人民出版社 1979 年版，第 121 页。

们在生产过程中，同物、同人保持着一定的关系。人是社会存在物，首先包含了人是社会性的生产及其关系的产物的含义。

第二，找到了人与动物最本质的区别——劳动。人与动物的差别很多，然而只有生产劳动才是使人最终脱离动物界的决定因素。马克思关于自我意识的本质规定强调人的主观能动性，但把人的能动活动归之于精神性的活动。劳动的本质规定同样强调了人的主观能动性，然而把人的能动活动归之于物质的实践活动。

第三，注意到人的个体特性，人的本质的历史变化性。马克思认为，人是社会联系的总体性概念，具体个人是人这个总体联系中的个体，它们是现实的、单个的社会存在物。在马克思看来，每个个人具有特殊的个体的社会本质，而每个个体又包含了人作为总体联系物而体现出来的一般本性，人的一般本性同个体特性是统一的。在私有制社会里，人的本质异化了，在改变了的新的历史条件下，在共产主义社会中，人们又"创造着具有人的本质的这种全部丰富性的人"。①

第四，认识到人的自然本性只有通过社会本性才能反映出来。马克思认为，吃、喝、性行为固然也是人的机能，但如果这种机能脱离了人的其他活动，并且成为人的最后和唯一的目的，那么它们不过是抽象的、动物式的机能，人的生理机能只有通过社会机能才能表现为属于人的

---

① 《马克思恩格斯全集》第42卷，人民出版社1979年版，第126页。

机能。

在 1843 年夏，马克思还是一般地谈论社会特质，仅隔数月他已揭示人的社会性的内在原因及其内容规定——人的生产劳动及其发生的社会联系，接近于找到认识人的本质的现实前提。这是马克思关于人的本质认识的又一次重大的转折。

第二个命题：人的本质是人的真正共同体。

1844 年 7 月，马克思在《评"普鲁士人"的"普鲁士国王和社会改革"一文》（以下简称《评文》）中说："人的实质也就是人的真正的共同体。"① 《评文》是《德法年鉴》时期马克思同卢格政治分裂的继续表现。《评文》是 1844 年 7 月撰写，同年 8 月发表的；在 1844 年 6—8 月，马克思在认真研究古典经济学的过程中写作了《手稿》。可见《评文》同《手稿》是互为补充的。马克思关于"人的本质是真正的共同体"，是对人的本质在于真正的社会联系，在于劳动提法的阐发。

在《手稿》中，马克思明确赋予共同体以经济关系的含义，经济共同体被看做为社会的基础性的东西。马克思说，"共同的资本"就是"普遍的资本家的共同体"。② "普遍的资本家的共同体"显然指的是以雇佣劳动制为基础的资本主义生产关系。马克思把这个共同体称之为

---

① 《马克思恩格斯全集》第 1 卷，人民出版社 1956 年版，第 487 页。
② 《马克思恩格斯全集》第 42 卷，人民出版社 1979 年版，第 119 页。

"现实共同体"①，认为它是社会意识的原本。他说："我的普遍意识不过是以现实共同体、社会存在物为生动形式的那个东西的理论形式。"②

在《评文》中，马克思说："所谓的共同体应该理解为政治的共同体，即国家。"③ 1844 年 6 月，德国西里西亚纺织工人起义确实是受国家压迫，离弃了政治共同体，但他们离弃政治共同体是由经济原因决定的。"工人所离开的那个共同体……完全不同于政治共同体。工人自己的劳动迫使他离开的那个共同体就是生活本身，也就是物质生活和精神生活……"④ 马克思把工人本来应当过的物质生活本身称之为共同体。物质生活本身是什么，是工人完全摆脱了雇佣劳动的，自己当家做主的物质生产活动及其关系，是按照这种物质生产活动和关系构成的一定的经济共同体。这个共同体才是"真正的共同体"。工人阶级起义的原因就在于失去了符合工人阶级利益的真正共同体，而受到资产阶级政治共同体的压迫。因此，工人阶级的任务就是建立与工人阶级的阶级本质要求相一致的"真正的共同体"。

马克思关于人的本质是真正共同体的思想，包括两层意思：

第一，得出与《提纲》接近的有关人的本质的定义。

---

① 《马克思恩格斯全集》第 42 卷，人民出版社 1979 年版，第 122 页。
② 《马克思恩格斯全集》第 42 卷，人民出版社 1979 年版，第 122 页。
③ 《马克思恩格斯全集》第 1 卷，人民出版社 1956 年版，第 487 页。
④ 《马克思恩格斯全集》第 1 卷，人民出版社 1956 年版，第 487 页。

根据马克思成熟著作中关于共同体概念的论述来看，共同体首先是经济共同体，是人们为了保持一定的共同经济利益所结成的生产劳动组合形式。人们在生产劳动中结成的经济共同体中的关系是全部人类物质生活和精神生活的基础。费尔巴哈也主张人的本质存在于人与人的共同体中，但他根本看不到人们结成的劳动协作的共同体。赫斯注意到了共同体内部的劳动协作关系。《手稿》时期，马克思通过对经济的研究，明确了共同体的经济关系性质，马克思关于共同体的提法内在地包括了生产关系、社会关系总和的萌芽思想。人们依一定社会经济关系所结成的社会共同体决定了人的社会本质，人的本质是"真正共同体"这个论断，表明要从人们在劳动中结成的一定的协作关系中，从一定的经济关系共同体中寻找人的本质。

第二，以尚不完全成熟的理论形式表达了无产阶级的政治经济要求，表达了对未来共产主义社会的合理看法。从马克思成熟著作的论述来看，在共产主义社会中，人们不仅成为自己的主人，也是社会的主人。人们的社会关系体现了人们的共同利益，成为人们自己的共同的关系。共产主义的真正共同体是在人类高度物质文明和精神文明基础上发展起来的，不同于资本主义经济关系中新型的自由劳动的联合体。《莱茵报》时期，马克思从自由理性原则出发，提出"相互教育的自由人的联合体"的思想，这仅仅是对未来社会的一种猜测。"真正共同体"的思想，则是从批判资本主义古典经济学，批判资本主义经济关系入手而得出的结论，合理的成分大于猜想。

从人的本质是社会特质，到人的本质在于社会联系——劳动——真正的共同体的认识过程表明：马克思对现实人及其本质的认识的出发点，已由现实"市民社会"的基点转到劳动实践及其社会联系的基点上，接近于得出唯物主义历史观的基本思想，接近于得出人的本质就是社会关系总和的科学结论。但是，马克思对上述思想进行阐述时，不得不沿用某些旧哲学的概念，使用某些旧哲学的理论形式来表达新的理论内容，从而也不可避免地带有费尔巴哈的人本主义痕迹。

四、唯物史观确立时期对人的本质的认识

恩格斯认为，关于现实的人及其历史发展的科学，是马克思 1845 年在《神圣家族》中开始的。《神圣家族》是马克思和恩格斯合写的第一部著作，它依据《手稿》中对生产劳动的分析，基本上提出了生产方式是社会发展的决定力量的思想，接近确定生产关系的科学概念，得出人民群众是历史的真正创造者的重要结论。这些重要思想表明，马克思同恩格斯一起已经开始创立唯物史观的科学世界观体系了。正如列宁所说，这一著作"奠定了革命唯物主义的社会主义的基础"。① 但是《神圣家族》还没有对费尔巴哈进行直接的批判，它重点批判的是黑格尔和青年黑格尔派哲学。《提纲》从根本上揭示了费尔巴哈的

---

① 《列宁选集》第 1 卷，人民出版社 1960 年版，第 90 页。

局限性，表述了唯物史观最基本的思想，提出了关于人的本质的科学论断。《形态》则标志着唯物史观的形成。唯物史观的创立彻底解决了对现实的人及其本质的科学认识问题。

马克思之所以能够正确地解决对现实的人及其本质的认识，就在于：他彻底揭露了唯心主义的思辨的认识原则，批判了旧唯物主义的直观的、形而上学的认识方法，奠定了认识现实的人及其本质的马克思主义认识论的基础。他最终明确提出了生产关系的科学思想，正确阐述了现实的人及其本质形成和发展的社会物质条件和物质关系，完成了说明现实人及其本质的新的出发点的根本转变。在《神圣家族》中，马克思继续发展了《手稿》的正确思想，彻底揭露思辨哲学家们的"思辨结构的秘密"，深挖了唯心主义的认识论根源，阐述了从具体到一般的唯物主义认识论的基本原则。在规定人的本质时，思辨哲学家们同样把对人的本质的认识过程根本颠倒了。因此，科学地认识人的本质，首先必须将思辨哲学家头脚倒置的认识路线颠倒过来，按照唯物主义的认识原则来认识人的本质。

《神圣家族》完成了上述工作，明确了必须从现实人生活的基础出发来认识人及其本质。然而，马克思在清算黑格尔、青年黑格尔派的同时，越发认识到费尔巴哈哲学的局限性。在《提纲》中，马克思第一次归纳了他的新世界观的要点，集中批判了费尔巴哈人本主义，揭露了费尔巴哈主义的认识论根源。形而上学的"直观性"，既是费尔巴哈陷入唯心史观泥坑不能自拔的认识论原因，同时也是费尔巴哈错误地规定人的本质的认识论根源。马克思指出："直观的唯物主义，即不是把感性理解为实践活动的唯物主义，至多也只能做到对市民社会的单个人的直观。"① 费尔巴哈把人看做为被动的、单独的直观现象，也就撇开了历史的进程，把人的本质看成为孤立的个人所固有的抽象的属性。"直观性"是不可能洞察复杂的社会现象的。马克思说："社会生活在本质上是实践的。"② 实践是社会的实践，孤立的个人无法进行实践，必须通过人类的社会实践及其关系来给人的本质下定义。马克思主义的实践观，为认识人的本质，认识复杂的社会现象，提供了科学的认识方法。

唯物史观所确定的现实的人及其发展的全部物质前提条件，同时就是说明现实的人及其本质的现实出发点。马克思在解决了关于对人的本质的认识论问题的同时，也逐步解决了对人的本质形成的现实前提条件的认识。费尔巴哈也强调"现实的人"，但是他并没有超越自然关系而进入社会生活，因而他讲的人始终是抽象的人。在《提纲》中，马克思直接针对费尔巴哈抽象的人本主义哲学，明确指出："人的本质不是单个人所固有的抽象物，在其现实性上，它是一切社会关系的总和。"③ 人们的社会关系总

---

① 《马克思恩格斯选集》第1卷，人民出版社1995年版，第60页。
② 《马克思恩格斯选集》第1卷，人民出版社1995年版，第60页。
③ 《马克思恩格斯选集》第1卷，人民出版社1995年版，第60页。

和（首先是生产关系），是现实人及其本质形成和发展的前提，是马克思说明人及其本质的出发点。马克思从根本上克服了费尔巴哈人本主义哲学的抽象的人的本质观。实际上，"社会关系总和"已经包括了"生产关系"的科学内容。

《神圣家族》是唯物史观形成过程中的重要著作，是《手稿》到《提纲》和《形态》的联系环节。在《神圣家族》中，马克思发挥和发展了《手稿》的重要研究成果，进一步找到了现实的人存在的社会物质制约条件。他说："现实的人即生活在现实的实物世界中并受这一世界制约的人。"① 如何理解"现实的实物世界"？马克思认为，历史的发源地就在尘世的粗糙的物质生产中，不认识"某一历史时期的工业和生活本身的直接的生产方式"，② 就不能认识这一历史时期。人们的物质生产"只是在物质本身预先存在的条件下才能进行"③，马克思还认为："实物是为人的存在，是人的实物存在，同时也就是人为他人的存在，是他对他人的人的关系，是人对人的社会关系。"④ 列宁认为，这段话表明马克思已经接近生产关系的科学提法了。由此看来，马克思讲的"现实的实物世界"，就是指人们的物质生产、物质生产制约条件、物质生产方式，这里当然包括物质的生产关系。

---

① 《马克思恩格斯全集》第2卷，人民出版社1957年版，第245页。
② 《马克思恩格斯全集》第2卷，人民出版社1957年版，第191页。
③ 《马克思恩格斯全集》第2卷，人民出版社1957年版，第58页。
④ 《马克思恩格斯全集》第2卷，人民出版社1957年版，第52页。

《提纲》作为马克思新世界观的总结性的文件，必然概括综合了上述思想。当然，《提纲》不同于《神圣家族》，它以纲要的形式明确表述了历史唯物主义的基本思想，大大超过了《神圣家族》。不过《提纲》只是一份供进一步研究的笔记，对于历史唯物主义原理尚未展开详尽的阐述。

《形态》全面阐述了《提纲》所提出来的历史唯物主义的基本思想。它确定了生产关系的科学概念，确定了"社会关系总和"所包含的实际内容，说明了现实人及其本质形成的现实前提，明确指出必须从生产力的发展及由此决定的生产关系出发来说明现实的人及其本质。马克思认为："每个个人和每一代当做现成的东西承受下来的生产力、资金和社会交往形式的总和，是哲学家们想象为'实体'和'人的本质'的东西的现实基础。"① 马克思对现实的人做了明确的规定，他指出，现实的人是从事物质生产活动的人们，他们受自己的生产力的一定发展，以及与这种发展相适应的生产关系的制约。

怎样来把握人的本质呢？马克思接着又指出，"一当人们自己开始生产他们所必需的生活资料的时候……，他们就开始把自己和动物区分开来"。"而生产本身又是以个人之间的交往为前提的。""个人是什么样的，这取决于他们进行生产的物质条件。"② 可见，现实的人及其历

---

① 《马克思恩格斯全集》第3卷，人民出版社1960年版，第43页。
② 《马克思恩格斯全集》第3卷，人民出版社1960年版，第24页。

史发展取决于人们自身的物质生产实践活动，而人们的生产又以人们在生产中的交往关系为前提。既然现实的人及其本质的形成和发展主要取决于生产关系，那么，在生产关系发展的特定阶段，在阶级社会中，阶级关系对人的本质又起着决定性的作用。

马克思在《形态》中指出："……某一阶级的个人所结成的、受他们反对另一个阶级的那种共同利益所制约的社会关系，总是构成这样一种集体，而个人只是作为普通的个人隶属于这个集体，只是由于他们还处在本阶级的生存条件下才隶属于这个集体……""个人隶属于一定阶级……"①可见，在阶级社会中，现实的人及其本质的形成和发展又以现实的阶级关系为前提条件。由此可见，必须从一定的物质生产活动及其生产关系出发才能说明现实的人及其本质，在阶级社会中，还必须从一定的阶级关系出发，才能说明现实的人及其本质。个人隶属于一定的阶级，这是对人的本质是一切社会关系的总和的论述的进一步深化、具体化。

《形态》创立了唯物史观，确定了现实的人及其本质形成的现实前提，从而也就全面深刻地阐述了马克思关于人的本质的科学认识，从根本上克服了旧哲学关于人的本质认识的缺陷。马克思和恩格斯在《形态》中全面制定唯物史观原理的同时，也充实和丰富了"一切社会关系的总和"这一重要论断。归纳起来至少有如下几点：

---

① 《马克思恩格斯全集》第3卷，人民出版社1960年版，第84—85页。

第一，"一切社会关系的总和"规定了人的本质的现实性和具体性，规定了阶级社会中人的阶级性。在不同的历史阶段，"社会关系的总和"具有不同的现实内容，而不同的社会关系总和又决定了人们不同的现实本质。在全部社会关系中，生产关系是最基本的关系，它决定其他一切社会关系。在阶级社会里，生产关系主要表现为阶级关系，因而，人的本质首先是阶级性。在《形态》中，马克思同恩格斯一道，严肃而系统地批判了包括费尔巴哈在内的青年黑格尔派和"真正的社会主义者"关于"人"的抽象议论，指出离开基本的阶级关系去议论阶级社会人的本质，必然陷入唯心史观。

第二，"一切社会关系的总和"还规定了人的本质的历史变化性。社会生产方式不断变化，必将引起人们整个社会关系的变化，这就决定了人的社会本性的不断改变。

第三，"一切社会关系的总和"又规定了人的本质的丰富多样性。"社会关系的总和"是一个综合性的范畴，它包括人类社会各种形式的社会联系和交往关系，因而，人的社会本质就是各种社会关系的规定的具体的、有机的统一、总和。

总之，"人的本质是一切社会关系的总和"，是马克思主义关于人的本质认识的科学结论。它标志着人的本质观的一个伟大变革，同时，它又是马克思主义科学世界观创立的重要标志之一。列宁认为，包括费尔巴哈在内的旧唯物主义主要缺点有三点：第一点是机械的唯物主义；第二点是非历史的、非辩证法的唯物主义；第三点是"抽象地了解'人的本质',而不是把它看做(具体历史条件下一定的)'一切社会关系'的'总和'。"① 马克思同一切旧哲学家在人的本质观上的对立,是两种历史观对立的表现。正确说明人的本质问题是唯物史观创立的重要思想条件之一。人的本质问题的科学解决有助于唯物史观的创立,有助于马克思科学世界观的形成。唯物史观的创立,马克思主义科学世界观的形成,又为正确说明人的本质问题提供了科学的方法。唯物主义历史观本身就包括了对人及其本质的正确分析和科学认识。

---

① 《列宁全集》第21卷,人民出版社1959年版,第34页。

社会形态理论与社会形态演变规律[*]

　　近些年来，关于社会形态理论及社会形态演变规律，学术界展开了一些讨论，譬如社会发展"五形态说"和"三形态说"的争论。所谓"五形态说"，就是我们通常所讲的人类社会发展必然依次经过原始共产主义社会、奴隶社会、封建社会、资本主义社会、共产主义社会（社会主义社会是其发展的第一阶段）这五个阶段。所谓"三形态说"，是人们根据马克思"伦敦手稿"中对社会历史进程的看法而提出的一种论点。在这部手稿中，马克思指出："人的依赖关系（起初完全是自然发生的），是最初的社会形态，在这种形态下，人的生产能力只是在狭窄的范围内和孤立的地点上发展着。以物的依赖性为基础的人的独立性，是第二大形态，在这种形态下，才形成普遍的社会物质交换，全面的关系，多方面的需求以及全面的能力的体系。建立在个人全面发展和他们共同的社会生

---

　　* 本文发表于 1990 年 5 月 7 日《光明日报》，《新华文摘》1990 年第 7 期转载。

产能力成为他们的社会财富这一基础上的自由个性，是第三个阶段。第二个阶段为第三个阶段创造条件。"① 依据马克思关于人的依赖关系、物的依赖关系、个人全面发展这三大阶段的划分，有人提出，马克思认为人类社会经过自然经济、商品经济和产品经济这三个阶段。这就是社会发展"三形态说"。

　　围绕着"三形态说"和"五形态说"的争论也产生了某些思想混乱。有的人用"三形态说"否定"五形态说"，认为"五形态说"不是马克思的本意，不是历史发展的普遍规律；也有的人看不到人类社会必然要经过商品经济阶段，才能过渡到最后的产品经济阶段。这场争论实际上涉及社会主义是不是历史的必然，社会主义要不要发展商品经济这样一些重大的实践问题。

一、"五形态说"和"三形态说"是
一致的,而不是相互排斥的

　　理论界有一种说法，认为马克思从来没有说过人类社会有五种基本的社会形态更替，"五形态说"是斯大林提出来的。这种说法不符合马克思主义哲学发展史的事实。

　　早在马克思主义创立的初期，在马克思、恩格斯1846年合著的《德意志意识形态》一书中，他们就第一次提出人类社会经过五种所有制形式：部落所有制；古代

---

① 《马克思恩格斯全集》第46卷（上册），人民出版社1979年版，第104页。

公社所有制和国家所有制；封建的或等级的所有制；资产阶级的所有制；未来共产主义所有制。1859 年，在《〈政治经济学批判〉序言》一书中，马克思在论述历史唯物主义基本原理的基础上，指出了历史上社会形态依次更替的情况："大体来说，亚细亚的、古代的、封建的和现代资产阶级的生产方式可能看做是社会经济形态演进的几个时代。资产阶级的生产关系是社会生产过程的最后一个对抗形式……"在 1867 年出版的《资本论》中，马克思充分论证了共产主义代替资本主义的必然性。当然到此为止，还不能说马克思明确提出"五形态说"。比如，虽然马克思肯定"古代"社会之前还有一个社会形态，但他对原始社会形态的概括却有些模糊，古代的社会是指古希腊、古罗马的奴隶社会，但亚细亚生产方式是指什么社会，其属性是什么，马克思对此还没有明确的界说。后来，历史科学有了一定的发展，特别是历史学家摩尔根的《古代社会》一书出版，对原始社会提供了详尽的研究材料，这才使马克思对原始社会有了一个明确的认识，这一认识集中反映在 1880 年至 1881 年间他对《古代社会》一书的摘要中。最后，恩格斯利用马克思批语，经过研究，于 1884 年写出了《家庭、私有制和国家起源》一书，比较清晰地勾画出人类社会发展"五形态"的历史进程。这说明，"五形态说"已经内在地包含在马克思、恩格斯在历史唯物主义基础上对社会发展形态的科学分期认识中。后来的马克思主义者根据马克思恩格斯的思路，把人类社会依次概括为原始社会、封建社会、资本主义社会、社会主义社会和共产主义社会，"五形态说"在一定程度上反映了人类社会形态发展进程的一般规律。

"三形态说"同样也反映了马克思根据生产力发展的历史状况，对社会发展形态所做的一种科学分期的看法。从马克思表达的整个思想来看，第一个阶段，"人的依赖关系"实质上是自然经济社会的特点。在自然经济条件下，生产力低下，分工不明确，生产的直接目的是为了生产者的自身需要，必然采取人与人直接互相依赖的办法，来克服工具落后的状况。比如原始人必须依赖于原始群体，帮工必然依附于师傅，这就表现为个人对他人、对社会组织的依赖。第二阶段，"人对物的依赖关系"实质上是商品经济社会的特点。在商品经济社会中，生产发展了，人们生产的目的主要是为了交换，人与人之间的关系物化成商品，产生了"商品拜物教"，人依赖于商品，处于物化的、异己的关系的统治下。第三阶段，"个人全面发展"是商品经济消亡以后社会的特点，有人把这个社会概括为产品经济社会。在这个社会中，生产力高度发达，消灭了旧式分工，产品极其丰富，人摆脱了物及其外部关系的束缚，成为人自身的主人、社会关系的主人、物的主人，人可以自由、全面地发展。

不难看出，社会发展进程的这两种划分，都是根据历史唯物主义的基本原理，对社会形态演变进行分析得出的正确结论，二者的理论根据是一致的。实际上，"五形态说"和"三形态说"是互相包容的。按照马克思的原意，自然经济阶段基本是前资本主义社会，如原始社会、奴隶社会、封建社会。商品经济阶段是资本主义社会。人们概括的产品经济阶段则是共产主义社会。按照马克思最初的预见，社会主义是在资本主义商品经济高度发达的基础上建立起来的。因而，作为共产主义第一阶段的社会主义，不存在商品和货币。可是，现实的社会主义却是在相对落后的国家建立的，这样的社会主义必然要经过商品经济充分发展的阶段。当然，这两种划分也是有区别的。对于社会历史发展的分期，人们可以根据需要，对同一对象，按照特定的标准，从不同的角度加以划分。例如，以阶级斗争为线索，可以划分为阶级社会、阶级过渡社会和非阶级社会；以生产资料所有制性质为标准，可以划分为原始公有制社会、私有制社会、低级形式的公有制社会和高级形式的公有制社会……当然，任何科学划分都不能离开以历史唯物主义基本原理为指导，以生产力发展状况为主线，根据社会基本矛盾运动的规律，直接考察社会经济关系的性质和特征而进行的划分。

二、不能把"五形态说"理解成单线式的、纯粹的、僵死的、没有任何特例变化的历史发展序列

历史唯物主义的任何原理都只是对社会现象本质特征的概括，并不是对全部历史事实的罗列和堆砌。这就是说，理论在概括事物的本质时，剔除了大量的偶然因素、活生生的事例，只是对历史发展客观逻辑的一种抽象，并

不是对全部社会现象的总汇。社会发展"五形态说",只是运用马克思主义的科学的抽象方法,对历史发展本质规律的一种理论上的概括,实际的历史发展情况要复杂得多。"五形态说"只反映了人类历史发展的一个普遍性的规律,这个总的趋势是必然的、不可逾越的,然而其具体的发展又不是单一的、直线的、绝对的。至于在一定历史条件下,哪个国家、哪个民族、哪个地区是否可以有特例、有偶然的情况发生,是否都要经过五个阶段,并没有那么绝对。首先,五种社会形态只是典型的社会发展模式,它们并不是固定的模式,社会形态的典型性并不排除具体发展道路的多样性。在人类社会发展五大形态之间,还存在非典型性、过渡性的社会。奴隶社会到封建社会之间有过渡性社会形态存在。我国的半殖民地半封建社会,以及从旧的半殖民地半封建社会向社会主义过渡的新民主主义社会形态,都是过渡性的社会形态。其次,在人类社会发展的共同道路上,有些民族、国家和地区,借助于某种特殊的条件,可以超越历史发展的一个或几个阶段,直接进入到某一高级阶段,表现出历史发展的跳跃式。譬如,我国一些少数民族,在中国共产党的领导下,分别从奴隶社会、封建社会,甚至原始部落的社会状态直接进入社会主义。最后,人类社会发展依次经历的每一个社会形态,尽管都有各自的本质特征,但在不同民族,不同国家,甚至不同地区,由于历史条件不同,表现出不同的特点,存在同样性质的社会制度并存的现象,有时同一性质的社会形态却包括不同的、对立的经济成分和政治因素。

譬如，中国的封建社会同西欧的封建社会有不同的特点；同样的中华民族可以有不同的制度并存，甚至在社会主义国家也可以采取"一国两制"的形式；在我国现阶段存在着以公有制为主体、多种经济成分并存的经济结构，等等。

以上表明，社会形态的发展是普遍性和特殊性、一致性和多样性的统一。历史的发展有两个必然的趋势：一方面，整个人类历史必然要依次经历"五形态"的社会形态的演变发展，这是社会形态发展的普遍逻辑；另一方面，在整个社会形态演变发展的进程中，也不排除某个民族、某个国家、某个地区出现偶然和特例，这也是不以人的意志为转移的。

在一定生产力条件下，经过人们的主观努力，又具备一定的历史条件，社会历史的发展是可以跳跃的。科学社会主义的经典作家也不否定这点。1877年，马克思在批评俄国民粹主义者米海洛夫斯基时说："他一定要把我关于西欧资本主义起源的历史概述彻底变成一般发展道路的历史哲学理论，一切民族，不管他们所处的历史环境如何，都注定要走这条道路，——以便最后都达到在保证社会劳动生产力极高度发展的同时又保证人类最全面的发展的这样一种经济形态。但是我要请他原谅。他这样做，会给我过多的荣誉，同时也会给我过多的侮辱。"① 1881年，马克思认为，一般来说，像英国等资本主义比较发达的国

---

① 《马克思恩格斯全集》第19卷，人民出版社1963年版，第130页。

家，资本主义生产方式是通向共产主义的必由之路。但他又预言，像俄国那样落后国家"可以不通过资本主义制度的卡夫丁峡谷"①，而走向共产主义。社会发展"五形态说"只是为认识历史发展的基本规律提供一个指南，如果把"五形态说"教条化，当做"普罗克拉斯铁床"，任意裁剪历史，就会使历史唯物主义庸俗化。

三、历史发展有特例、有跳跃,但生产力发展的自然历史过程是不可逾越的

我们说，社会历史发展可以有特例、有跳跃，这是有条件的。首先，任何先进制度的建立都离不开一定的生产力条件以及其他客观条件。如果旧中国没有近代工业的基础，没有 200 万工人阶级，那么中国共产党无论如何也不可能诞生，新民主主义革命和社会主义革命无论如何也不可能成功。其次，具备了一定的客观条件，首先是生产力条件，那么在这个基础上，主观条件及其他必要条件成熟的地方，就有可能建立起先进的社会制度。而那些生产力条件虽然好，但主观条件及其他条件不成熟的地方，却仍然有可能处于比较落后的社会状态。

人类社会发展是一个自然历史过程，生产力、社会经济发展的时间可以有长有短，发展的速度可以有快有慢，但是生产力、社会经济发展所经历的自然发展阶段却是不

---

① 《马克思恩格斯全集》第 19 卷，人民出版社 1963 年版，第 435—436 页。

可逾越的。当一个民族或国家，在一定条件下，经过努力建立了比较先进的社会制度，那么这个民族或国家所面临的首要任务则是利用先进的社会制度，加速社会生产力的发展。在落后的条件下建立社会主义的国家，不应当消灭商品经济（实际上也消灭不掉），而是应当利用先进的社会制度，大力发展商品经济，促进社会生产力的发展。我国正处于社会主义初级阶段，商品经济是不可逾越的自然历史阶段。看不到这种必然性，就会犯历史唯心主义的错误。当然，在社会主义条件下发展商品经济，要注意公有制条件下的商品经济同私有制条件下的商品经济的本质区别，要在坚持社会主义公有制的前提下，坚持计划经济与市场调节有机结合，这样才能使社会主义商品经济得到充分地发展。

论 利 益 范 畴[*]

马克思说："人们奋斗所争取的一切，都同他们的利益有关。"① 在当前改革开放的新形势下，我国社会的利益格局发生了深刻的变化，如何科学认识利益问题，怎样妥善处理利益关系、利益矛盾，正确运用利益的动力机制，调动方方面面的积极性，推动经济社会全面发展，是非常重要的现实问题。从哲学的角度正确说明利益范畴，可以为人们认识和处理利益问题，提供理论上的支持。

一、利益的构成要素

在给利益范畴下定义前，应该先对利益范畴的构成要素作一基本分析。利益范畴的构成要素有五个方面：

第一，需要是形成利益的自然基础。一定的需要形成

---

* 本文发表于《北京社会科学》1991 年第 1 期。

① 《马克思恩格斯全集》第 1 卷，人民出版社 1956 年版，第 82 页。

一定的利益，需要是利益的基础，特别是物质的自然生理需要是形成利益的，首先是物质利益的自然基础。什么叫需要呢？马克思、恩格斯指出："为了生活，首先就需要衣、食、住以及其他。因此第一个历史活动就是生产满足这些需要的资料，即生产物质生活本身。"① 人的需要体现了人对物质生活条件和精神生活条件的客观依赖关系，表现为人对物质需要对象、精神需要对象的自觉指向和情欲追求，它反映了作为需要主体的人对作为需要客体的社会生活条件的感性欲求。需要的内容是客观的，需要的形式是主观的。人的需要是人们进行历史活动的内在动因，是社会生产发展的基始推动力。正是从上述意义上说，人的需要构成了利益的自然基础。

第二，社会关系是构成利益的社会基础。人的社会属性不仅使人的需要具有社会性，也使利益的形成必然与一定的社会关系相联系。社会关系作为利益的社会基础有三层含义：其一，只有在一定的社会关系中，人们才有可能进行社会实践活动，首先是生产实践活动，以解决需要主体和需要对象之间的矛盾；其二，一定的利益关系表现为一定的经济关系，并为一定的经济关系所支配；其三，人与人之间的经济关系制约着利益主体之间的矛盾。需要主体与需要客体之间的矛盾，一方面固然是人与自然的关系造成的，另一方面也是最主要的方面，是人与人的关系造成的。人不是以孤立的个体形式存在，而是以群体形式的

---

① 《马克思恩格斯全集》第 1 卷，人民出版社 1956 年版，第 32 页。

存在为其根本特征的。正是由于人与人之间的矛盾关系，才使需要主体与需要客体之间的矛盾成为现实的矛盾。正是由于处于不同的社会关系之中的需要主体之间的社会差别，决定了需要主体会因需要客体而产生一种分配关系、分配差别，从而产生一种利益关系上的矛盾。现实社会中的诸多需要主体都需要一定的需要客体使自身得到满足，这就会造成需要客体的匮乏，形成需要主体和需要客体之间的矛盾关系，形成人与人之间的利益矛盾关系。社会关系作为利益的社会基础的这三层含义表明，只有在一定的社会关系的基础上才能真正形成社会利益关系。

第三，社会实践是形成利益的客观基础。需要客体就是需要主体的需要对象。要解决需要主体和需要对象之间的矛盾，就必须拥有足够的现实的需要对象。当然，只有通过社会实践活动，才能创造出需要对象，只有通过一定的社会关系，才能对这些需要对象进行分配，使它们进入社会消费领域，满足人们的利益需要。社会实践是形成利益的客观手段、基础。

第四，人的需求对象是形成利益的实际内容。何谓利益？利益必须给人以某种方式、某种程度的满足，也就是说，利益的实现必须以需求对象的存在为前提，离开了任何实际的需求对象，哪怕是精神的需求对象，也就无所谓利益了。实际存在的需要对象，即需求客体，既有精神性的东西，如精神产品，也有物质性的东西，如物质产品。人的需求对象既有人的社会实践活动所产生的劳动成果，如人造产品，也有自然界的物质，如空气、阳光。无论其来源如何，这些需要客体都构成了利益的实际内容，首先是利益的物质内容。

第五，人的欲求是形成利益的主观因素。利益尽管有其自然基础、社会基础、客观基础、实际内容，但利益也反映了人对需求的一种主体需求和追求，这种需求和追求表现为在欲求基础上形成的利益兴趣、利益认识，所以人的感性和理性对利益的认识是利益形成的主观因素。

以上是构成利益范畴的五个基本要素。但是，构成利益范畴的要素并不等于利益，要形成利益，上面五种要素还必须有机地结合起来，而能够把这五种要素统一起来的正是构成利益的社会基础——社会关系。因为社会关系不仅是创造现实需要对象的必不可少的条件，它还是把需要主体和需要客体联系起来的中介。社会关系在构成利益的五个要素中具有承上启下，使其相互结合起来的重要作用。

二、利益范畴的特性、社会本质和定义

从利益构成的五个要素来看，利益具有以下特点：

1. 利益在形式上是主观的，具有主观特性。利益反映了人在主观上对需求对象的一种追求、兴趣和认识，同时利益的实现过程也不可以离开人的主观努力，任何利益只有通过人的主体活动才能实现。利益体现出某种主体性、主观性。

2. 利益在内容上是客观的，具有客观特性。利益在

形式上虽然体现了人的主观要求，但利益的内容却是客观实际的，首先是物质的、实物的。利益的实际内容，产生的手段、基础首先就是物质的、客观的。比如，人谋求食品的生产过程就是一种物质的生产过程。利益首先是社会的物质生产，从而是物质生产方式的产物。利益本身所体现出来的人与人之间的关系，首先也是一种物质的、经济的关系，其次才是思想的、政治的、伦理的关系。正是从这个意义上来说，利益具有客观性，应该把这个客观性首先理解为实物性和物质性。利益的客观性说明了利益的产生、存在、作用、规律，是不以人的意志为转移的。

3. 利益是社会关系的体现，具有社会特性。利益首先是物质经济利益，其本身就是一种经济关系，离开了社会关系，也就无所谓利益了。利益的形成需要一定的社会关系，利益的分配也需要一定的社会关系。

4. 利益的内容是客观的，利益的形式是主观的，利益具有二重特性。利益的形成、实现既有主观因素，具有主观形式，又有客观性，受客观因素的制约。利益是主观和客观两种因素的辩证统一体，具有二重性。当然必须把利益的客观性、实物性、物质性、社会性摆在第一位，它是实质性的，而其主体性、主观性是第二位的，是形式上的。

需要本身不是利益，不能把需要和利益混为一谈。需要和利益的差别主要表现为两个方面，其中最重要的区别是利益具有社会关系的本质。第一个方面，需要反映出人对客观需求对象的直接欲求，利益则体现了人对客观需求对象的更高层次的从理性上的关心、兴趣和认识。第二个方面，需要反映的是人同客观需求对象的关系，利益则是必然经过社会关系，首先是经济关系的过滤才能体现出来的需要。需要只反映了人对客观需求对象的直接依赖关系，而利益则反映出人与人之间的因对需求对象的依赖而产生的相互关系。需要转化成利益，必须要经过社会关系，首先是经济关系的作用。在任何一个具体的社会形态中，人的需要在一定的社会关系中就表现为利益。利益是需要在经济关系上的表现，离开现实的社会经济关系，就不可能理解利益。譬如，人们对食品的追求，构成了人的最基本的物质要求。然而，人们要获得这种物质需要的满足，必须首先占有生产资料，然后经过一定的社会分配方式才能获得。于是，人对物质生产条件的需要，对物的直接需求关系就表现为人与人之间的一种利益关系。可见，人对物的直接需求关系，经过经济关系的中介，就表现为人与人之间因需要而发生的利益关系了。一定的社会经济关系是利益的社会本质。

如何定义利益呢？大体有四种观点：第一种观点把利益定义为纯主观的东西，认为利益不过是人的主观情欲要求。第二种观点把利益看成主观与客观相统一的东西，认为利益的内容是客观的，表现形式是主观的。第三种观点把利益看成从内容到形式都是纯客观的东西，认为利益就是实物的东西、物质的东西、客观的东西。第四种观点把利益看成是一种关系，是物质关系、经济关系、社会关系的体现，认为利益就是社会关系，首先是物质经济关系。

利益是需要主体以一定的社会关系为中介，以社会实践为手段，以社会实践成果为内容，以主观欲求为形式，以自然生理需要为前提，使需要主体与需要客体之间的矛盾得到克服，使需要主体之间对需要客体获得某种程度的分配，从而使需要主体得到满足。换句话说，利益是对客观需求对象的更高的理性上的意向、追求和认识，是需要在经济关系上的体现，它反映了人与人之间对需求对象是一种经济分配关系。利益在本质上是一种社会关系。总之，从利益的构成要素中反映出这样一个重要问题，利益必须以一定的社会关系，首先是经济关系为中介才能形成。利益虽然是需要主体和需要客体之间矛盾的解决，是对需要对象的一种分配，但其实质却是一定社会关系的体现和反映，成为人与人之间的一种利害关系。所谓利益，就是一定的客观需要对象在满足主体需要时，在需要主体之间进行分配时所形成的一定性质的社会关系的形式。

三、利益主体及其相互关系

利益主体是从需要主体转化来的。所谓利益主体就是在一定社会关系下从事生产活动或其他社会活动的利益的追求者、承担者、实现者、归属者和消费者。不同形式、不同内容、不同功能、不同性质的利益，必然要通过利益主体来传递，必然表现为利益主体之间的矛盾关系。利益主体是社会利益运动的自觉的、能动的、主观的要素。利益主体大体上可以分成三大层次：个人、群体和社会整体。个人是利益主体的细胞、基础，是单个的利益主体，即利益个体。可以从不同的角度来划分利益个体，从所有制角度来划分利益个体，有资本家、地主、工人、农民、商人等个人利益主体；从职业差别来划分利益个体，有医生、教师、公务员、军人等个人利益主体；从性别、年龄差别来划分利益个体，有男人、女人、老人、青年人、中年人、儿童等个人利益主体，等等。

个人必须通过一定的社会联系形成相对稳定的利益共同体，才能实现自己的利益，这个相对稳定的利益共同体就是利益群体。利益群体具有追求和维护本利益群体成员利益的强大力量，在利益冲突和利益竞争中，具有比个人更为强大的竞争力和角逐力，个人往往是以参与利益群体的方式来参加利益竞争的，也往往是通过利益群体来实现个人利益的。所谓利益群体，就是指以一定社会关系为基础的，具有大体相同的利益要求，持相对共同的利益态度，而结合在一起的利益个人的集合体。不同的利益群体具有不同的甚至相互矛盾的利益要求，不同利益群体之间的矛盾是社会利益矛盾的主线。

利益群体是一个历史范畴，在不同的历史条件下，利益群体具有不同的历史内容。人类社会最初的利益群体，是基于一定的血缘关系和共同的地域而集合成的原始人的利益共同体，如氏族、部落、部落联盟等等。随着社会分工和私有制的发展，社会划分为阶级，阶级又分为不同的阶层，阶层内部又分为不同的利益群体。而各阶级之间、各阶层之间、各利益群体之间又通过横向的社会联系，形成一些基于某种共同利益要求的相对稳定的大的利益群体，如家族、民族、各类经济实体（如财团、公司）、国家、国际联盟（如欧洲联盟）等。

所谓社会整体，就是指整个人类整体，它是人类社会共同利益的主体承担者。就整个人类社会来说，尽管不同的利益个人，不同的利益群体都有各自的特殊利益，从大的方面讲，民族有民族的特殊利益，国家有国家的特殊利益，阶级有阶级的特殊利益；从小的方面讲，每个人都有每个人的利益。但是，每个人、每个群体作为人类社会的成员，是有共同利益的，譬如，地球的环境保护问题，就涉及全球人类的共同利益。反对艾滋病，则是关系到世界人类健康的共同利益问题。社会整体是社会全人类共同利益的主体承担者。

关于社会经济关系中的利益主体，尤其是利益群体之间的利益矛盾问题，可以从纵向和横向两个作用方向上来分析。利益是一个多层次、多领域、多功能、多类型的社会范畴。各类社会利益主体不仅发生纵向联系，而且还发生横向联系，这些利益主体互相作用、互相影响、互相制约，形成一个纵横交错的立体网络式的利益关系。个人、群体和社会整体构成利益的纵向关系。个人之间、群体之间、构成利益的横向关系。

第一，利益主体的纵向矛盾关系。个人、群体、社会整体构成了利益主体的纵向矛盾关系。个人是个人利益的主体，有多少个人就有多少个人利益。群体是集体共同利益的主体，家庭、企业、单位、地区、集团、阶层、阶级、民族、国家，都是一定的利益共同体。家庭不仅是一个消费单位，而且也是一个从事生产和其他经营活动的单位，家庭是经济利益和消费利益的主体，家庭利益直接影响家庭成员的个人利益。此外，在社会生活中，家庭还具有独特的社会生活方面引起的利益关系。例如，由婚姻、遗产引起的利益矛盾。在市场经济中，企业利益是联结个人利益和国家利益之间的纽带，是个人和国家利益的中介。不同的社会集团、不同的阶层、阶级、民族，也都有自己共同的利益。如知识分子阶层的共同利益、农民阶级的共同利益、工人阶级的共同利益，等等。在社会经济生活中，社会经济单位是具有相对独立地位的经济实体，它是社会经济生活的基本细胞，是最有意义的经济利益群体，它具有比个人利益和家庭利益更高·个层次的特点。国家利益是一个极为特殊的群体利益，它是最高层次的群体利益，在阶级社会，它首先是该国家统治阶级利益的集中体现，其次它才体现了本地域范围内各个利益群体一定的共同利益。个人、群体、国家三者之间构成了非常重要的社会利益关系。从社会的纵向利益矛盾来看，社会的个人、群体、社会整体这三个经济利益主体之间，构成了根本利益一致基础上的经济利益矛盾关系。

第二，利益主体的横向矛盾关系。个人之间、群体（国家、民族、阶级、阶层、地区、企业、部门、单位、家庭）之间，由于种种社会历史原因，都存在着一定的社会差别，首先是经济差别，也就必然存在横向的利益矛盾关系。譬如，在阶级社会中，剥削阶级和被剥削阶级之间存在着根本对立的阶级利益矛盾。在社会主义国家，不同工作岗位、不同职业（如干部、普通工人、农民、军人、教师、文艺工作者、体育工作者、医生、护士、服务人员，等等）的社会成员之间，都因收入不同，经济地位、经济待遇、社会认同的差别，而存在一定的经济利益差别和矛盾。在社会主义国家内部，各民族、各阶级、各阶层、各群体之间，甚至各地区、各单位之间都会因经济发展条件的差别，而产生一定的经济差别和矛盾。即使在劳动人民内部，如工人阶级、农民阶级和知识分子阶层之间，各个企业、不同的社会分工部门和单位之间，也会因经济条件和经济环境的不同、经济受益的不同，而存在一定的经济利益差别和经济利益矛盾。

社会主义社会矛盾及其
发展动力问题[*]

一、重大而迫切的时代课题

自从 1917 年第一个社会主义国家建立以来，现实社会主义的实践运动已经经历了 70 余年的历程。几十年来，社会主义在发展过程中曾经取得了举世瞩目的巨大成就，在一定程度上显示了新制度的优越性。然而令人遗憾的是，一系列现实社会主义国家在其迄今的发展进程中，还没有达到科学社会主义理论所预期的两个目标：一是发达的社会主义生产力；二是高度的社会主义民主。也就是说，社会主义制度的优越性并没有充分地发挥出来。我国和其他社会主义国家的实践表明：社会主义制度的建立和

---

　　* 本文发表于《经济利益·政治程序·社会稳定》，中共中央出版社 1991 年版。略作删节。

发展，情况比人们事先预想的要复杂得多、困难得多，新社会成长过程中所经受的阵痛，比人们过去预料的时间要长得多，旧社会所遗留下来的残存物，比人们所想象到的要顽固得多，其消极影响也比人们所估计到的要大得多。由于人们对社会主义的矛盾和发展规律还缺乏全面的、正确的认识，致使社会主义国家的经济、政治发展走过了一条不平坦的道路，遭受过挫折，也经历了许多动乱。

第一，消灭了阶级剥削制度和阶级对立的社会主义国家，并不像人们想象的那样，是一个和谐一致、无矛盾、无冲突的理想化了的社会，相反，现实的社会主义国家在自身发展过程中，暴露出来一系列矛盾。

纵观社会主义国家几十年的发展历史，可以看出，现实的社会主义国家是一个充满矛盾的社会，其具体表现是：（1）社会主义国家在社会生活方面存在着矛盾、冲突和动乱。无论是过去，还是现在，在社会主义国家内部，一直存在着一定程度、一定范围的阶级矛盾和阶级斗争，存在着官僚主义、贪污腐败，存在着刑事犯罪和反革命破坏活动；一直发生着不同利益群体之间的利益纷争，以及人民群众内部的种种摩擦和纠纷，断断续续地出现了民族纠纷、宗教冲突、群众闹事、示威游行、工人罢工、学生风潮等。这些现象和事件充分表明，社会主义国家内部矛盾不仅是客观存在的，而且在一定条件下还会激化，导致社会冲突，造成社会动乱，使社会主义国家陷入社会危机的境地。如1956年波匈事件，20世纪80年代的波兰团结工会运动，我国"文化大革命"的社会动乱，等等。

（2）许多社会主义国家在政治生活方面都程度不同地发生过混淆社会矛盾的性质、阶级斗争扩大化、社会主义民主和法制遭到严重破坏的现象，直至发生政治冲突和政治危机。政治生活方面的矛盾、冲突、危机，或者是复杂社会矛盾的激化而引发的，如波兹南事件、匈牙利事件、波兰几次党政领导的更迭等；或者是混淆了不同性质的矛盾，如苏联20世纪30年代以来以及二战后东欧的肃反扩大化、我国的"反右"扩大化等；或者原本是由领导层的路线、方针的分歧、对立而发展到严重政治动乱的地步，如我国的"文化大革命"等。而更多的政治冲突的发生，则是由于上述多方面原因在不同条件下的不同的结合而造成的。社会主义国家内部矛盾的存在是客观的，矛盾的发生是必然的。由于人们不能正确地认识和把握矛盾，由于没有健全的社会主义民主和法制，使得社会矛盾得不到及时的解决，结果这些矛盾逐步激化发展为政治冲突。政治冲突又致使原有一些民主和法制遭到严重破坏，从而使这些矛盾、冲突更加尖锐化，最终导致严重的政治后果。

（3）如果把视野扩大，社会主义国家的社会矛盾就不仅存在于一个国家的内部，而且在社会主义国家之间也存在着外部冲突和矛盾。一些社会主义国家之间发生了一系列纠纷和矛盾，甚至逐步升级，发展到出现流血事件，爆发局部战争的境地。从1948年苏联和南斯拉夫两党两国之间的分裂，到其后发生的一系列社会主义国家之间的矛盾和冲突，都表明社会主义国家之间存在着外部矛盾。

这些外部矛盾尽管和一个国家的内部矛盾情况有所不同，但从广义上来说，也属于社会主义国家的社会矛盾，有待于我们从理论上加以探索和解决。上述三点说明，社会主义国家是充满矛盾的社会，对社会主义国家内部矛盾处理不当，就会酿成社会冲突和动乱，严重破坏社会主义民主和法制，危及社会主义制度本身的命运。

第二，按照科学社会主义经典作家的说法，社会主义一旦建立，就会以比资本主义高得多的劳动生产率和快得多的速度来发展自身的社会生产力。社会主义各国的现实建设成就雄辩地证明了这一点。然而，就目前社会主义国家经济发展状况而言，它并没有达到人们预想的结果，许多社会主义国家都曾遇到或正在遇到未曾估计到的经济困难。

各国社会主义制度的建立，特别是在国家工业化和战后经济恢复时期，经济有了迅速的增长，这在一定程度上印证了马克思主义经典作家的预言。据统计，第一个社会主义国家苏联从 1917 年到 1953 年国民收入增加了 12.67 倍，而同时期美国是 2.03 倍，德国是 0.49 倍，其他资本主义国家更低。苏联经济上的成就对许多国家的人民产生了巨大的影响。东欧各国解放初期，尤其是在 20 世纪 50 年代，国民经济都得到了很快的发展，经济增长率要比资本主义国家高得多。中国在三年恢复时期和第一个五年计划期间，经济发展迅速，社会主义经济在竞争中战胜了资本主义经济。这时，社会主义在世界人民的心目中享有崇高的威望，没有任何人怀疑社会主义的发展速度。

　　社会主义国家所取得的伟大成就，证明了社会主义的优越性，但是这并不等于说，社会主义生产力发展已经达到应有的程度了。实际上，苏联早在斯大林逝世前夕，尽管工业生产和国防力量有了进一步的增长，但农业状况却很不理想，日用消费品生产相当落后，经济上已经出现了许多困难。斯大林逝世后，1956年—1965年两个五年计划任务一再落空，国民经济增长率不断下降，1951年—1955年平均每年增长11.3%，1956年—1960年降为9.1%，1961年—1965年降为6.1%，1971年—1975年降为5.7%，1981年—1982年降为2%。到20世纪80年代初，已下降到几乎临近经济停顿的程度。从20世纪50年代中期以来，东欧社会主义各国经济处于波浪式的发展中，也逐渐放慢了发展速度，经济增长率都呈现出下降的趋势，甚至在20世纪70年代末，80年代以来，一些国家的经济增长还出现负增长。由于经济发展速度下降，东欧的某一些社会主义国家近年不同程度地遇到了严重的经济困难。中国在"三年大跃进"之后，特别是经过"文化大革命"的破坏，经济发展速度也逐步下降，到1975年—1976年几乎陷于停滞状态，出现了相当令人担心的"经济瘫痪症"，濒临经济崩溃的边缘。

　　另一方面，发达的资本主义国家经过战后的经济恢复，通过对生产关系的调整，对不发达国家采取了新的政策，特别是从20世纪70年代以来，科学技术革命得到迅速的发展，尽管有不可避免的周期性的经济危机、萧条和其他经济困难，但总的来说，经济增长速度很快，人民生活也相对提高。然而，同发达的资本主义国家相比，社会主义的经济发展水平、文化技术水平和管理水平确实还比较落后，人民生活确实还比较贫困，现在社会主义国家生产力的平均水平，还落后于发达的资本主义国家，许多社会主义国家在生产力发展方面，还面临着发达资本主义国家已经解决了的任务。而且，恰恰在世界上许多资本主义国家经济迅速增长的时期，有的社会主义国家却由于自己内部的矛盾和冲突，忽视了国际上科学技术的进步和经济上的交流，耽误了本应并且本能更快发展的经济建设。同时，由于第三世界的分化，在特殊条件下出现的一系列新兴工业国家和地区，特别是亚洲"四小龙"，若干年来经济有了飞速的发展，对社会主义国家经济发展形成了新的挑战。上述这些情况表明，社会主义生产力并没有得到应有的发展，社会主义制度所具有的强大发展动力没有很好地发挥出来。

　　与科学社会主义理论所预期的两个目标相联系的是两个重大的现实理论问题：如何认识和正确处理社会主义社会的矛盾，如何认识和充分发挥社会主义社会的内在发展动力。这是当代社会主义所面临的重大而又迫切的现实理论问题，是向马克思主义哲学提出的，并且必须从哲学上加以回答的重大时代课题。马克思主义必须有重大的发展，这是现时代的大趋势。总结正反两方面的经验，发展马克思主义关于社会主义的理论，形成当代的社会主义论，这是理论发展的根本性问题。而说明和解决社会主义社会的矛盾和动力问题，又是当代社会主义论的重要哲学基础和问题的关键。

二、当代社会主义论的哲学基石

上面提出了问题，那么为什么要这样提出问题呢？下面作简单的说明和分析。

对社会主义社会矛盾和发展动力问题的认识，是解决对社会主义再认识问题的哲学基础。现实的社会主义大体经历了社会主义制度和体制的确立，第二次世界大战后社会主义制度和体制在东欧和亚洲一系列国家的推广，20世纪50年代后期以来社会主义各国先后开始进行改革这样三个时期。在第一个时期，和马克思原来的设想不同，苏联按照科学社会主义原理，在帝国主义包围下，第一个在一个经济落后的国家建立了社会主义制度，同时又由于苏联教条地搬用了马克思和恩格斯的某些原理，确立了以高度集权为主要特征的社会体制，这种体制在当时历史条件下发挥了一定的推动经济发展的作用。在第二个时期，东欧和亚洲国家先后取得了革命胜利，确立了社会主义制度，然而它们却一定程度上教条地搬用苏联一国的模式，把苏联一国僵化的体制推广到一系列社会主义国家。在这两个时期，与社会主义现行的僵化体制相一致，人们逐步形成了关于社会主义的一整套固定的僵化观念，社会主义各国逐步放慢了经济发展的速度，出现了许多社会主义的变形现象。在第三个时期，社会主义各国的实践者们逐步认识到，必须抛弃关于社会主义的一整套僵化的观念，对阻碍社会主义经济发展和民主进程的僵化体制必须加以彻底的改革，否则社会主义的优越性就不能充分地发挥出来，社会主义就不能最终战胜资本主义。总之，在现实社会主义的三个时期的发展过程中，已经出现了，或者正在出现着，或者即将出现一系列新情况、新问题和新矛盾，这些问题和矛盾与科学社会主义经典作家的理论设想之间存在着很大的差距。怎样建设社会主义，建设什么样的社会主义，这是摆在我们面前最重大的问题，要回答这个问题，必须重新认识社会主义。这就提出了对社会主义进行再认识的课题。

现实社会主义出现一系列社会冲突和社会动乱，社会经济没有发展上去，究其根本原因就在于现实社会主义在其发展进程中形成了一套僵化封闭的社会体制，无法有效地协调社会矛盾，充分发挥出发展动力的作用来。从主观原因来说，之所以会形成僵化封闭的社会体制，就在于我们没有搞清什么是社会主义，怎样建设社会主义这个根本认识问题。而重新认识社会主义，必须对社会主义社会矛盾和动力问题有一个准确、全面、科学的认识，这是社会主义发展的现时代赋予我们的重大哲学课题，是人们认识社会主义的哲学思想武器。

黑格尔从唯心主义观点出发揭示了哲学和时代的关系，他说："哲学的任务在于理解存在的东西，因为存在的东西就是理性，就个人来说，每个人都是他那个时代的产儿。哲学也是这样，它是被把握在思想中的它的时代。"① 时代哲学是时代矛盾的理论结晶，任何社会历史的哲学命题，都是由该时代矛盾的尖锐化而提出来的。对该时代矛盾的正确的认识，科学的抽象，正是对该时代的特征、规律的认识，这种认识就是该时代的时代精神——时代哲学。资本主义时代所特有的矛盾是唯物史观产生的客观条件，唯物史观主要就是在对资本主义内在矛盾的理论概括和科学说明的基础上形成的时代哲学。由于现实的社会主义大都建立在经济落后的国家，这些社会主义国家在实际发展进程中，存在着一系列的社会矛盾和社会问题。因此，发现和认识现实社会主义的社会矛盾和动力作用的新特性，揭示社会主义的社会矛盾和动力作用的客观规律，是当代马克思主义继承者所面临的重大的时代哲学课题。马克思回答了资本主义社会的矛盾和发展动力问题，从而创立自由资本主义时代的马克思主义。列宁分析了帝国主义时代的特性和矛盾，解决了社会主义在一国胜利的问题，从而创立了帝国主义时代的马克思主义——列宁主义。在当代，谁回答了社会主义的社会矛盾和发展动力问题，谁就完成了可以与马克思所完成的历史任务相媲美的现时代的历史任务，也就为社会主义论奠定了哲学基石。

解决社会主义发展规律这个问题，必须把握社会主义的本质，而把握社会主义的本质，就必须深刻认识社会主

---

① 黑格尔：《法哲学原理》，商务印书馆1961年版，第12页。

义社会矛盾的特殊性。认识事物就是认识事物的内在矛盾的特殊性，认识社会主义也就是要认识社会主义社会内在矛盾的特殊性。只有深刻认识社会主义社会矛盾的特殊性，才能认识社会主义的本质特征，认识社会主义社会有机体的整体结构特点。

解决如何建设社会主义这个问题，必须要全面、系统地认识社会主义社会发展的客观规律，而把握社会主义社会发展的客观规律，就必须深刻认识社会主义社会矛盾的运动规律。现实社会主义的运动实践表明，每当社会主义的领导力量对社会矛盾判断和处理失误，就会严重影响社会主义的民主和法制建设，就会给社会主义建设带来不应有的损失。实际上，社会主义社会矛盾是一个复杂的系统，有着特殊复杂的运动规律，人们只有自觉地、系统地认识社会主义的社会矛盾的运动规律，才能自觉地而不是被动地，正确地而不是错误地处理社会主义的社会矛盾；才能按照社会主义社会矛盾的客观规律，建立起能够有效协调社会矛盾的民主体制和法制体系，保证社会主义的协调发展。

现实社会主义为什么会存在前面提到的一系列矛盾呢？原则地说，不外乎有三大根源：

一是社会主义产生的历史根源。社会主义不是凭空产生的，而是从旧社会中脱胎出来的，它必然地带有旧社会的胎记和残存物，这些旧社会的胎记和残存物表现为旧社会的政治、经济、文化、思想、道德等残余因素和残余影响的存在，表现为一定范围内存在的阶级斗争。这些残余因素和影响是社会主义出现变质和变形现象的重要客观原因。这些旧社会的残余因素和影响，必然同社会主义的新的因素之间发生一定的矛盾，从而构成社会主义社会矛盾存在的历史原因。在不同的国度里，旧社会的因素和影响的存在形式、范围和程度是大不相同的。比起其他封建主义较少的国家来说，在我们中国这样有着悠久的封建传统的国家里，恐怕封建主义的因素和影响要更顽固，新旧因素之间的斗争要更持久。在社会主义社会的发展进程中，旧的残余因素有两种情况：一种情况是，在社会主义社会发展的某个阶段或某种条件下，有些残余因素对社会主义的发展会产生有利的影响，如我国现阶段存在的个体所有制经济，这类因素同社会主义新因素的矛盾在一定条件下是非对抗性矛盾；另一种情况是，有些残余因素是社会主义社会发展的破坏性因素，它们同社会主义新因素的矛盾是对抗性矛盾。

二是社会主义本身内部的客观根源。社会主义作为人类历史上新型社会形态的一个特定历史阶段，其本身必然有一个运动发展变化过程，这个发展变化过程就是社会主义不断产生矛盾、不断解决矛盾的自身运动过程，社会主义自身内部的客观原因，是社会主义社会矛盾存在的重要根源。

三是年轻的社会主义实践者们主观上的根源。社会主义是一个新生事物，什么是社会主义，怎样建设社会主义，对于年轻的社会主义实践者们来说，一直是一个需要在实践中不断加以认识的重大课题，也可以说，是一个尚未解决的课题。这样，在社会主义建设的指导思想上，社会主义的实践者们就难免不犯错误。社会主义实践者在主观认识上犯错误，必然会导致实践工作中的错误和挫折，必然会造成一些不应有的矛盾发生，或者使本来可以妥善解决的矛盾，暂时得不到解决，使矛盾向恶性方向发展。社会主义社会矛盾的运动规律是客观存在的，但往往由于人们对社会主义社会矛盾的客观规律缺乏认识，使客观存在的社会矛盾激化、逆转，以至于爆发社会动乱。因此，人们只有正确认识社会主义社会矛盾的运动规律，才能把主观造成的矛盾激化、矛盾逆转现象减少到最低限度，才能对客观存在的社会矛盾因势利导，使其向有利于社会主义发展的方向运动。

　　社会主义采用什么样的社会体制，才能推动社会生产力的迅速发展，这就必须解决什么是社会主义发展动力，怎样认识社会主义发展动力的运动规律这个问题。从矛盾产生的根源来说，并非社会主义的一切社会矛盾都是社会发展的动力，只有社会主义本身内部所存在的客观矛盾，就其社会功能来说，才是社会主义发展的内在动力和根本源泉。既然社会主义本身内部所存在的客观矛盾是社会主义发展的动力和源泉，那么解决采用什么样的体制，才能推动社会生产力的迅速发展这个问题，也就必须要解决对社会主义社会矛盾的社会功能的认识问题。实际上，社会主义社会矛盾和发展动力是两个互相联系而又有区别的哲学问题。社会矛盾植根于深厚的经济事实之中，经济原因乃是社会矛盾发生、存在和解决的最深厚的根源。从现实社会主义各国发生的矛盾和动乱来看，矛盾的激化、动乱的发生、危机的出现往往同经济发展相联系，政治局势是经济矛盾的具体表现。当执政党主观上犯错误，当社会或经济出现严重困难时，往往就伴随着社会矛盾的激化，甚至会发生严重的政治动乱，正常的民主生活和法制秩序会遭到破坏。由此看来，现实社会主义所发生的矛盾激化现象，如社会动乱、政治冲突、民族纠纷等等，往往是直接或间接地同社会主义国家的经济发展问题联系在一起的。如果生产搞不上去，人们生活水平提不上去，经济发展搞不过资本主义，社会主义的优越性就不能充分体现出来，深藏于深厚的经济事实中的社会矛盾就很容易激化。社会主义经济的发展速度问题是决定社会主义社会矛盾发生、发展、变化和解决的条件。从哲学上来说，社会主义经济的发展速度问题，体现了社会主义的发展动力问题。因此，社会主义社会矛盾的发展、变化和解决，在一定程度上同社会主义的经济发展动力是否最大限度地发挥出其固有的能量来相联系。

然而，从矛盾的作用和功能来说，社会主义社会矛盾又是社会主义发展的内在动力和源泉，正确认识社会主义社会矛盾及其动力作用，是正确认识社会主义发展动力的必要前提条件。从某种意义上来说，社会主义社会矛盾比社会发展动力更具有基础和根本的意义。从社会现象的外在联系来看，社会矛盾激化，社会动荡不安，反过来必然会影响社会的经济发展速度，影响正常的社会经济建设。任何一个民族、任何一个国家都没有本事在社会动乱中进行经济腾飞。用哲学的话来说，社会矛盾的存在状态及人们对社会矛盾的处理方式，又是社会动力作用正常发挥的条件。从社会现象的内在发展逻辑来看，社会矛盾乃是社会发展的内在动力和源泉。因此，认识社会主义的发展动力，就要从认识社会主义社会矛盾入手，关于社会主义社会矛盾的正确认识，是全面认识社会主义社会发展动力的必要前提。

关于社会主义社会矛盾和发展动力问题，从某种意义上说，可以归结为对社会主义社会矛盾的特殊性、运动规律和动力功能的认识，只有深刻地认识社会主义社会矛盾及其动力作用，才能认识社会主义的本质和客观规律，才能按照社会主义的发展规律，建立起有效协调社会主义社会矛盾，充分发挥出社会主义社会发展动力作用的社会体制，最终把社会主义建成具有高度民主和发达生产力的理想社会。

三、曲折认识过程中的深刻反思

从苏联宣布成为第一个进入社会主义社会的国家到今天，社会主义实践的发展已经有了50余年的历史。这50多年的社会主义实践过程，也是人们对社会主义社会矛盾问题的认识过程，这个认识过程，大体可以划分为三个阶段。

第一阶段，以"完全适合论"和"统一动力论"为代表的，否认社会主义社会矛盾的基本倾向占统治地位的阶段（1936 年到 20 世纪 50 年代初期）。

这个阶段是从 1936 年苏联宣布进入社会主义社会到 20 世纪 50 年代初期斯大林逝世前后。随着社会主义制度在苏联的建立，在人类历史上第一次出现了社会主义的实践。在新社会内部的矛盾还没有充分暴露，人们的实践经验还很缺乏的条件下，人们企图从和阶级社会，特别是和资本主义社会的对比中来把握新社会的特点，揭示新制度的优越性。在这种情况下，由于思想方法的片面性，斯大林提出了"完全适合论"和"统一动力论"，否认社会主义国家内部存在矛盾，以形而上学代替了社会主义社会发展辩证法，这是这一阶段关于社会主义社会矛盾问题的基本理论倾向。

在苏联宣布建立社会主义制度以前，斯大林承认社会主义过渡时期存在着矛盾、阶级和阶级斗争，他对当时苏联社会矛盾作过一些分析，在 1930 年他明确使用过"内部矛盾"（指工农之间的矛盾）和"外部矛盾"（指社会主义国家和资本主义国家之间的矛盾）这样的概念。而在 1936 年，当斯大林作《关于苏联宪法草案》报告宣布苏联进入社会主义社会时，他就提出工人、农民和知识分子三个社会集团之间的经济的和政治的矛盾，"在缩小，在消失"。1937 年 8 月，当需要对正在开始的大规模肃反活动作出理论说明时，斯大林提出了著名的"左"的论点："如果阶级斗争的一端在苏联境内有所行动，那么它的另一端却延伸到包围我们的资产阶级国家的境内去了。"① 这就是把苏联的社会矛盾都说成是剥削阶级残余进行的反抗和斗争，说成是敌我矛盾。而且把引发矛盾的主要原因归结为外部，归结为资本主义包围，否认社会主义国家内部存在着矛盾。1938 年斯大林在《论辩证唯物主义和历史唯物主义》一文中，首次指出：社会主义的"生产关系同生产力状况完全适合"的论点，"完全适合"也就是说它们之间是没有矛盾的。这样，"完全适合"论就随着收载该文的《联共（布）党史简明教程》的普及而广为传播。既然认为社会主义社会是无矛盾的，不是由矛盾推动而前进的，那么在理论上就必须对社会主义社会发展动力问题作出新的说明。1939 年 8 月，斯大林在联共（布）第四次代表大会上指出，苏联社会"在道义上和政治上的一致、苏联各族人民的友谊以及苏维埃爱国主义这样一些动力也得到了发展"。② 这也就是说一致、统一是动力。斯大林关于社会主义动力问题没有其他的论述，这也就可看做是斯大林的动力论。斯大林虽然没有关于社会主义社会矛盾问题的专门的、系统的理论论述，但从以上的一些论述中也完全可以看出，他直截了当地否认了社会主义的内在矛盾，他的论点显然是形而上学的。

斯大林的理论给苏联带来了有害的影响，由于斯大林的观点从 20 世纪 30 年代以来就一直在苏联占着统治地

①　《斯大林文选（1934—1952）》，人民出版社 1985 年版，第 226 页。
②　《斯大林文选（1934—1952）》，人民出版社 1985 年版，第 263 页。

位，使形而上学代替辩证法，这种占统治地位的形而上学观点就成为苏联僵化的经济和政治体制形成的重要哲学支柱。在实践上，由于否认了社会主义内部人们之间的矛盾，导致以斯大林为代表的苏联党的领导在国家政治生活中严重混淆两类不同性质的矛盾，犯了一系列肃反扩大化的错误，严重破坏了社会主义的正常民主生活，长期阻滞了这种民主生活的发展进程；在经济上，由于否认了客观存在的矛盾运动，找不到真实的发展动力，形成了严重窒息社会主义经济活力的社会体制，造成了苏联后来社会经济发展的缓慢和停滞。

第二阶段，关于社会主义社会矛盾理论的初步形成阶段（20 世纪 50 年代中期到 60 年代）。

这个阶段是从 20 世纪 50 年代中期开始持续到 60 年代。第二个认识阶段实际上是自 1936 年以来，关于社会主义社会矛盾的第一次大规模的论争，关于社会主义社会矛盾的理论在争论中开始形成。这个认识阶段是同社会主义国家出现的第一次改革浪潮的历史背景相联系的。第二次世界大战之后，列宁亲手创立的第一个社会主义国家经受了苏联国内战争的考验，尤其是经受了第二次世界大战的考验，成为世界强国之一。与此同时，第二次世界大战之后又涌现出一系列的社会主义国家。这个伟大的历史事实向世界人民证明了社会主义制度的优越性。然而，当世界历史进入一个新的转折点之后，资本主义各国相继调整了国内政策，对资本主义的体制进行了较为广泛的改革，进入了相对和平的科学技术和经济发展的时期。社会主义各国经过建国初创之后，也相继进入和平建设阶段。在这种历史条件下，社会主义各国的国内矛盾开始突出了：（1）斯大林时期所执行的过"左"的那些路线和政策造成的后果，开始暴露出来；（2）社会主义各国按照苏联模式所建立的旧体制开始暴露出其固有的弊病，阻碍了社会主义经济的进步发展；（3）社会主义各国人民内部的利益矛盾开始突出出来了。正是在这种历史条件下，国际共产主义运动展开了对"斯大林主义"的反思和论争。

除了 20 世纪 40 年代末期，南斯拉夫被开除出情报局，走上"工人自治"的独立发展道路外，1956 年，苏共召开二十大，开展批判"个人迷信"和肃反扩大化的运动，触发了东欧一些社会主义国家要求冲破旧体制束缚，摆脱苏联控制，突破苏联模式的民主和改革浪潮。由于波兰、匈牙利本身特殊的国内外矛盾的激化，再加上掌权的领导人错误地估计了形势，混淆了两类不同性质矛盾，以及帝国主义和反社会主义分子挑拨离间和资产阶级思潮的影响，造成了 20 世纪 50 年代的波匈事件。波匈流血事件使波匈两党开始清醒，尤其是匈牙利社会主义工人党及时地总结了匈牙利事件的经验教训，开始有目的、有步骤地进行社会主义改革，扩大社会主义经济民主和政治民主，调整国内利益关系和矛盾关系。20 世纪 50 年代后期，匈牙利改革又连续引起苏联和东欧一些国家的局部性改革；20 世纪 50 年代中期、后期的社会主义改革浪潮，进一步促使一些国家的共产党人清醒地看到，社会主义国家内部存在着矛盾、危机和冲突，必须调整和处理好社会主义社会矛盾，否则就会给社会主义带来严重的损失。于是，如何看待斯大林关于社会主义社会矛盾问题的论述，如何正确理解和处理社会主义社会矛盾问题，就成为当时最迫切的马克思主义现实的理论问题之一。这个阶段的特点是，开始肯定社会主义国家内部存在矛盾，并逐步提出社会主义社会矛盾的初步理论，中国共产党人和毛泽东同志关于社会主义社会矛盾问题的思想是这个阶段的最高理论成果。

在关于社会主义社会矛盾这个重大理论问题上，我们党和毛泽东同志有独创的理论贡献，提出了主要矛盾、基本矛盾、两类不同性质矛盾的理论，并且作了深刻的论证和阐述。1956 年 9 月中共八大决议指出："我们国内的主要矛盾，已经是人民对于建立先进的工业国的要求同落后的农业国的现实之间的矛盾，已经是人民对于经济文化迅速发展的需要同当前经济文化不能满足人民需要状况之间的矛盾"，明确了我们国内的主要矛盾。1956 年，在苏共二十大批判斯大林所引起的一场政治风波之后，我党发表了《关于无产阶级专政的历史经验》和《再论无产阶级专政的历史经验》两篇文章，阐述了我党关于社会主义社会矛盾问题的认识，认为，社会主义的发展是在生产力和生产关系的矛盾中进行的，社会主义社会存在两种不同性质的矛盾。这是我党第一次公开阐明的有关社会主义社会矛盾，关于两类不同性质矛盾的原则性观点。1957 年，我国完成了社会主义三大改造，过渡时期的基本任务已经完成，大规模的群众性的阶级斗争基本结束，而人民内部的各种矛盾突出出来了。鉴于波匈事件的教训，鉴于国内的新情况，毛泽东同志总结了我国社会主义建设的实践经验，注意到斯大林和当时苏联理论界关于社会主义社会矛盾的不正确认识，发表了《关于正确处理人民内部矛盾的问题》（以下简称《正处》）的讲话，创造性地发展了马克思主义关于社会主义社会矛盾的理论。它的主要贡献是：（1）把对立统一规律贯彻到对社会主义社会的研究，通过对社会主义社会矛盾特殊性的揭示，坚持了矛盾普遍性的原理，阐明了社会主义不是没有矛盾而是充满矛盾，只是这种矛盾和旧社会根本不同，它是非对抗性的矛盾，可以经过社会主义制度本身，不断得到解决。这也就批判了斯大林等人看到社会主义与阶级社会不同的某些特点，否定社会主义社会存在矛盾的形而上学观点，坚持了辩证法的宇宙观。（2）明确指出社会主义的基本矛盾仍然是生产关系和生产力之间、上层建筑和经济基础之间的矛盾，其特点是它们之间既有基本适应的一面，又有不相适应的一面。（3）提出了两类社会矛盾的学说，认为，敌我矛盾是对抗性的矛盾，人民内部矛盾是非对抗性的矛盾，二者解决的方法是不同的。人民内部矛盾是社会主义国家内部大量存在的矛盾。在这前后，刘少奇同志也对两类矛盾的学说做出一定的贡献，他认为，人民内部矛盾"大量地表现在人民群众同领导者之间的矛盾问题上。更确切地讲，是表现在领导上的官僚主义与人民群众的矛盾这个问题上"。① 他还认为，人民内部矛盾"还特别表现在分配问题上"。② 这样刘少奇同志进一步阐述了人民内部矛盾的主要表现和人民内部矛盾的主要表现领域。（4）在发展动力问题上，指出正是这些社会主义社会矛盾推动着社会主义社会向前发展。（5）关于国内的主要矛盾，明确指出，革命时期的大规模的疾风暴雨式的群众阶级斗争已基本结束，我们的根本任务已经由解放生产力变为在新的生产关系下面保护和发展生产力。

中国共产党和毛泽东同志的上述理论，是关于社会主义社会矛盾认识史上的重要里程碑，它批判了形而上学观点，扭转了方向，把矛盾问题提到涉及社会主义社会发展的全局而不是局部，根本而不是枝节的理论问题的高度，并解决了一些重大的理论问题。尽管它还有许多不足和缺陷，如没有真正揭示出社会主义社会矛盾的经济根源和具体表现，没有解决与此相联系的社会主义民主建设问题，因而也没有涉及旧体制的弊端等问题，但毕竟还是为全面、科学地认识社会主义社会矛盾问题奠定了重要的基础。

事情的发展是曲折的。由于理论问题解决得不彻底，由于主观判断上的偏差，由于当时着重从政治思想上来分析社会主义社会矛盾，缺乏从根本的经济原因上来认识社会主义社会矛盾，在"反右"开始后，毛泽东同志逐步

---

① 《刘少奇选集》下卷，人民出版社1985年版，第303页。

② 《刘少奇选集》下卷，人民出版社1985年版，第303页。

违背了关于社会主义社会矛盾问题的正确论断，把阶级斗争看做是我国社会主义面临的主要矛盾，后来发展到发动"文化大革命"，提出"无产阶级专政下继续革命"的理论。这个理论完全走到了反面，这是对我党和毛泽东同志关于社会主义基本矛盾、主要矛盾、两类不同性质矛盾正确学说的背离和否定。

第三阶段，深入研究社会主义社会矛盾，社会主义社会矛盾理论的进一步形成阶段（20世纪60年代后期到80年代）。

第三个阶段大约从20世纪60年代后期持续到80年代，在这个阶段出现了关于社会主义社会矛盾问题的第二次论争高潮。这个认识阶段是同社会主义国家第二次改革高潮相联系的。这一时期世界上爆发了一系列全球性的重大事件：（1）经过力量的重新组合，社会主义阵营已经不复存在，社会主义各国之间发生了一系列冲突乃至流血事件，如中苏两党公开论战，中苏、中越边界流血事件等；（2）许多社会主义国家内部爆发了一系列社会动乱，如中国"文化大革命"十年内乱，波兰80年代动乱等；（3）社会主义各国逐渐减慢了发展的速度，并且先后出现了各种经济困难，而资本主义世界的一些国家和地区在经济上却有了很快的发展，科技革命蓬勃兴起，日本、联邦德国、亚洲"四小龙"等国家和地区的经济发展尤为显著。这些情况和事件发生的原因和性质虽然并不相同，但都进一步引起人们对社会主义社会发展动力和社会主义社会矛盾问题的思索，提出了对社会主义再认识的历史课题。理论上对社会主义的再认识，推动了社会主义改革实践的进一步发展。从 50 年代后半期开始，经过六七十年代，到 80 年代，一系列社会主义国家掀起了改革的高潮。社会主义各国改革实践表明，关于社会主义社会矛盾的理论是社会主义改革的重要理论依据，只有正确认识社会主义社会矛盾，才能认识社会主义改革的动因，认清改革的方向、性质和特点，明确改革的范围和内容。正是社会主义的改革高潮，促使对社会主义社会矛盾问题的认识进入了新的阶段。

关于社会主义社会矛盾的错误理论，及在这个理论指导下发动的"文化大革命"，给中国人民和社会主义事业造成了深重的灾难，这个教训从反面说明了正确认识社会主义社会矛盾的极端重要性。1978 年党的十一届三中全会以来，我们党彻底清理和纠正了长期存在的"左"倾思想和理论观点，其中也纠正了关于社会主义社会矛盾问题的错误观点。党的十一届三中全会果断地停止使用"以阶级斗争为纲"的口号。1981 年 6 月，党的十一届六中全会通过的《关于建国以来党的若干历史问题的决议》（以下简称《决议》）指出："在社会主义改造基本完成以后，我国所要解决的主要矛盾，是人民日益增长的物质文化需要同落后的社会生产之间的矛盾。"同时《决议》对社会主义时期的阶级斗争进行了新的理论概括，指出在剥削阶级作为阶级被消灭以后，阶级斗争已经不是社会主义的主要矛盾，但由于国内的因素和国际的影响，阶级斗争还将在一定范围内长期存在，在某种条件下还有可能激化。然而，我们党和理论界并没有仅仅停留在拨乱反正的工作上，而是从总体上提出了对社会主义再认识问题，进一步发展关于社会主义社会矛盾的理论。在对社会主义再认识的过程中，人们认识到，过去对社会主义的认识同现实社会主义的实践之间存在着矛盾，正是这种认识和实践的矛盾，促使我们党和理论界到社会主义实践中去探讨社会矛盾的特点和规律，深化了关于社会主义社会矛盾的理论认识，有了一些突破和飞跃：（1）充分认识到生产力在社会主义基本矛盾运动中的决定性作用，把生产力标准提到第一位，把发展生产力作为社会主义的根本任务，深化了对社会主义基本矛盾的认识。1984年10月党的十二届三中全会作出的《中共中央关于经济体制改革的决定》中指出，把是否有利于发展社会生产力作为检验一切改革成败的最重要标准。"1987年10月党的十三大报告指出是否有利于发展生产力，应当成为我们考虑一切问题的出发点和检验一切工作的根本标准。"（2）深刻认识到我国多年来形成的过分集中的僵化的社会主义经济——政治体制，已经严重地束缚了社会生产力的发展，目前我国改革的迫切任务就是在坚持社会主义根本制度的前提下，改革不适应生产力发展的僵化的经济体制和原有的政治体制，进一步解放生产力，使社会主义真正变得生机盎然、充满活力，从而初步揭示了社会主义基本矛盾的具体表现和解决矛盾的根本途径。（3）坚持实事求是的思想路线，具体分析我国的国情，从我国生产力的实际状况出发，明确指出我国正处于社会主义初级阶段和我国目前阶段的主要矛盾，说明我们必须从这个最基本的重要国情和客观实际出发，不能做超越阶段的事情，全面提出了党在社会主义初级阶段的基本路线，为认识社会主义社会矛盾奠定了重要基础。正是在党的正确路线指引下，我国理论界从实际情况出发，对社会主义社会矛盾问题进行了广泛的探讨和研究，进一步深化了对社会主义社会矛盾问题的正确认识。

从以上的历史叙述中可以看出，关于社会主义社会的矛盾和发展动力问题，在半个世纪以前，斯大林提出了两个基本观点。一是"完全适合论"，这是他看到社会主义同以往的阶级社会不同，消灭了阶级对立，社会主义社会成员之间根本利益是一致的，就误认为这种"一致"就是没有矛盾。事实上，社会主义不是不存在矛盾，只是和阶级剥削社会的矛盾性质不同，而矛盾性质不同不等于没有矛盾；一是"统一动力论"，他看到，既然在社会主义国家人民的根本利益是一致的，那么矛盾也就不成为动力了，只有一致才是动力。斯大林只看到了人民根本利益的一致，否认了人民在根本利益一致基础上还存在着矛盾，而正是这种矛盾才是推动社会主义前进的动力。斯大林关于社会主义社会矛盾的形而上学观点流传了整整半个世纪，曾一度统治着社会主义国家的思想阵地，给社会主义的实践带来了不良的影响。半个世纪以来围绕着斯大林提出的论点逐步展开的争论，是在马克思主义发展史上关于唯物辩证法和形而上学的一场大论战。这场论战不仅旷日持久，而且意义极为深远，关系到社会主义的前途和命运。在论战中辩证法逐步克服了形而上学，而毛泽东同志的《正确处理人民内部矛盾问题》是这一转变的标志。随着历史的发展，社会主义的实践者们也逐步突破斯大林观点的束缚，原则上承认社会主义国家由于存在着矛盾，认为矛盾是社会主义社会的动力和源泉，开始深入探讨社会主义社会矛盾的一系列理论问题。近年来，甚至提出社会主义社会存在着对抗性矛盾，存在着社会危机，必须改革旧的体制，才能进一步解放和发展生产力的观点。

　　总之，半个世纪以来，关于社会主义社会矛盾问题，人们经历了一个正确与错误、真理与谬误的反复认识过程。可以说，至今人们尚未完成对社会主义社会矛盾的全面科学的认识，除了社会主义社会发展的客观条件给人们造成的局限以外，没有从经济入手，分析社会主义社会矛盾产生的最终根源，也是其中一个最重要的认识上的原因。对社会主义社会矛盾存在的经济根源不展开分析，就无法从总体上深入、完整、正确地把握社会主义社会矛盾的特点和运动规律。因此，现在摆在我们面前的重要任务是：从社会主义经济分析入手，揭示社会主义社会矛盾产生、发展和解决的经济根源，深刻认识社会主义社会利益矛盾，以便全面、科学地表述社会主义社会基本矛盾的具体表现和社会主义初级阶段的主要矛盾，实事求是地说明社会主义冲突、动乱、危机等社会矛盾激化、对抗现象，清楚地认识到什么是社会主义的社会发展动力，怎样通过改革，采取什么样的社会体制，才能有效地协调和处理社会主义社会矛盾，最大限度地发挥出社会主义制度固有的动力作用。

四、走出理论"涤罪所"的解脱之路

对社会主义社会矛盾认识过程的历史回顾表明，关于怎样认识和处理社会主义社会的矛盾问题，虽然已经取得了许多研究成果，但至今还是一个亟待解决的重大课题。对于这个有重大理论和实践意义的根本性问题，要形成具有科学形态的系统理论，还需要我们做艰巨的工作，还需要我们在人们已经达到的认识基础上继续前进，克服一些人认识方法上的缺陷，用历史唯物主义原理系统地总结正反两方面的实践经验，把握唯物辩证法，从社会主义现实出发，首先是从分析社会主义经济事实入手，不断进行深入的、系统的、全面的研究。为此，就要找到推动社会主义经济，从而推动整个社会发展的矛盾的主线，找到沿着主线、从经济分析入手、对社会主义社会矛盾进行深刻分析的正确思路来。只有这样，才能走出社会主义社会矛盾问题理论研究的"涤罪所"。

（一）生产与需要的矛盾是把握社会主义社会矛盾的主线

商品经济阶段是社会主义发展所不可逾越的历史阶段，现实社会主义社会必然存在商品经济。存在商品经济的现实社会主义的社会矛盾是极为复杂的，要认识这一复杂的矛盾系统，必须把握生产与需要矛盾这一主线。为了说明把握生产和需要的矛盾对认识社会主义社会矛盾的特殊意义，先简略地说明把握它对认识社会历史的一般意义。

　　人类社会历史就是不断地满足自身的需要而进行生产活动的历史，生产和需要的矛盾贯穿人类历史发展始终，横跨社会生产和社会消费两大领域，推动社会生产的发展，从而推动着社会历史的发展。马克思和恩格斯把生产和需要作为完整地说明整个历史发展的最重要的范畴之一。他们认为，生产和人的生产，人的生活需要和人的生产需要，这两种需要和两种生产，"从历史的最初时期起，从第一批人出现时"，"就同时存在着，而且就是现在也还在历史上起着作用"①。需要范畴反映了人对客观外界的一种依赖关系，生产总是由需要引起的，没有需要也就没有生产，需要构成了"生产的观念上的内在动机"，构成"生产的前提"，构成"生产的动力"。离开需要就无法理解生产，人们的社会需要是刺激人们从事社会生产活动的内在动机。但是，"过程总是从生产重新开始的"，需要的满足，新的需要的产生是通过生产实现的。"生产本身就创造需要"②，"需求本身也只是随着生产力一起发展起来的"③。因此，需要是生产观念上的起点，生产是需要的实际起点，正是生产和需要的辩证矛盾运动构成了社会经济发展的动力，从而成为推动社会历史矛盾

　　①　《马克思恩格斯全集》第46卷（上），人民出版社1979年版，第28—29页。
　　②　《马克思恩格斯全集》第46卷（上），人民出版社1979年版，第402页。
　　③　《马克思恩格斯全集》第46卷（下），人民出版社1980年版，第114页。

运动的基础。

不过各个社会成员的需要并不是径直地，而是通过生产关系影响社会生产，推动社会生产力的发展。尽管生产与需要的矛盾贯穿于人类社会始终，但在不同的历史条件下，生产和需要矛盾的具体表现形式是不同的。在阶级剥削社会里，由于生产资料占有的私人性质，社会生产的直接目的是为了满足统治阶级的私人需要，而不是直接满足社会需要，不是直接满足劳动人民的物质文化生活的需要。恩格斯指出："鄙俗的贪欲是文明时代从它存在的第一日起直至今日的起推动作用的灵魂；财富，财富，第三还是财富，——不是社会的财富，而是这个微不足道的单个的个人的财富，这就是文明时代唯一的、具有决定意义的目的。"恩格斯在阐明财富对社会生活其他方面发展的意义时又指出："如果说在文明时代的怀抱中科学曾经日益发展，艺术高度繁荣的时期一再出现，那也不过是因为在积累财富方面的现代的一切积聚财富的成就不这样就不可能获得罢了。"[①] 这也就是说，在私有制社会里，科学、文化、艺术和教育等的发展，归根到底都是和统治阶级私人积累财富的目的相联系，受它制约的。这是对一元论的唯物主义历史观的一种精辟论述。因此，在阶级社会里，（1）需要对生产从而对社会发展的推动是以歪曲的、间接的形式表现出来的，是通过统治阶级追求己欲和私利的形式表现出来的。在奴隶社会，表现为奴隶主阶级对奴隶

---

① 《马克思恩格斯选集》第 4 卷，人民出版社 1995 年版，第 177 页。

劳动成果的榨取；在封建社会，表现为地主阶级对农民阶级剩余劳动的夺取；在资本主义社会，则表现为资本家对利润的追求，"出售时要获得利润，成了唯一的动力"①。经过生产关系的折射，资本主义社会生产与需要的矛盾表现为生产的无限扩大的趋势和劳动群众购买力相对缩小的矛盾，造成生产的相对过剩，形成周期性的经济危机。

（2）生产和需要的矛盾必然表现为人与人之间的阶级矛盾。例如在资本主义社会里，工人阶级必然会起来反对使他们的生活需要得不到满足的整个资本主义剥削制度，社会生产和需要的矛盾就表现为工人阶级为了获得自己的合理需要而同资产阶级之间发生的阶级斗争。总之，在阶级剥削制度下，社会的生产和需要的关系和矛盾采取了曲折的、间接的、对抗的形式，表现为阶级矛盾，最终导致通过阶级斗争推翻阶级剥削制度，把社会推向更高的历史阶段。

在社会主义国家中，生产与需要的联系和矛盾具有与阶级剥削社会不同的特点和表现形式。

（1）社会生产和社会需要二者之间的联系形式开始转变为直接性的，二者的矛盾性质转变为非对抗性的，而这种矛盾的运动则成为推动经济发展，从而推动社会发展的强大动力。

在以社会主义公有制为基础、为主体的条件下，社会主义的生产关系开始把生产和需要直接联系起来，满足不

①　恩格斯：《自然辩证法》，人民出版社1971年版，第161页。

断增长的人民的物质文化需要成为社会主义生产的根本目的。在实践上，发展社会生产力就成为社会主义的根本任务。在社会主义条件下，需要和生产之间也会发生矛盾，但这种矛盾一般不再表现为阶级矛盾，而表现为在根本利益一致基础上的人民内部的、非对抗性的社会矛盾。社会生产和社会需要之间矛盾的不断产生和不断克服，推动着社会主义经济不断发展，成为经济运动的基本内容，成为推动经济发展的强大动力，因而也成为推动整个社会发展的最深厚的动力源泉。需要和生产之间的矛盾，在人际关系上展开为人民内部的各类矛盾，成为社会主义内在的发展动力。问题在于，要根据客观实际建立起能最大限度地发挥这种动力作用的合理的社会体制。

　　然而，在社会主义初级阶段，由于社会主义商品经济存在和发展的必然性，社会主义商品经济又给生产和需要的联系和矛盾带来一系列重要的特点。这主要是：社会主义商品经济决定社会产品还不是直接分配到消费者手中，还需要经过商品交换，生产与需要之间的联系必须经过商品关系的中介。因此，生产和需要的联系在向直接性的转化过程中，呈现出直接性和间接性相结合的形式，既不是完全直接性的联系形式，又不是完全间接性的联系形式。社会生产和社会需要的矛盾同社会主义商品经济的矛盾交错在一起，交织成以生产和需要矛盾为主线的复杂的矛盾系统，社会整体需要构成了社会生产的根本动力，企业的特殊需要构成了局部生产的动力，劳动者的个人需要构成个人生产活动的动力，这些动力既统一又矛盾，构成了以社会整体需要为根本动力的推动经济发展的动力系统。

具体来说，国家代表全体人民的共同利益，满足社会的整体需要是国家计划、指导以至组织社会生产的直接目的，直接满足人民的需要是目的，而解决目的的手段是发展生产，目的和手段之间的矛盾运动推动了社会生产发展。而国家又必须通过商品经济的具体运行来实现社会生产和分配，这样，社会生产和社会需要的联系，就社会生产目的和社会生产手段的关系来说，采取了直接的形式；就社会生产和社会分配的实际运行来说，又采取了以商品交换为中介的一定程度的间接形式。

在社会主义商品经济中，公有制的生产单位（企业）具有相对独立性，它们在国家的计划指导下，为满足社会需要而生产的同时，也把自己特殊的利益作为局部生产的目的，获得利益成为生产单位（企业）生产经营的动力。满足社会整体需要是通过具有特殊生产目的的生产单位（企业）之间的竞争实现的。这样，也就使得生产和需要的联系具有一定的间接性，形成了社会生产目的和动力的二重化。然而，由于企业和国家的根本利益是一致的，全社会的利益作为主导性利益制约着企业的特殊利益，社会整体需要作为主导性的目的和动力制约着企业的生产与经营的目的和动力，构成矛盾统一的社会生产的目的和动力系统。

由于在社会主义历史阶段，劳动还不能成为人们生活的第一需要，而还仅仅是谋生的手段，所以满足个人物质文化生活的需要，实现个人利益，就成为劳动者个人从事生产劳动的具体目的和动力。作为不同的成员，劳动者的利益只有在这种不同层次的集体中才能个体化，他们的目的和利益既同企业、社会的目的和利益相矛盾，又同企业、社会的目的和利益相一致，他们的目的和利益必须与企业、社会的目的和利益相结合，并且受后者的制约。按劳分配是实现劳动者利益个体化的原则和基本方法。满足社会需要、满足局部需要是通过以个人需要为目的的劳动者之间的劳动竞争实现的。这样，社会生产和社会需要的联系和矛盾，同具有局部生产目的和利益要求的生产单位和具有个人生产目的和利益要求的劳动者个人之间的矛盾交织在一起，同具有不同的生产目的和利益要求的劳动者个人之间的矛盾交织在一起，使得生产和需要的联系和矛盾又多了一个层次的间接关系，形成了最终统一于整体社会需要的多重化的生产目的和生产动力系统。

在我国社会主义发展的现阶段，还存在着多种经济成分。一方面，个体经济和私营经济有着不同于公有制经济的生产目的和动力，同公有制经济存在着一定的矛盾，个体经济和私营经济的私人需要同社会需要有一定矛盾，同整个社会生产也有一定矛盾。但是另一方面，它们又不是孤立存在的，而是与社会主义经济相联系而存在的，作为社会主义经济的必要补充，它们的存在和发展也有利于社会生产力发展，客观上有助于满足社会的整体需要。社会生产和社会需要的矛盾同具有不同需要、不同经济成分之间的矛盾交织在一起。社会生产和社会需要的联系又多了个体经济和私人经济的私人需要和社会生产的矛盾这个层次，具有了更多层次的间接性，形成了更为复杂的生产目的和动力系统。

总之，在现实社会主义国家中，社会生产和社会需要的联系和矛盾，就是通过商品经济运行中的纵向的社会、集体、劳动者个体的矛盾关系，横向的集体之间、劳动者个体之间的矛盾关系，以及各种经济成分之间的矛盾关系，贯穿于人们的生产活动以至整个社会活动中，在联系形式上表现出不完全的直接性，以及由此而带来的其他一系列重要特点，如生产目的的多重化、生产动力的多样化，以及多重目的的矛盾统一和多样动力的矛盾统一的特点。

（2）社会生产和社会需要的矛盾在社会主义起根本性作用。

为什么说社会生产和需要的矛盾在社会主义起根本性作用呢？这就必须从生产和需要的矛盾同社会主义基本矛盾的相互关系，从基本矛盾的运动特点来探讨。生产与需要的矛盾运动赋予社会主义基本矛盾运动以新的特点，是社会主义基本矛盾运动的主干线。

首先，从社会主义社会生产和社会需要的矛盾运动同生产力和生产关系矛盾运动的关系来说，前者是后者的实质和核心。前面我们已经说过，社会生产和社会需要的矛盾运动是社会主义经济运动的基本内容，社会生产和社会需要矛盾的不断产生和不断克服，形成生产力和生产关系矛盾运动的实质，生产力和生产关系的矛盾运动正是围绕着生产和需要矛盾运动这一核心进行的。在社会主义条件下，需要是生产的直接目的，而需要又受到生产力发展状况和生产关系具体形式的制约，需要的满足和发展是通过生产力和生产关系矛盾的不断克服来实现的，这样，需要就成为人们运用和改善生产关系以促进生产力发展的根本动力，构成生产力和生产关系矛盾运动的起点和归宿。生产和需要的矛盾必然表现为生产力和生产关系的矛盾运动。当然，另一方面，生产总是处于一定生产关系下的生产，需要也总是处于一定经济关系下的需要，生产与需要矛盾的发展和解决，也要受到生产力和生产关系矛盾运动的影响。

其次，从同经济基础和上层建筑矛盾的关系来说，在社会主义条件下，社会生产和社会需要的矛盾运动又是经济基础和上层建筑矛盾运动的最深刻原因。经济基础和上层建筑的矛盾运动是在生产和需要矛盾运动的基础上展开的。在经济上，社会需要成为社会生产的直接目的；在政治上，就要求必须保证这种目的得到完满的实现。这也就是说，适应经济基础的发展，必须从政治上找到相应的形式，保证人民有权支配自己的生产资料，成为社会生产力、生产关系和一切社会关系的主人，这也正是社会主义民主政治的本质。至于社会主义意识形态的发展，科学、教育、文化的发展，其根本动因归根到底也是来自发展社会生产满足社会需要的要求。这样，社会需要通过社会主义民主政治和社会主义意识形态，从上层建筑方面对经济基础的发展起到促进作用。生产和需要的矛盾运动也就必然表现为经济基础和上层建筑的矛盾运动，前者成为推动和影响后者发展的根本原因。当然,反过来说,生产和需要的矛盾运动也要受经济基础和上层建筑矛盾运动的影响。

再次,在社会主义条件下,社会主义基本矛盾不表现为阶级矛盾和阶级斗争,生产和需要的矛盾也不表现为阶级冲突和阶级斗争,而表现为人民内部矛盾。社会生产和社会需要的矛盾同社会基本矛盾在人际关系上的表现是一致的,而人际矛盾最终落在人的需求分配上。

最后,社会生产和社会需要的矛盾,虽然贯穿于社会主义发展过程的始终,但是在不同的历史阶段具有不同的实际内容,因而显示出发展的阶段性来。这种阶段性同社会主义基本矛盾运动所体现出来的阶段性是一致的。我们可以把生产和需要矛盾运动的阶段性作为一个重要标准,来划分社会主义社会发展的阶段。人的需要是随着生产的不断发展而发展的,永远不会停留在一个固定的需求水准上。恩格斯说:"有了生产,所谓生存斗争便不再围绕着单纯的生存资料进行,而要围绕着享受资料和发展资料进行。"[①] 在社会主义初级阶段,生产与需要的矛盾突出表现为不断增长的社会物质文化需要同相对落后的社会生产的矛盾,而这个矛盾的解决,就会使社会主义由初级阶段进入更高一级阶段。当人们一定的生活需要得到满足之后,人们又要求进一步享受和发展的需要。人的全面发展是社会主义社会需要的最高要求,这个最高的社会需要不

① 《马克思恩格斯全集》第 20 卷,人民出版社 1971 年版,第 653 页。

断推动社会生产向广度和深度发展，因而也推动社会主义不断向更高阶段进展。

总而言之，社会主义社会生产和社会需要的矛盾运动，渗透到社会主义社会生活各个方面、各个领域，对社会主义的经济、政治和文化的发展，对社会和人的发展都具有重要的影响；同时它又贯穿于社会主义社会矛盾运动的全部历史过程，它的矛盾运动不断推动社会主义前进。所以说，社会生产和社会需要的矛盾渗透到社会主义社会方方面面，贯穿于社会主义社会历史全过程，起着根本性的作用。既然如此，那么我们在研究社会主义社会矛盾时，就应当把生产和需要的矛盾作为一条主线，沿着这条主线，展开对社会主义社会矛盾的具体分析。

（二）马克思分析方法的启示

怎样抓住社会主义社会矛盾的研究主线，从经济分析入手，揭示社会主义社会的矛盾呢？从 1842 年—1843 年的《莱茵报》时期，经过 1844 年—1845 年的唯物史观创立时期，最后到《资本论》创作时期，马克思分析资本主义社会矛盾可资借鉴的思路是：从社会历史的一般分析转入物质利益分析，再从物质利益分析转入对"市民社会"的初步经济分析，从而揭示了社会基本矛盾的一般原理，建立了历史唯物主义理论体系；尔后，又根据历史唯物主义关于社会基本矛盾的一般原理，对资本主义经济的细胞——商品进行理论分析，揭示出资本主义社会经济关系的内在矛盾，揭示出资本主义社会的利益矛盾，以及以上述经济矛盾和利益矛盾为基础的阶级矛盾，从而揭示出资本主义社会基本矛盾的运动规律。在这里，马克思为我们提供了研究社会主义社会矛盾问题的正确思路：不停留在对社会矛盾问题的社会历史分析上，必须深入到分析社会矛盾产生的利益根源，对利益的分析又必须深入到对社会矛盾所赖以存在的经济事实的分析，从中揭示社会经济关系的内在矛盾，然后才能把握植根于社会经济事实中的社会矛盾，才能切实地、系统地把握社会主义社会矛盾及其运动规律，避免在社会主义社会矛盾的研究上存在脱离实际的空泛议论。

利益矛盾是一切社会矛盾、冲突、动荡产生的根源，社会矛盾不外是一定社会利益关系的体现，而利益关系是由一定的生产关系决定的。在这里，一定的经济关系决定一定的利益关系，一定的利益关系又决定一定的社会政治、文化等更为广泛的社会关系。经济范畴分析→利益范畴分析→社会历史范畴分析，这就是我们分析社会主义社会矛盾的具体思路。从经济分析入手，进行经济范畴分析，揭示社会主义最基本经济关系的内在矛盾；然后由经济分析进入利益分析，进行利益范畴分析，揭示社会主义社会利益矛盾；最后由利益分析进入社会历史分析，进行社会历史范畴分析，揭示作为社会有机体的社会主义社会结构的矛盾，从而把握社会主义社会矛盾运动的特殊规律和社会主义社会的动力系统，揭示体现在人际关系中的社会主义社会的人民内部矛盾。为了沿着正确方向推进社会主义的全面改革，为了回答本文一开始提出的两大课题，做这样的分析和研究是十分必要的。

　　现实社会主义是一个充满错综复杂矛盾的社会有机体。从世界史的进程来看，社会主义是作为扬弃几千年私有制的结果而出现的，它又要经过漫长的发展进程进入更高阶段的共产主义社会，因此，它的社会矛盾就呈现出特殊的复杂性。为了从错综复杂的社会矛盾中理出清晰的头绪和找到规律性，为了对社会矛盾做出具体的、系统的分析，还要运用科学抽象的方法，对社会矛盾加以归纳和分类，把握它们之间的联系和区别。

　　正确认识社会主义社会矛盾，是一个难度很大的重大理论问题，应当从社会主义现有的经济事实的剖析入手，首先展开对社会主义基本经济关系内在矛盾的分析，然后依次进入对社会主义利益矛盾的分析，对社会主义社会结构矛盾的分析，对社会主义人际关系矛盾的分析，对社会主义社会矛盾作用规律，即动力规律的分析，从而对社会主义社会矛盾体系展开初步的具体分析，最后才能得出通过改革，建立适应社会主义社会矛盾运动规律和动力作用规律的社会体制，保障社会主义事业健康、顺利发展的重要结论。

物质动力原则和历史唯物主义
社会分析方法论[*]

历史唯物主义是无产阶级的科学历史观，它既为我们提供了对社会一般发展规律的根本看法，成为指导人们社会实践的根本方法论，又为我们观察、分析和说明一切社会现象提供了基本的分析方法，是指导人们认识和处理繁杂的社会问题的思想武器。

列宁认为："必须到生产关系中间去探求社会现象的根源，必须把这些现象归结到一定阶级的利益。"① 经济原因是一切社会赖以存在和发展的前提条件，经济关系是一切社会关系存在和变化的基础。在现实社会生活中，一定的经济关系必然表现为一定的利益关系，利益是一定社会经济关系的体现。在阶级社会中，经济关系集中表现为一定的阶级关系，表现为一定的阶级利益关系。认识社会

现象，重要的是从社会存在的经济基础出发进行分析，从经济入手进行分析，必然要分析社会的利益关系。在阶级社会中，对社会现象进行经济分析、利益分析，必然导致阶级分析，经济分析、阶级分析、利益分析是历史唯物主义分析社会现象的基本方法。

一、坚持物质动力原则,遵循探究社会
　　历史规律的正确认识途径

社会历史唯物主义告诉我们，物质的、经济的原因是人类社会历史发展的最终原因。必须运用辩证唯物主义和历史唯物主义的世界观和方法论，坚持物质动力原则和历史唯物主义社会分析方法论，沿着正确的途径，才能科学地揭示人类社会发展的物质、经济的最终秘密。

如何正确地探讨人类历史发展的奥秘呢？这就是透过纷杂的社会历史现象，抓住广大群众持久的、引起伟大历史变迁的行动，然后找到触发这些行动的思想形式的动机，最后再去寻找思想动机背后的最终的动力。如何探讨思想动机背后的动力呢？首先，人类社会历史既是一个"自然历史过程"，同时又是一个有意识的创造活动的历史。在自然界中，起作用的是没有人和人的意识参与的自发力量，而社会历史的一切过程，则是人的有意识、有目的的活动的共同结果。社会是人的社会，社会历史是由人的有目的的活动创造的。处于一定社会关系中，从事具体生产劳动活动的人是社会活动的主体，是历史的主人。每

一个社会现象，都留下人的活动的轨迹，打上人的意志的烙印。

其次，人既是动物的一部分，同时又是动物中十分特殊的一部分，人与动物存在着本质的差别。自然界中低级动物的活动是盲目的、无意识的、被动的活动，而在历史领域内进行活动的是有意识、追求一定目的人。人与动物的一个重要区别就在于，人是自觉的、有意识的主动活动者，而动物则是无意识、无目的的被动活动者。

最后，人们从事的一切社会活动，必须通过大脑，通过思维，才能有意识地进行。这样一来，考察社会历史过程，必须要考察人的活动；考察社会历史的动力，必须要考察人的历史活动动因；考察人的历史活动动因，必然首先涉及人的意愿、欲望、目的等思想动机。按照合力论的原理，个人意志一定要服从整个民族、整个阶级的意志，个人的意志和动机通过合力定律合成为整个阶级或民族的动机。因此，与其说是考察个人活动的思想动机，不如说是考察整个阶级、整个民族行动起来的思想动机。

于是，从表面上看，似乎是思想动机促使人们去参加社会活动，这就势必造成一种假象，使人们误以为在自然界里纯粹是盲目的客观力量在起推动作用；在社会、人的活动领域，又好像是人的意愿、目的、情爱等思想动机在起决定作用。这样，就很容易得出精神是人类历史发展的最后的动力的历史唯心主义的结论来。历史唯物论和历史唯心论的区别，不在于是否承认思想动机，即精神动力的作用，而在于是停留在精神动力的结论上，还是进一步寻找精神动力背后的动力。所以，探讨历史发展的终极原因，必须首先抓住使整个阶级、整个民族行动起来的思想动机，然后，进一步去探讨使整个民族乃至整个阶级行动起来的思想动机背后的动力。同时，又必须首先从人的经济活动中，发掘思想动机背后物质的、经济的动力。

马克思和恩格斯为了探究历史发展的真正原因，倾注了毕生的心血。在《路德维希·费尔巴哈和德国古典哲学的终结》一书中，恩格斯谈到三个非常重要的思想：一是人类历史发展的最后动力或终极原因是经济因素；一是阶级斗争是历史发展的直接动力；一是需要和利益是人们进行社会活动的具体动因。他指出："如果要去探究那些隐藏在——自觉地或不自觉地，而且往往是不自觉地——历史人物的动机背后并且构成历史的真正的最后动力的动力，那么问题涉及的，与其说是个别人物，即使是非常杰出的人物的动机，不如说是使广大群众、使整个整个的民族、并且在每一民族中间又是使整个整个阶级行动起来的动机"①。恩格斯在这里提出了"最后动力"的概念。最后动力指的就是使个人乃至整个民族、整个阶级行动起来的动机背后的起最终决定性作用的力量或终极的原因。接着恩格斯就以西欧资本主义社会历史发展为例，说明土地贵族、资产阶级和无产阶级"这三大阶级的斗争和它们的利益冲突是现代历史的动力"②。随后他又进一

---

① 《马克思恩格斯选集》第4卷，人民出版社1995年版，第249页。
② 《马克思恩格斯选集》第4卷，人民出版社1995年版，第250页。

步剖析了阶级斗争背后的经济原因，他指出，这些阶级斗争"首先是为了经济利益而进行的，政治权力不过是用来实现经济利益的手段"①，"但是这些阶级是怎样产生的呢？……显而易见，这两大阶级的起源和发展是由于纯粹经济的原因。"②"国家的意志总的说来是由市民社会的不断变化的需要，是由某个阶级的优势地位，归根到底，是由生产力和交换关系的发展决定的"。③ 从恩格斯的推导可以看出，阶级斗争是历史发展的直接动力，而阶级斗争是由经济利益决定的，经济利益构成了人们从事历史活动的动因，但经济利益又是由一定的生产力和生产关系的发展所决定的。"生产力和交换关系"，这就是社会历史发展的最后动力或终极原因，社会历史发展的最终动力是纯粹的物质经济因素。由此可见，利益是使人们行动起来的动因，阶级间的利益冲突构成了历史发展的直接动力。认识历史发展的"直接动力"，必须探究"终极原因"或"最后动力"，最后动力或终极原因与直接动力相比，前者更根本，后者是派生的。所以，有时又把最后动力或终极原因称之为根本动力。总之，物质经济因素是历史发展的最终决定性力量，从这个意义上来说，生产力和生产关系的矛盾运动是历史发展的根本动力，生产力是决定性的因素。

---

① 《马克思恩格斯选集》第4卷，人民出版社1995年版，第250页。
② 《马克思恩格斯选集》第4卷，人民出版社1995年版，第250页。
③ 《马克思恩格斯选集》第4卷，人民出版社1995年版，第251页。

　　历史是人的历史，人是历史活动的主体，探讨历史发展的动力，必须首先探讨推动人们进行历史活动的动力。而人们的一切活动都要经过人的意识，也就是说，人的活动必须采取思想动机的形式。思想动机是一种心理现象，凡是反映在人们的头脑中并促成人的活动，引导人的活动去满足人的某种需要的念头、想法、意向，就叫做思想动机。它是推动人们进行活动的内在动力，是激励人去行动以达到一定目的的内在原因，即行为的心理动因。所以，马克思说，"就个别人说，他的行动的一切动力，都一定要通过他的头脑，一定要转变为他的愿望的动机，才能使他行动起来"。① 在思想动机中，经济活动的动机是人们从事经济活动的原因，它是人类活动的基本动机，它决定其他一切思想动机。马克思说，"生产的观念上的内在动机，……作为内心的图象，作为需要，作为动力和目的"，② 是生产的前提。任何一个人要进行生产活动，直接取决于他思想的意向。作为生产力要素的人同作为生产力要素的工具，所不同的是人是有意向的、主动的，而工具是无意向的、被动的。"生产观念上的内在动机"就是劳动者的劳动意向、目的，就是触发人们生产活动的思想动机。

　　人的衣食住行是最基本的生活要求，它是直接推动人们行动起来进行生产斗争和其他社会实践的第一位的动机

---

① 《马克思恩格斯全集》第21卷，人民出版社1965年版，第345页。
② 《马克思恩格斯全集》第46卷（Ⅰ），人民出版社1979年版，第28—29页。

和念头。人的衣食住行等基本的需求、情欲是由人的基本生活需要所触发的。"因为消费创造出新的生产的需要，因而……创造出生产的动力；……消费在观念上提出生产的对象，把它作为内心的图象、作为需要、作为动力和目的提出来。"① 人的消费需要形成了思想形式的动机，引起了人们的生产活动。生活需要是隐藏在人们动机背后的前提和动力。

人的需要在本质上是社会需要，经过经济关系的过滤和渗透，经过经济关系的编织，人的需要就不是单个的个体需要，而是成为互相联系、互相矛盾、互相冲突的社会需要。这样，处于一定经济关系中的人的情欲、需求关系就成为利益和利益关系。在社会生活中，人的需要采取了利益的形式，利益是一定经济关系中人的需要的高级的社会形式。由此看来，人的需要是促发人的动机，推动人们从事社会活动的动力，这同利益是促发人的动机，引起人们从事社会活动的动力作用是一致的。

既然利益是人们进行社会历史活动的动机，那么这就提出了两个重要问题：一是作为推动个体活动的动力的个人利益，如何转变成推动集体乃至整个民族和国家行动的动力；二是作为推动主体活动的动力的利益，如何转变成在整个客观的社会历史发展中起作用的动力，也就是说，利益的动力作用同生产力和生产关系的矛盾运动这个社会发展的根本动力如何联系。个人的生产劳动行为是在个人

---

① 《马克思恩格斯全集》第46卷（Ⅰ），人民出版社1979年版，第28—29页。

物质利益的刺激下所产生的行为，它带动并决定人的其他
具体社会行为，个人的物质利益是人从事正常社会活动，
首先是生产劳动活动的动力。在整体性的社会经济活动
中，虽然每个活动的个人都受自己的个人的经济利益的支
配，可是个人的经济利益又受整个社会经济关系的制约，
单个人的经济利益，无论对个人是起积极的影响，还是起
消极的影响，都会在整个社会经济活动中相互抵消、相互
融合，构成受生产关系制约的总的历史合力——整体经济
利益的动力。整体的共同经济利益构成了个人所期望的行
动目的背后的动力，这种共同的经济利益就成为整个社会
经济活动的动力。共同经济利益并不是单个的个人经济利
益的简单相加，而是单个经济利益的有机结合。共同经济
利益的动力作用方向，是不因任何一个单个经济利益的动
力方向而改变的。这样，利益的动力作用就由个人活动的
层次传递到社会活动的层次。经济利益的动力支配非经济
利益的动力，非经济利益的动力作用又传递给社会一般利
益，从而利益就成为人类社会活动的一般动力，利益的动
力作用就从经济活动层次传递给一般社会活动的层次。人
们正是在生产活动中实现自己的物质利益的，在生产关系
中处于不同的地位的人有着不同的物质利益，生产关系实
质上是人们之间的物质利益关系。代表旧的既得利益的阶
级总是固守旧的生产关系，利用旧的生产关系来保护自身
的既得利益。代表新的生产力的阶级总是通过改变旧的生
产关系，反对维护旧的生产关系的统治阶级的既得利益，
获取本阶级的应得利益。生产力与生产关系的矛盾运动通

过利益的动力传递，而展现为人与人之间的矛盾关系。利益是社会物质生产活动的中介，把体现在物与物之间的矛盾关系上的力的作用传递到人与人之间的矛盾关系上，利益通过人与人之间矛盾冲突，又把动力传递给生产力与生产关系的矛盾运动。生产力是最终决定性力量，这同利益动力的提法并不相矛盾。利益可以还原为需要，需要又促进生产，生产又引起新的需要，新的需要又推动生产向深度和广度发展，从而需要和利益就变成为社会生产发展的最重要的内在动因。生产力的发展，从而生产力和生产关系的矛盾运动成为社会发展的根本动力。

以上分析表明，探索社会历史发展客观规律的正确途径是：从个人活动的思想动机入手，抓住使整个民族乃至整个阶级、整个人类行动起来的思想动机；探索人的历史活动又必须从人的生产劳动实践活动入手，抓住促使人们进行生产劳动实践活动的思想动机；然后从人的生产劳动实践活动的思想动机入手，探索促使人们进行生产活动的思想动机背后的动力，从而去探索人类社会发展的根本动力和决定性因素。

二、认识社会现象必须从经济分析入手，揭示思想动机背后的最终物质原因

历史唯物主义坚持社会存在决定社会意识，必然把社会发展的终极原因理解为物质的、经济的因素，因而它是从物质的、经济的原因出发，来说明一切社会现象的。历

史唯心主义坚持社会意识决定社会存在，必然把社会发展的终极原因归之为某种精神的力量，因而它是从社会意识出发，来说明一切社会现象的。是从物质的、经济的因素出发，还是从精神力量出发说明社会历史现象，这是历史唯物主义和历史唯心主义认识方法上的根本区别。

根据社会历史发展的特点，要发现社会发展的一般规律，要分析复杂的社会现象，既要看到人们的思想动机在社会发展中的作用，又不能停留在人们的思想动机上，关键在于找出决定人们思想动机的物质、经济原因。

马克思为我们提供了进行经济分析的范例。在1835—1841年，马克思在政治上是坚定的革命民主主义者，但是在哲学倾向上基本上还是黑格尔唯心主义者。1842—1843年，马克思从学校走向社会以后，接触到物质利益问题，使他从对社会的哲学批判和政治批判，转向经济学的研究，把研究重点转向当时被称做"市民社会"的物质的经济关系，集中剖析了资本主义的经济结构，批判了资本主义的政治经济学。从经济入手对社会现象进行分析，使马克思认识到了劳动实践的社会意义，发现了物质资料的生产是社会存在和发展的基础，生产力是社会发展的最终原因，生产关系是社会生活最基本的经济关系，揭示了物质生活的生产方式制约着整个社会经济生活、政治生活和精神生活的过程，从而科学地解决了社会存在和社会意识二者关系这个基本问题，创立了历史唯物主义。可见，经济分析是马克思创立历史唯物主义过程中所遵循的基本分析方法。物质的、经济的因素是全部社会生活的基础，是推动社会发展的决定性力量，一切社会问题都植根于最深厚的经济事实之中，一切社会现象最终都受一定的经济原因的制约和影响，因此，认识社会问题，就必须从经济问题入手进行分析。

　　进行经济分析，必须首先坚持生产力标准。生产力是社会历史发展的最终的物质决定力量，人类社会发展和历史的进步，归根到底是生产力发展的结果，这是历史唯物主义的一个基本观点，也是我们认识和说明社会历史现象的一个基本出发点。列宁在阐述马克思主义唯物史观时指出："只有把社会关系归结于生产关系，把生产关系归结于生产力的水平，才能有可靠的根据把社会形态的发展看做自然历史过程。"[1] 后来，他明确提到"生产力的发展"是判断"社会进步的最高标准"[2]。毛泽东在民主革命时期指出，是否有利于生产力的发展，是检验中国一切政党的政策及其实践的作用的好坏和大小的标准。党的十三大报告明确提出了"生产力标准"这个概念，并具体指出："是否有利于发展生产力，应当成为我们考虑一切问题的出发点和检验一切工作的根本标准。"所谓生产力标准，实际上就是要把是否有利于生产力的发展，作为衡量社会进步和一切工作的根本标准，作为认识和说明社会历史问题的根本方法。运用生产力标准来认识社会历史问题，就必须把生产力看做是衡量一个社会形态的生产关系、上层

---

① 《列宁选集》第 1 卷，人民出版社 1995 年版，第 8—9 页。
② 《列宁全集》第 13 卷，人民出版社 1959 年版，第 233 页。

建筑及其具体体制是否适合的根本标准；把生产力作为决定社会的性质、衡量社会发展阶段的特征、评价社会进步的主要标准；把生产力作为评价一个政党的路线、方针、政策、措施及其工作好坏和成败的最高标准；把是否有利于生产力的发展作为判断一个人、一个阶级、一个政党的言行是非的基本标准。当然，我们在运用生产力标准分析社会历史问题时，必须要科学地、全面地、正确地把握生产力标准，要把坚持生产力标准同考察社会发展的整体效益和局部效益、长远效益和暂时效益、物质效益和精神效益结合起来；要把根本标准、最高标准、主要标准、基本标准同考察具体工作的具体标准统一起来，不能用生产力标准来代替其他一切具体标准。在实践中，不能把生产力标准当做标签到处乱贴，切忌绝对化、简单化、庸俗化地对待生产力标准问题。生产力标准只能是我们认识社会现象的总的原则、总的标准。

进行经济分析，必须坚持物质关系决定思想关系、经济关系决定非经济关系的原则，从物质的、经济的关系出发来说明思想的、政治的及其他的关系。在社会生产过程中，人们不仅同自然界发生关系，而且人们之间也要发生一定的社会关系。马克思说：人们"只有以一定的方式共同活动和互相交换其活动，才能进行生产。为了进行生产，人们相互之间便发生一定的联系和关系；只有在这些社会联系和社会关系的范围内，才会有他们对自然界的影响，才会有生产"。① 人们在生产过程中结成的社会关系就是生产关系，生产关系就是人们的经济关系，它从本质上来说是一种物质的关系。生产关系包括生产资料所有制关系，人们在社会生产中的地位作用和相互联系、劳动产品的分配关系这三个方面，这三个方面又贯彻于人类社会生产、交换、分配和消费四个环节。在这里，所有制关系是生产关系中的主要内容，它是判断社会性质和社会进步的直接标准。在人类社会生活中，社会的生产关系，即社会的物质、经济关系是第一性的社会关系，它决定思想的、伦理的、家庭的、政治的和思想的等等一切其他社会关系，它决定社会的上层建筑及其具体形式。因此，从在一定生产力基础上，一定的生产关系出发来分析社会现象，也是一个重要的方法。

坚持从物质的、经济的关系出发说明社会问题，就是要把生产关系的性质和状况作为衡量上层建筑是否适合的直接标准；把生产关系的性质和状况作为判断社会形态及其发展阶段的性质和特征的直接标志；把生产关系作为分析一切社会关系发展变化规律的基点；把人们对生产资料占有的形式和多寡，把人们在生产中的地位及其作用，把人们在产品分配上的形式，作为判断一个人、一个社会集团、一个政党的阶级属性、政治态度、社会行为和思想表现的重要标准。

坚持经济分析，必须避免把"经济因素"看做是

---

① 《马克思恩格斯选集》第 1 卷，人民出版社 1995 年版，第 344 页。

"唯一决定性因素",把经济分析看成分析社会现象的唯一方法的庸俗化倾向。思想关系对物质关系,政治关系对经济关系具有相对独立性,具有一定的反作用。社会意识对社会存在具有相对独立性,具有一定的反作用。上层建筑对经济基础具有相对独立性,具有一定的反作用。生产关系对生产力也具有一定的反作用。社会生活是极其复杂的,在社会生活中起作用的因素也是复杂多样的。从经济出发分析社会问题,否认其他社会因素的作用,同样无法正确说明复杂的社会历史现象。

三、阶级分析是经济分析方法的延伸,是分析阶级社会历史现象的基本方法

所谓阶级分析方法,就是用马克思主义关于阶级和阶级斗争的观点去分析阶级社会的社会历史现象的方法。这种方法是坚持用经济方法分析社会历史现象的必然延伸,是矛盾分析方法在社会领域中的具体运用,是无产阶级及其政党研究阶级社会现象的科学方法。

阶级的产生同生产力发展的一定阶段相联系。私有制的形成是社会分裂成为阶级的经济原因。阶级的划分必须根据人们生产资料的占有、在生产关系中的地位和作用、获得产品的分配方式等基本经济标准来进行。阶级斗争则根源于社会经济关系的对立和冲突。坚持对社会历史现象进行经济分析,必然会得出阶级社会存在着阶级和阶级斗争,人是按一定的阶级来划分的,人的社会性集中表现为

鲜明的阶级性，人的思想无不打上阶级的烙印，阶级斗争是阶级社会的基本线索和直接动力等正确结论。面对着阶级社会纷繁复杂的阶级关系，变动不居的阶级斗争现象，"马克思主义给我们指出了一条指导性的线索，使我们能在这种看来迷离混沌的状态中发现规律性。这条线索就是阶级斗争的理论。"[①] 阶级斗争理论，既是分析阶级社会历史现象的根本方法，也是对阶级社会进行分析的基本方法。

为了正确掌握和运用阶级分析的科学方法，必须坚持唯物论和辩证法，反对主观主义和形而上学。

第一，进行阶级分析，必须坚持实事求是的原则。在阶级社会中，阶级现象是大量的、普遍存在的现象，但又不是唯一的、囊括一切的现象；阶级关系是人与人关系中的基本关系，但并不是一切社会关系都属于阶级关系；阶级斗争是重要的社会实践，但并不是唯一的社会实践形式。也就是说，既要认识到阶级分析方法的普遍性、重要性，又不能把它绝对化。必须坚持"观察的客观性"，从实际出发，实事求是，对确实存在的阶级斗争现象，必须如实地承认它，对于严酷的阶级斗争不能视而不见；对于确属非阶级斗争的现象，又绝不能不顾事实无限上纲，硬是要分析出阶级斗争来。

第二，进行阶级分析，必须坚持全面性，力戒片面性。社会的阶级现象是复杂多样的，阶级斗争首先表现为

---

① 《列宁选集》第 2 卷，人民出版社 1972 年版，第 587 页。

经济斗争，同时又表现为政治斗争、思想斗争，不仅表现在经济领域，还表现在思想领域、政治领域、文化领域等社会生活的各个方面、各个领域。因此，阶级分析方法就要求把握阶级和阶级斗争现实中的"多种多样的关系的全部总和"①，坚持全面性的观察原则，切忌片面性。既要分析经济领域的阶级斗争事实，又不能忽视政治、思想、文化等领域的阶级斗争现象；既要分析社会各集团的经济地位，同时又要观察它们的政治态度；既要分析该阶级的经济地位、政治态度和思想倾向，又要分析该阶级同其他阶级的关系，该阶级的社会环境变化，以及可能的发展趋势。总之，要全面地、辩证地、发展地把握复杂的阶级斗争事实。切忌孤立地、静止地、片面地观察阶级斗争的现象。

第三，进行阶级分析，必须要坚持具体问题具体分析这一马克思主义活的灵魂。阶级和阶级斗争是会因时间、地点、条件的不同，而具有不同的表现形式和表现特点。在不同的社会形态，在同一社会形态的不同的发展阶段，在同一社会形态、同一发展阶段，而又处于不同的国度，甚至在同一国度，却又在不同的地区、不同的民族，或不同的时间跨度，阶级结构、阶级阵线、阶级敌人、阶级朋友、阶级依靠对象，以及阶级斗争的表现形式和特点都是不同的。这就需要我们根据时间、地点、条件的变化，来具体把握阶级斗争的特殊规律。比如，我国正处于社会主

---

① 《列宁选集》第 2 卷，人民出版社 1960 年版，第 607 页。

义社会发展的初级阶段，剥削阶级作为一个阶级已经被消灭了，阶级斗争已经不是主要矛盾了，阶级斗争只是在一定范围内存在，阶级斗争的对象、范围、规模、解决办法已经同革命战争年代不同了。如果离开了具体问题具体分析这一活的灵魂，仍然用革命战争时期的眼光来看待社会主义时期的阶级斗争问题，用革命战争时期的办法来处理社会主义时期的阶级斗争问题，必然要犯大的错误。在今天的具体情况下，我们既不能再把阶级斗争看做主要矛盾，搞阶级斗争为纲那一套，犯"阶级斗争扩大化"的错误，又不能否认一定范围内存在的阶级斗争，忽视一定范围存在的阶级斗争。

　　总之，阶级分析方法是科学严谨的方法，必须运用唯物辩证法对阶级和阶级斗争现象进行具体地、历史地、现实地、全面地分析。如果把阶级分析当做固定的思维模式到处乱套，就会背离历史唯物主义阶级分析方法的正确原则。

四、利益分析方法有特殊的意义，是洞察社会历史实践的重要方法

　　列宁指出："如果你们没有指出哪些阶级的利益，哪些当前的主要利益决定着各政党的本质和他们的政策的本质，那末，事实上你们就是没有运用马克思主义……"[①]

---

① 《列宁全集》第 12 卷，人民出版社 1959 年版，第 485 页。

利益支配人们的社会历史活动，一定的经济关系必然体现一定的利益关系，这是一条重要的历史唯物主义原则。根据利益原则，对复杂的经济、政治、思想、文化等社会生活及其关系进行利益分析，这是洞察社会历史奥秘的重要方法。

要理解利益分析方法，必须首先理解利益范畴。为了阐明利益问题，马克思和恩格斯在理论研究中做了许多开拓性的和奠基性的工作。（1）指出利益是人类一切社会活动的动因，"人们奋斗所争取的一切，都同他们的利益有关"①。（2）明确提出利益是思想的基础，利益决定思想，"'思想'一旦离开'利益'，就一定会使自己出丑"②。（3）阐明了阶级斗争产生的物质利益根源，认为，阶级斗争"是基于物质利益的"根本冲突。③（4）说明了利益冲突的动力作用。恩格斯针对英法两国的封建贵族、资产阶级和无产阶级的斗争情况指出："这三大阶级的斗争和它们的利益冲突是现代历史的动力。"④（5）指明了利益的社会本质和社会基础，说明只有从生产关系出发才能说明利益问题，"每一既定社会的经济关系首先表现为利益"⑤。（6）揭示利益对政治权力、政治活动的决定作用，

---

① 《马克思恩格斯全集》第 1 卷，人民出版社 1956 年版，第 82 页。
② 《马克思恩格斯全集》第 2 卷，人民出版社 1957 年版，第 103 页。
③ 《马克思恩格斯选集》第 3 卷，人民出版社 1995 年版，第 365 页。
④ 《马克思恩格斯选集》第 4 卷，人民出版社 1995 年版，第 250 页。
⑤ 《马克思恩格斯选集》第 3 卷，人民出版社 1995 年版，第 209 页。

"政治权力不过是用来实现经济利益的手段"。① 马克思、恩格斯关于利益问题的基本原理，是我们进一步认识利益范畴的理论前提。

利益范畴是历史唯物主义观察社会历史的重要范畴。人们对生产和生活条件的需要及其需求关系，就表现为人与人之间的一种利益关系。可见，一定的社会经济关系是利益的社会本质。在阶级社会，人们之间的利益关系表现为一定的阶级对立关系。所谓利益分析，就是依据利益原则，揭示出人们社会活动背后的利益动因，找出利益关系所赖以表现出来的生产关系，然后从这种利益动因和利益关系出发来说明各种社会关系和社会历史现象。在历史唯物主义的方法论体系中，经济分析、阶级分析和利益分析是一致的、互相补充的，而不是互相排斥、互相对立的。无论是经济分析、阶级分析还是利益分析，都是建立在历史唯物主义"生产力和生产关系"是全部社会的前提这一基本原理的基础上的。经济分析坚持从物质的生产及其关系出发来分析社会历史现象。阶级分析方法是经济分析方法观察阶级社会的社会生活现象的进一步具体运用，利益分析方法又是经济分析方法的具体化。在阶级社会中，利益分析方法同阶级分析方法是一致的，利益分析方法是以分析阶级社会中阶级利益的矛盾和冲突为基本线索。然而，利益分析方法又具有自己特殊的意义。

首先，利益分析方法比阶级分析方法和经济分析方法

---

① 《马克思恩格斯选集》第 4 卷，人民出版社 1995 年版，第 250 页。

更加具体化。经济分析方法着重从宏观领域来分析社会历史发展的根本原因，阶级分析方法侧重于从经济关系出发来划分阶级和分析阶级斗争的基本线索，而利益分析方法则从人与人的具体利益关系入手，来分析具体的社会历史问题。在阶级社会中，生产关系表现为一定的阶级关系，一定的阶级关系表现为一定的利益关系，利益分析则从更直接和更具体的利益关系中来剖析阶级斗争的现象。

其次，利益分析方法可以作为阶级分析方法的补充。在阶级社会中，并不是一切社会现象都是阶级斗争现象，也不是一切社会关系都是阶级关系。这样，在非阶级斗争领域，就可以运用利益分析的方法。在阶级社会中，阶级之间存在阶级利益的差别，在同一阶级内部又存在不同的阶层和利益集团，利益分析可以在对该阶级内阶层和利益集团的划分上发挥作用。在非阶级社会，阶级关系不存在了，阶级斗争现象不存在了，但一定的利益差别和利益矛盾仍然存在。比如，原始社会部落之间的利益矛盾。这时，利益分析方法就具有普遍性的意义了。

最后，在社会主义社会的一定发展阶段上，利益分析具有特殊的意义。在社会主义社会，剥削阶级作为一个阶级已经被消灭了，阶级斗争、对抗性的阶级矛盾，只在一定范围内存在。在阶级矛盾和阶级斗争不占主导地位的条件下，如何认识劳动人民内部的矛盾呢？在这里，利益分析方法就具有特殊的方法论意义了。

进行利益分析，关键是运用利益分析方法，科学地划分利益群体，进一步考察利益群体在利益关系中的地位和作用，分析不同的利益群体之间的矛盾，从中找出规律性的东西来。在社会主义社会，剥削阶级作为阶级已经不存在了，阶级矛盾居于次要的地位。在认识一定范围内存在的阶级矛盾和阶级斗争的前提下，如何认识社会主义不同利益群体之间的矛盾，具有极其重要的现实意义。

进行利益分析，科学地划分利益群体，关键问题是掌握好群体划分的标准，那么以什么标准来划分利益群体呢？

第一，以生产资料占有关系来界定利益群体的基本属性。人们在社会生产资料的所有关系中，地位不同，起的作用不同，就决定了人们分别属于不同的经济利益群体。在社会主义条件下，存在着不同的公有制及其不同的公有制实现形式，在同一种社会主义公有制形式内部还存在"两权"相对分离的关系，使分属两种不同公有制形式的社会成员具有一定利益差异，使不同的生产单位成为具有相对独立的经济利益群体。因此，从所有制关系出发，是进行利益群体分析的大前提。

第二，从分配关系以及其他经济关系出发来划分利益群体。由于分配的方式和形式不同，利益实现方式不同，收入不同，必定形成存在一定经济差别的不同的利益群体。在社会主义条件下，人们之间的利益差别突出地反映在分配问题上。按照按劳分配原则来实现个人劳动收入的群体，同按照其他分配方式来实现个人收入的群体就构成了不同的利益群体。不仅分配关系，人们在生产、交换和消费等各个经济活动的具体环节上所发生的关系，也同样决定不同利益群体的存在。比如，在生产过程中，人们可以划分为管理者群体、工程技术人员群体；在交换过程中可以划分为商品生产者群体、商品销售者群体和商品购买者群体；在消费过程中，人们可以划分为生产消费者群体和生活消费者群体；……

第三，在坚持从经济出发来划分利益群体的前提下，也可以适当考察到按职工分工的不同，根据经济和其他社会原因所造成的社会地位的差别，来划分利益群体。

总之，必须坚持从人们在社会经济关系中对生产资料的占有不同，在生产过程中所起的作用不同，在分配中的收入多少不同等等这些基本的经济关系出发，同时考虑到其他社会因素的影响，来作为划分利益群体的标准。关于社会利益群体的基本划分标准表明，马克思主义以生产资料所有制占有的不同来划分阶级的理论，仍然具有方法论的意义，它同社会利益群体的基本划分标准是一致的。不同的利益群体具有不同的利益要求，不同的利益群体之间存在着一定的利益差别和利益矛盾，这是分析社会现象的一条重要线索。

运用利益分析方法分析社会历史现象，绝对不能排斥和否定经济分析的基本方法，排斥和否定阶级分析的方法，要善于在历史唯物主义科学历史观的指导下，把三者有机地结合起来，有效地运用到对社会历史现象的观察、分析和说明中去。

关于哲学的主体及主体性[*]

主体及主体性问题是近些年哲学研究的重点课题。这个问题涉及哲学的自然观、认识论和历史观方面的一系列基本问题，但又不仅仅局限于哲学领域，在史学、美学、文学、艺术等广泛的领域都激起了层层涟漪，在现实的社会生活中亦产生了一定的意识形态导向效应。首先应当肯定的是，主体及主体性问题的研究，对于进一步丰富和发展马克思主义哲学，产生了有益的作用。然而，人们在研究中提出了各种各样的看法，存在着一些严重的分歧。现在一个重要任务就是运用马克思主义哲学的基本原理，全面地、科学地分析主体及主体性问题讨论过程中提出的一些不同观点，搞清什么是主体？什么是客体？主客体之间具有怎样的关系？怎样才能正确地认识和发挥主体能动性？真正做到在主体问题上，既坚持马克思主义哲学，又

---

* 本文发表于《哲学前沿问题述要》，人民出版社 1993 年出版；《北京社会科学》1992 年第 3 期。

进一步丰富和发展马克思主义哲学。

一、马克思主义哲学创始人的一个重要功绩

在主体及主体性问题上，历来存在两种根本对立的倾向：一种倾向是忽视主体及主体性问题的重要性，错误地认为凡是讲主体、讲主体能动性都是离开了马克思主义的唯物主义哲学立场；另一种倾向是离开马克思主义唯物主义基本立场，过分夸大主体及其能动性的作用，甚至说什么马克思主义哲学使"主体旁落"，只有抛弃马克思主义哲学，才能找回"失落的主体"。正是对于这两个基本倾向，马克思主义哲学与其他哲学流派存在着根本的分歧。马克思主义哲学创始人非常重视主体及主体性问题，突出这个问题，是马克思主义哲学创始人在人类思想史上的一个重要功绩。

马克思主义哲学产生之前，在 18 世纪法国唯物主义那里，唯物论已经获得了旧唯物论所能获得的成就。在黑格尔唯心主义辩证法那里，辩证法已经达到了在唯心主义框子里所能达到的高度。在这方面，马克思主义哲学当时所面临的最主要的工作，就是批判形而上学唯物论和唯心主义辩证法的历史局限性，完成唯物论和辩证法的科学结合。但是，当时在历史领域基本上还是唯心主义占统治地位，甚至许多杰出的唯物主义者，在自然观方面是坚持唯物主义的，但一进入社会历史领域就陷入唯心主义的泥坑，例如费尔巴哈，恩格斯称他"下半截是唯物主义者，

上半截是唯心主义者"。① 马克思主义面临的划时代的任务，是彻底地把唯物论和辩证法在历史领域内结合起来，使历史观第一次具有科学的性质，把整个唯物主义哲学推向新的阶段。

马克思主义哲学产生之前的旧历史观存在着两个根本缺陷：从思想原因，而不是从物质经济原因来说明人类历史活动的动因，来说明历史发展的动力；只看到少数历史人物的作用，忽视人民群众是真正的历史主人的地位。造成上述根本缺陷，既有社会历史根源，又有阶级根源，还有思想认识根源，其中一个重要认识上的原因，就在于对社会历史规律特殊性的认识。在自然界中起作用的是没有人和人所参与的、自发的、被动的力量，而在社会历史中起作用的主体是有思想、有意识、有目的人，每一个社会现象都留有人的意志的轨迹和烙印。这样就很容易造成一个假象，似乎个别英雄人物的思想动机支配了历史的发展和变化。因此，要克服旧历史观的根本缺陷，既要把唯物论彻底贯彻到历史领域，完全解决物质第一性和精神第二性的哲学基本问题。又同时要把辩证法彻底贯彻到历史领域，科学地解决精神对物质的反作用问题，认识到社会历史也是一个主体能动性发挥的辩证的发展过程。旧的唯心主义哲学坚持精神是第一性的，当然不可能确立科学的世界观。譬如黑格尔唯心主义哲学，虽然在历史领域贯彻了辩证法思想，但只不过是头脚倒立地揭示了社会历史发展

---

① 《马克思恩格斯选集》第4卷，人民出版社1995年版，第226页。

的辩证规律，仍然无法说明历史发展的真正动力。尽管有些杰出的旧唯物主义者在历史领域中坚持了物质第一性的观点，却不懂历史辩证法，不懂社会实践的作用，不懂主体能动的作用，从直观的唯物主义立场出发来分析人类社会历史，把历史发展的最终原因归之于某种僵硬的、具体的、被动的物质存在物，最终又返回到用唯心主义的观点，来说明历史发展的终极原因的立场上。

怎样克服旧历史观的根本缺陷呢？一个关键的问题，就是在批判唯心主义的前提下，突破形而上学的直观唯物主义历史观的局限，坚持唯物论和辩证法的有机结合，科学地说明主体在社会历史发展中的能动作用。这个历史性的伟大突破，首先集中反映在马克思 1845 年写的《关于费尔巴哈的提纲》这篇著名的文章中。恩格斯称这个提纲是"包含新世界观天才萌芽的第一个文件"，这个"新世界观天才萌芽"就突出表现为把实践的观点全面引入唯物主义哲学。

人类社会是一个特殊的发展过程，简单地把人类社会看成是一个被动的、单纯的物质的发展过程，虽然坚持了唯物主义的前提，但仍然走不出唯心主义的认识怪圈。这就需要既克服唯心主义，又克服旧唯物主义。表面上看，唯心主义虽然重视人的精神作用，重视主体的能动性，但都是在否认物质本体论的唯心主义前提下来强调主体及其能动作用的，其结果必然是无限地夸大人的主体能动性，夸大精神的作用。旧唯物主义虽然坚持了物质本体论的立场，但却不了解人的主体能动性，把人仅仅看成客观世界被动的产物，没有看成能动的、有创造性的活动主体，把客观世界仅仅看成人的消极直观反映的对象，没有看成主体能动创造活动的对象。"从前的一切唯物主义……的主要缺点是：对对象、现实、感性，只是从客体的或者直观的形式去理解，而不是把它们当做感性的人的活动，当做实践去理解，不是从主体方面去理解。因此，和唯物主义相反，能动的方面却被唯心主义抽象地发展了，当然，唯心主义是不知道现实的、感性的活动本身的。"① 在这里，马克思既指出了旧唯物主义只从客体方面，而不从主体方面去理解事物的片面性和形而上学性，同时又批判了唯心主义只从主体方面，而不从客体方面去理解事物的唯心主义思维方式。旧唯物主义不知道人作为活动主体的能动性，只是从被动的、直观的角度来理解人和社会。唯心主义当然也不知道人的真正现实的、感性的活动，只是抽象地发展了能动的方面。既从客体方面，又从主体方面来认识历史，必然把人的生产劳动实践作为同旧历史观决裂的理论突破口。人的生产劳动实践内含了主体的能动性、创造性，内含了人的精神力量，它既是物质力量的体现，同时又是高于一般物质运动的特殊的、能动的客观力量的体现，充分体现了物质与精神的统一，社会存在与社会意识的统一，历史主体和历史客体的统一，充分体现了人民群众的整体力量。马克思正是"在劳动发展史中找到了理

---

① 《马克思恩格斯选集》第 1 卷，人民出版社 1995 年版，第 54 页。

解全部社会史的锁钥"。① 人类的生产劳动实践创造了人和人类社会，是社会有机体赖以存在的基础。马克思从生产劳动实践这个基本范畴分析起，把人们的社会关系归结于生产关系，把生产关系归结于生产力，发现了社会发展的基本矛盾，找到了理解全部历史的基本线索，从而创立了唯物史观。

唯物史观的创立表明，既从物质本体论的客体方面，又从人的能动性的主体方面来观察社会现象，必然充分重视实践的重要作用。马克思主义哲学恰恰是把实践的观点引入到唯物主义体系，充分肯定了主体的能动性，才克服了旧历史观的困惑。在唯物辩证法的基础上，正确解决并给予主体问题以足够的重视，这是马克思主义哲学创始人的一大功绩。

二、必须划清两条界限

马克思主义哲学并不轻视主体作用，而是十分重视主体作用。那种认为马克思主义哲学使"主体失落"的说法，无论如何也是站不住脚的。当然，曲解马克思主义哲学重视主体的本意，把马克思主义哲学说成是"主体性哲学"，同样也是错误的。在对主体及其能动性的重视方面，马克思主义哲学与其他哲学存在着根本的分歧：绝不能离开唯物主义的物质本体一元论来强调主体能动性，这

----

① 《马克思恩格斯选集》第 4 卷，人民出版社 1995 年版，第 258 页。

是同一切唯心主义哲学的根本分歧点；同时又不能片面地、直观地，形而上学地对待物质本体论的原则，轻视主体及其能动性，这是同机械的、直观的、庸俗的、形而上学的旧唯物主义的根本分歧点。研究主体及主体性，必须划清唯物主义与唯心主义，辩证唯物主义同其他旧唯物主义流派这两条界限。在坚持唯物主义物质本体论的基本立场上，重视和强调主体的作用，绝不能把唯物主义原则同重视主体性的问题对立起来，割裂开来，必须把二者辩证地、有机地结合起来。

人作为历史的主体，在创造历史的过程中，在改造自身生存环境的过程中，在认识真理并把真理转化为人的自觉行动的过程中，都发挥出巨大的能动作用。全部问题的关键不在于承认不承认、重视不重视主体问题，而在于如何正确地认识主体及主体性问题。在马克思哲学产生之前，关于主体及主体性问题，尽管各种各样的哲学流派提出了许多有价值的看法，但是他们因无法划清上述两条界限，因而也就不可能科学地说明主体及主体性问题。

从总体上来说，古代哲学注重从客体方面来探讨世界本源问题。古希腊哲学的唯物和唯心两大派别都忙于对世界的本源进行描述和解释。哲学上最早是在本体、实体的意义上使用主体概念的，当时的主体概念是指运动、属性、关系的载体、本体和承担者。唯物主义把世界本源归结为某种具体的实物，如火、水、原子等，唯心主义把世界本源归结为某种精神性的东西，如"数"、"理念"，抽象的"存在"等。譬如，古希腊的伊奥利亚学派企图用

"始基"概念来说明自然界的本源问题,在他们看来,"始基"是一种"万物产生于它又复归于它"的东西,他们把世界的"始基"归结为水、气、火等直接观察到的"感性物质"。德谟克利特的原子论哲学继承了伊奥利亚学派自然哲学的传统,把世界本源归结为无所不在的原子。尽管古希腊杰出的唯物主义哲学家坚持了物质本体论的原则,但是他们都是从感性直观的角度,从被动的自然物的角度出发来认识世界本源问题,不了解人的实践作用、人的能动性。古希腊的唯心主义哲学流派,虽然把精神性的东西、抽象的东西当做世界的本源,但他们也并不注重主体的能动性,而是把精神性的东西看做客观的、第一性的东西,从客体方面来说明世界的本源问题,把世界本源说成是精神性的存在。譬如,毕达哥拉斯学派认为数是"始基",数目产生万物,数目和谐性决定了世界的秩序性。埃利亚学派的巴门尼德把世界的本源归结为抽象空洞的"存在"概念。柏拉图认为"理念"是万物的普遍属性,是独立存在的实体,是世界的本体。当然,古希腊哲学也有强调人的主体作用的,如古希腊哲学家普罗泰戈拉提出了"人是万物的尺度"的著名论述,柏拉图的老师苏格拉底的哲学兴趣主要集中在人的行为规范、人的推理过程和诡辩方法上,他的研究已经涉及主体问题了。但是,这些古代学者不过是朦朦胧胧地意识到主体问题,并没有明确地把它作为一个哲学概念提出来。亚里士多德是在哲学史上最早地明确提出过"主体"概念的,但他讲的主体只是指某些特性、状态和作用的实体承担者,在他看来主体即是实体，相当于本体论中的实体。

古代哲学侧重于对世界的客体方面、客观方面进行讨论，力图揭示世界的本源。即使唯心主义的许多流派也是站在客体的立场上，把"理念"一类的精神性存在说成是世界的本源。无论朴素的唯物主义也好，还是许多唯心主义也好，都表现出一种客体主义的品格。

中世纪的欧洲，哲学是宗教的侍女。这种宗教哲学从客体方面、客观方面强调神的作用，彻底贬低人的主体作用。在宗教哲学看来，主体即上帝，主客体关系则表现为上帝造物主与其创造的万物之间的关系。近代资产阶级哲学是欧洲资本主义产生和发展的思想先导，它蔑视宗教愚昧，推崇理性，否定神学历史观，推崇人的作用，将上帝的特性还给了人，从此人成为主体。近代哲学有两个突出的特点：一是反对神学历史观，提倡人学历史观，注重人在自然界中的位置和能动作用，人性成为哲学的热点问题；二是侧重探讨人如何认识世界，如何干预世界，认识论、方法论成为哲学研究的中心问题。近代哲学从古代哲学的本体论研究转向认识论和历史观的研究，侧重于对主体的能动作用、认识作用的研究，尤其偏重于从主体方面来研究认识论的有关问题，给予主体以越来越多的关注。

在认识论上，近代哲学分为唯理论和经验论两大派别，笛卡尔是近代唯理论的著名代表人物，是一个典型的充满矛盾的哲学二元论者。在本体论范围内，他坚持

"物质是唯一的实体，是存在和认识的唯一根据"。[①] 一进入认识论领域，解决人是怎样去研究和认识世界时，他就产生了动摇和混乱。他认为，通过感觉经验获得的知识都是不可靠的，人的"天赋观念"是最重要的，理性的"明白清楚"才是真理的标准。他认为，物质的特性是占有空间，但不能思维，精神（心灵）的特性是能思维，但不占有空间，它们是两个互相独立的实体。他提出"我思故我在"的著名论断，夸大精神（心灵）脱离物质的独立性，夸大人的精神（心灵）的认识能力，认为精神（心灵）具有思索的能力，是认识的主体。笛卡尔哲学看到了人的理性在认识中整理经验材料的能动作用，但却离开了物质本体论，离开了认识的客体，把精神（心灵）夸大为独立于物质的实体。

培根是经验论的代表人物，他把自然科学的试验方法搬到哲学中来，并把它夸大为唯一的认识方法。他认为，自然界是由物质构成的，"人是自然的仆役和解释者"，应当"在事物本身中来研究事物"，人的一切认识来源于感觉经验。在认识来源上，他坚持从物到感觉的唯物主义路线，但却不懂理性的作用，忽视人的理性认识的能动性。在此之后，人们继承和发挥了唯理论和经验论的思想。其中一条发展路线是英国的洛克、贝克莱和休谟，把唯物主义经验论逐步导向了主观唯心主义和不可知论的极端。洛克把人的经验分成两类：一类是外部事物刺激人们

---

① 《马克思恩格斯全集》第2卷，人民出版社1957年版，第160页。

的感官而引起的，叫做"外部经验"，另一类则是纯粹由心灵内部的反省活动而产生的，叫做"内部经验"。这样，他就把感觉经验看做为可以不依赖外部对象而主观自生的东西，人的"心灵"感应似乎脱离肉体而独立活动。贝克莱、休谟的主观唯心主义和不可知论把经验论推向了极端。贝克莱全部思想最集中地表现在"存在就是被感知"这个臭名昭著的公式中，完全排斥人的感觉对外部世界的依赖性，把感觉认识变成了纯属主观产生的东西，客观事物的存在反而以人的主观为转移。休谟则认为人的一切知识都来源于感觉经验，至于感觉经验以外，还有没有不依赖于经验而独立存在的东西，这当然是不可知的了。他把主观唯心主义同不可知论结合起来，一方面无限夸大主体的心灵感应作用，另一方面却又完全否认主体可以认识客体，把主体与客体完全对立起来。

　　另一条路线是法国18世纪的唯物主义哲学。英国资产阶级自由化革命时期的霍布斯把唯物主义经验论进一步系统化，他虽然认为"物质是不依赖我们的思想的东西"，但却把感官的作用提到了不适当的高度，说什么"人类的全部知识都是由感官提供的"。他看不到主体的能动作用，从直观的感觉论出发，提出了"自然状态"和"社会契约"理论，从抽象的人的自然本性的角度来说明社会现象。法国大革命时期的唯物主义者进一步坚持了唯物主义的本体论原则，坚持了唯物主义反映论，认识到意识是物质高度发展的产物，认识是对客观事物的反映。然而他们却把唯物主义感觉论直观地运用到历史领域，在说明人与自然的关系时，把人看做为自然的被动产物，正因为他们看不到人在自然和社会发展过程中的主体作用，故此并不能真正说明人是怎样产生的，社会的发展规律是怎样的。

在主体及主体性问题上，古代哲学和近代哲学大体上存在着两种倾向：或坚持物质本体论的唯物主义原则，但却忽视主体的能动作用；或重视主体的能动作用，但又离开物质本体论的原则，抽象地发挥了主体的能动作用。物质与精神、存在与意识、主体与客体、主观与客观相脱离，是这两种哲学倾向的共同特征。

现代资产阶级哲学的开端——德国古典哲学，分别从唯物和唯心两条路线进一步发展了对主体问题的研究。康德在唯心主义经验论前提下，弘扬了人的主体性。康德认为，唯理论和经验论的"共同错误"就在于没有考察人的认识能力到底有多大。主体在认识事物之前，要"批判"地考察人的认识能力，人的认识能力是先于经验的，是先天的。他主张自我与物自体通过现象界或经验知识间接地联结起来，心灵和世界通过理念而达到理想上的统一，认识主体处于认识活动中，以其先验的思维形式去认识对象，认识与对象服从于同一主体思维模式。从这个认识出发，康德提出了"人为自然立法"的著名口号，宣扬了人的主体作用，趋向于主客体统一说，发动了一场哲学的"哥白尼革命"。然而在康德哲学看来，主体与客体最终还是不能统一的。人的认识对物体永远是不可知的。

费希特沿着康德开辟的研究方向，进一步清洗了康德哲学中的唯物主义因素，发展了康德的先验哲学，无限夸大了主体思维的能动性。他认为"纯意志的我"是唯一的存在，提出了"自我设定自身"这个典型的主观唯心主义第一命题。从自我出发，他又引申出一个客观世界，推导出第二命题"自我设定非我"。在这两个命题的基础上，他最后提出"自我设定自身和非我"的第三命题。在这三个命题的推论中，费希特按照唯心主义方式表达了思维在先，存在在后，自我在先，非我在后，主体在先，客体在后的顺序，并且从"自我"出发来说明主体与客体的一致性。

谢林认为费希特的主观唯心主义还不足以克服唯物主义，不管是肯定主体在先，还是肯定客体在先，都有片面性，必须把二者结合起来。他认为，在知识之身中，即当我知道时，主体与客体之间有如是的统一，使我仍不能说哪一个在"先"，哪一个在"后"。这里既没有第一个，也没有第二个，它们是同时的，是同一个东西。即使我们任意地将客观的东西作为第一性的，我们仍然不能越出意识之外。谢林认为主体与客体在自我意识中才是同一的，把"自我意识"设想为独立自存的东西，走到了客观唯心主义的道路上。

黑格尔的客观唯心主义进一步发挥了费希特、谢林所任意夸大的主体思维的能动性，并在这个基础上论证了主客体之间的辩证统一关系。他认为，理性即"绝对观念"是先于一切事物而存在的东西，它是一种能动的实体，在其自身的发展过程中，把自己外化为主体和客体两个方面，又使二者相互转化。"绝对观念"既是主体又是客体，它们的发展过程就是主客体互相辩证否定的过程，就是主体建立客体，同时又克服客体的过程。绝对观念作为客体外化为人与自然，外化为主体与客体，主体的认识同客体事物是一致，主体的认识永远没有止境地接近客体，人通过有目的的实践活动能动地认识和对象化客体。实践是主客体统一的中介。应当说，在客观唯心主义基础上，黑格尔深刻地论证了主客体的辩证统一关系，论证了主体的能动作用。

费尔巴哈批判了康德、黑格尔的唯心主义，坚持了物质本体论的唯物主义权威，但是他的唯物主义是不彻底的，在历史观上，他无法摆脱唯心主义的梦呓。费尔巴哈从人本主义出发，从自然的、被动的、直观的角度来看待人，把人仅仅看成为一个被动的客体，而没有把人看成一个能动的主体。直观的唯物主义使他拒绝了辩证法，演出了一场唯心史观的历史悲剧。

通过对西方哲学史的简略回顾，可以看出，主客体关系及主体的作用问题，是哲学思想发展史上的一个重要课题，以往哲学流派在该问题上的得失经验表明：

第一，主客体关系及主体作用问题的正确解决，首先取决于哲学本体论问题的科学解决。

最早的主体概念是在本体论意义上使用的。近代哲学所讨论的主体概念逐步转向从事社会历史活动的人，但侧重于主体认识活动的研究，偏向于割裂地、对立地看待主客体关系概念。德国古典哲学所研究的主体，进一步拓展为社会历史活动中更广泛意义的人，逐步超出了认识主体的研究范围，转向对人的全面研究，倾向于主客体的统一。主体概念虽然由本体论意义转向非本体论意义，由主客体分离观转向主客体统一观，作为本体论意义的主体概念是一码事，作为非本体论意义的主体概念又是另一码事，但哲学本体论的正确解决仍然是主体问题正确解决的前提。离开物质第一性的唯物主义本体论原则来讲主体及主体性问题，讲主客体关系，就会走上抽象地发挥主体能动性的唯心主义斜路上去。总的来说，古希腊哲学家（无论是唯物主义，还是唯心主义）注重的是本体论问题。他们中间虽然有少数人重视主体问题，但由于没有解决好物质本体论问题，结果是无限地夸大了主体的精神作用，如苏格拉底等人。近代资产阶级哲学中有一些哲学家，如笛卡尔虽然在自然观方面坚持了物质本体论的原则，但一进入认识论领域或历史领域却产生了混乱，不能始终如一地坚持物质本体论原则。唯理论把人的心灵夸大为独立于物质的实体，主体离开了认识的客体对象，背离了唯物主义立场。贝克莱、休谟把人的感觉认识变成了纯属主观自主的东西，他们完全离开了客体来讲主体的主观感受。德国古典哲学无论是康德，还是费希特或谢林以及随后的黑格尔尽管对主客体的辩证统一，对主体作用的研究有所建树，但他们都是在唯心主义前提下强调主客体统一、强调主体的能动性，因而都只是抽象地发挥了"主体性原则"。

第二，在解决物质本体论的唯物主义前提下，必须坚持主客体的辩证统一，不论是单独从主体方面，还是单独从客体方面，都不可能正确解决主体及主体性问题。

著名经验论者培根在认识来源上坚持从物到感觉的唯物主义路线，然而他却看不到理性的积极作用，把人的认识只看成对客观事物的直观的、被动的经验反映。洛克片面地继承了培根的直观经验论，认为"人的观念、认识不过是对象在心灵白纸或白板上的印记"。因为他不懂理性的作用，因而对人的能动的认识状况无法解释，最后则把人的心灵夸大为脱离肉体而独立活动的主体。18世纪法国唯物主义者狄德罗从直观客体的角度来说明人的认识，认为"我们的感觉就像键盘，我们周围的自然界弹它"，由于他不了解主体的能动作用，把直观的、机械的唯物主义运用到历史领域，从而把社会存在看做是主体消极直观的对象，而不是看做主体积极、能动改造的对象，不了解主体"革命的"、"实践批判"活动的意义，导致历史唯心主义。费尔巴哈坚持唯物主义物质本体论原则，却忽视了主体能动性，割裂了主客体之间的关系，他认为："直观是生活的原则，从而也是认识的原则"，"在直观中我为对象所决定"，认为人是被动的、消极的，仅仅从客体方面来理解社会，误入唯心史观的雷区。

三、现实的启示

在对待主体及主体性问题上，偏向任何一方（无论是偏向主体，还是偏向客体），都会导致错误的结论。马克思主义哲学诞生之后，现代西方哲学又表现出新的走向，表现出不同于资产阶级古典哲学的特征。一方面，它逐步抛弃了资产阶级上升时期西方哲学唯物主义和辩证法的传统，公开打出反对马克思主义哲学的旗号，转向彻底的、露骨的唯心主义和形而上学；另一方面，以补充、修正、发展马克思主义哲学为借口，歪曲马克思主义哲学的实质和本意，贩卖唯心主义的私货；再一方面，随着现代生产力和科学技术的发展，现代西方哲学在各自的研究领域中也提出了许多有价值的思想成果，然而这些思想成果却往往和思想糟粕掺杂在一起。对待现代西方哲学家们，我们要注意区别两种情况，一种是自觉地歪曲、肆意地篡改马克思主义哲学，另一种是由于阶级立场、社会条件、认识状况的局限，不自觉地偏离唯物主义和辩证法的基本原则。

在现代西方哲学思潮中，存在着一股离开唯物主义物质本体论的原则，过分强调人的主体地位和作用的倾向。这种倾向贯穿于唯心主义的科学主义和人本主义两大思潮中，特别突出地体现在人本主义思潮中。唯意志主义、生命哲学、现象学、存在主义、弗洛伊德主义、人格主义、法兰克福学派、解释学等哲学流派就代表了这一哲学倾向。今天，现代西方哲学的主体性倾向基本上沿袭了人道主义历史观和古典人本主义抽象人性论的原则，坚持认为人是哲学的出发点和归宿点，抽象地发展了人的主体能动性。其中有一种观点企图反对对人作理性主义的解释，推崇人的情感、意志、意识、欲望、生命本能等非理性因素的地位和作用，认为这些非理性的因素才是人存在的本质，人的这种本质先于自然而存在，超乎现实生活之外，不受客观规律的支配。沿着过分强调主体作用的思路，这种倾向走进了彻底的主观唯心主义死胡同。比如，现象学的创始人胡塞尔认为，探讨自然界是毫无意义的，现象学就是要超越自然界，排除自然界的一切。经过胡塞尔式的超越和排除，自然界不存在了。只剩下所谓的"现象学的剩余者"，即"绝对意识"。萨特认为，人的自由意识超越一切环境，"任何实际的状态，不管它是什么（社会的政治和经济结构、心理状态等等）本身都不能促动任何行动。……任何实际的状态都不能决定意识"，相反主体却可以提出自己的设计，有意图地去决定外部环境。主体是绝对自由的，因此根本不存在主体反映客体的问题。[①]

　　现代西方哲学的主体性思潮，在其理论来源上继承了西方哲学思想关于主体性研究的积极成果或消极影响，在其现实基础上，一方面是现代资本主义社会科学技术飞跃发展，人对自然支配作用越来越大的客观反映；另一方面又是现代资本主义社会面临着深刻的经济、政治、思想和文化的矛盾和危机，而又找不到产生这种危机的根源和摆脱这种危机的出路的思想反映。近百年来，特别是二战以来，现代资本主义的科学技术飞跃发展，取得了突破性的进展，推进了人们对哲学主体性问题的探究。比如，现代

---

① 萨特：《存在与虚无》，生活·读书·新知三联书店1987年版，第532页。

心理学的发展，使人们对人的思维过程有了更深入的微观认识；爱因斯坦相对论表明，主体对客体的认识要受人们选择的参照系和空间时序的限制；量子力学更明确地表明，对客体的观察要受主体状况及其认识工具的影响……这些研究促使人们更深入地从哲学角度来探讨主体及主体性问题。

现代资本主义社会科学发展、经济繁荣的背后孕育着巨大的不可根除的内在矛盾、弊端和危机，资本主义矛盾的暴露和展开，使社会生活中的异化现象十分严重，造成危害人类生存发展的全球性问题日趋突出，使人们的物质世界与精神世界失去平衡，在人们的精神生活领域引起巨大的精神危机。特别是两次残酷的灭绝人性的世界大战，给参战国的老百姓造成了巨大的灾难，留下了难以愈合的精神创伤。在现代资本主义社会现实中，一方面，人在越来越大的限度内控制着自然，成为巨大生产力的创造者；另一方面，却又无法摆脱社会固有矛盾的束缚，摆脱精神危机的制约。面对着现实与思想的巨大矛盾，现代西方哲学主体性思潮试图寻找一种精神慰藉的出路，把资本主义社会的矛盾和弊端归结为人的主体本质异化，试图用抽象的人性论对人的本质、个人的价值实现、人的个性解放进行哲学的论证，企图通过改造主体意识，唤醒人的本质能动性的"心理革命"、"文化革命"、"意识革命"，通过对"日常生活的批判"、对"大众文化的批判"、对"意识形态的批判"来实现人的主体性变革，以便找到摆脱资本主义危机的出路。20 世纪 60 年代，一些发达资本主义国家发生的新"左"派运动正是这种理论的实践表现，新"左"派运动的失败从反面证明，由主体性思潮导向的旨在改变资本主义现状的"主体革命"的荒谬。

过分夸大主体及主体性的思潮，在马克思主义理论研究界内部也引起了一些混乱。20世纪20年代，德国社会民主党人朗兹胡特和迈耶尔、比利时工党领袖德曼、法兰克福学派代表人物马尔库赛利用《1844年经济学—哲学手稿》（以下简称《手稿》）中的某些具体提法，企图把马克思主义人道主义化、人本主义化。他们认为，马克思主义的本质和核心是人道主义，历史唯物主义的马克思主义不是真正的马克思主义，人道主义的马克思主义才是真正的马克思主义。二战以后，一些社会民主党理论家以及其他一些学者利用《手稿》大做文章，企图把马克思主义归结于人本主义。1948年，匈牙利人卢卡奇出版了《历史与阶级意识》一书，对列宁的《唯物主义和经验批判主义》（以下简称《唯批》）进行批判，认为《唯批》把马克思主义认识论归结为直观的、机械的、消极的反映论，忽视了主体的作用。德国理论家柯尔施明目张胆地指责列宁"把认识仅仅描绘成主观意识对这种客观存在的被动式反映。……既破坏了存在和意识的辩证关系，而且作为一个必然的结果，破坏了理论和实践的相互关系"①。南斯拉夫"实践派"认为："关于世界的统一性在于它的物质性的看法是没有得到彻底克服的教条主义和直观唯物

---

① ［德］柯尔施：《马克思主义和哲学》，重庆出版社1989年版，第53页。

主义的残余，是过时世界观的最后残余。""马克思主义是实践的一元论而不是物质一元论。"由于实践造就了一个感性世界，造就了一个人化自然，就应当把实践升华为主体，这个主体是世界的本质。南斯拉夫"实践派"不适当地夸大了实践的地位和作用，把实践当做第一位的本体存在，并从实践出发过分夸大主体的作用。

现代西方哲学的主体性原则在基本哲学倾向上是非科学的，因为它是站在唯心主义立场上，对哲学基本问题作了错误的回答。现代西方哲学的一些流派把"意志"、"生命本能"、"纯粹意识"等主体的主观因素当做世界存在的根据，在讲主体能动作用时排斥客观条件的制约性，否定客观事物发展的必然规律。离开唯物主义基本立场，奢谈什么主体性原则，是一种片面的、抽象的主体性原则。当然，尽管如此，还应实事求是地承认，现代西方哲学在研究主体在认识中的地位，探讨主体的非理性因素的作用，分析主体在历史活动中的选择作用，对资本主义社会弊病从主体性方面进行谴责和揭露等方面，都无疑具有合理的价值。

不可否认，在列宁逝世以后的很长一段时间里，在马克思主义哲学的宣传、普及、研究中，的确存在着一种轻视主休作用的机械唯物主义倾向，这种倾向给马克思主义哲学发展带来了一系列副作用。譬如，在唯物论方面，仅仅限于对物质第一性、精神第二性的物质本体论原则的阐述，没有突出阐发马克思主义哲学的实践唯物主义的特点，没有突出阐发马克思主义的"新"唯物主义与旧唯物主义的区别。在辩证法方面，虽然一度注意了客观条件、客观规律对主体认识能力、实践能力的限制，但对于主体与客体的关系，对主体能动地改造客体的能力缺乏全面的、科学的认识，注意了从客体方面来研究事物，却忽视了从主体方面来研究事物。在认识论方面，尽管强调了实践第一的观点，强调了马克思主义认识论的唯物主义反映论的意义，但却忽视了认识主体的能动性，忽视了主体自身的素质、主体的认识结构、功能在认识过程中的作用。在历史观方面，注意了物质经济原因、生产力是历史发展的最终决定力量，注意了历史发展的不以个人意志为转移的客观规律的必然性，但对于历史规律不同于自然规律的特殊性，对于历史主体的创造性、选择性，对于历史发展的偶然性、或然性、随机性、多样性缺乏深刻的把握。在人生观、价值观方面弘扬了共产主义的远大理想，着重宣传了集体主义、大公无私的人生观和价值观，却不适当地把个人的合理需要、个人的特性、个人的价值实现、个人的自由、尊严和权利同共产主义、集体主义要求对立起来。所有这些理论上的欠缺，反映我们在对马克思主义哲学的理解上曾一度存在着机械的、直观的、简单的和庸俗的倾向。

党的十一届三中全会以来，我国掀起了一场深刻的思想解放运动，这场运动引起了哲学理论界的极大兴奋，推动哲学工作者突破了许多理论禁区，深化了马克思主义哲学的研究工作。其中关于主体及主体性问题的探讨，对于我国哲学界摆脱主体问题研究的落后局面，反对机械论的倾向，具有不可低估的理论和实践意义。但应当严肃地指出的是，关于主体性问题的讨论，确实也存在着不分良莠、不加批判地一股脑引进现代西方哲学的主体性思潮，逾越一定的界限、抽象地发挥主体性的倾向。譬如，在本体论方面，否定物质第一性、精神第二性的原则，认为恩格斯的《路德维希·费尔巴哈和德国古典哲学的终结》、斯大林的《辩证唯物主义和历史唯物主义》都离开了马克思主义的人本主义，使物质占了主体地位，"具有一种强烈的物本主义色彩"，否定了人的主体性，认为"客观性只是一个古老的幻梦"，"月亮在无人看它时确实是不存在的"。在认识论领域，诸如列宁的《唯批》是机械的反映论，任意夸大认识主体的选择性、创造性和能动性，试图用"选择论"、"重构论"和"建构论"来取代马克思主义能动的、革命的反映论。在历史观领域，怀疑生产力发展的最终决定作用，怀疑历史发展客观规律的必然性，认为历史完全是主体自主选择的结果。哲学领域内任意夸大主体能动性的倾向在人们中间，尤其是在一些青年中间产生强烈的消极效应，引起了相当的思想混乱。

应当高度重视主体及主体性问题，这既是马克思主义哲学的理论传统，又是发展马克思主义哲学所必需的。但如果认为主体可以超越客体的制约随心所欲地发挥，把主体任意提升到本体的地位和高度，真理就会变成谬误。关于主体及其能动性的讨论既是一个哲学理论问题，又是一个关系到革命政党能否依据正确的思想路线，来指导社会主义革命和建设的重大实践问题。全部问题的关键不是要停止关于主体问题的讨论，而是要把这场讨论继续引向健康、深入的发展轨道上，在研究和讨论中进一步丰富和发展马克思主义哲学。

四、主客体及相互关系

研究主体及主体性问题，必须搞清什么是主体，什么是客体，主客体之间具有怎样的关系？

主客体及其关系是以科学的实践观为基础的。研究主体及主体性问题，必然首先涉及实践问题。实践概念在马克思主义哲学中占有十分重要的地位，所谓实践是指人们改造世界的创造性的物质活动。实践本身不是静态的而是处在动态之中的，是一种创造性的物质交换活动。实践本身不是"本体"、"存在"、"客体"，更不是一种可指性的实体对象，而是反映人与自然、人与社会环境、主体与客体、主观与客观相互对象化的概念，实践是物质与精神、主体与客体、主观与客观的动态统一。实践概念应当是主客体及其相互关系的始发概念。只因为人的社会实践，才引发出人们在社会实践过程中的主体、客体以及主客体关系。

从最一般的哲学意义上来说，主体是指从事社会认识和社会实践活动的人，客体则是指人的社会认识和社会实践活动的对象，即主体所指向的对象世界。在这个意义上讲，主体是人，客体是主体的对象。当然，认为只要是人就是主体，外部自然界就是客体，这是不全面的。严格地讲，只有处于社会实践及相应的认识活动中的人才是主体，主体应当是社会的人、实践的人、历史的人、有思维活动的人。作为主体，可以是个体，也可以是群体，可以是政党、阶级、民族或某个利益集团。

把客体界定为主体认识和实践的对象，即主体指向的对象世界，其理由是：

1. 主体与客体是一对关系范畴，主体必然以客体为对象，客体作为主体的对象而存在。所谓关系范畴就是说主体与客体之间互相依存，互为存在前提。没有客体就没有主体，没有主体也就没有客体，这种对应关系反映了主客体之间的对象化关系。在这种对象化关系中，主体是主动的认识者或实践者，客体是主体的活动对象。

2. 对象世界是一个宽泛的概念，它既可以包括物质的世界，又可以包括精神的世界，既包括人类社会，又包括人所认识和实践的那部分自然，包括经过人改造过了的人化自然，包括人作为认识和实践对象的自然世界，一切成为主体认识和实践的对象都是客体，客体是主体的对象世界，这是一个宽泛的概念。

有人引用马克思的"主体是人，客体是自然"这样一句话，认为主体应定义为人，客体应定义为自然。马克思的这个说法是一个特指。在《政治经济学批判导言》中，马克思在分析生产一般时，曾指出主体是人，客体是自然，人与自然的对立统一构成了生产。这样讲，仅仅是就生产过程中人与自然这对关系而言的。从一般哲学意义上来界定主客体，其内涵和外延都应更一般些、更宽泛些。实际上，凡是主体的认识对象和实践对象都应是客体，这里不仅包括人所认识、所实践的自然对象，还应包括作为对象化加以认识的人自身及人的社会，不仅指作为实体而存在的事物，而且指事物之间的关系现象，指作为物质的主观反映的精神现象。

客体具有这样一些基本类型：（1）物质性的自然客体，包括有人化的自然、人尚未改造过的自然。（2）物质性的社会客体，包括人自身和人类社会物质生产和物质生活的各个领域、物质生产关系和物质生活关系的各个方面。（3）精神性的社会客体，包括人的社会心理和社会意识的各个方面和各个过程。

主客体关系就是主体与客体，即作为社会认识和实践的人同认识和实践的对象世界之间的一种对象性的关系。所谓对象性关系就是：主体在一定的客体条件下去认识客体，并按照自己的意愿、目的，利用、改造、再塑客体，使客体主体化，在利用、改造、再塑客体的过程中，主体又不断地使自己适应、吸收、同化客体，从而使主体客体化。这种对象性的关系呈双层结构，一层是物质性关系，表现为主客体之间利用与被利用、改造与被改造、塑造与被塑造的物质能量交换关系；另一层是精神性关系，表现为主客体之间的认识与被认识、评价与被评价的思想认识上的关系。主客体的双层关系涉及人同自然、人同社会、人同他人、人同自身这四对关系中。

第一层，物质性关系。

主客体之间的物质性关系首先表现为主客体之间的利

用关系。主体的对象性活动首先是利用客体的活动，主体生命活动的第一步是要维持自身生命的延续和生命的再生产，这就需要主体利用自然客体获得有利于人自身生存和繁衍的物质能量。在满足基本生理需求的基础上，主体还要满足更高级、更广泛的社会需要，如发展的需要、交往的需要、精神的需要等等。这样一来，主体对客体的利用关系就由物质性关系扩展到精神性的关系。在利用客体的过程中，主体也有一个不断改造自身以适应客体的问题，也就是说，客体对主体也有一个反利用关系。主客体之间的利用关系是利用和反利用的统一。

其次，主体与客体之间并不是单纯的物质性的利用关系，它们之间还存在着一种物质性的改造关系。主体在对客体的利用过程中，并不是被动地去适应客体，而是根据自己的需要，不断地改造客体，以适应主体的需要。比如，人为了满足自身的需要，不仅仅单纯地从野生植物、野生动物那里直接摄取养料，而且还需要能动地改造自然，培植各种植物、养殖各种动物，以摄取更多、更好的养料。主体对客体的改造，实际就是主体以自己新的需要，利用现有的技术、材料，按照自己的目的，能动地改变客体，以使客体不断地满足主体新的需要。这种主体对客体的改造过程是主体与客体之间的一种物质能量交换过程。当然，主客体之间的改造关系是相互的，主体在改造客体的过程中不断地改造自身。

最后，再塑关系是主客体之间物质性关系的高层次表现。在主客体相互改造的基础上，就会进一步发展为主客体之间的相互再塑造的关系，即主体按照自己的需要、意愿、目的，利用客体提供的条件、材料，对客体进行重新塑造。比如，人按照自己的衣食住行的需要，所创造的现代住房、现代交通工具、现代衣饰、现代人造食品，已经不是原有的自然物了，也不再是仅仅经过改造了的自然物了，而是在自然材料基础上再塑造、再创造的人工自然物。再塑关系同利用改造关系一样也是双向的，主体在实践中不但再塑客体，同时也不断地创新主体自身，再塑主体自身。

第二层，精神性关系。

在物质性关系的基础上，主客体之间还存在着一种精神性的认识和评价关系。首先，在利用、改造、再塑客体的实践过程中，必然发生主体对客体的认识过程。主体要科学地利用、改造、再塑客体，必须要正确地认识客体，否则就无法达到利用、改造、再塑客体的预期目的。当然，主体对客体的认识也只有在利用、改造、再塑客体的过程中才能实现，主体的认识素质和认识能力也正是在利用、改造、再塑客体的过程中不断地得到提高。主客体的认识关系是在利用、改造、再塑客体的基础上形成的，反过来，主体对客体的认识又指导主体对客体的物质性的对象化过程。

其次，精神性关系还包括主体对客体的评价关系。主体对客体的全部认识和实践活动，都是为着满足主体的物质和精神生活的需要，主体对客体的认识、利用、改造和再塑过程，就是客体对主体需要的满足过程。客体对主体需要的满足必然引起主体对客体的价值评价问题，引起主体的自我价值评价问题。主体的价值评价包括两个层次：一是主体对客体价值的评价，即相对于主体来说，客体能够在多大程度上满足主体的需要，即客体应当是什么。二是主体的自我价值评价，在客体对主体需要的满足过程中，主体在多大程度上体验到主体自我的存在意义，即主体应当怎样做。主客体之间的价值评价关系，在形式上是主观的，但在内容上却是客观的。主体对客体的评价关系决定主体在认识和实践客体的对象化过程中，"应当怎样做"，使客体"应当是什么"。主客体的评价关系是在认识、利用、改造和再塑客体的基础上形成的，反过来，对主体利用、改造、再塑、认识客体起着导向的作用。

五、关于主体的特性

研究主体必然引出主体性问题。我们所说的主体性，是指主体在利用、改造、再塑、认知、评价客体的社会实践和社会认知过程中，所表现出来的全部特殊属性。主体的主要特性是：

1. 自然性。主体并不是游离于自然界之外的超自然物，而是自然的产物，是自然界中特殊的一部分。主体是物质世界长期发展的产物，主体的肉体是由复杂的物质元素构成的实体，主体的能动性是物质反应性长期发展的结果。主体的心理与生理活动都有其自然物质基础。自然属性是主体的第一天然属性，主体的一切特性都是以自然物质性作为载体、前提和基础的。

2. 实践性。实践是主体的根本特性。人之所以成为主体，就在于人不是消极地、被动地单靠自然提供的条件和材料来维持生命活动，而是通过自身的社会实践活动，能动地改造外部自然社会以满足自身生存和发展的需要，并且在改造外部世界的过程中不断地改造完善自身。实践是人作为主体活动的基本形式，是主体能动活动的最主要、最集中的表现。

3. 社会性。人是社会存在物，是一切社会关系的总和。人作为主体必定是社会主体，其社会认识和社会实践活动无不具有社会性。在阶级社会中，主体具有阶级性。主体的社会性、阶级性决定了主体的思想、决定了主体对客体的态度、决定了主体之间的关系。离开了社会性也就无所谓主体。

4. 意识性。人是有意识的，主体具有意识性。主体的意识是以情感、意志、目的、理性思维等形式表现出来，使主体在活动中表现出一定的指向性、目的性和计划性，表现出主体对客体具有主动的反映性、思维性、控制性和创造性。主体的意识性一方面表现在主体的自我意识上，即主体能够认识到主体自身在整个世界中的地位和作用，认识到主体自身素质在认识和实践过程中的重要性；另一方面则表现在主体对客体的意识，即能够认识到客体的条件、规律以及客体涉及的内外诸关系。没有主体的意识性也就没有主体及其主体的活动。

5. 主动性。因为人是有意识、有目的、实践的人，所以主体在思想和行动上表现出一种主动的特性。所谓主动性，就是指主体不是被动地、消极地、无所作为地适应客体，成为客体的奴隶。相对客体来说，主体具有一种自由性、自主性、积极性、选择性和创造性。主体的自由性集中表现出主体对客体必然规律的认识和把握，表现出主体对客体对象的利用、改造和再塑，表现出主体自身自由全面发展的需求。主体的自主性就是指主体具有自我意识、独立思考、自我评价、自我反省、自我批评、自行调控、自我设计、自我规范的自主精神和自主能力。主体的积极性就是指主体在社会认识和社会实践中表现出积极进取，不甘现状的态度和劲头，为了维持和发展自身的需要，主体对客体采取一种积极认识、积极实践的态度和行为。在历史活动中，主体对历史活动、历史事件、历史发展趋向具有一定的选择能力。当然，这种选择的客观结果无非具有两种情况：一是主体的选择符合历史发展的必然规律，这样的选择有利于历史的进步。一是主体的选择违背历史发展的必然规律，这样的选择不利于历史的进步，反而会造成历史的曲折和暂时倒退。主体在对客体的认识、实践过程中表现出巨大的创造属性，这种创造性突出表现在主体不是直观地、消极地、反射式地反映客体，而是积极地、能动地预见客体的发展趋势，突出表现为主体不是消极地、被动地适应客体，而是积极地、主动地改造、再塑客体，并在改造客体的过程中改造自身。主动性是主体在自然性、社会性、实践性、意识性基础上所发挥出的集中品格。

　　上述五个主要特性集中起来就是我们通常讲的主体能动性，主体能动性是主体的综合特征，是主体所表现出来的最突出、最集中的品质。恩格斯指出人同其他动物的最后的本质区别就是"一句话，动物仅仅利用外部自然界，简单地通过自身的存在在自然界中引起变化；而人则通过他所作出的改变来使自然界为自己的目的服务，来支配自然界"①。"如果说动物对周围环境发生持久的影响，那么，这是无意的，而且对于这些动物本身来说是某种偶然的事情。而人离开动物越远，他们对自然界的影响就越带有经过事先思考的、有计划的、以事先知道的一定目标为取向的行为的特征"。② 这种认识现实世界和支配、利用、改造、创造现实世界的特征，就是主体的能动性。主体能动性是一种自觉的能动性，毛泽东同志指出："一切事情是要人做的，持久战和最后胜利没有人做就不会出现。做就必须先有人根据客观事实，引出思想、道理、意见，提出计划、方针、政策、战略、战术，方能做得好。思想等等是主观的东西，做或行动是主观见之于客观的东西，都是人类特殊的能动性。这种能动性，我们名之曰'自觉的能动性'是人之所以区别于物的特点。"③

　　主体的自觉能动性主要表现为认识的能动性和实践的能动性两个方面。

---

① 《马克思恩格斯选集》第4卷，人民出版社1995年版，第383页。
② 《马克思恩格斯选集》第4卷，人民出版社1995年版，第382页。
③ 《毛泽东选集》第2卷，人民出版社1991年版，第477页。

　　主体认识的能动性是通过人对客观外界的感性活动的能动性、理性活动的能动性而表现出来的。一方面，主体认识的能动作用，表现为"从感性到理性"、"从理性到实践"这两个能动的飞跃；另一方面，主体认识的能动作用通过感性活动也可以表现出来，如果仅仅强调了理性认识活动的能动作用，而忽视了作为认识初级形式的感性活动的能动性，那么就是片面地认识主体认识的能动性。现代西方哲学的某些流派歪曲唯物主义反映论，攻击唯物主义认识论主张感性活动的反映特征是消极的机械反映论。实际上，马克思主义认识论主张人的认识活动从始至终包括感性阶段在内都是一个能动的过程。

　　1. 感性活动能动地反映客观对象。人的感性认识尽管是低级的认识活动，是全部认识活动的起点和基础，是人对客观现象的直观反映，是以感觉、知觉、表象等形式反映着对象的某种现象、属性和特征的客观实在性，但是我们不能因此而把感性认识当做是对客观对象消极直观的反应，不能以纯客体的形式去理解主体的感性认识。主体对客体的反映，绝不像洛克的白板说那样像镜子一样消极被动地反射外部世界。人对客体对象的感性认识也是能动的实践活动及其结果的反映，人是在能动地变革客观对象的过程中来反映客观对象的现象、属性和特征的。人可以使用工具、仪器等手段延长自身的感官，以便更深刻地去感知对象。现代心理学、现代非理性主义的某些研究成果表明，主体的非理性的感性因素对人们行为也具有一定的能动的导向作用。人的感性反映同样具有能动的属性。

2. 感性认识能动地飞跃到理性认识。感性认识只是"生动的直观",单靠这种"生动的直观"不可能科学地、正确地、全面地认识客观对象,感性认识必须要向理性认识发展、飞跃,这种发展、飞跃同样反映了感性认识的能动性。毛泽东同志指出:"要完全地反映整个的事物,反映事物的本质,反映事物的内部规律性,就必须经过思考作用,将丰富的感觉材料加以去粗取精、去伪存真、由此及彼、由表及里的改造制作工夫,造成概念和理论的系统,就必须从感性认识跃进到理性认识。"① 从感性认识到理性认识要经过头脑的分类、比较、分析、综合、归纳、演绎等复杂的"科学抽象"过程,这个过程是认识主体更深刻、更正确、更完全地反映客观事物本质的能动过程。

3. 理性认识的能动作用。理性认识的能动作用突出表现为理性认识是对事物本质,而不是对事物表面现象的认识。除此之外,理性认识的能动作用还表现为对感性活动的导向作用,对实践活动的指导作用两个方面。理性认识来自于感性认识,反过来,理性认识可以进一步指导感性认识,丰富感性认识。比如,在理论指导下,人们可以有目的、有计划、有针对性地进行调查研究,从而获得更丰富、更可靠、更具体的感性认识材料,促使人们由感性认识向更新、更深、更高的理性认识阶段飞跃。理性认识的生命力在于它可以指导人们的社会行为、指导人们的社

---

① 《毛泽东选集》第 1 卷,人民出版社 1991 年版,第 291 页。

会实践。在一定的理论指导下，主体可以按照一定的计划、方案，有目的、积极地进行变革现实的实践活动，这个过程就是理性认识的物化过程，精神变物质的过程。

主体能动性一方面是通过主体的认识活动表现出来，再一方面而且更重要的方面则是通过人的实践活动而表现出来。实践在本质上是一种创造性活动，主体实践的能动作用首先表现在人对自身生存的自然环境和社会环境的利用、改造上，其次表现为人对自身的改造上。主体实践的能动作用，还表现为它是主体认识的源泉、动力和检验标准。

关于实践的能动作用，在哲学上历来存在两种倾向：一种倾向是轻视实践的作用。轻视实践的作用有主观唯心主义和机械唯物主义两种表现，主观唯心主义表现为过分夸大主观能动性，或夸大经验的作用，或夸大理论的作用，而忽视实践的作用；机械唯物主义表现为把人理解成被动的自然存在物，忽略了人的实践活动的创造性。另一种倾向是过分夸大实践的作用。过分夸大实践的作用也有两种表现，一种是轻视理论的指导作用，过分夸大无意识、非理性在人的活动中的作用。很长时间以来，我们在研究主体能动性时，固然存在忽视情感、欲望、直觉、灵感、悟性等非理性因素在人的行为中的重要性的倾向。然而，主体能动性是一种自觉的能动性，这种自觉能动性主要表现为理性在人的认识和实践活动中的主要导向作用。忽视理性作用而夸大非理性作用，必然倒退到把主体能动性视为动物的生物本能，把人的自觉实践视为动物的生理机能活动的错误观点上去。过分夸大实践作用，另一个表现是企图用实践概念来代替物质概念，以实践本体论来代替物质本体论。例如，有人认为："实践本体是存在的本质"，"离开人的实践活动，一切存在对于人来说都无从谈起"。对于实践概念，历来存在唯物主义和唯心主义两种根本对立的理解。辩证唯物主义的实践观是建立在物质第一性的物质本体论基础上的实践观，唯心主义的实践观则离开物质第一性的唯物主义基础抽象地谈论实践的作用。抽去实践的物质前提，过分强调实践的主体能动性，就会跑到主观唯心主义那里去。南斯拉夫的实践派已经提供了这方面的教训。

六、正确认识和发挥主体能动性

主体性问题，说到底是主体能动性和客体制约性的关系问题，主体能动性的发挥能不能离开客体的制约和限制，怎样在客体制约前提下，最大限度地发挥主体能动性的问题。在实际工作中，这就是能不能坚持主观符合客观的唯物主义原则，坚持一切从实际出发、实事求是的思想路线问题。

讨论主体能动性和客体制约性的关系问题，一定要避免走两个极端：一个极端是无视客体的制约性，过分夸大主体能动性，搞"精神万能论"、"唯意志论"，跌到主观唯心主义的泥坑里；另一个极端是过分强调客体的制约性，完全排除主体能动性，搞"宿命论"、"机械论"，倒退到旧唯物主义的形而上学的立场上。马克思主义哲学坚持主体能动性和客体制约性的辩证统一，坚决反对主体问题上的两个极端的错误倾向。有人错误地理解马克思《费尔巴哈提纲》的精神实质，说《费尔巴哈提纲》表明马克思主义哲学是主体性哲学。事实上，在这篇文章中，马克思绝无抬高主体能动性、贬低客体制约性的意向。马克思批评旧唯物主义"对事物……只是从客体的或直观的形式去理解……"，并没有肯定只从主体方面去理解事物。在主体能动性和客体制约性的关系中，客体的制约性是客观存在的，但在客体制约性面前，主体又不是被动的、消极的、无所作为的，而是积极的、主动的、能动的，即不是被"对象所设定的"、"受动的、受制约和受限制的存在物"，而是积极的、主动的，"能创造或设定对象的"、"能动的"存在物。当然，主体自觉的能动性是在一定的客体制约基础上才得以发挥。

怎样才能科学地认识、正确地发挥主体能动性呢？这就需要既要坚持唯物主义基本原理，反对唯心主义又要坚持辩证的观点，反对把主客体机械地割裂开来、对立起来的形而上学片面性，主张主体能动性与客体制约性的辩证统一。

第一，必须从唯物主义物质一元论出发来理解主体能动性与客体制约性的关系。

国内外一些学者认为，离开了人和人的实践来谈自然界的存在是"没有意义的"、"等于虚无"，现实世界是人对象化了的感性世界，是主体化了的自然客体，不是纯粹的自然物质世界，物质与意识的关系不存在了，让位给主客体关系了，而主体与客体不存在谁是第一性，谁是第二性的问题，它们是等同的，企图用主客体关系问题取代哲学的基本问题。霍克海默认为，"关于精神和物质第一性的争论是无意义的，无论是唯物主义还是唯心主义，都错误地把现实的一个局部片面绝对化"①。国内有的文章认为，哲学基本问题即物质与精神何为第一性的问题，是"旧有的思维框架"，凡是唯物主义都不能揭示人对自然的超越性与主体性，马克思主义哲学固守基本问题，结果使"人的主体地位和能动性完全消失"。"只有打破本体论的思维模式"，超越"唯物主义和唯心主义对立才能发展马克思主义的哲学"。

离开哲学基本问题的正确解决，是无法科学地理解主体能动性与客体制约性的关系问题的。必须在坚持唯物主义物质一元论的基础上才能科学地认识客体及其关系。坚持唯物主义物质一元论原则，科学认识主体能动性与客体制约性的关系，具体来说，从这几个层次上来理解。

1. 主体即肉体的、现实的、实践的、社会的人，人所构成的社会都是后于"外部自然的"，外部自然先于主体而存在。在研究主体性问题时，必须首先承认自然界的先在性，没有自然也就无所谓主体和主体性。

2. 主体、客体及其相互关系都是物质及其派生物的运动形式和存在形式，它们都是以世界的物质性为存在和

---

① 法兰克福《社会学研究杂志》，1933 年第 1 期，第 31 页。

发展的依据、条件和基础的，主客体及其关系统一于物质性。仅仅把客体看成是物质性，主体是精神性的，这是不全面的。主体是由两个基本部分构成的，一部分是能动的具有生理机能的物质肉体，另一部分是主体受客观外界的刺激造成的主观世界。而主体首先是物质肉体的人，是物质的实体；其次才是具有思想意识的人，主观世界是依附于肉体而存在的。如果仅仅把主体看做是精神性的东西，那就必然会导致主观唯心主义。

3. 客体作为主体认识和实践的对象，首先是外部物质世界，其次才是物质世界派生的精神世界，物质世界是客体的本体基础。

4. 实践是主客体相互联系、相互作用的中介，是主客体统一的基础。按照唯物主义实践观来理解，实践首先是物质生产活动的实践，离开物质生产的实践既谈不上其他实践，更谈不上主客体关系。

5. 主客体之间的关系首先是主客体之间的自然物质交流关系，在物质性关系的基础上才形成精神性关系。

以上几点表明，唯物主义物质原则是理解主客体及其相互关系的理论基础，不解决好哲学基本问题便无法正确认识主体能动性与客体制约性的关系问题。然而简单地把客体等同于物质，把主体等同于精神，认为哲学基本问题同主客体关系问题完全等同，把唯物主义原则庸俗化，企图用主客体问题代替物质与精神的哲学基本问题，同样也是错误的。

主客体问题的正确解决固然取决于哲学基本问题的解

决，但并不能把哲学基本问题同主客体问题完全画等号。哲学基本问题同主客体问题各有其特定的角度和内容，二者不完全一致。按照辩证唯物主义来认识世界，整个世界可以划分为两大基本现象：物质现象和精神现象。物质就是不依人的主观意志而存在的客观实在，精神不过是物质的产物，世界统一于物质性。物质是第一性的，精神是第二性，这是唯物主义认识一切外部事物的基本原则，主客体二者不过都是运动着的物质存在形式和物质衍生形式，它们的存在、变化都服从于统一的物质世界。主体包括物质肉体和主观世界两大部分，主体的本体、基础、前提是物质的，故不能完全把主体等于精神。客体是主体的对象，但客体又不都是物质的，它既包括物质世界，又包括精神世界。简单地认为客体是物质，主体是精神，实际上把两个不同内涵的东西混淆了。这种混淆既可以抛弃唯物主义物质论原则，导入过分夸大主体的主观唯心主义路线；又可以把主客体简单地对等为物质与精神，导入庸俗唯物主义的轨道。

　　还有一种认识，把社会历史活动的主客体同实践的主客体、认识的主客体、价值评价的主客体、审美的主客体完全割裂开来、并列起来，似乎历史主客体同实践主客体、认识主客体、价值评价主客体、审美主客体互不联系。事实上，主客体范畴同时就是本体论、历史观、认识论、价值观、审美观范畴。实践的主体也好，认识的主体也好，价值评价的主体也好，审美的主体也好，都是处于一定社会历史关系中的人，离开人的社会历史性，不可能正确理解实践的主体、认识的主体、评价的主体、审美的主体。正因为人是有社会性的，人才成为主体，才能够依靠社会赋予他的品格和力量能动地改造客体，在改造客体的过程中不断地改造自身。动物没有社会性，它们成不了主体，在动物世界里无所谓主客体关系。离开人的社会历史活动，无所谓实践的主体、认识的主体、价值评价的主体、审美的主体。社会历史中的主客体同时就是实践的主客体、认识的主客体、价值评价的主客体、审美的主客体。哲学本体论所理解的主客体同历史观、认识论、价值观、美学、文学理解的主客体是一致的。

当然，本体论、历史观、认识论、价值观、美学，乃至文学都具有各自不同的研究对象，可以从不同的学科角度来研究不同领域的主客体问题，不同研究领域的主客体具有各自特殊的主客体特征。例如，历史观中的主客体问题同认识论中的主客体问题，既互相交叉、叠合，但又不完全相同。从主体方面来说，历史主体和认识主体是同一个主体，即实践的、现实的人。但就研究角度而言，二者又有些差别。历史观的主体问题主要是指历史活动中的主体作用、地位及同历史客体的关系问题；认识论中的主体问题主要是研究主体的认识结构、认识能力、认识规律及同客体的认识与被认识的关系问题。从客体方面来说，历史的客体和认识的客体都是主体的对象，但它们还有一定的差别，历史客体只是主体活动所创造的、所实践的、所接触的、所认识的人类及人类社会，认识客体原则上包括人所认识的一切对象。

第二，在唯物主义基础上，坚持主客体辩证统一论。客体是基础，主体是主导，主体能动性与客体制约性是辩证统一的。

1. 客体作为主体认识、实践的对象，不论是物质性客体，还是精神性客体，都为主体的认识和实践活动提供了客观的依据、内容、前提、条件和基础。比如，主体的认识是否正确要看其是否与客体的客观规律相符合，主体的认识是否深刻要看被客体所包含的矛盾发展暴露程度的限制，主体的实践成功与否要以客体客观变化的状况作为判断标准。离开客体所提供的条件、内容、依据和基础，便无所谓主体的认识和实践。

2. 客体作为主体认识和实践的前提和基础，它的客观条件、客观材料和客观规律制约、影响主体能动性发挥的方向和程度。在一般意义上来说，作为主体对象的客体为主体能动性的发挥提供客观条件、客观材料，这些客观条件、客观材料及其固有的规律影响主体能动性发挥的方向，制约主体能动性发挥的程度。比如，主体的科学研究活动要受客体具有的科研条件、科研素材的限制。

3. 在一定的客体限制的基础上，主体自身素质如何，是主体能动性得以正确充分发挥的关键。客体是主体活动的基础，但相对主体来说，客体却是被动的，主体是主动的。主体的自身综合素质，比如主体的身体健康状况、年龄状况、心理素质、经验准备、文化素养、世界观、人生观、价值观、道德水准、思维方式、实践能力等等，都是影响主体能动性发挥的主体自身的内在条件，主体自身条件同样是主体能动性发挥的制约因素。主体的自身素质在一定意义上决定了主体的能动性。从这个角度来看问题，主体是主客体关系中的能动的主导因素。

客体对主体的制约性主要表现为客体的客观条件、客观材料（包括精神材料）、客观规律对主体能动性的制约。在这里，主体和主观、客体和客观是既相一致，又相区别的概念。主观是主体的肉体存在和社会存在的产物——精神世界部分。客观是与主观相对应的概念，相对于主体来说，主体所指向的对象世界都是客观存在的，当人的思想作为主体认识对象时，它也是客观的，客观是反映客体对象性存在的概念。实际上，主体能动性与客体制约性的关系集中表现为主体的主观能动性同客体的客观条件、客观材料、客观规律的制约性的关系。

客体的客观条件，归根到底是指人及人类社会赖以存在发展的客观前提、基础和依据。离开了一定的客观条件，也就无所谓社会，无所谓人的活动，更谈不上什么人的发展、社会的发展了。因此，人和社会的存在和发展、人的主体自觉活动要受客观条件的局限。在所有的客观条件中，人所生存的自然环境是最基本的物质条件，当然还包括一定的人口条件。归根结底起着首要作用的是经济条件，即物质资料的生产方式。此外还有诸如政治条件，即生产方式所决定的阶级结构和政治制度、政治体制，还有思想文化、传统习俗条件，即在一定的经济基础上所形成的意识形态、文化因素、传统习惯、社会习俗等等。客观条件又可以分为内部条件和外部条件。内部条件是指作为条件存在的人及社会本身的构成要素，如人口因素、生产力、生产关系等。外部条件是指人及社会的外部自然环境。人的思想意识，人的文化习俗，当它们作为社会环境的构成要素时，也是人及社会的客观条件。

客观条件具有绝对性、普遍联系性、复杂性、多样性和易变性的特点。就拿社会客体的客观条件来说，一定的社会发展离不开一定的客观条件。社会的客观条件是绝对的、不可违背的。整个人类社会是一个复杂的有机整体，其环境、条件和因素也是相互联系、相互制约、相互影响的，客观条件有普遍联系的特点，具有复杂多样的特点。宇宙间的万事万物都是发展变化的，社会客体的客观条件也是不断变化的，永远不会停留在一个水平上保持绝对静止的状态，客体的客观条件是易变的。

什么叫客体的客观材料呢？客观材料就是主体认识和实践的工具、手段、素材、对象。比如，泥塑艺术家进行创造的刀具、泥土、生活素材、生活模特、创作对象，以及可供借鉴的前人的创作思想、创作经验，就是他实现艺术创作的材料。客观材料同样具有客观性、绝对性。客观材料是客观存在的，离开了一定的客观材料，主体的主观能动性也就无从发挥。

什么又叫客观规律呢？客观规律是指客体自身发展的固有规律，比如自然及其特殊部分社会作为客观事物，其本身内部固有的、普遍的、稳定的、重复出现的本质联系就是客观规律，客观规律具有客观性、普遍性、稳定性等基本属性。所谓客观性，就是指客观规律具有不以个人的意志为转移的客观属性，它是不可违背的，违背了就要受到惩罚。既然是规律，那么客观规律就具有普遍性和稳定性的特点。当然，社会发展的客观规律还具有不同于一般自然规律的特点，就是说，社会发展的客观规律离不开人的自觉活动，社会规律的运动要打上人的意志的烙印。社会发展的客观规律根源于社会存在的客观条件，首先根源于社会生活的物质条件，并通过这些条件表现出来而发生作用。例如生产关系一定要适合生产力需要的规律，就离不开社会生产方式这个根本的社会存在条件，它是社会生产方式这个物质条件的表现及其作用的结果。

什么是主体的主观能动性呢？社会历史发展离不开主体的自觉活动，主体的自觉活动表现出人具有一定的主观能动性。主体肉体的能动性是由主体的主观能动性引发出来的，主体的能动性突出表现为主体的主观能动性。主体的主观能动性表现出主体对客观条件、客观材料、客观规律具有一定的反映、认识、利用和改造能力，主体对客观条件、客观规律的反映程度、认识程度、利用程度和改造程度，反映了主体的主观能动性的发挥程度。

在搞清什么是客体的客观条件、客观材料和客观规律，什么是主体的主观能动性的基础上，就比较容易正确理解客体的制约性和主体的主观能动性的关系了。

客体的制约性首先表现为客观条件、客观材料和客观规律对主体的主观能动性具有决定和制约的作用。客观条件、客观材料和客观规律是独立于主体的主观能动性之外的第一位的东西。作为有意识、有目的的主体的活动及其能动的属性则是第二位的东西，主体的主观能动性要受客体的客观条件和客观材料的限制，受客观规律的制约。当人们对客观条件、客观材料和客观规律缺乏认识的时候，客观条件、客观材料和客观规律作为一种异己的、统治人的客观力量，起着盲目的、强制性的和破坏性的作用，人们任凭客观条件、客观材料和客观规律的戏弄和摆布，没有行动自由。当人们逐步认识客观条件、客观材料和客观规律时，客观条件、客观材料和客观规律则成为人们进行认识和实践活动的依据、准则和检验标准。但是，人们既不能凭空制造客观条件、客观材料，"创造"和"制定"客观规律，也不能否认客观条件、客观材料，"废除"和"消灭"客观规律。如果主体的主观能动性超出了条件允许的限度违背了规律，就会受到客观条件、客观材料和客观规律的惩罚；如果人们的主观能动性及其社会实践符合客观条件和客观材料，遵循客观规律时，人们就可以从客观条件和客观规律那里获得"奖赏"。主体的主观能动性是否符合客观条件、客观材料的要求，是否遵循客观规律的发展，也就是我们通常所讲的主观与客观是否相一致，这是关系到主体的自觉活动能否达到预期目的的关键。

其次，主体的主观能动性对客观条件、客观材料和客观规律具有一定的反作用，主体的自觉活动离不开主体的主观能动性，主体的主观能动性在客观条件、客观材料和客观规律面前并不是束手无策，处于完全消极、被动的地位。主体的主观能动性表现为人能够正确认识与运用客观条件、客观材料和客观规律，在一定的客观条件限度内，按客观规律办事，以实现自己预期的目的。正确认识客观条件、客观材料和客观规律，是正确把握客观条件、客观材料，运用客观规律的前提。人们正确地认识客观条件、客观材料，正确地认识客观规律，就可以在实践中驾驭、控制和利用它们，从而达到改造世界、改造自身的目的。

在认识和处理客体的客观规律和主体的主观能动性这对矛盾时，我们必须反对两种倾向。一是唯条件论倾向，唯条件论实质上是一种机械论，它否认和抹杀主体的主观能动性，只讲条件，不讲主体的主观能动性，认为主体在客观规律面前束手无策，无所作为。一是唯意志论倾向，唯意志论实际上是一种主观唯心主义，它否认客观条件、客观材料和客观规律的决定性作用，无限夸大人的主观能动性，离开条件、不讲规律，认为人的主观意志决定一切、支配一切。总之，在处理客观条件、客观材料、客观规律和主体的主观能动性的关系时，既要反对唯条件论，又要反对唯意志论。坚持有条件论，但不唯条件论，这就是辩证唯物主义对客体制约性同主体能动性关系的根本态度。

主体能动性的发挥不是无限的、无条件的、绝对的、任意的，绝对不能离开主客体及其相互作用的物质基础，不能离开客体的制约性来抽象地发挥主体的主观能动性。在目前哲学研究中，忽视主体作用的倾向有之，片面夸大主体作用的倾向亦有之。

在历史观领域，围绕着历史主客体及其关系，理论界曾展开了一场"历史决定论"和"历史选择论"的争论。

所谓历史决定论，就是认为社会历史的发展有着不依人们的意志为转移的客观规律，这个客观规律决定着历史发展的必然趋势的观点。其实，历史唯物主义的历史决定论同时坚持历史辩证法，并不否认历史发展过程中主体的积极作用，并不否认历史的偶然性和多样性。所谓历史选择论，就是认为人们可以自主地作出历史的选择，人的自主选择直接影响历史发展的趋势、过程，造成重大的历史变化，推动历史发展的观点。历史唯物主义坚持历史决定论与历史选择论的统一。有人把历史发展过程中物质因素的最终决定作用同人具有一定的历史选择性，把历史的必然性同历史偶然性，把历史规律的客观性和历史主体的创造性对立起来，或者坚持机械唯物主义的历史观，把物质原因看做是促进历史发展的唯一因素，否认历史发展中人的选择作用，否认历史发展的偶然性和多样性；或是把历史决定论当做机械唯物主义来批判，过分夸大历史主体的选择作用，否认历史发展的规律性和物质因素的最终决定作用。近些年来，后一种观点的影响颇大。著名科学哲学家波普尔认为，在历史领域根本不存在规律性，在历史领域根本谈不到有正确的预言。还有的学者认为"社会规律既有客观性又有主观性"。甚至有人认为，历史完全是人这个主体选择的结果，不具有"不依人的意志为转移的客观规律，主体的选择使得历史成为这样，而不是那样"。停留在生产力和生产关系、经济基础和上层建筑、社会存在和社会意识之间的抽象的"决定作用"和"反作用"的水平上，根本没有超出机械决定论。还有人认为，选择论是一种新的世界观和方法论，是一种不同于经典辩证唯物主义哲学的现代辩证唯物主义哲学。把辩证唯物主义的历史决定论观点诬蔑成为机械决定论，宣扬离开历史条件制约的无限制的主体选择性，这是非常值得注意的思想倾向。

如何正确认识历史发展中的主体选择性和客体制约性的关系问题呢？马克思在《路易·波拿巴的雾月十八日》一文中，唯物辩证地解决了历史领域内的主客体辩证关系问题，他说："人们自己创造自己的历史，但是他们并不是随心所欲地创造，并不是在他们自己选定的条件下创造，而是在直接碰到的、既定的、从过去承继下来的条件下创造。"① 马克思充分肯定人的历史主体地位，肯定人的自觉创造性，但又科学地揭示了作为历史客体的社会客观条件和客观规律对人的思想和行为的制约性。历史发展并不存在于历史主体的行为之外，而是存在于历史主体的行为之中，但它又是通过受客观条件和客观规律制约的单个个人的意志和行为的相互冲突、相互矛盾，来为自身的发展开辟道路。一方面，受既定的历史客体限制、制约的历史主体改造历史客体，把自身的力量凝聚在历史客体之中，这就是历史主体的客体化和对象化；另一方面，凝结了历史主体力量的历史客体又规定和塑造历史主体，这又是历史客体的主体化和非对象化。每一代人都遇到既定的历史客体的条件和规律对其活动的制约和限制，但他们又

① 《马克思恩格斯选集》第 1 卷，人民出版社 1995 年版，第 585 页。

不是仅仅被动地屈服于这种限制，而是通过主体的历史实践不断地超越这种限制。历史唯物主义认为，生产方式，从而生产力是社会历史发展的最终力量，是全部历史发展的基础和前提。正是在这个社会存在的物质基础上，社会历史发展有着不以人的意志为转移的客观规律，社会存在的物质客观条件和客观规律决定了历史发展的必然趋势。然而，历史是由人创造的，历史规律是通过人的自觉活动而体现出来的，人虽然不能随心所欲地创造历史，但人却在用自己的创造活动谱写着历史之歌。在一定的客观条件下，历史主体的自然素质和社会素质不同，历史主体的意识状况不同，对客观规律的认识程度不同，以及其他一些复杂的社会历史因素不同，人们对历史的进程的影响作用也就不同。正因为在一定条件下，人具有一定的历史主动性，社会历史规律展开的具体表现是千差万别的，历史的发展也就表现出偶然性、随机性和多样性的特点。历史唯物主义是在社会存在和社会意识辩证关系正确解决的基础上，在历史主客体及其关系正确解决的前提下，坚持历史决定性和历史主动性相统一，认为历史的发展正是一致性与多样性，必然性与偶然性、规律的客观性与人的主观能动性相统一的过程。既要坚持社会物质因素对历史发展的决定作用、坚持社会发展规律的客观必然性，又不能忽视人的自觉活动对历史发展的一定选择性；既要尊重规律的客观性，又要重视主体的能动性；既不能打着尊重历史规律的幌子，完全否认主体的能动作用，又不能随意夸大人的选择作用，否定和抹杀历史规律的客观性。走到哪个极端，都会重新跌入唯心史观的泥坑。

在认识论领域，借口弘扬主体性原则，否定马克思主义反映论，也是一个十分引人注意的哲学思潮。有人认为，马克思主义的反映论同旧唯物主义的反映论没有什么区别，都是消极的、机械的、直观的反映论。要求用"选择"论来代替反映概念的主张认为，认识"不是客体的结构和性质在人脑中的反映"，认识是主体对客体进行改造和选择的结果。人的认识无疑是有选择性的，任何主体的认识都是有选择的认识，但是人的有选择的认识也是以客体对象为其客观内容的，主体有选择的认识是在对客体能动反映基础上的选择。离开客体的客观基础讲认识的选择是一种抽象的主观唯心主义的选择。还有的观点过分夸大人在认识过程中对各种感性材料的理性加工过程，认为这并不是客体的客观现象反映到人脑里，经过人脑的去粗取精、去伪存真、由此及彼、由表及里的分析综合过程，而是离开客观内容，由主体大脑所先天固有的认识结构的自我建构和重构过程。毫无疑问，人的认识离不开主体的思维结构、思维方式、思维过程，经过长期抽象思维训练的主体，对客体事物的内在本质必然会有更为深刻的认识。当然，这种认识再深刻也离不开客体所提供的客观内容。事实上，即使是主体本身的思维结构也是在长期的实践活动和认识活动中发展起来的。瑞士著名心理学家皮亚杰提出了认识结构说，他认为，认识既不是起因于一个有意识的主体，也不是起因于业已形成的（从主体角度来看），会把自己烙印在主体之上的客体，认识起因于主客体之间的相互作用，这种作用发生在主体和客体的中途。皮亚杰认为，认识不是主体对外界的直接的反映，而是主体的认识结构对外界的能动的选择和加工。皮亚杰的看法重视主体的认识活动的积极能动作用，强调了思维本身对感性认识的加工过程。但是他把认识结构夸大为先天具有的"数理逻辑结构"，人对外界的认识无非是利用这种先天结构去建构或重构客体，这便成为康德先验唯心主义的翻版。过分夸大皮亚杰认识结构说的荒谬成分，就会导致用主观先验主义的"建构说"和"重构说"来代替反映论。

现代西方哲学的一些流派还提出了主体困境论的说法，否认认识的客观性，宣扬一种新的不可知论。他们在研究主体的认识能力和认识结构时，虽然提出了一些有价值的新见解，但都过分夸大了认识逻辑、理性思维、描述语言、实验操作等方面对认识客观内容的影响。他们认为，由于认识中主体性作用的障碍，使主体无法达到对客体真实客观性的认识，也就是说，主体是无法认识客体的。新实在论者霍尔特认为："认识的'自我中心困境'在于不可能找到任何不被认识的东西，其困难在于如何思议那被认识的事物是离开我对它们的认识而独立存在。"①在认识过程中，人的主体素质的确对认识的结果有重大影响。譬如，在科学认识中，观察的目的、对象、方式、手段是由主体确定的，观察的实际过程有主体的参与，并且

---

① ［美］霍尔特：《新实在论》，商务印书馆1980年版，第13页。

需要经过主体的经验、理性对客体进行分析，观察的结果也需要用一定的文字语言和符号来加以描述，这些都在一定程度上充分体现了认识过程中主体的重要性。主体困境论的缺陷不在于肯定主体认识的作用，而是抽象地夸大了主体在认识中的地位，主观唯心主义地虚构了一个不可逾越的主体认识困境，即主体认识的主观性与客体的客观性绝对对立，主体不可能认知客体。

过分夸大主体能动性的哲学思潮在人生观、价值观、伦理学、美学、文学等领域内风行一时，萨特认为，主体必须作为一切的起点，人除了自我塑造外，什么也不是，作为主体的人的存在先于人的本质。从这种极端的主观唯心主义立场出发，他认为人、人的存在其实就是人的自我意识、人的内省体验、人的自我选择。存在主义的人生观、价值观就是建立在这种以主体自我为中心的基础上的，从这种人生观、价值观出发，只讲自我价值，不讲社会价值，过分强调自我设计、自我选择。20 世纪 80 年代，这种以主体自我为中心的人生观、价值观在我国思想界不胫而走，在广泛的社会生活中产生了众所周知的消极影响。比如，有人打着高扬主体性的旗帜，鼓吹绝对的个体解放，主张摆脱一切限制的个体自由、性解放……一度造成思想道德的混乱。再比如，文艺界流行一种夸大创作主体作用的文学创作观，否定人民群众的现实实践是文学创作的源泉，认为文学创作就是开发作家的"内宇宙"，主张作家只凭着自我意识，充分地超越客观生活，才能揭示文学的真实性。

在哲学研究中轻视主体的作用，看不到主体能动性，是机械唯物主义；脱离唯物主义前提，过分夸大主体的作用，是主观唯心主义。这两种倾向不仅会给理论界、学术界带来消极的影响，而且在实践中也会造成指导思想和指导路线上的偏差，从而给实际工作带来巨大的损失。斯大林时期，苏联哲学理论的机械唯物主义倾向，对苏联社会主义建设产生了一定的消极影响。比如，一律采取"肉体消灭"、"肉体惩处"的办法来搞肃反，忽视改善和提高人民的物质和精神文化生活，经济建设中重视重工业的发展方针，缺乏民主和法制等错误，恐怕与轻视主体性的哲学倾向不无关系。

在哲学指导思想上任意夸大主体能动性，反映到实际工作中，就会犯主观严重脱离客观的主观主义错误。在我们党的历史上，民主革命时期的"左"倾机会主义、冒险主义、盲动主义都是以过分夸大革命的主观条件，轻视革命的客观条件为根本特征的。在我国社会主义建设时期，曾多次出现过一再夸大主观能动性的错误倾向。如1958年的大跃进，提倡什么"不怕做不到，就怕想不到，只要想得到，就能做得到"、"人有多大胆，地有多高产"，曾给我们的社会主义经济发展一度抹上一层阴影。"文化大革命"时期，林彪、"四人帮"一伙搞什么大批"唯生产力论"，搞什么"精神万能论"、"上层建筑领域革命论"，一度给中华民族带来巨大的灾难。党的十一届三中全会以来，通过批判唯心主义和形而上学，恢复实事求是的思想路线，我们的主观认识比较符合客观实际了。

然而，过分夸大主观作用的错误却仍时有发生。

全部的问题不在于要不要发挥主体能动性，而在于怎样才能正确发挥主体能动性。马克思主义哲学所主张的主体能动性是符合客体的客观条件、客观规律的能动性，是建立在科学认识和正确把握客观条件、客观规律基础上的能动性，这种正确的、科学的主体能动性需要大力提倡。不断提高主体素质，提高主体的认识能力和实践能力，按照客观规律办事，是正确发挥主体能动性的关键。

哲学的生命力源于现实[*]

　　哲学学科要发展，必须不断地开拓新的研究领域，提出新的研究课题，解决新的问题，充实新的内容，提炼新的观点，以丰富哲学学科的理论体系。到活生生的现实中去收集素材、进行分析、加以概括，这是哲学的生命力之所在。今天，我国正处于社会主义改革和现代化建设的伟大时代，现实提出了大量的时代课题需要哲学来回答，哲学必须在回答这些重大问题的过程中发展自己、充实自己、丰富自己。那么，当前，哲学要挖掘哪些重大课题加以回答并做出科学的抽象呢？

　　当前，我国最大的现实就是建设中国特色社会主义的伟大实践，哲学的发展首先要面对这个现实，直接解答这一现实问题。邓小平同志提出的什么是社会主义，怎样建设社会主义，哲学家应该围绕这个问题加以说明。如，探讨中国特色社会主义理论的哲学精髓，社会主义市场经济

＊ 本文发表于 1995 年 10 月 20 日《人民日报》。

的哲学依据，社会主义经济体制、政治体制改革，社会主义文化建设，社会主义初级阶段的矛盾和发展动力等问题。对此，只有直接从世界观和方法论的高度回答现实问题，才能真正发展马克思主义哲学。从现实生活中提炼出带有共性的范畴，加以分析、综合、抽象、概括，进一步建构哲学的范畴体系。社会利益、社会价值、社会动力、社会矛盾、社会体制、社会公正、社会改革、社会心理、社会形态、社会意识、社会发展等等，这些概念、范畴都是现实生活中带有共性的东西，需要给予哲学的概括。譬如，在社会变革的过程中，在从传统的计划经济向市场经济的转变过程中，利益问题越来越突出，如何正确认识利益范畴，说明现实生活中利益作用、利益矛盾，就是一个十分重大的课题。

在现实生活中，很多社会热点、难点、焦点问题，其背后总存在一定的哲学问题，从哲学角度来探索这些问题，会引发出深层次的哲学思索。哲学工作者应当关注这些问题，并加以研究。譬如，社会主义市场经济是一个经济学问题，但同时又是一个哲学问题。如，社会主义市场经济的本质，社会主义的公有制与市场经济的关系，社会主义市场经济与资本主义市场经济的根本区别，社会主义市场经济与人的主体性问题等等。哲学工作者应当掌握更多的市场经济的知识和材料，运用马克思主义哲学的立场、观点和方法，来分析社会主义市场经济问题。再譬如，当代科学技术的发展已经引起了许多重大哲学问题，如试管婴儿的出现，引起了一系列社会伦理问题的争论；

21 世纪人类面临的共同挑战是生存环境的恶化，人与环境的关系则成为世界哲学探索的中心议题。面对现代科学技术发展的现实和人类生存环境问题，密切注意现代科学技术发展的新动向，注意现代科技发展所引起的社会问题和环境问题，从中得出一定的哲学结论。还譬如，面对世界当代优秀文化成果，以及中华民族传统文化的优秀成果，研究新思潮，研究新学科，挖掘发展哲学的素材。如，开展对当代西方人本主义思潮的批判，可以进一步发展马克思主义人学理论；开展对实践唯物主义的分析研究，可以进一步发展马克思主义的实践观和认识论。研究一系列重大现实问题，可以促进哲学与多种学科的交融，哲学与许多学科的结合，可以进一步扩充哲学的外延，丰富哲学的内涵。如，像哲学与管理学的结合，可以生长出管理哲学的新分支来。

　　总而言之，哲学一定要关注现实、研究现实、概括现实，哲学的生命力源于现实。

关于马克思主义中国化

GUANYU MAKESI ZHUYI

ZHONGGUOHUA

基本路线要管一百年　动摇不得*

　　《邓小平文选》第三卷自始至终贯穿一个基本的指导思想，那就是我们党的十一届三中全会以来逐步形成的"一个中心、两个基本点"的基本路线不能改变，一百年都不能改变。学习《邓小平文选》第三卷，必须深刻理解基本路线要管一百年，动摇不得这一重要观点。

一、坚持党的基本路线一百年不动摇，是邓小平同志的重要的科学论断

　　"一个中心，两个基本点"是邓小平同志亲自制定的党在社会主义初级阶段的基本路线。邓小平同志在总结十一届三中全会以来的基本经验时指出："搞社会主义现代化建设是基本路线。要搞现代化建设使中国兴旺发达起来，第一，必须实行改革、开放政策；第二，必须坚持四

　　* 本文发表于 1994 年 5 月 25 日《中国教育报》。

项基本原则，主要是坚持党的领导，坚持社会主义道路，反对资产阶级自由化，反对走资本主义道路。这两个基本点是相互依存的。"① 党的十三大把这一思想概括为"一个中心、两个基本点"，明确作为社会主义初级阶段的基本路线。十几年来，邓小平同志多次向全党、全国人民乃至全世界郑重声明，我们党制定的新的历史时期的基本路线不能变、不会变、也不许变。1984 年 10 月，邓小平同志明确表示："我们现在制定的这些方针、政策、战略，谁也变不了"。②"不但我们这一代不能变，下一代、下几代，都不能变，变不了"。③ 1989 年春夏之交的政治风波过后，一些人对社会主义丧失信心，一些人对党的基本路线产生怀疑，邓小平同志坚定地认为："一个中心、两个基本点""没有错"④。"基本路线和基本方针、政策都不变。"⑤ 在南方谈话中，邓小平同志坚决批评了怀疑、干扰、影响党的基本路线贯彻执行的"左"和右两个方面的错误倾向，再三强调基本路线要管一百年，动摇不得。他说："要坚持党的十一届三中全会以来的路线、方针、政策，关键是坚持'一个中心，两个基本点'。不坚持社会主义，不改革开放，不发展经济，不改善人民生活，只能是死路一条。基本路线要管一百年，动摇不得。只有坚

---

① 《邓小平文选》第 3 卷，人民出版社 1993 年版，第 248 页。
② 《邓小平文选》第 3 卷，人民出版社 1993 年版，第 83 页。
③ 《邓小平文选》第 3 卷，人民出版社 1993 年版，第 84 页。
④ 《邓小平文选》第 3 卷，人民出版社 1993 年版，第 305 页。
⑤ 《邓小平文选》第 3 卷，人民出版社 1983 年版，第 307 页。

持这条路线，人民才会相信你，拥护你。谁要改变三中全会以来的路线、方针、政策，老百姓不答应，谁就会被打倒。"① 15 年伟大实践的经验，集中到一点，就是毫不动摇地坚持党的基本路线。坚持党的基本路线一百年不动摇，这是邓小平同志经过深思熟虑的，也是经过实践检验的非常重要的科学论断。

二、坚持党的基本路线一百年不动摇，是一个伟大的战略决策

为什么基本路线要坚持一百年不能变呢？邓小平同志为什么把这个问题提得这么高，说得这么重呢？

第一，15 年的实践充分证明，党的基本路线符合我国现阶段客观实际，反映了中国社会主义初级阶段发展的客观规律，是使社会主义得到发展，使人民生活得到改善的唯一正确的路线。

十一届三中全会以来的 15 年，中国发生了巨大的变化。取得了举世瞩目的成就，经济迅速发展了，综合国力大大增强了，人民生活明显改善了。中国之所以能够出现这样大的发展，归根结底是因为我们党形成并始终不渝地贯彻了"一个中心、两个基本点"的基本路线。党的基本路线会不会改变，归根结底取决于这条基本路线对不对，符合不符合客观规律，是不是"三个有利于"。这条

---

① 《邓小平文选》第 3 卷，人民出版社 1993 年版，第 370—371 页。

基本路线之所以见效快、见效好，最重要的就在于它符合中国的国情，符合中国的实际，符合"三个有利于"的判断标准。15 年的实践证明，坚持这条路线一百年不动摇，中国就大有希望。

第二，这条基本路线经受了国际国内各种政治风波的严峻考验，是国家长期稳定、兴旺发达的根本政治保证。

能不能始终坚持以经济建设为中心不动摇，坚持党的基本路线不动摇，最重要的是能不能始终坚持实事求是地分析国内外的政治形势，正确认识和处理国内的阶级斗争问题，能不能冷静地处理国内和国际的突发事件。十一届三中全会以来，我党恢复了八大提出的集中精力发展经济的正确提法，正确判断了形势，制定了正确路线，促进经济大发展。15 年来，国内发生了几起资产阶级自由化思潮泛滥，发生了 1989 年春夏之交的风波；国际上风云突变。面对着复杂多变的形势，我们党并没有改变对形势的正确估计，没有改变党的基本路线，既沉着地应付这些事件，又果断地平息了政治风波。也正是由于我们坚持了基本路线不改变，才能在复杂的国际环境中站稳脚跟，在国内改革开放方面取得伟大的成绩。党的基本路线经受住了各种风浪的考验，证明是保证我国社会主义立于不败之地的根本保证。

第三，坚持这条基本路线是广大人民群众的根本利益所在，谁要改变十一届三中全会以来的路线、方针、政策，老百姓不答应，谁就会被打倒。

十一届三中全会以来，邓小平同志多次向全党、全国、全世界郑重声明，我们党确立的路线和政策不会变、不能变、不许变。其所以不要变，最根本的是因为党的基本路线使广大人民群众得益，为广大人民拥护，改变必然不得人心。十年内乱，人民遭殃，国民经济濒临崩溃，经历过的人至今记忆犹新。改革开放以来，坚持以经济建设为中心，实行改革开放，坚持四项原则，政局稳定，经济发展，人民生活水平提高。谁要是再改变十一届三中全会以来的路线，倒退回去，老百姓绝不答应。站在人民的立场，从人民的根本利益出发，必须坚持党的基本路线不动摇。

第四，坚持党的基本路线一百年不动摇，是由社会主义的长期性、复杂性所决定的，是由我国经济发展分三步走的伟大战略目标所决定的。

为什么邓小平同志提出坚持党的基本路线一百年不动摇，而不是五十年，三十年呢？这是因为我国的社会主义初级阶段至少是一个上百年的历史，完成国民经济分三步走的战略目标，也大体需要一百年的时间。到了21世纪中叶，社会主义现代化基本实现，人均国民生产总值达到中等发达国家水平，社会主义对资本主义的优越性比较充分地显示出来，社会主义制度的长治久安才能基本解决。正是从社会主义初级阶段的长期性、实现经济现代化的长期性来说，基本路线要坚持一百年。另外，社会主义初级阶段不仅具有长期性，而且具有复杂性。在这个阶段，国内国际形势复杂多变，社会关系、社会矛盾错综复杂，会有人从右或"左"两个方面来干扰正确路线的实施。这就需要我们提高执行党的基本路线的坚定性、自觉性，排除来自右或来自"左"的干扰，坚持基本路线不动摇。邓小平同志说的基本路线一百年不改变，其用意就在于指出在整个社会主义初级阶段，始终坚持这条路线，不能有丝毫的动摇，这期间，可能会发生天灾、动乱，但是这条基本路线不能改变。

三、坚持党的基本路线不动摇，关键是坚持以经济建设为中心不动摇

15 年来，尽管国际国内发生了一系列重大变化，但我们都没有动摇坚持以经济建设为中心的决定。今后我们也必须坚定不移地抓住这个中心不放。邓小平同志说："现在要横下心来，除了爆发大规模战争外，就要始终如一地、贯彻始终地搞这件事，一切围绕着这件事，不受任何干扰。"①

坚持党的基本路线一百年不动摇，重要的是必须把坚持改革开放和坚持四项基本原则有机地统一起来，坚持改革开放，坚持四项基本原则，这是基本路线不可分割的两个方面，这两个方面都是为了更好地解放和发展生产力，缺一不可。

坚持党的基本路线一百年不动摇，必须巩固和发展团结稳定的政治局面，注意防止"左"、右两种错误倾向。

---

① 《邓小平文选》第 2 卷，人民出版社 1994 年版，第 249 页。

坚持党的基本路线一百年不动摇，并不是党的具体方针和政策就都不变化了，并不是否定党的具体方针政策会随着社会实践的发展而发展。邓小平同志强调党的基本路线不能改变，是指总的、基本的方针政策不变了，这是一种战略构想。实际上，我国正处于新旧体制的交换过程之中，社会主义市场体制的定型化需要一个长期的过程。在这个过程中，具体的方针、具体的政策、具体的举措会随着实践的发展而不断的发展、不断地完善。只有在实践中不断调整，坚持那些经过实践检验的合适的东西，修正那些经过实践检验的不合适的东西，才能真正地坚持党的基本路线。

"一个中心、两个基本点"的基本路线来之不易，是我们党在社会主义建设的挫折和失败中，在社会主义建设的成功和前进中，经过认真的总结而取得的。强调坚持党的基本路线一百年不动摇，是邓小平同志对我们全党所作的重要的"政治交代"。我们一定要确定这样一个信心和决心，党的基本路线一定要坚持，也一定能坚持。社会主义在中国一定要胜利，也一定能够胜利。

马克思主义关于
"什么是社会主义，怎样建设社会主义"
基本观点研析

　　科学社会主义创始人创建科学社会主义理论的同时，也就把"什么是社会主义，怎样建设社会主义"这个重大课题提了出来。回答在经济文化比较落后的国家"什么是社会主义，怎样建设社会主义"问题，实际上就是回答关于经济文化比较落后的国家"能否建设社会主义，建设什么样的社会主义，怎样建设社会主义"问题。

　　科学社会主义创始人在创立科学社会主义理论的过程中，在其不断发展和丰富科学社会主义理论的整个一生中，把注意力和着眼点主要放在西方发达资本主义国家，他们曾经设想社会主义革命将首先同时在西欧北美少数发达资本主义国家发生。正是从这一观点出发，科学社会主义创始人提出并回答了"什么是社会主义，怎样建设社会主义"问题。他们的答案主要是针对少数发达资本主义国家实现社会主义革命，进行社会主义建设的情况的。

后来的实践发展促使科学社会主义创始人进一步修订和发展了原先的看法。通过对东方国家和民族发展道路的研究，他们补充认为，在一定条件下，经济文化比较落后的国家可以不经过资本主义的充分发展阶段，而进行社会主义革命，走上社会主义道路。提出了在经济文化比较落后的国家能否率先走上社会主义道路的问题，即在经济文化比较落后的国家"能否建设社会主义，建设什么样的社会主义，怎样建设社会主义"问题。正是现实的社会发展进程把"什么是社会主义，怎样建设社会主义"这个活生生的、重大的课题进一步提了出来。

马克思恩格斯创立了历史唯物主义，论证了人类社会从低级社会形态依次向高级社会形态的演进是一个自然的历史过程，揭示了人类社会历史发展的一般演变规律。他们从社会一般发展规律出发认为，社会主义革命之所以首先在发达资本主义国家发生，是因为在那里生产力已经发展到资本主义生产关系阻碍其发展的程度，社会主义革命是资本主义的私人占有性质同社会化大生产的内在矛盾日益激化、不可调和的必然产物，社会主义社会是从资本主义社会内部脱胎出来的社会形态。他们指出，资本主义的充分发展是社会主义社会的历史前提。他们根据当时的实际，认为无产阶级的社会主义革命将首先在生产力比较发达、无产阶级人数众多的西方资本主义国家发生，而且无产阶级革命只能在发达资本主义国家里，至少是几个主要发达资本主义国家同时发生才能胜利。此后的社会实践发展使科学社会主义创始人开始注意并研究西方国家社会主义革命和东方国家社会主义革命的不同情况，提出非资本主义国家走社会主义道路的可能性问题。马克思恩格斯认为，东方非资本主义国家走向社会主义，在特定的条件下，能够不通过资本主义制度的"卡夫丁峡谷"，而吸收资本主义制度所创造的一切积极成果，实现社会形态的跨越式发展。他们还预见到非资本主义国家走社会主义道路的特殊性和艰巨性。

历史发展进程的现实恰恰是：绝大多数社会主义国家并不是在资本主义充分发展的基础上产生的，甚至于相当多的社会主义国家是在相对落后的经济条件中生长出来的，这些国家和民族跨越了作为独立历史阶段的资本主义制度充分发展的"卡夫丁峡谷"。历史的事实印证了马克思恩格斯关于东方非资本主义国家可以不经过资本主义制度的"卡夫丁峡谷"而走向社会主义的设想。历史雄辩地证明：科学社会主义创始人关于在一定条件下，落后国家可以不经过资本主义充分发展阶段而走上社会主义道路的设想是可能的。

但现实生活中的另一个重要表现却是，一些经济文化比较落后的国家走上社会主义道路之后，在经济和政治上都曾不同程度地出现了一些问题，甚至相当多的社会主义国家，如苏联、东欧诸国发生了蜕变，社会主义制度遭遇到了重大的挫折和失败。

面对严峻残酷的现实，人们进一步思索：现实的社会主义没有经过资本主义的充分发展，是不是违背了社会发展的一般规律？如果没有违背，那么现实社会主义的发展为什么会遇到这么大的挫折，现代资本主义却反而有了一定程度的发展？如果违背了历史发展规律，那么是否可以认为落后国家走社会主义道路是一个错误的选择、历史的误会，应当回过头来补上资本主义制度的发展道路的课呢？这一切问题，又会归结到在经济文化比较落后的国家"能否建设社会主义，建设什么样的社会主义，怎样建设社会主义"问题上，即"什么是社会主义，怎样建设社会主义"问题上。

如此重大的现实问题反映到理论上，就是 20 世纪 80 年代以来国内外学术界关于社会形态演变规律的一场大争论，其中对马克思主义关于社会主义发展的非资本主义道路问题的不同理解，是这场争论的焦点之一。一种意见认为，马克思恩格斯对东方社会发展理论的探讨，提出了落后国家可以不经过资本主义的充分发展阶段，跨越资本主义制度的"卡夫丁峡谷"，进入社会主义的论证，是对历史发展一般进程、一般规律的否定。这种意见的结果是逻辑地引出：从封建社会经由资本主义社会，再经过社会主义的过渡而达到共产主义社会的依次演变不是一般规律，落后国家建设社会主义，可以跨越现有生产力的发展，跨越市场经济的发展，而直接进入计划经济的全社会公有制的社会形态。再一种意见认为，马克思恩格斯的探索只不过是一种假设，在现实生活中不可能实现。这种意见从表面上看是肯定社会历史发展的一般规律，实际上却含蓄地否认经济文化比较落后的国家建成社会主义的可能性，认为资本主义生产方式是社会历史发展不可逾越的历史阶段，经济文化比较落后的国家即使社会主义革命成功了，也要回过头来"补资本主义制度的课"。

如何认识马克思主义关于非资本主义道路理论，这不仅是关系到如何认识社会形态演变规律的重大理论问题，也是关系到对社会主义发展规律的根本认识问题，对社会主义代替资本主义历史必然性的根本认识问题，对"什么是社会主义、怎样建设社会主义"的根本认识问题。

一、科学社会主义创始人关于俄国这样经济文化比较落后的国家有没有条件,有没有可能走社会主义道路问题的研究,实质上为回答经济文化比较落后的国家"能否建设社会主义,建设什么样的社会主义,怎样建设社会主义"问题提供理论支持

自 19 世纪 70 年代以来，俄国资本主义虽然已有了较大程度的发展，但是，仍然带有浓厚的封建色彩。一方面，沙皇军事封建专制制度和地主土地所有制度占统治地位，另一方面，由于经济发展落后，俄国在一定程度上还明显地残留着以原始土地"公有"和土地个体耕种为主要特征的早期所有制关系——农村公社所有制。由于当时国内外矛盾的激化，俄国正在经历着一场革命危机，已经出现的革命形势，促使马克思恩格斯着手研究俄国如何走向社会主义的具体道路问题，也就是，像俄国这样的情况，是否必须经历资本主义的充分发展阶段，才能实现社

会主义革命，是否有可能以农村公社"公有"制为社会主义革命的起点，从而超过资本主义充分发展阶段。换句话说，俄国的农村公社所有制有没有可能在一定条件下转为高级的社会主义公有制形式。实质上，这就提出了在通向社会主义的大道上，是否世界各国都必须经过资本主义充分发展阶段，像俄国这样经济文化比较落后的国家，有没有可能、有没有条件走实现社会主义的非资本主义道路，也就是说，要回答在俄国这样的国家"能否建设社会主义，建设什么样的社会主义，怎样建设社会主义"问题，才能进一步回答"什么是社会主义，怎样建设社会主义"课题。

马克思恩格斯非常关注俄国保留下来的农村公社"公有"制。经过认真的研究，他们认为，在当时的环境下，俄国农村公社"公有"制有可能直接作为集体公有制的因素在全国范围内发展起来，从而使俄国有可能不经过资本主义制度的"卡夫丁峡谷"，而直接过渡到社会主义。马克思恩格斯得出这个判断是经过理论上的深思熟虑的，而且是有前提条件的。这个思想主要是在马克思恩格斯对摩尔根《古代社会》的研究，马克思写给《祖国纪事》杂志的复信草稿等文稿中体现出来的。通过对摩尔根《古代社会》的研究，马克思受到深刻的启发，他认为，社会进步的标准并非每个民族都要经历充分的资本主义训练，或许会找到一条在具体历史和民族条件下，能够不经过发达资本主义而通向共产主义的道路。在写给维·伊·查苏利奇的三个内容丰富的复信草稿中，马克思深化了关于社会形态演变规律的理论。他把建立在原始公有制基础上的社会形态称之为人类社会的"原生"形态或"古代"形态，把建立在私有制基础上的阶级社会看做是"次生"形态。"农业公社既然是原生的社会形态的最后阶段，所以它同时也是向次生的形态过渡的阶段，即以公有制为基础的社会向以私有制为基础的社会的过渡。"① 他认为，历史发展将以合作生产来代替资本主义生产，以古代类型的所有制最高形式即共产主义所有制来代替资本主义私有制，这是最后一个"次生"形态的最高形式。"在俄国公社面前，资本主义是处于危机状态，这种危机只能随着资本主义的消灭、现代社会的回复到'古代'类型的公有制而结束。"② 正是在这个论证的基础上，马克思集中探讨了俄国社会发展的非资本主义道路问题，从而提出了在一定条件下，落后国家可以不经过资本主义的充分发展阶段，而走上社会主义道路的重要思想，提出了关于社会形态演变规律的重要理论，为科学回答在经济文化比较落后的国家"能否建设社会主义，建设什么样的社会主义，怎样建设社会主义"问题提供了理论支持。

1877 年，马克思写给《祖国纪事》杂志编辑部的信中，说明了关于俄国农村公社制度前途的原因，充分地论述了俄国社会发展的非资本主义道路问题。当时，马克思写给《祖国纪事》杂志编辑部的信的初衷是纠正俄国民

---

① 《马克思恩格斯全集》第 19 卷，人民出版社 1963 年版，第 450 页。
② 《马克思恩格斯全集》第 19 卷，人民出版社 1963 年版，第 432 页。

粹派人物米海洛夫斯基对《资本论》的误解。米海洛夫斯基抓住刊载在《资本论》德文版第 1 卷补遗里的一个附注，企图把马克思关于西欧资本主义起源的历史概述变成为一般发展道路的历史哲学理论。马克思运用历史唯物主义原理分析了历史过程的辩证法，纠正了这一错误认识。他指出，整个人类社会最终走向生产力高度发展和人的自由全面发展的社会，但并不是每一个民族都要走同一条道路，采取同一个模式。不同的民族、国家要服从人类历史发展的总规律，但在不同的历史条件下表现出各自的特殊性来。俄国同西欧的情况不同，它有可能跳跃性地发展。他认为，"一定要把我关于西欧资本主义起源的历史概述彻底变成一般发展道路的历史哲学理论，一切民族，不管它们所处的历史环境如何，都注定要走这条道路，——以便最后都达到在保证社会劳动生产力极高发展的同时又保证人类最全面的发展的这样一种经济形态。但是我要请他原谅。他这样做，会给我过多的荣誉，同时也会给我过多的侮辱"。① 认为这是违背他的唯物主义历史观本意的。他说，如果把复杂历史过程中的"每一个都分别加以研究，然后再把它们加以比较，我们就会很容易找到理解这种现象的钥匙；但是，使用一般历史哲学理论这一把万能钥匙，那是永远达不到这种目的的，这种历史哲学理论的最大长处就在于它是超历史的"。② 一般历史

---

① 《马克思恩格斯全集》第 19 卷，人民出版社 1963 年版，第 130 页。
② 《马克思恩格斯全集》第 19 卷，人民出版社 1963 年版，第 131 页。

哲学不能代替具体的历史过程。

当然，在对待俄国农村公社问题上，马克思恩格斯一开始就同民粹派的农业空想社会主义划清界限。1875 年，在《论俄国的社会问题》中，恩格斯坚持批判民粹派源自赫尔岑和巴枯宁的观点：工业国家的无产阶级已经堕落，在农村公社基础上建立社会主义社会的使命落在了俄国农民的肩上。恩格斯认为，实现社会主义，需要有一定的社会前提，尤其是物质条件，"只有在社会生产力发展到一定程度，发展到甚至对我们现代条件来说也是很高的程度，才有可能把生产提高到这样的水平，以致使得阶级差别的消除成为真正的进步，使得这种消除可以持续下去，……"① 正是基于这样一个理论前提，恩格斯认识到：俄国的农村公社在一定情况下有可能"转变为高级形式"，"然而这只有在下述情况下才会发生，即西欧在这种公社所有制彻底解体以前就胜利地完成无产阶级革命并给俄国农民提供实现这种过渡的必要条件，特别是提供在整个农业制度中实行必然与此相联系的变革所必需的物质条件"②。实际上，当时马克思恩格斯已经看到，由于俄国正在迅速走向"资本主义"发展，农村公社幸存的机会微乎其微，但他们仍然积极阐明这种理论上的可能性。

1881 年，马克思在给维·伊·查苏利奇的一封信中

---

① 《马克思恩格斯选集》第 3 卷，人民出版社 1995 年版，第 273 页。
② 《马克思恩格斯选集》第 3 卷，人民出版社 1995 年版，第 282 页。

指出："俄国是在全国广大范围内把土地公社占有制保存下来的欧洲唯一的国家，同时，恰好又生存在现代的历史环境中，处在文化较高的时代，和资本主义生产所统治的世界市场联系在一起。"① 就国内情况来说，农村公社的"土地公有制赋予它以集体占有的自然基础"②，使俄国"有可能直接地、逐步地把小土地个体耕作变为集体耕作"③；另一方面，俄国农村公社又"和控制着世界市场的西方生产同时存在"④，它的这种"历史环境（资本主义生产和它同时存在）又给予它以实现大规模组织起来的合作劳动的现成物质条件"⑤。这样，俄国"可以不通过资本主义制度的卡夫丁峡谷，而吸取资本主义制度所取得的一切肯定成果"。⑥

马克思在研究俄国社会发展的非资本主义道路问题时，曾多次使用过"资本主义制度的卡夫丁峡谷"的用语，这是一个历史典故。"卡夫丁峡谷"是古罗马卡夫丁城附近的一条峡谷，公元前321年，罗马军队在卡夫丁峡谷被萨姆尼特人打败，被强迫通过"牛轭"作为对败军最大的侮辱。由此，"通过卡夫丁峡谷"一语便被赋予遭受极大的挫折、困难和侮辱的含义。在这里，马克思借用

① 《马克思恩格斯全集》第19卷，人民出版社1963年版，第444页。
② 《马克思恩格斯全集》第19卷，人民出版社1963年版，第451页。
③ 《马克思恩格斯全集》第19卷，人民出版社1963年版，第435页。
④ 《马克思恩格斯全集》第19卷，人民出版社1963年版，第435页。
⑤ 《马克思恩格斯全集》第19卷，人民出版社1963年版，第451页。
⑥ 《马克思恩格斯全集》第19卷，人民出版社1963年版，第451页。

以表示资本主义制度作为一个独立的历史阶段所必然带来的"可怕的挫折"、"危机"、"苦难"等，并且进一步暗指，在一定的历史条件下，经过主观努力，像俄国这样的西方民族和国家可以不经过资本主义制度的波折和危难，而走上社会主义道路。

后来，在 1882 年为格奥尔基·普列汉诺夫翻译的俄文版《共产党宣言》所写的序言中，马克思恩格斯才把前面的表述公布于众，他们声明："假如俄国革命将成为西方无产阶级革命的信号而双方互相补充的话，那么现今的俄国土地公有制便能成为共产主义发展的起点。"①1894 年，恩格斯在新版《〈论俄国的社会问题〉跋》中强调，当西欧人民的无产阶级取得胜利和生产资料转归公有之后，那些刚刚踏上资本主义生产道路而仍然保全了氏族制度或氏族制度残余的国家，可以利用这些公有制和与之相适应的人民风尚作为强大手段，来大大缩短自己向社会主义发展的过程。这不仅适用于俄国，而且适用于处在资本主义以前发展阶段的一切国家。最后，恩格斯又重新强调了这种情况产生的必要的国际环境和社会条件，"但这方面的必不可少的条件是：目前还是资本主义的西方作出榜样和积极支持"。②

马克思恩格斯对俄国走向公有制社会道路的理论探讨说明，在国际国内的特殊条件下，经济文化比较落后的国

---

① 《马克思恩格斯选集》第 1 卷，人民出版社 1995 年版，第 251 页。
② 《马克思恩格斯选集》第 4 卷，人民出版社 1995 年版，第 443 页。

家跨越资本主义制度的"卡夫丁峡谷"，建设社会主义既是可能的，也是合乎历史发展逻辑的。马克思恩格斯的这些论述在总的发展趋势上已经为后来的实践所证实了。在20世纪初第一次世界大战爆发的特定历史条件下，俄国在没有经过资本主义的充分发展阶段的情况下，取得了社会主义革命的胜利。相对于经过资本主义的充分发展阶段而过渡到社会主义的一般规律来说，俄国革命的成功无疑具有特殊性。列宁在反驳当时一些机会主义者对这种特殊性的攻击时认为，这种特殊性是由第一次世界帝国主义战争的特殊条件和俄国的特殊情况所决定的，并认为："在先进国家无产阶级的帮助下，落后国家可以不经过资本主义发展阶段而过渡到苏维埃制度，然后经过一定的发展阶段过渡到共产主义。"① 在具体的历史条件下，列宁进一步发展了马克思恩格斯关于在特定的条件下，经济文化比较落后的俄国可以不经过资本主义的充分发展阶段而过渡到社会主义的思想。结合当时的时代特点，针对经济文化比较落后的俄国的实际，列宁提出社会主义可以在一国首先取得革命胜利，强调经济文化比较落后的国家的无产阶级在夺取政权以后要实现党和国家工作重心的战略转移。国家支配着一切大的生产资料，无产阶级掌握着国家政权，是建成社会主义所必需而且足够的一切。社会主义最终胜利的根本保证是创造出比资本主义更高的劳动生产率。

---

① 《列宁选集》第4卷，人民出版社1995年版，第279页。

　　经过一段社会主义实践，在总结经验教训的基础上，列宁又提出了新经济政策，对经济文化比较落后的国家走向社会主义的现实途径进行了新的探索，对社会主义道路有了新的认识。关于东方落后国家走向社会主义，列宁特别强调两点：一是东方国家的共产党人面临着全世界共产党人所完全没有遇到过的任务，就是以共产主义的一般理论和实践为依据，解决本国不是反对资本而是反对中世纪残余这个斗争任务；二是由于历史进程的曲折而不得不开始社会主义革命的那个国家愈落后，它由旧的社会关系过渡到社会主义关系就愈困难。第二次世界大战之后，包括中国在内的一批经济文化比较落后的国家没有经过资本主义的充分发展阶段而跃进到社会主义，进行社会主义建设的实践，进一步证明了马克思、恩格斯、列宁上述思想的正确性。当然，这只是奠定了解决在经济文化比较落后的国家，"能否建设社会主义，建设什么样的社会主义，怎样建设社会主义"问题的理论前提，至于在经济文化比较落后的国家"什么是社会主义，怎样建设社会主义"问题，还要留待后来的科学社会主义的实践者们进一步回答。

二、全面理解科学社会主义创始人关于在一定条件下，经济文化比较落后的国家可以不经过资本主义充分发展阶段，而走上社会主义道路的论述，可以从唯物史观的高度引发出对"什么是社会主义、怎样建设社会主义"的认识与回答

科学社会主义创始人关于俄国这样经济文化比较落后的国家"能否建设社会主义，建设什么样的社会主义，怎样建设社会主义"的初步的理论解答，实际上就是从唯物史观的高度，对"什么是社会主义，怎样建设社会主义"课题的解答。

第一，马克思主义关于非资本主义道路理论，并不是对世界历史过程一般规律的否定，而是在承认一般规律的前提下，对历史发展特殊规律的探索。从中可以认识到，一定要从本国的特殊性出发，来回答"什么是社会主义，怎样建设社会主义"问题。

马克思恩格斯以历史唯物主义原理为指南，以生产力发展状况为基本标准，根据社会基本矛盾运动规律的特点，直接考察了社会生产关系的性质和特征，揭示了社会形态演变的一般规律，即由人的依附的社会形态到物的依附的社会形态，再到人的自由全面发展的社会形态的由低级社会形态向高级社会形态演变的一般历史进程，并指出资本主义社会经过无产阶级专政的过渡，必然为共产主义社会所代替。共产主义社会又分为共产主义第一阶段，即

社会主义社会，共产主义高级阶段，即共产主义社会。后来的马克思主义者根据马克思恩格斯的社会形态演变规律理论，把人类社会形态依次发展进程概括为原始社会、奴隶社会、封建社会、资本主义社会和共产主义社会。实际上该"五形态"说也仅仅是揭示了人类社会形态发展进程的一般规律。

　　理论在概括事物本质时，剔除了大量的偶然因素，舍去了活生生的事例，只是对历史发展客观逻辑的一种抽象，并不是对全部社会现象的总汇。列宁指出，规律并不包括现象中的一切联系，现象比规律更丰富，现象是整体，"规律＝部分"。历史唯物主义的任何一个原理都只是对社会现象本质特征的概括，并不是对全部历史事实的罗列和堆砌。社会发展"五形态"说，只是运用科学的抽象方法，对历史发展规律的一种理论上的概括，实际的历史发展情况要复杂得多。"五形态"说只反映了人类历史发展的一个普遍性规律，这个总的趋势是必然的、不可逾越的，然而其具体的发展又不是单一的、直线的、绝对的。至于在一定历史条件下，哪个国家、哪个民族、哪个地区是否可以有特例、有偶然的情况发生，是否都要依次经过同样的社会形态发展阶段，马克思恩格斯并没有把它绝对化。列宁认为："世界历史发展的一般规律，不仅丝毫不排斥个别发展阶段在发展的形式或顺序上表现出特殊性，反而是以此为前提的。"[①] 历史的必然性正是通过各

---

　　① 《列宁选集》第4卷，人民出版社1995年版，第776页。

种特殊性为自己开辟道路，马克思主义从来不以认识历史过程的一般规律为满足，而是努力进一步探索不同民族、国家和地区符合一般规律的特殊发展道路。这是因为：其一，五种社会形态只是典型的社会发展模式，它们并不是固定的模式，社会形态的典型性并不排除具体发展道路的多样性。在人类社会发展"五大"形态之间，还存在非典型性、过渡性的社会。其二，在人类社会发展的共同道路上，有些民族、国家和地区，借助于某种特殊的条件，可以超越历史发展的一个或几个阶段，直接进入到某一高级阶段，表现出历史发展的跳跃性。譬如，我国一些少数民族，在中国共产党的领导下，分别从奴隶社会、封建社会，甚至原始部落后期的社会形态直接进入社会主义初级阶段。其三，人类社会发展依次经历的每一个社会形态，尽管都有各自的本质特征，但在不同民族、不同国家，甚至不同地区，由于历史条件不同，同样性质的社会形态具有不同的表现特点，甚至会出现不同性质乃至对立的社会制度并存的现象，有时同一性质的社会形态却包含不同的、对立的经济成分和政治因素。譬如，中国的封建社会同西欧的封建社会有不同的特点；同样的中华民族可以有不同的制度并存，甚至在社会主义国家内部也可以采取"一国两制"的形式；在我国现阶段存在着以公有制为主体、多种经济成分并存的经济结构，等等。因此，社会形态的发展是普遍性和特殊性，一致性和多样性的统一。

历史的发展是两个必然趋势的统一：一方面，整个人类历史必然要遵循社会形态演变的一般发展规律，这是社会形态发展的普遍逻辑；另一方面，在整个社会发展进程中，也不排除某个民族、某个国家、某个地区走一条特殊的道路。对于这点，科学社会主义的经典作家也不否定，他们认为，一般地说，像英国等资本主义比较发达的国家，资本主义生产方式是通向共产主义的必经阶段。但他们又预言，像俄国那样经济文化比较落后的国家可以不经过资本主义制度的"卡夫丁峡谷"，而走向社会主义。马克思说："按照我们的观点，一切历史冲突都根源于生产力和交往形式之间的矛盾。此外，不一定非要等到这种矛盾在某一国家发展到极端尖锐的地步，才导致这个国家内发生冲突"。① 正因为这样，马克思恩格斯在阐述资本主义生产力和生产关系的矛盾必然导致社会主义革命这一原理时，并不排除不同国家、不同民族、不同地区依各自具体的历史条件所采取的特殊发展道路的特殊性，并不排除某些落后国家在一定条件下实现社会主义变革的可能性。这个重要思想具有世界观方法论的意义，经济文化比较落后的国家要从本国具体国情出发，选择适合本国特殊性的社会主义模式，走具有本国特色的社会主义发展道路。

第二，马克思主义关于非资本主义道路理论，是在充分估计具体历史条件的前提下，对历史发展道路具体多样性的科学预测。从中可以认识到，各国的具体国情不同，社会主义的具体模式和建设社会主义的具体道路也应当是多样化的，而不能只是一个模式，仅一条道路，一定要从

---

① 《马克思恩格斯选集》第 1 卷，人民出版社 1995 年版，第 115 页。

历史多样性出发，来回答"什么是社会主义，怎样建设社会主义"问题。

一般寓于特殊之中，必然性通过偶然性而表现出来。任何个别、特殊都有其个别、特殊的具体条件。离开具体条件无所谓特殊，离开偶然也无所谓必然。虽然，马克思恩格斯关于俄国有可能经过农村公社"公有"制而直接过渡到社会主义的思想没有成为现实，但是，列宁领导的社会主义革命在落后的俄国成功的实践，充分证明了在特定的历史条件下，资本主义制度的"卡夫丁峡谷"是可以跨越的。当然，在这里，条件是非常重要的。马克思恩格斯以及列宁在谈到对资本主义制度的"卡夫丁峡谷"的跨越时，都是把这种跨越同一定国家所面临的国际国内具体历史条件联系在一起。列宁在谈到俄国未经过资本主义的充分发展阶段而进入社会主义发展道路的特殊性时说，这种特殊性"当然符合世界发展的总的路线"。① 从正处于资本主义向社会主义过渡这个时代特点出发，列宁认为，整个世界进程面临着向"更高级的制度的过渡"，② 并且认为由于帝国主义经济政治发展的不平衡，社会主义革命可以在资本主义体系的薄弱环节突破，首先在一国取得胜利。

具体来说，俄国的资本主义没有得到充分发展，也是由于特殊的国际国内条件造成的。首先，从俄国历史发展

---

① 《列宁选集》第 4 卷，人民出版社 1995 年版，第 776 页。
② 《列宁选集》第 2 卷，人民出版社 1995 年版，第 650 页。

的一般趋势来说，从封建社会的自然经济过渡到高度发达的共产主义产品经济，必然有一个中间阶段，这个阶段就是资本主义高度发展的历史阶段。历史的具体事实表明，在俄国封建社会发展的后期已经产生了资本主义的萌芽，如果没有国际环境造成的特殊条件，这些资本主义萌芽按其自然进程发展下去，必然会导致充分发展的资本主义社会。实际上，当时俄国的资本主义之所以没有得到充分发展，也是由特殊的国际环境和国内条件造成的。其次，马克思所设想的俄国这样经济文化比较落后的国家，之所以有可能跨越资本主义制度的"卡夫丁峡谷"，则是以世界资本主义的存在、发展直至灭亡为前提的。如果世界还没有进入资本主义时代并且发展到帝国主义阶段，也就根本不可能造成社会主义革命成功的形势，不可能出现跨越资本主义制度"卡夫丁峡谷"的情况。再有，当时俄国革命所处的时代，在国际上，资本主义世界陷入严重的、全面的政治经济危机，世界无产阶级革命运动和民族民主解放运动蓬勃发展；在国内，资本主义一定程度的发展，工人阶级队伍的形成，工人运动的开展，马克思主义与工人运动相结合，马克思主义政党的建立和走向成熟，工农联盟力量的强大……这些都是经济文化比较落后的国家可以不经过资本主义的充分发展阶段，而进入社会主义发展道路所具备的国内外条件，也正是这些类似条件促使其他一些经济文化比较落后的国家选择了社会主义道路。

马克思在谈到俄国农村公社的发展趋势时，进一步说明了俄国农村公社跨越"卡夫丁峡谷"的条件，他说：

"'农村公社'的这种发展是符合我们时代历史发展的方向的，对这一点的最好证明，是资本主义生产在它最发达的欧美各国中所遭到的致命危机，而这种危机将随着资本主义的消灭、随着现代社会的回复到古代类型的最高形式，回复到集体生产和集体占有而结束。"① 这就是说，国际环境是俄国农村公社跨越"卡夫丁峡谷"的必要条件。各国进行社会主义革命和社会主义建设的具体条件不同，具体国内外环境不同，因而可以采取多种形式，形成多种模式，强求一致是违背历史发展辩证法的。

第三，马克思关于非资本主义道路理论，是在肯定社会形态的演进是一个自然历史过程的前提下，注意到作为历史主体的人对历史的选择作用。从中可以认识到，既要坚持社会发展是一个自然历史过程，又要承认人的主体能动性，从历史决定论和历史选择论的辩证统一出发，来回答"什么是社会主义，怎样建设社会主义"的问题。

人类社会的发展是由生产力进步所引起的社会基本矛盾运动而造成的自然历史过程。它虽然有其特殊的运动规律，但其发展进程最终却要服从整个自然历史过程所体现出来的一般规律，突出表现为人类社会的生产力、经济的发展过程是一个不以人的意志为转移的过程，人类社会的发展要服从生产力、经济发展的规律。唯物史观必定要坚持历史决定论的立场。

社会历史的发展同时又是人的有目的、有意识的改造

---

① 《马克思恩格斯全集》第 19 卷，人民出版社 1963 年版，第 439 页。

活动的过程，社会形态的更替、历史的发展虽然不以哪个人的意志为转移，但却又是无数个人的目的、意志所驱使的人的活动的总和。历史发展是由生产力的发展、经济的发展所决定的，但同时，作为历史发展中的人对历史的发展却具有一定的选择作用和能动作用。在阶级社会中，社会制度的更替是通过先进阶级和劳动群众适应生产力发展的规律，推翻反动阶级统治的社会革命来实现的。在现实生活中，造成某一国家社会革命的诸多条件并不是与生产力的发展水平机械对应的，在这里既有历史的客观条件具备问题，也有主观条件的成熟问题。在现实生活中，生产力发展水平较低的国家，往往在一定条件下，却有可能比较好地发挥主体能动性，较早地取得社会革命的成功，在一定程度上选择较为先进的社会制度，实现社会形态的变革。这种状况造成了在世界历史发展进程中，各个国家呈现出不平衡状态，表现出一些特殊的规律性来。二战之后，一些经济文化比较落后的国家先后走上社会主义道路的事实表明，在资本主义世界遇到严重经济政治危机的客观条件下，当人们面临着社会主义制度和资本主义制度两种选择时，一般不会选择正陷入空前危机的资本主义制度，而选择社会主义道路。

我们说，作为主体的人在历史发展进程中，具有一定的能动性和选择性，可以促成社会历史发展的跳跃，但这是有条件的。首先，任何先进制度的建立都离不开一定的生产力条件以及其他客观条件，任何历史条件的变迁都无法违背自然历史过程的总规律。以我国为例，如果没有世界无产阶级革命运动的发展，如果旧中国没有近代工业的基础，没有200万产业工人，那么，工人阶级及其先锋队无论如何也不可能取得中国革命的成功。其次，在具备了一定的客观条件，首先是生产力条件的基础上，还必须具备一定的主观条件及其他必要条件，否则仍然不可能建立起先进的社会制度。而那些生产力条件虽然好，但主观条件及其他条件不成熟的地方，却仍然有可能处于比较落后的社会制度状态。

人类社会是一个自然历史过程，生产力和经济发展的时间可以有长有短，速度可以有快有慢，甚至可以积极吸取先进技术和物质条件实现跨越式的发展，但是生产力和经济发展所必要的自然发展条件、所经历的自然发展阶段却是不可任意舍去的。马克思在《资本论》第1卷第1版序言中明确指出："一个社会即使探索到了本身运动的自然规律，……它还是既不能跳过也不能用法令取消自然的发展阶段。但是它能缩短和减轻分娩的痛苦。"① 从生产力发展、经济发展的必然性来说，真正合格的社会主义必须要有高度发达的社会化大生产作为物质基础。当一个民族，在一定条件下，经过努力建立了比较先进的社会制度，那么这个民族所面临的首要任务则是利用先进的社会制度，加速社会生产力的发展。市场经济是社会发展的一个不可逾越的自然历史阶段。在经济文化比较落后条件下建立的社会主义国家，不应当消灭市场经济，而是应当利

---

① 《马克思恩格斯选集》第2卷，人民出版社1995年版，第101页。

用先进的社会制度，大力发展市场经济，促进社会生产力的发展。在经济文化比较落后的国家建设社会主义，既要看到在一定条件下社会主体对先进的社会制度具有一定的选择性，又要看到经济文化比较落后的国家建设社会主义是不可以超越生产力高度发展，市场经济充分成熟的自然历史阶段，社会主义必然要经历生产力高度发展，市场经济充分成熟的自然历史阶段。

第四，马克思关于非资本主义道路理论，实际上只是一种审慎的设想，只是一种可能性的分析，尚需经过社会实践的验证。从中可以认识到，"什么是社会主义，怎样建设社会主义"，既是一个理论问题，更是一个实践问题，只有随着社会主义实践的不断深入，随着不断的实践的检验，对这个首要基本问题的认识，才能越搞越清楚，才能不断深化。

马克思历来反对用历史发展的同一模式去衡量、去预言一切民族或国家的发展道路，在承认历史发展一般规律的普遍性基础上，他始终重视探讨不同地区、不同民族或不同国家发展社会主义的特殊规律。马克思在《资本论》中指出，任何时候，只要分析与某一社会生产力的发展水平相适应的生产条件所有者同直接生产者的关系，进而就能"为整个社会结构……为任何当时的独特的国家形式，找出最深的秘密，找出隐蔽的基础"。① 另一方面，马克思同样认为，也不能简单地认为只要了解某个具体的国家

---

① 《马克思恩格斯全集》第25卷，人民出版社1974年版，第891—892页。

或民族的生产力发展水平和结构，就一定了解它的社会结构的全部细节，因为它"可以由于无数不同的经验的事实，自然条件，种族关系，各种从外部发生作用的历史影响等等，而在现象上显示出无穷无尽的变异和程度差别，这些变异和程度差别只有通过对这些经验所提供的事实进行分析才可以理解"。① 这也就是说，在分析社会历史发展进程时，必须坚持普遍与特殊相结合的分析方法。但是，从普遍原理过渡到对特殊对象的分析，却是一件困难的事情，俄国与东方国家能否跨越资本主义制度的"卡夫丁峡谷"，这是马克思晚年遇到的一个极其困难的理论问题。

在运用普遍原理分析当时俄国的具体国情时，马克思指出，"'农业公社'所固有的二重性"……"也可能逐渐成为公社解体的根源"，② "如果俄国继续走它在1861年所开始走的道路，那它将会失去当时历史所能提供给一个民族的最好的机会，而遭受资本主义制度所带来的一切极端不幸的灾难。"③ 马克思在普遍意义上充分估计到俄国社会的资本主义制度发展的可能性。同时，他又深入研究了俄国的国际环境，国内的经济政治状况，清楚地估计到俄国通过公社"公有"制，而不经过资本主义制度直接过渡到社会主义的可能性。但是尽管如此，他关于

---

① 《马克思恩格斯全集》第25卷，人民出版社1974年版，第892页。
② 《马克思恩格斯全集》第19卷，人民出版社1963年版，第434页。
③ 《马克思恩格斯全集》第19卷，人民出版社1963年版，第129页。

"跳越"资本主义制度的"卡夫丁峡谷"的分析也只是一种设想。关于这个问题，他采取了一种极其慎重的态度。实际上，在1877年11月左右给《祖国纪事》编辑部的信中，他并没有对能否"跳越"的问题给予明确的答复，并且也没有寄出这封信。过了将近4年之后，当查苏利奇来信谈到同样的问题，并焦急地盼望马克思给予明确的答复时，马克思才不得不再次处理这个极为困惑和烦恼的难题。马克思给查苏利奇的信前后共有四稿，初稿8000字，中间又写了二三稿，最后稿只有500字。即使在这500字中，仍然没有对俄国能否"跳越"给予肯定的答复。马克思在世时，这个公开答复发表在《共产党宣言》1882年俄文版序言中，他说："对于这个问题，目前唯一可能的答复是：假如俄国革命将成为西方无产阶级革命的信号而双方相互补充的话，那么现今的俄国土地公有制便能成为共产主义发展的起点。"① 这个答复表明，马克思以为俄国"跳越"的可能性是有条件的，如果俄国革命推翻了沙皇的统治并引发了西方革命，而西方的无产阶级革命与俄国革命又联系起来，那么俄国社会才有可能"跳越"，一切皆取决于条件。

马克思恩格斯关于俄国农村公社问题的论述对经济文化比较落后的国家过渡到社会主义无疑是有启发和借鉴意义的。但他们认为，要经过哪些"社会和政治发展阶段"才能实现，"只能作一些相当空泛的假设"。关于俄国社

---

① 《马克思恩格斯选集》第1卷，人民出版社1995年版，第251页。

会的"跳越"问题，是马克思恩格斯在特定条件下的"假设"，是对一般规律特殊性表现的"假设"，这种"假设"是有条件的，能否成为现实必须要经过社会实践的检验。对于"什么是社会主义，怎样建设社会主义"的科学回答，来源于实践的不断创新、不断检验、不断证实。

尽管马克思恩格斯关于跨越资本主义制度的"卡夫丁峡谷"的设想并没有在俄国实现，但是他们所设想的精神实质：在一定条件下，经济文化比较落后的国家可以不经过资本主义的充分发展阶段，而实现社会主义的特殊道路却成为现实。马克思关于非资本主义道路理论的实质在于：经济文化比较落后的国家不经过资本主义的充分发展阶段而走上社会主义道路的设想，不是对人类社会历史发展进程一般规律理论的否定，而是对该理论的深化和丰富。处于资本主义世界体系中的经济文化比较落后的国家，在一定条件下，可能不经过资本主义的充分发展阶段，而选择社会主义制度。这就是说，在一定条件下，可以实现资本主义制度的"跨越"，但资本主义发达的生产力以及它所创造的一切优秀文明成果却是不可"跨越"的；先进的社会制度是可以选择的，但社会发展的生产力和经济状况的既定前提却是不可选择的。在建立了先进的社会制度的情况下，人们必须凭借先进的社会制度，大力发展社会生产力，尽快地在经济发展上赶上并超过发达的资本主义国家，只有这样，新生的社会制度才能获得巩固，并且充分地体现出它的优越性来。科学社会主义创始人关于在一定条件下，经济文化比较落后的国家可以不经过资本主义的充分发展阶段，而进行社会主义革命，走上社会主义道路的科学预见，是对在经济文化比较落后的国家"能否建设社会主义，建设什么样的社会主义，怎样建设社会主义"科学回答的理论前提，只有解决了这个理论前提，才能进一步说明并搞清"什么是社会主义，怎样建设社会主义"这一首要的基本问题。

坚持生产力标准，
解放思想,解放生产力[*]

邓小平同志总是经常地、反复地强调生产力标准的极端重要性，要求全党把它作为考虑一切问题的出发点。生产力标准的观点是邓小平思想的重要组成部分。在我党十一届三中全会以来提出并形成的一系列科学理论观点中，生产力标准的观点处于核心地位。生产力标准是马克思主义历史唯物主义的精髓，具有丰富的理论内容，具有重大的现实指导意义。

一、生产力标准的观点是马克思主义的根本要义

生产力问题是历史唯物主义的基石，在历史唯物主义理论体系乃至整个马克思主义理论体系中，具有十分重要

* 本文发表于《马克思主义科学世界观和党的思想路线专题讲座》，中共中央党校出版社 1993 年出版。

的地位。

如果说马克思主义哲学的创立是人类哲学发展史上的根本变革，那么历史唯物主义则是马克思对人类哲学思想发展的最具有独创性的新贡献。如果说历史唯物主义是马克思一生的第一个伟大发现，那么发现生产力在人类社会生活中的决定性作用，则是马克思主义历史唯物主义的最精华的要点。历史唯物主义的产生，结束了唯心史观在社会历史领域长期占统治地位的局面，从而使哲学唯物主义第一次具有真正彻底的、完整的意义。可以说，没有对历史领域的科学认识，也就没有历史唯物主义的创立，辩证唯物主义就不可能彻底、不可能完善，马克思、恩格斯也就不可能完成人类哲学史上的伟大变革。在马克思之前，在18世纪法国唯物主义者那里，唯物论已经获得了在形而上学占统治地位条件下它所能获得的成就。在黑格尔那里，辩证法已经达到了在唯心主义框子里所能达到的高度。在这方面，马克思主义哲学诞生时所面临的最主要工作，就是批判形而上学唯物论和唯心主义辩证法的历史局限性，完成唯物论和辩证法的科学结合。但是当时在历史观方面，情况就不同了。在历史领域基本上还是唯心主义占统治地位的情况下，马克思主义哲学破天荒地第一次解决了社会存在和社会意识的关系问题，彻底地把唯物论和辩证法在历史领域内结合起来，找到了一条解开历史之谜的正确途径，使历史观第一次具有了科学的性质。

马克思、恩格斯是怎样在历史领域内彻底地解决社会存在和社会意识的关系问题，发现人类社会的客观规律的呢？他们是从一个最简单的道理，即从人要吃饭这样一个简单的道理出发，发现人类为了生存和发展，就必须进行物质资料的生产，物质生产是人类社会存在和发展的前提和基础。正是基于这个道理，马克思、恩格斯提出了科学的生产力概念，认识到生产力是社会历史发展的决定性力量，是判断社会历史进步的最高标准。在生产力概念的基础上，马克思、恩格斯提出生产关系概念，发现了社会基本矛盾，创立了唯物史观，找到了人类社会历史发展的规律。

应该说，生产力标准问题，是马克思主义经典作家反复强调的一个基本观点。马克思在写给安年科夫的信中指出：生产力是"全部历史的基础"。[①] "各种经济时代的区别，不在于生产什么，而在于怎样生产，用什么劳动资料生产。……劳动资料不仅是人类劳动力发展的测量器，而且是劳动借以进行的社会关系的指示器。"[②] 列宁明确讲过："生产力的发展"，"这是社会进步的最高标准"[③]，是"整个社会发展的主要标准"[④]。他还多次指出："劳动生产率，归根到底是使新社会制度取得胜利的最重要最主要的东西。资本主义造成了在农奴制度下所没有过的劳动生产率。资本主义可以被最终战胜，而且一定会被最终战

① 《马克思恩格斯选集》第4卷，人民出版社1995年版，第532页。
② 《马克思恩格斯全集》第23卷，人民出版社1972年版，第204页。
③ 《列宁全集》第13卷，人民出版社1959年版，第223页。
④ 《列宁全集》第32卷，人民出版社1958年版，第224页。

胜，因为社会主义能创造新的高得多的劳动生产率。"①
毛泽东同志明确指出："中国一切政党的政策及其实践在
中国人民中所表现的作用的好坏、大小，归根到底，看它
对于中国人民的生产力的发展是否有帮助及其帮助之大
小，看它是束缚生产力的，还是解放生产力的。"②

　　从以上引证和论述来看，生产力标准是历史唯物主义
的根本要义，是历史唯物主义的核心观点，是马克思主义
题中应有之义，这是不容有任何怀疑的马克思主义的真
理。

二、从实践标准到生产力标准的大讨论
是思想解放的进一步深化

　　1978 年所开展的实践标准的大讨论，为生产力标准
的提出做了充分的思想理论准备，生产力标准的提出是实
践标准大讨论的继续和深入。

　　在形而上学思想猖獗的"文化大革命"期间，生产
力标准，这个本来是马克思主义的命题被弄得面目全非。
林彪、"四人帮"及其爪牙打着批"唯生产力论"的幌
子，根本不准提生产力标准问题，认为谈生产力、讲生产
力标准就是主张"唯生产力论"，就是"以生产压革命"。
他们竭力鼓吹"生产关系、上层建筑决定论"、"精神万

---

　　①　《列宁选集》第 4 卷，人民出版社 1960 年版，第 16 页。
　　②　《毛泽东选集》第 3 卷，人民出版社 1991 年版，第 1079 页。

能论","在上层建筑领域内闹革命",一个劲地在"拔高生产关系"上做文章,奢谈什么"抓革命促生产",把抓阶级斗争作为压倒一切的中心任务。党的十一届三中全会以前的20多年间,尤其是十年内乱,正是"以阶级斗争为纲"的"左"的政治路线和作为这条政治路线的思想理论基础的主观唯心主义、教条主义、个人崇拜等极左思潮的指导,导致了我党在社会主义建设的实际工作中的长期重大失误和"文化大革命"的空前浩劫。粉碎江青反革命集团以后,广大群众强烈要求纠正过去"左"的思想路线和政治路线,但是,当时主持中央工作的领导同志却提出了"两个凡是"(即"凡是毛主席的决策,都坚决拥护;凡是毛主席的指示,都始终不渝地遵循")的错误主张,严重地束缚了人们的思想,压制了人民群众要求拨乱反正的政治积极性。在这样的历史背景下,究竟什么是真理的标准,是实践,还是"最高指示"?如此重大的问题必然要反映到理论上,反映到思想上,并集中通过作为世界观方法论的哲学理论问题而反映出来。当时,如果不彻底搞清这个问题,就无法实现思想上的大解放,就无法从思想理论上同"左"的思想政治路线相决裂。于是,一场不可避免的思想理论大决战就开始了。实践标准的大讨论,为我们党重新确立一条实事求是的思想路线和正确的马克思主义政治路线,为十一届三中全会以来全面拨乱反正,纠正"文化大革命"极"左"的错误,为冲破长期以来禁锢人们的思想枷锁,并为以后实行改革开放,开创社会主义现代化建设的崭新局面开辟了道路。

　　从实践标准到生产力标准，是十一届三中全会以来，坚持实事求是的思想路线，对社会主义进行再认识的必然结果，是进一步解放思想、大胆改革开放的必然结果。

　　依据实践标准，在建设有中国特色的社会主义问题上，就必须一切从实际出发，从中国具体国情，尤其是从中国的生产力现实状况出发，制定出正确的马克思主义政治路线。那么，基于什么样的理论来制定正确的政治路线呢？根据马克思主义的生产力理论和生产力标准，就必须把是否有利于社会主义社会生产力的发展，作为制定建设中国特色的社会主义政治路线的根本着眼点和落脚点。这样，对生产力标准的学习、研究、讨论和落实，就成为进一步解放思想、解放生产力的关键环节。生产力标准正是在社会主义建设和改革开放的新的历史条件下，为了进一步端正思想路线，加快改革开放步伐，集中力量发展经济的需要而提出来的。

　　从十一届三中全会以来，党中央不失时机地提出了把工作重心转移到发展经济上来，一切以经济建设为中心的方针。在十几年的改革和建设实践中，我党逐步形成了"一个中心、两个基本点"的政治路线。十几年来，我们每一项改革的提出、试验和推广，都贯彻了实事求是的思想路线和以经济建设为中心的指导方针。然而，在改革开放的实践过程中，我们每走一步，都涉及进一步检验十一届三中全会以来思想政治路线的正确性，都涉及衡量改革举措的必要性的客观标准问题。坚持客观的判断标准，克服来自右和"左"两个方面，特别是"左"的方面的干扰，是社会主义改革能否取得胜利的关键。特别是1989年"6·4风波"之后，有个别人对十一届三中全会以来的路线产生了怀疑，对改革开放的一系列举措产生了怀疑。到底以什么标准来看待改革开放十多年的成绩，要不要始终不渝地坚持这条路线，这在政治路线方面，在改革开放的实际举措方面就提出了一个衡量的客观标准问题，这个客观标准就是生产力标准。

如果说，实践标准的重新提出是为了重新确立党的思想路线，明确认识一切问题都必须从客观出发的认识路线。那么生产力标准的提出，则进一步明确，在社会生活中最大最根本的实际就是发展生产力，建设中国特色的社会主义所面临的最大最根本的实际也就是发展生产力。这样的认识，看起来很简单，但这是对我国40年来社会主义建设经验教训反思的结果，是我国十几年改革成功经验的深刻总结。生产力标准是实践标准的具体化，从实践标准的重新提出到生产力标准的提出，是我国社会主义建设和改革深入发展的客观要求。

实际上，在十一届三中全会召开的1978年，邓小平同志就提出了生产力标准问题。他在《解放思想，实事求是，团结一致向前看》的重要讲话中指出："今后，政治路线已经解决了，看一个部门的党委善不善于领导，领导得好不好，应当主要看这个经济部门实行了先进的管理方法没有，技术革新进行得怎么样，劳动生产率提高了多少，利润增长了多少，劳动者的个人收入和集体福利增加了多少。各条战线的各级党委的领导，也都要用类似这样的标准来衡量。" 1984 年 10 月 24 日《中共中央关于经济体制改革的决定》中明确提出了生产力标准，决定指出："把是否有利于发展生产力作为检验一切改革得失成败的最主要标准。" 1987 年 10 月，党的十三大报告对生产力标准问题作了比较完整的阐述，指出："是否有利于发展生产力，应当成为我们考虑一切问题的出发点和检验一切工作的根本标准。"报告把生产力标准作为争取马克思主义在中国新胜利的"核心问题"加以阐述，强调无论是坚持四项基本原则，还是坚持改革、开放、搞活，从根本上说，都是为了发展我国的生产力，"一切有利于生产力发展的东西，都是符合人民根本利益的，因而是社会主义所要求的，或者是社会主义所允许的。一切不利于生产力发展的东西，都是违反科学社会主义的，是社会主义所不允许的。在这样的历史条件下，生产力标准就更加具有直接的决定意义。"邓小平同志在南方谈话中，再次提出了生产力标准问题，并做了高度的阐述，他指出："改革开放迈不开步子，不敢闯，说来说去就是怕资本主义的东西多了，走了资本主义道路。要害是姓'资'还是姓'社'的问题。判断的标准，应该主要看是否有利于发展社会主义社会的生产力，是否有利于增强社会主义国家的综合国力，是否有利于提高人民的生活水平。"① 增强国力和提高人民生活水平，关键和基础是发展生产力，在三个"有利于"中，最根本的还是生产力的标准。实践标准主

---

① 《邓小平文选》第 3 卷，人民出版社 1993 年版，第 372 页。

要是针对两个"凡是"的观点，恢复和重新确立了马克思主义的思想路线，划清了辩证唯物主义和主观唯心主义的界限，是一次伟大的思想解放运动。生产力标准主要是针对"生产关系决定论"、"僵化的社会主义模式论"，恢复和坚持历史唯物主义原理，划清社会主义和种种空想社会主义的界限，形成了又一次伟大的思想解放运动。从实践标准到生产力标准的大讨论是思想解放的进一步深入，是以邓小平同志为代表的中国共产党人对马克思主义在新的历史条件下的再阐发。生产力标准讨论的理论和实践意义在于：

第一，坚持生产力标准，是坚持和发展社会主义的需要。

社会主义的根本任务是发展生产力，这是社会主义发展的内在要求。邓小平同志指出，什么叫社会主义，什么叫马克思主义？我们过去对这个问题的认识不是完全清醒的，马克思主义最注重发展生产力。我们讲共产主义，共产主义的含义是什么？就是各尽所能，按需分配，这就要求社会生产力高度发展，社会物质财富极大丰富。所以，社会主义阶段最根本的任务就是发展生产力。只有发展生产力，才能真正体现社会主义的优越性。在粉碎"四人帮"不久，邓小平同志就曾指出，如果在一个很长的历史时期内，社会主义国家生产力发展的速度比资本主义国家慢，还谈什么优越性？他还反复强调，社会主义要消灭贫穷，贫穷不是社会主义，更不是共产主义。社会主义的优越性就是体现在它的生产力要比资本主义发展得更高一些，更快一些。1987 年，他更尖锐地指出，要进一步建设比资本主义具有优越性的社会主义，首先必须摆脱贫困的社会主义。只有到了 21 世纪中叶，达到了中等发达国家水平，才能说真的搞了社会主义，才能理直气壮地说社会主义优于资本主义。学习邓小平同志一系列论述，我们可以看出，社会主义到底优越不优越，关键看生产力发达不发达，离开生产力的发展来谈社会主义的优越性，是没有说服力的。衡量社会主义优越不优越首先看生产力的发展状况，离开生产力的发展，社会主义就失去其意义，甚至根本无所谓社会主义。一切有利于生产力发展的东西，都是符合人民根本利益的。一切不利于生产力发展的东西，都是社会主义所不允许的。正是在这个意义上讲，坚持生产力标准，是坚持和发展社会主义的需要。

第二，坚持生产力标准，是坚持中国特色社会主义理论，坚持党的基本路线的需要。

党的十一届三中全会以来，我们党在对社会主义再认识过程中，在哲学、政治经济学和科学社会主义等方面，发展了一系列理论观点，形成了中国特色社会主义理论，并在这一理论的基础上制定了党的基本路线。这一理论和路线的认识论基础是关于解放思想、实事求是的实践标准的观点，这一理论和路线的历史观基础就是生产力标准的观点。

中国特色社会主义理论，可以理解为有机地包括这样几个方面的内容：（1）我国现阶段正处于社会主义的初级阶段；（2）社会主义初级阶段的根本任务是发展社会生产力；（3）只有发展生产力，才能真正体现出社会主义的优越性；（4）必须一切从实际出发，从中国国情出发，寻找一条适合中国的社会主义建设道路；（5）在我国社会主义的现阶段，必须坚持"一个中心、两个基本点"的基本路线。生产力标准正是这些要点的理论依据。我国已处于社会主义初级阶段这个判断，主要是根据并运用生产力标准，具体分析我国的生产力现状而得出的科学结论。坚持生产力标准，就必须把发展生产力作为我们党的中心任务。要发展生产力，就必须坚持改革开放，而我们的改革开放，发展生产力，最终目的是要实现人民的共同富裕。从生产力标准出发，根据中国的实际国情，必然会提出"一个中心、两个基本点"的正确路线。从某种意义上来说，离开了生产力标准的正确观点，也就不可能有中国特色社会主义理论，不可能有党的基本路线。

在我国，在社会主义制度确立之后如何对待经济建设，如何对待生产力发展问题上，也是几经反复，经历了一个极其曲折的过程，付出了沉重的代价。新中国刚刚成立，党的一个重要任务是要抓经济建设，要把生产力搞上去，在那时，我们的党还是清醒的。在经济建设取得初步成效，社会主义改造基本完成的情况下，我们党召开了八大，明确了经济建设的主要任务。但是，八大的决议还没有得到全面实施，党的有些领导在认识上却发生了极大的转变。对社会主义改造以后我国社会的主要矛盾作了"左"的估量，继续强调"以阶级斗争为纲"，把发展生产力摆在了次要的位置上，离开生产力的发展，老是在

"拔高"生产关系上做文章，从阶级斗争中找出路。以"阶级斗争为纲"的"左"的路线，使我国经济长期发展缓慢，并最终引发了"文化大革命"，几乎把我国的经济发展推向绝境。十一届三中全会以来，我们党毅然抛弃了"以阶级斗争为纲"的"左"的路线，把党的工作中心转移到以经济建设为中心的轨道上，实现了根本性的拨乱反正。十几年改革开放的伟大成就充分证明，我们党在十一届三中全会以来形成的一系列路线、方针、政策是完全正确的。

我国经济建设一正一反的经验教训充分证明，十一届三中全会以来，我们党形成的中国特色社会主义理论，以及在这一理论的支撑下所制定的党的基本路线是完全正确的。这一理论和路线的核心就是生产力标准。中国特色社会主义理论是以生产力为标准，对中国的具体国情，尤其是生产力发展现状的深刻分析作为现实依据的。而党的基本路线也正是把发展社会主义生产力作为根本任务。因此，坚持生产力标准，就是坚持中国特色社会主义理论，坚持党的基本路线的需要。

第三，坚持生产力标准，是坚持警惕右，但主要是防止"左"，解放思想，加快改革开放步伐的需要。

邓小平同志在南方谈话中指出：现在影响我们的，有右的东西，也有"左"的东西，但根深蒂固的还是"左"的东西，拿大帽子吓唬人，好像越"左"越革命。我们要警惕右，但主要是防止"左"。搞动乱就是右的，把改革开放说成是引进和发展资本主义，认为和平演变的主要危险来自经济领域，就是"左"。右和"左"都可以葬送社会主义，并不是只有右会葬送社会主义，"左"也会葬送社会主义。在当前改革的实践中，"左"的思想严重地阻碍了改革开放的步伐。邓小平同志指出，改革开放迈不开步子，不敢闯，说来说去就是怕资本主义的东西多了，走了资本主义道路，这是"左"的思想的总病根。

在我国几十年的革命和建设历程中，"右"的倾向固然存在，但"左"的影响更是根深蒂固。新中国成立以来，特别是1957年直到"文化大革命"这20年间，"以阶级斗争为纲"等"左"的思想和路线曾占统治地位。党的十一届三中全会以后，尽管批判了"左"的思想和路线，但"左"的影响并没有完全根绝。尤其是在改革开放深入发展的今天，改革开放迈不开步子，不敢闯、不敢干，说来说去，还是"左"的思想影响严重束缚了人们的头脑。比如，如果多宣传一点改革开放，有人就会说："这会破坏来之不易的大好形势"；如果多引进一些外资，有人就会说："多一个外资企业，就多一份资本主义，这就会影响社会主义国家的性质"；如果划一块地成片承包给外商，有人就会批评"这是出卖主权，丧权辱国"；如果大力发展乡镇企业，有人就会说"乡镇企业是不正之风的根源，会腐蚀我们的党、腐蚀我们的干部"；如果多发展一些私营企业、个体户，有人就会说"这会削弱社会主义公有制的作用"；我们说家庭联产承包责任制绝不能动摇，有人却说，"这是走单干道路，不利于发展集体经济和共同富裕"；甚至有人概括说，"'三资'企业是和平演变的温床，乡镇企业是不正之风的风源，联产承包是集体经济瓦解的根源"等等。总而言之，总是怕资本主义的东西多了，走了资本主义道路，这里的要害就是姓"社"还是姓"资"的问题。如果用"左"的有色眼镜来观察、判断改革开放的新事物，那么就会把目前采取的许多改革措施和举动贴上资本主义的标签。

坚持生产力标准，对于我们在改革开放的实践中，正确区分社会主义和资本主义，正确对待资本主义的东西，对于我们警惕右，主要是防止"左"，进一步解放思想，有直接的指导意义。应该说，在改革开放的根本方向、根本道路、大政方针乃至具体举措上，要问一下姓"社"还是姓"资"，是应该也是必要的。然而，这里的关键是以什么样的标准来判断姓"社"还是姓"资"。生产力标准的观点告诉我们，既然生产力是一切社会发展的最终决定性力量，是判断社会进步的根本标准，是判断社会主体的认识和实践是否正确的最终尺度，那么离开生产力的发展来谈论什么资本主义和社会主义，就是用空想的原则、抽象的教条来裁剪火热的现实生活，就会在思想上陷入唯心史观的泥潭，在政治上导致"左"的路线，在实践上阻碍生产力的发展。在这里，关键在于科学地掌握姓"社"与姓"资"的标准，只要用生产力这个根本标准来分析这个根本问题，许多疑惑不解就会一扫而光。如果我们改革所采取的一系列方针、政策和办法，在实践上已被证明是有利于社会主义生产力发展的，那么我们有什么道理说这些方针、政策和办法是姓"资"而不是姓"社"

呢？反之，如果采取这么一种路线、方针、政策和办法不仅不利于社会生产力的发展，反而破坏了生产力的发展，那么我们又有什么理由坚持说这是社会主义的呢？如果我们对在改革开放中所实行的带有试验性质的一些具体办法、政策和措施，事先都要问一问姓"社"还是姓"资"的话，如果我们对改革开放中所采取的一些带有中性的办法和手段，也要按姓"社"或姓"资"来定性的话，如果对那些为现行政策所允许，对今天我国生产力发展有益而又确是资本主义性质的东西，也要从阶级斗争的高度加以否定的话，就会使人们在改革开放的实践中如履薄冰，不敢闯、不敢冒、不敢大胆地试。因此，在改革开放的新形势下，用生产力标准来科学地回答姓"社"，还是姓"资"的问题，彻底摧毁"左"的思想堡垒，进一步解放思想，是十分必要的。由此可见，在改革开放中，生产力标准是根本性的判断标准，如果离开这个标准，也就离开了社会主义的根本方向，就没有什么是非曲直可言，就会陷入主观随意性，甚至可能会重复历史上"左"的东西，会重犯历史性的错误，如果我们一旦解决了这个根本标准的认识问题，那么我们就可以抛掉沉重的思想包袱，冲破思想牢笼，就会在改革开放实践中人胆地想、人胆地闯、大胆地试、大胆地干。如果我们一旦掌握了生产力的标准，那么对于改革开放中实行的一些具体政策措施，一般说来，就无须先问一问姓"社"还是姓"资"然后才敢干。如果我们一旦掌握了生产力标准，那么对于那些为现行政策所允许的而又确实带有资本主义性质的东西，例如私营经济、外商独资企业等，也就可以大胆地引进。总之，坚持生产力标准，是进一步解放思想，大胆改革开放的需要。

三、正确认识生产力标准的科学含义

所谓标准是指人们用以衡量某一对象的性质、水平的尺度和准则。什么是生产力标准？生产力标准的科学含义是什么？这是坚持生产力标准首先必须弄明白的理论问题。所谓生产力标准，也就是用生产力的发展状况，作为衡量社会主体、社会历史现象和社会历史进步的根本尺度，它是生产力对社会历史发展进程起最终决定作用的历史唯物主义原理在实践中的延伸和运用。生产力标准是历史唯物主义历来强调的三大观点，即生产观点、阶级和阶级斗争观点和群众观点的一个重要内容或方面。如果否认生产力标准，那就等于否定了历史唯物主义，否定了马克思主义。关于生产力标准的科学含义，我们可以从下面几个方面来探讨。

1. 生产力标准的检验对象。

生产力标准的检验对象，可以分为社会主体和社会客体两大类。社会主体是指人及其群体，如阶级、阶层、集团、民族、国家。社会客体是指社会主体认识和实践的社会对象，如社会形态、社会制度、社会体制、生产力、生产关系、上层建筑等社会历史现象（其中还应包括作为认识和实践对象的人及群体，但为了避免检验对象的重复，作为检验对象在这里就不包括人及群体了）。如何运用生产力标准来检验社会主体呢？就是以生产力作为判断标准，检验社会主体的认识及实践是否符合客观规律，对社会进步是否有价值。这里讲的社会主体的认识是指社会主体的理论、思想、路线、方针及政策，实践则是指社会主体按照一定的思想、理论指导，实施路线、方针、政策的实践行为。如何运用生产力标准来检验社会客体呢？就是以生产力作为判断标准，来衡量社会客体的进步性、优越性、适合性。生产力标准的检验对象问题，是理解生产力标准基本含义的重要问题。具体来说，关于生产力标准的检验对象，应包括这样几层意思：

第一，生产力标准是划分社会经济时代的决定标准。

马克思指出："各种经济时代的区别，不在于生产什么，而在于怎样生产，用什么劳动资料生产。"① 他还认为，机械性的劳动资料比只是充当劳动对象的容器的劳动资料，更能显示一个社会生产时代的具有决定意义的特征。马克思这里讲的经济时代，也就是生产时代，是从生产力的角度出发，以生产力为决定性标准来划分社会发展时代的概念。从生产力角度出发，来划分经济（生产）时代应是既包括生产力的技术状况，又包括生产力的社会状况的全部生产力总和。例如，人们从生产力标准出发，根据生产力的总和，将生产发展时代划分为石器时代、青铜时代、铁器时代、蒸汽时代、电气时代、信息时代。这

---

① 《马克思恩格斯全集》第 23 卷，人民出版社 1972 年版，第 204 页。

种经济（生产）时代的划分，明确了作为社会物质技术基础的生产力对社会发展的决定性意义。以生产力作为决定性标准来划分经济时代，目的是从生产力发展的视角来揭示社会发展的经济阶段。

第二，生产力标准是划分社会经济形态的最终标准。

建立在一定发展阶段的生产力之上的经济基础和上层建筑的统一，就构成了一定的社会经济形态。社会经济形态是指以一定的生产关系总和为经济基础的社会。历史唯物主义的社会经济形态理论把社会看做是建立在一定生产力之上的以经济关系为基础的有机整体。这就从由生产力所决定的生产关系的性质上，区分出不同的社会形态。既然生产力是划分社会经济时代的决定性标准，那么有什么样的生产力，就有什么样的生产关系，所以从归根结底的意义上来说，生产力是划分生产关系的性质，从而是划分社会经济形态的最终标准。马克思说："社会关系和生产力密切相联。随着新生产力的获得，人们改变自己的生产方式，随着生产方式即谋生的方式的改变，人们也就会改变自己的一切社会关系。手推磨产生的是封建主的社会，蒸汽磨产生的是工业资本家的社会。"① 即是说，社会上只要出现了新的生产力，它就必然的或迟或早地要求有新的生产关系与之相适应，从而就决定社会经济形态的改变，决定社会性质的变化。

为什么在这里只提最终标准呢？这是因为生产力只是

---

① 《马克思恩格斯选集》第 1 卷，人民出版社 1995 年版，第 141—142 页。

在最终意义上决定社会的性质，并不直接决定社会经济形态的性质，直接决定社会经济形态的标准是生产关系。这是因为生产力决定生产关系既有相对性，又有绝对性。绝对性表现为两个方面：一方面，一种新的社会制度的产生，要有起码的、足够的生产力水平，否则，新的社会制度建立起来，也会倒退回去；另一方面，一定的新的生产力出现以后，最终地或迟或早地，总要有一定的新的生产关系与其相适应，这就是生产力作为最终标准的意义和根据所在。生产力决定生产关系的相对性在于：生产力和生产关系的适应，不一定都是同步的，除了同步现象外，还有"超前"、"滞后"、"分异"等复杂情况存在。这种相对性决定了生产力并不能作为划分经济形态的直接、唯一的标准。

　　在划分社会经济形态，划分社会性质问题上，有两个重要标准：一是生产力标准，一是生产关系标准。生产力标准是最终标准，生产关系标准是直接标准。两者既有联系，又有区别，不能相互混淆、相互代替。最终标准和直接标准是辩证统一的，这种统一体现了生产力决定生产关系的相对性和绝对性的统一。只有全面辩证地运用这两个标准，才能全面地具体地认识和划分社会经济形态的特殊性质。在划分社会经济形态上，切不可认为划分社会经济形态，决定社会性质的标准只是生产关系，而忽视了生产力的最终决定性作用，又不能简单化地把生产力看成是唯一的标准，而忽视生产关系的直接标准的作用。

　　第三，生产力的发展是衡量社会进步的最高标准。

社会形态的发展是一个自然历史过程，是不断由低级向高级发展的过程，是不断进步的过程。然而，社会形态的进步并不是简单的低级向高级的直线上升，而是一个曲折前进，停滞后退的曲折过程。无论历史发展是多么曲折复杂，从归根结底的意义上来说，社会历史总是沿着前进、上升的总趋势在发展进步。用什么标准来衡量社会进步与否呢？衡量社会进步的标准是多方面的，但从一定的社会形态的整体来说，生产力发展的水准则是衡量社会进步的最高标准。衡量一个社会形态，一个社会制度进步与否，最后必须要用生产力标准来衡量。生产力标准是统帅、支配、决定其他标准的最高标准，离开生产力标准的判断，其他标准是无法最终说明问题的。

第四，生产力标准是检验生产关系和上层建筑以及社会制度和体制是否适合的主要标准。

一个社会的生产关系、上层建筑以及社会制度和体制是否适合，主要看它是不是有利于生产力的发展，凡是有利于社会生产力发展的生产关系、上层建筑及相应的社会制度和体制都是适合的，因而也是合理的。生产力标准应当是检验一个社会的生产关系、上层建筑以及社会制度和体制是否适合的主要标准。一般说来，凡是适合生产力发展的生产关系、上层建筑和社会制度及其体制，都在某种意义上具有历史的进步性和优越性。但是，绝不能反过来说，凡是现有生产力水平愈高的国家，它的生产关系、上层建筑和社会制度及体制就越优越。这是由于生产力决定生产关系的相对性，使得现有生产力水平高的国家并不一定表明它的社会制度就是进步的、优越的,现有生产力水平比较低的国家,也并不一定表明它的社会制度是落后的、不优越的,这需要进行历史地、具体地分析。从历史发展的进程看,不论哪一种新的社会制度,都不可能在它发展的初期阶段就变得十分完善,资本主义社会发展的历史充分证明了这一点。同时,不论哪一种旧的社会制度及其体制,当它还具有一定的合理性时,它就会在某种程度上促进生产力的发展,表现出一定的适应性来。再一方面,一种新的社会制度所以比旧的社会制度更适合、更优越、更先进,关键就在于它能够比旧的社会制度以更快的、更稳定的速度来推动生产力向前发展。生产关系、上层建筑是这样,一定社会制度下的社会体制也是如此。因此,生产力标准是衡量社会的上层建筑、生产关系以及社会制度和体制是否适合的主要标准。

第五,是否有利于发展生产力,应当成为我们检验一切工作的根本标准。

由于生产力是人类全部历史的物质技术基础,是一切社会发展的决定性力量,是判断社会主体认识与实践是否正确,社会客体是否具有进步性、优越性、适合性的根本标准。因此,我们无产阶级政党必须把发展生产力,作为我们检验一切工作的根本标准和考虑一切问题的出发点。

发展生产力已经成为全党直接的中心任务,成为最大的政治任务,从这个意义上来说,生产力标准就更加具有直接的决定意义。然而这并不等于说,目前我们的一切工作部门都要以发展生产力作为评价工作好坏的直接标准和唯一标准。用什么标准来评价不同具体工作部门的工作成绩，要做具体分析。例如，对于经济工作部门来说，是否有利于发展生产力，直接关系到其工作的好坏。对于政治、军事、教育、文化等部门来说，它们工作的好坏，都有各自特殊的、具体的标准。提出生产力标准是检验一切工作的根本标准，是从归根结底的意义上讲的，是就全党一切工作都必须服从发展生产力这个中心任务而言的。

2. 生产力标准的功能和自身规定。

生产力标准作为衡量社会历史现象的根本尺度和最高准则，具有三个功能。一是价值评价功能。用生产力标准作为根本尺度来评价社会主体、客体的社会价值，比如评价社会主体的思想、理论、方针、政策和行动对社会历史发展进程是起推动作用还是起阻碍作用，起多大作用。二是检验划分功能。用生产力标准作为根本尺度对社会历史现象的性质、水平、作用进行检验，比如检验社会制度是否具有历史进步性，社会历史主体的言行是否具有历史进步性，对社会经济形态性质如何判断、社会经济时代如何划分。三是分析认识功能。生产力标准是人们认识一切社会历史现象的根本出发点，是考虑一切问题的根本出发点，是制定路线、方针、政策的根本依据。

生产力标准是一个整体性的尺度系统，它是由各种不同层次的具有不同规定性的因素所构成的，包括生产力的性质、生产力的总量、生产力的速度、生产力的效益等几个方面的规定，这几个方面的规定既有区别，又有联系，它们结合在一起，从不同的侧面来规定生产力标准的自身尺度。

第一，生产力的性质。

生产力的性质是一个质的概念，是生产力的质的规定性，这种质的规定性包括生产力的技术方面的性质和社会方面的性质。生产力的技术方面的质的规定性取决于人们用什么样的工具进行生产，从历史上看，生产力的性质的变革是从生产工具的变革开始的，如青铜器取代石刀石斧，标志着原始社会的生产力进化到奴隶社会的生产力，铁器取代铜器，标志着奴隶社会的生产力进化到封建社会的生产力。生产力的社会方面的质的规定性取决于社会劳动的性质、劳动的组织结构、管理结构以及管理方法，如工人雇佣劳动制反映了资本主义生产力的社会性质。

第二，生产力的总量。

生产力的总量是一个量的概念，是生产力的量的规定性。在一定生产力的质的基础上，就要有一定的量的规定性，它表现为一定质态基础上的生产规模、社会化程度、技术状况、生产产品的总量、总值等。标志生产力总量的具体数量标准主要有固定资产总值、国民生产总值、人均生产总值、国民收入及人均收入。此外，还有一些专门性的数量衡量标准，比如计算机拥有总量、高速公路总长度、汽车拥有总量等等。这些基本数量标准综合在一起构成生产力发展水平、发展程度、发展规模的总的数量规定。

第三，生产力的速度。

生产力的发展速度问题，是生产力自身标准的重要规定之一。生产力的发展速度是指生产力总量的增长速度。生产力总量的增长速度主要是用经济增长速度来衡量，当然也包括生产力性质的变化速度。在我国，有人长期以来把经济增长简单理解为社会总产品的增长和经济社会的总发展。如果经济增长速度的加快离开了经济效益，那么就不一定能够反映生产力的增长和经济社会的总发展，生产力的增长和经济社会的总发展应当是在提高效益的基础上的稳定增长。当然，离开一定的速度，生产力的发展也就毫无意义了。邓小平同志在谈到我国经济发展速度时指出，什么叫慢？实际上慢就是停顿，停顿就是后退。逆水行舟，不进则退。看样子，如果我们始终保持 6% 的速度，就是停顿，就是后退，不是前进，不是发展。看来，一定的生产力发展速度是必要的，一定的发展速度反映了一定的生产力水平。

第四，生产力的效益。

生产力的效益问题，也是生产力自身标准的重要规定之一。生产力整体效益的增长是生产力发展速度增长的实质，没有效益或负效益的增长不仅对生产力发展无益反而有害。我们党提出的我国到 20 世纪末经济建设的总的目标，是要求在经济效益不断提高的前提下，力争我国的工农业总产值翻两番，这种提法就是为了防止重复那种片面追求产值的速度，而忽视经济效益，忽视生产力发展的错误倾向。劳动生产率是衡量生产力内在效益的重要数量标准。劳动生产率表示劳动者创造物质财富的效益，它是在单位时间内生产的产品所消耗的社会平均必要劳动时间，是整体生产力效益的综合反映。

生产力是个整体系统，作为检验手段的生产力标准自身规定，是包括生产力性质、生产力总量、生产力速度、生产力效益在内的整体规定系统，它反映了生产力的总体水平和现实状况。

3. 生产力标准和实践标准的区别和联系。

生产力标准和实践标准是两个不同的范畴。一般说来实践标准属于认识论范畴，生产力标准属于历史观范畴。在检验对象、检验领域、范围和层次上二者都有所侧重，有所不同。但是，另一方面，实践标准和生产力标准又有内在的逻辑联系。首先，两者都是以实践结果作为检验对象的标准。实践标准是以实践结果作为检验人们的主观认识是否符合客观的标准，生产力标准是以生产实践的结果作为检验人们的认识及其活动是否有价值的尺度。其次，生产力标准是实践标准的深化和发展。实践标准把基本的实践形式——生产实践的结果作为根本标准，生产力标准则是实践标准在社会历史领域的扩展。最后，在内在逻辑上，两者互相渗透、互相结合。实践标准内在地包括生产力标准，生产力标准也内在地包括实践的标准，两者基本上是一致的。从广义上来说，实践标准不仅是一个认识论范畴，而且也是一个历史观范畴，因为实践的含义本来就是指人的社会历史活动，实践范畴是马克思主义历史观的基本范畴。用实践活动的结果来衡量和检验社会主体的各项工作，就使之具备了社会历史观的含义。从这个意义上看，实践标准包括生产力标准。反过来，从广义上来说，生产力标准也不仅仅是一个单纯的历史观问题，它还具有认识论方面的功能。因为在广义上，它除了检验社会客体，诸如生产关系、上层建筑、社会制度和社会体制的好坏优劣，是否有利于生产力发展之外，它还可以检验社会主体的认识和实践正确与否。从这个意义上说，它同时也具有认识论的功能。总之，生产力标准是实践标准在社会历史领域的深入和具体化，同时也是对实践标准的进一步充实、丰富和发展，它不仅比实践标准更深刻，而且对社会历史发展和社会进步所起的作用更根本、更直接。

四、坚持生产力标准，进一步
解放思想、解放生产力

在理解和运用生产力标准问题上，有两种极端的认识和做法是要不得的。一是将生产力标准同社会主义原则对立起来，错误地认为，坚持生产力标准，就是只要生产，不要政治；只讲物质，不讲精神；只管发展经济，不问姓"社"还是姓"资"，并且用别的什么标准来代替生产力标准，作为判断社会进步的根本标志。一是绝对地、片面化地、简单地、庸俗地对待生产力标准，把生产力标准混同于衡量一切具体工作的具体标准，变成衡量一切工作的唯一标准，视为单纯的赚钱标准、数量标准、利润标准，只顾局部、不顾全局，只顾当前、不顾长远，把它解释成无所不包的标准，从而离开生产力标准的本来含义。当前，把握和运用生产力标准，在注意后一种倾向的同时，

防止前一种倾向是主要的。

历史的经验告诉我们，在反对唯心论的时候，人们往往容易放松对机械唯物论的警惕，从而给形而上学以可乘之机，要特别注意坚持辩证法；反之，在批评形而上学的时候，要防止唯心主义和诡辩论鱼目混珠，要特别注意坚持唯物论的基本立场。因此，在理解和运用生产力标准的实践过程中，必须坚持唯物论辩证法，全面辩证地理解和运用生产力标准。正确把握生产力标准应当注意这样两个方面的原则：第一，按照生产力标准的本来含义来把握这一标准，坚持客观性原则，即坚持唯物论的基本立场。第二，注意生产力标准的辩证本性，科学地把握这一标准的多方面的辩证联系，即坚持辩证法。以上两个原则的有机结合，就是唯物辩证法。坚持唯物辩证法的基本立场，全面辩证地理解和运用生产力标准，有助于进一步解放思想，解放生产力，加快改革开放的步伐。

生产力标准是评价社会历史进步与否，人们的社会认识和实践正确与否的根本标准，它具有价值评价功能和认识功能，是唯物史观的最基本的范畴。唯心史观否认物质因素，从而否认生产力是历史发展的最终决定力量，把精神性的因素看做是历史发展的真正动力，它们否认生产力标准的判断功能，把精神性的东西，把从属于物质因素的第二性的东西看做是衡量历史发展的标志。譬如，西方资产阶级思想家就一直把"理性"、"自由"、"平等"、"博爱"、"正义"等抽象的原则作为衡量历史进步的最终尺度。德国古典哲学家黑格尔就把"绝对精神"作为衡量划分历史发展阶段的标准，他认为，人类社会的发展史就是"绝对精神"的发展史。法国空想社会主义者圣西门认为，历史是人类理性进化的历史，研究人类理性的历史发展，就可以看出人类社会历史的未来发展。他认为，剥削社会是不合乎理性的，必须要建立合乎理性的共产主义社会。按照理性的判断标准，根本不用解放和发展生产力，只需解决人的理性问题，历史就可以前进。近现代资产阶级人本主义哲学流派则把抽象的人、人性、人的发展程度作为评价社会历史的根本标准。法兰克福学派代表人物马尔库塞认为，人的性力（Libido）的解放是文明发展的动力，性本能摆脱一切束缚，即性的解放就是人类的解放。他把性欲作为社会历史发展的动力和标志。

上述这些唯心主义观念在今天的现实生活中仍有反映。在有些人那里，不就存在一种貌似公正的历史评价标准吗？他们离开生产力的发展空谈社会主义原则、空谈先进生产关系的优越性、空谈先进社会制度的优越性，把离开生产力发展的空想社会主义原则，把离开具体国情的空洞理论教条看做为高于一切的东西，看做为历史评价的根本尺度。他们认为，评价一个社会制度的好坏，不是看生产力发展了没有，而是离开生产力的发展抽象地看生产关系是否先进。他们离开生产力这个根本标准抽象地去谈论姓"社"还是姓"资"的问题。他们提出什么"企业亏损、群众贫困事小，离开社会主义原则事大"，好像贫穷才是社会主义。这些实质上就是"文化大革命"中的极端说法"宁要社会主义的草，不要资本主义的苗"的翻版。

在改革开放的大潮中, 这种貌似公正实为荒谬的"左"的唯心主义的僵化思想, 仍然统治着我们许多人的头脑, 致使一些人用离开生产力发展的抽象、空想的社会主义原则来衡量改革中的新事物。比如, 对农村家庭联产承包责任制, 有人看不到它对解放农村生产力的巨大作用, 而错误地认为这是生产关系上的一种倒退, 是社会制度上的倒退, 说什么"辛辛苦苦几十年, 一下退到1953年"; 对于改革开放中出现的一些新的措施、办法和政策, 如股份制、市场经济、土地承租转让, 有人首先考虑的是这些做法是社会主义性质, 还是资本主义性质; 对于个体经济、私营经济、资本主义的一些手段和办法, 有人完全不顾这些东西对促进生产力发展的有益作用, 而一概都打上偏离社会主义方向的标记, 加以抛弃……诸如此类的僵化观念, 看上去坚持了马克思主义原则、坚持了社会主义原则, 实际上却违背了发展社会主义生产力的根本方向, 违背人民的根本利益, 违背马克思主义的根本原则。

坚持生产力标准, 反对"左"的错误倾向、正确认识社会主义, 我们就会认识到:

第一, 不发达生产力基础上的社会主义是初级阶段的社会主义, 照搬理想的社会主义模式只是一种空想, 必须要彻底抛弃抽象空想的社会主义原则。

什么是社会主义? 按照马克思主义创始人的设想, 社会主义将实现生产资料的全社会占有, 计划经济取代商品经济, 按劳分配是唯一的分配形式。马克思和恩格斯所设想的社会主义是建立在发达的资本主义基础上，建立在高度发达的社会生产力基础上。而我们的社会主义则是脱胎于生产力水平很低的半封建半殖民地的落后国家，这与马克思所设想的社会主义的物质基础有很大的差别。如果离开生产力发展的现状，把马克思当时的设想硬套到落后的国家，就会形成一种抽象的、空想的社会主义原则。如果再用这种原则来裁剪现实、评价现实，就只能在理论上陷入唯心主义的空想社会主义的泥潭，在实践上就会导致社会主义的挫折和失败。很长时期以来，实践中的社会主义者却忽视了物质生产力上的巨大的差距，把马克思所设想的建立在发达生产力基础上的社会主义特征，生搬硬套到落后的生产力水平上所建立的社会主义上，这种离开具体生产力现状的社会主义的僵化模式已经为实践所证实是失败的。

第二，社会主义不是凭空产生的，不能离开人类社会发展的文明大道，完全排斥资本主义一切可用的东西，必须要彻底抛弃幼稚可笑的社会主义观念。

长期以来，在一些人的思想中，不仅没有搞清什么是社会主义，而且连什么是资本主义也没有搞清。他们不仅把社会主义教条化、理想化、原则化，而且还把资本主义简单化、扩大化。在社会主义改革和建设中，随意把许多不属于资本主义的东西扣上资本主义的帽子而拒之千里。

社会主义不是空中楼阁，不能凭空建成，它必须继承人类社会包括资本主义所创造的一切文明成果。相对社会主义来说，用生产力标准来衡量，资本主义社会的东西存在着这样几种情况：（1）不单单是属于资本主义的，而且是属于人类社会共同的文明财富。比如，资本主义所创造的现代工业技术，组织社会化大生产的经验和方法，对于这类东西，社会主义必须大胆引入。（2）具有两重性的东西。比如，资本主义社会中的生产管理。马克思在《资本论》中指出，资本主义管理具有两重性，通过一定的规章制度来实现资本主义的生产目的，这既体现资本主义的利益，又体现社会化大生产的要求，一身兼二用。对于这类东西，只要对社会主义有好处，就可以大胆地引进。（3）属于中性的，而不属于资本主义所固有的东西。任何一个社会的经济手段和方法都可以分成两种情况，一种反映的是社会制度的本质，具有阶级属性，譬如榨取剩余价值的办法；而另一种则反映的是生产力的要求，揭示的是事物的普遍规律，它们不具有阶级属性，是中性的手段和方法，不存在姓"社"还是姓"资"的问题。比如，计划与市场、股票、商品经济、价值规律等等，这类东西，凡是有利于生产力发展的，也必须大力吸取。（4）纯属资本主义性质的东西。比如资本主义私有制、资产阶级剥削等等。然而，在社会主义发展的初级阶段，只要对社会主义生产力发展有好处，就可以有所借鉴、有所引进。比如，外资企业的确带有资本主义性质。但目前资金短缺，管理水平比较低，就业压力又大，发展经济只靠国有经济力量是远远不够的，必须动员一切可以动员的力量，调动一切可以调动的资金。这样，引进外资是有益于我国经济发展的，我国改革开放的实践也充分证明了这点。

第三，发展社会主义市场经济，绝不能只看到经济繁荣的一面而忽视消极现象，也不能见到一些消极现象就动摇发展经济的信心，社会发展进步总是要付出一定代价的。

改革开放以来，一方面，我们取得了伟大成就，带来了繁荣、富裕；另一方面，对外开放，国门打开，引进外资的同时，也带来了腐朽和混乱。在社会主义市场发育过程中，在新旧体制转换过程中，消极腐败现象不可能完全避免。社会主义优越性不在于根本不存在消极现象，而在于可以最大限度地减少或逐步消灭消极现象。我们既不能因为存在腐败和消极现象而停止改革开放，又不能借口改革开放而对消极现象放任自流，必须坚持两手抓的原则，只有这样，才有利于社会主义的全面进步。

总而言之，坚持建设中国特色的社会主义，离不开坚持生产力标准。十一届三中全会之前，我们所犯的"左"倾错误，归根到底，就是离开了生产力的发展状况，搞所谓"一大二公"、"穷过渡"、"割资本主义尾巴"等等，其结果是妨碍、破坏了社会生产力的发展。只有破除离开生产力抽象地谈论社会主义的僵化思想，坚持生产力标准，才能排除"左"的思想干扰，实现思想上的再一次大解放，大胆地改革开放，大胆地解放生产力。当然，坚持生产力标准，还必须防止简单化、庸俗化和狭隘功利主义的倾向，防止把生产力标准理解成为单纯的产值标准、利润标准和赚钱标准，防止把生产力这个根本标准、最终标准、最高标准的功能同衡量各项具体工作的具体标准混为一谈。在坚持生产力标准的过程中，把全局效益和局部效益统一起来，把长远效益和眼前效益统一起来，把社会效益和经济效益统一起来，把物质效益同精神效益统一起来，科学地、辩证地、全面地把握和使用生产力标准。

关于"三个有利于"判断标准[*]

　　邓小平理论包含有两个极为重要的基本观点：一是解放思想、实事求是的观点；一是"三个有利于"判断标准的观点。解放思想、实事求是是邓小平理论的精髓、基础和前提。"三个有利于"判断标准是解放思想、实事求是在实践中的延伸，是实际工作的根本判断标准，具有极强的理论针对性、具体实践性和政策操作性。解放思想、实事求是与"三个有利于"判断标准是一致的，坚持解放思想、实事求是，才能在实际工作中运用"三个有利于"的判断标准，推进社会主义改革开放事业；坚持"三个有利于"的判断标准，才能彻底地解放思想、实事求是，不断开拓改革开放的新局面。

＊　本文发表于 1997 年 10 月 24 日《中国教育报》，略有删减。

一、"三个有利于"判断标准是
邓小平理论的重要思想

十一届三中全会以来，邓小平同志多次强调"三个有利于"判断标准的思想。在《高举毛泽东思想旗帜，坚持实事求是的原则》的重要谈话中，他谈道："我们是社会主义国家，社会主义制度优越性的根本表现，就是能够允许社会生产力以旧社会所没有的速度迅速发展，使人民不断增长的物质文化生活需要能够逐步得到满足。按照历史唯物主义的观点来讲，正确的政治领导的成果，归根结底要表现在社会生产力的发展上，人民物质文化生活的改善上。"[①] 1979 年 10 月，他进一步谈道："对实现四个现代化是有利还是有害，应当成为衡量一切工作的最根本的是非标准。"[②] 在 1983 年 1 月，他强调："各项工作都要有助于建设有中国特色的社会主义，都要以是否有助于人民的富裕幸福，是否有助于国家的兴旺发达，作为衡量做得对或不对的标准。"[③] 1985 年，他在一次同外宾谈话中谈到中国社会主义建设的经验时又强调："十一届三中全会以后，我们探索了中国怎么搞社会主义。归根结底，就是要发展生产力，逐步发展中国的经济。"[④] "不发展生

---

① 《邓小平文选》第 2 卷，人民出版社 1994 年版，第 128 页。
② 《邓小平文选》第 2 卷，人民出版社 1994 年版，第 209 页。
③ 《邓小平文选》第 3 卷，人民出版社 1993 年版，第 23 页。
④ 《邓小平文选》第 3 卷，人民出版社 1993 年版，第 117 页。

产力，不提高人民的生活水平，不能说是符合社会主义要求的。"① 1987 年 3 月，他再次强调："我们评价一个国家的政治体制、政治结构和政策是否正确，关键看三条：第一是看国家的政局是否稳定；第二是看能否增进人民的团结，改善人民的生活；第三是看生产力能否得到持续发展。"② 1987 年 10 月，党的十三大报告把邓小平同志的有关论述概括为生产力标准，并作了比较完整的阐述。

　　1992 年初，邓小平同志在南方谈话时指出："改革开放迈不开步子，不敢闯，说来说去就是怕资本主义的东西多了，走了资本主义道路。要害是姓'资'还是姓'社'的问题。判断的标准，应该主要看是否有利于发展社会主义社会的生产力，是否有利于增强社会主义国家的综合国力，是否有利于提高人民的生活水平。"③ 明确提出了"三个有利于"判断标准。

　　十五大报告进一步坚持、重申和发挥了邓小平"三个有利于"判断标准的重要思想，并把落实这个标准和深化改革、发展社会主义市场经济的实践紧密结合起来。报告中指出，"一切符合'三个有利于'的所有制形式都可以而且应该用来为社会主义服务"。④ 提出要坚持生产关系一定要适合生产力发展水平，有利于增强社会主义国家综合国力，有利于提高人民生活水平为标准，努力寻找

---

　　① 《邓小平文选》第 3 卷，人民出版社 1993 年版，第 116 页。
　　② 《邓小平文选》第 3 卷，人民出版社 1993 年版，第 213 页。
　　③ 《邓小平文选》第 3 卷，人民出版社 1993 年版，第 372 页。
　　④ 《江泽民文选》第 2 卷，人民出版社 2006 年版，第 19 页。

极大促进生产力发展的公有制实现形式。"公有制实现形式可以而且应当多样化。一切反映社会化生产规律的经营方式和组织形式都可以大胆利用。"① 十五大报告把坚持邓小平同志"三个有利于"判断标准的观点,提高到把中国特色社会主义事业推向 21 世纪的高度来认识,把发展生产力作为考虑一切问题的出发点,把"三个有利于"作为检验一切工作的根本标准,号召全党坚持解放思想、实事求是的思想路线,坚持"三个有利于"判断标准,开创改革开放新局面,把中国特色社会主义事业推向 21 世纪。

二、"三个有利于"判断标准是对 历史唯物主义的再发挥

在"三个有利于"判断标准中,最根本的、最关键的还是生产力标准,"三个有利于"判断标准说到底就是生产力标准。邓小平同志关于"三个有利于"判断标准的观点,在新的历史条件下恢复并发挥了历史唯物主义关于生产力的基本观点。马克思主义认为,生产力是人类社会发展的最终决定力量,是社会进步的最高标准。但是在"文化大革命"期间,这个马克思主义的命题却被弄得面目全非。林彪、"四人帮"打着革命的幌子,根本不准提生产问题、生产力问题,认为谈生产、讲生产力就是主张

---

① 《江泽民文选》第 2 卷,人民出版社 2006 年版,第 20 页。

"唯生产力论"，就是"以生产压革命"。他们竭力鼓吹"生产关系、上层建筑决定论"、"精神万能论"，把抓阶级斗争当做压倒一切的中心任务。他们鼓吹"穷过渡"，大搞贫穷的社会主义，鼓吹什么"宁要社会主义的草，不要资本主义的苗"。谁主张提高人民生活水平，强调人民的物质利益，谁就是搞修正主义的"物质刺激"，用物质利益来腐蚀人民的灵魂。在他们眼里，国家越穷，才越是社会主义，人民越穷，才越革命。彻底批判离开生产力空谈社会主义原则等"左"的思想和观点，抛弃以阶级斗争为纲的错误路线，恢复党的八大提出的以发展生产力为根本任务的马克思主义正确路线，必须恢复马克思主义关于生产力问题的正确观点。

生产力最终决定作用和生产力标准的观点是历史唯物主义的基石，在历史唯物主义理论体系乃至整个马克思主义理论体系中，具有十分重要的地位。

邓小平同志在新的历史条件下恢复并坚持了生产力决定作用和生产力标准的观点这个历史唯物主义的重要命题，提出了"三个有利于"的判断标准，并从这个根本观点出发，领导全党确认了社会主义初级阶段的主要矛盾，确定了以经济建设为中心的根本任务，制定了改革开放的总方针、总政策，形成了中国特色社会主义基本理论和党的基本路线，开创了改革开放的新局面。

改革是中国的第二次革命，要把这场革命进行到底，必须彻底地清除思想障碍。思想大解放会促进生产力的大解放。在改革开放的过程中，"左"的倾向，姓"社"姓

"资"的抽象争论束缚人们的思想，禁锢人们的头脑，阻碍人们的行动步伐。我们正处在社会主义初级阶段，在这个阶段，社会主义不能纯而又纯，有些非社会主义性质的东西在一定条件下可以作为社会主义的补充而发挥其发展生产力的作用。如果把现阶段必然出现、应该允许存在的东西加以排斥，把若干带有资本主义因素的东西，看成与社会主义绝对不相容的东西，势必超越阶段，改革开放就不可能迈开步子。因此，在改革开放的条件下，需要用一个正确的判断标准来引导大家，统一大家的认识，作为判断改革成败、得失、是非的标准，作为考虑一切问题，制定一切政策，采取一切举措的出发点。正是在这样的客观形势下，邓小平同志既坚持了，同时又发挥了马克思主义的生产观点、生产力标准观点，提出了"三个有利于"的判断标准。十五大政治报告进一步全面阐述了"三个有利于"的判断标准，表现出中国共产党人能够引导人民走上共同富裕道路的信心和决心，表现出中国共产党人完全具有领导全国人民走自己的道路，紧紧抓住生产力不放，真正把中国建设成中国特色社会主义现代化强国的决心和能力。

三、"三个有利于"判断标准是我们不断开创改革开放新局面的思想武器

邓小平同志"三个有利于"判断标准的提出和十五大政治报告对"三个有利于"判断标准的再重申、再阐

述，使人们在思想解放的道路上又迈出了决定性的一步。实践标准的大讨论，为我们党重新确立实事求是的思想路线和正确的马克思主义政治路线，为十一届三中全会以来全面拨乱反正，纠正"文化大革命"极"左"的错误，为冲破长期以来禁锢人们的思想枷锁，并为以后实行改革开放，开创社会主义现代化建设的崭新局面开辟了道路。从倡导实践标准到提出"三个有利于"判断标准，再到十五大报告对"三个有利于"观点的全面阐述，充分反映了邓小平同志和党的第三代领导集体坚持解放思想、实事求是的思想路线，大胆改革开放的一贯性和坚定性。

从十一届三中全会以来，党中央不失时机地提出了把工作重心转移到发展经济上来，一切以经济建设为中心的方针。在十几年的改革和建设实践中，我们党逐步形成了"一个中心、两个基本点"的政治路线。十几年来，我们每一项改革的提出、试验和推广，都贯彻了实事求是的思想路线和以经济建设为中心的指导方针。在改革开放的实践过程中，我们每走一步，都涉及衡量改革举措的标准问题。坚持客观的判断标准，克服来自右和"左"两个方面，特别是"左"的方面的干扰，是社会主义改革能否取得胜利的关键。这就进一步提出了要回答在政治路线方面，在改革开放的实际举措方面究竟以什么作为衡量标准的问题。

如果说，实践标准的重新提出是为了重新确立党的实事求是的思想路线，在一切工作中都必须从客观实际出发，那么，"三个有利于"判断标准的提出，则进一步明确在社会生活中最大最根本的实际就是有利于发展生产力，有利于提高人民的生活水平，有利于增强社会主义的综合国力。建设中国特色社会主义所面临的最大最根本的实际也就是发展生产力，提高人民的生活水平，增强社会主义的综合国力。这样的认识，看起来很简单，但这是对我国40年来的社会主义建设经验教训反思的结果，是我国十几年改革成功经验的深刻总结。"三个有利于"判断标准是实践标准的深化、具体化，从实践标准的重新提出到"三个有利于"判断标准的提出，是我国社会主义建设和改革深入发展的客观要求。

在改革开放的新形势下，用"三个有利于"判断标准来科学地回答姓"社"，还是姓"资"的问题，进一步解放思想，是十分必要的。在改革开放中，"三个有利于"是根本性的判断标准，如果离开这个标准，也就离开了社会主义的根本方向，就没有什么是非曲直可言，就会陷入主观随意性，甚至可能会重复历史上"左"的东西，会重犯历史性的错误。如果我们一旦解决了这个根本判断标准的认识问题，那么我们就可以抛掉沉重的思想包袱，冲破思想樊篱，就会在改革开放实践中大胆地想、大胆地闯、大胆地试、大胆地干。"三个有利于"判断标准是开创改革开放新局面的锐利思想武器。

四、进一步解放思想，全面推进改革

党的十五大再次重申"三个有利于"的判断标准，有着十分重要的现实指导意义。学习贯彻十五大精神，必须抓住机遇，开拓进取，使经济体制改革有新突破，政治体制改革继续深入，精神文明建设切实加强，实现经济发展和社会全面进步。而改革开放要迈出新的步伐，必须进一步解放思想，按照"三个有利于"判断标准的要求采取有力措施。如果不按照"三个有利于"判断标准突破思想禁忌，是无法开创改革开放新局面的。

随着改革开放的深入，一方面推动了社会的全面发展，社会生产力有了很大的提高；另一方面还出现了一些新的情况。比如，国内生产总值中公有制比重有所下降，非公有制比重有所上升，一些国有企业不景气，国有企业改革问题提到了重要议事日程，国有企业改革成为社会主义改革的攻坚战。围绕着国有企业改革问题，全国上下展开了深入的思考、研讨，甚至有些同志心存疑虑，在一些重大问题上争论还不少。比如，公有制实现形式的多样化，所有制成分的多种化，公有制主体如何体现，可不可以搞股份制和股份合作制，非公有经济的发展，引进外资发展混合经济会不会影响民族工业发展等等问题。有些争论一下子统一不起来，影响了改革开放的深入发展。这就需要按照"三个有利于"的标准来衡量改革开放的具体步骤、具体措施的是与非，来看一看应该不应该干，来统一认识、解放思想，来全面推进改革。

十五大报告指出，公有制应当有各种实现形式，一切符合"三个有利于"的所有制形式都可以而且应该用来为社会主义服务，这是又一次思想解放，对统一认识、推进改革，作用重大。长期以来，我们有些同志在公有制实现形式问题上思想禁锢，以为国有企业合资经营，实行股份制，企业性质就不姓"公"了，不姓"社"了；以为搞混合所有制经济，搞股份合作制，就会引起私有化。这实际上是自己束缚自己。从"三个有利于"的出发点来判断，公有制的实现形式可以而且应当多样化，一切反映社会化生产规律的经营形式和组织形式都可以大胆利用，这是改革理论的重大突破。要努力寻找能够极大促进生产力发展的公有制实现形式。股份制是现代企业的一种资本组织形式，有利于所有权和经营权的分离，有利于提高企业和资本的运作效率，资本主义可以用，社会主义也可以用。搞现代化企业实行股份制有利于支持大型企业进行资产优化组合。因此，不能笼统地说股份制是公有还是私有。目前城乡大量出现的各种各样的股份合作制经济，是提高职工主人翁责任感，把经营与职工利益联系起来，有利于企业发展的有效的途径和形式，是改革中的新事物，要支持和引导，不断总结经验，使之完善。引进国外资金和技术发展混合经济，有利于壮大发展民族经济，有利于民族工业上档次，必须积极大胆地引进外资。尤其要提倡劳动者的劳动联合和劳动者的资本联合为主的集体经济。实践表明，各种形式的私营经济，对于提供大量就业机会，补充经济、活跃市场是有效的，要继续鼓励、引导，以利其发展，更好地起到促进国民经济发展的重要作用。十五大报告以"三个有利于"作为根本判断标准，为改革发展提供了思想和理论基础，充分体现了解放思想、实事求是的精神，为我们指明了前进的方向。

什么是马克思主义,什么是社会主义?[*]

一

邓小平同志指出:"什么叫社会主义,什么叫马克思主义?我们过去对这个问题的认识不是完全清醒的。"①过去,我们对马克思主义、社会主义的理解一直存在着许多误解甚至曲解,理论上的误导曾经致使共产党人在社会主义革命和建设实践中犯了许多严重的错误,导致了一系列重大的损失和挫折。在总结历史经验教训的基础上,针对新的实际,认真学习马克思主义,拨乱反正,正本溯源,真正搞清什么是马克思主义、什么是社会主义,这对于我们在新的历史条件下,坚持、继承和发展马克思主

---

* 本文发表于《正确认识思想政治工作面临的新问题》,人民出版社2001年6月出版。

① 《邓小平文选》第3卷,人民出版社1993年版,第63页。

义，用以指导建设有中国特色社会主义的伟大实践，是十分必要和极端重要的。邓小平同志指出："马克思主义理论从来不是教条，而是行动的指南。它要求人们根据它的基本原则和基本方法，不断结合变化着的实际，探索解决新问题的答案，从而也发展马克思主义理论本身。俄国的十月革命和我们中国的革命，不就是这样成功的吗？我们现在要建设有中国特色的社会主义，时代和任务不同了，要学习的新知识确实很多，这就更要求我们努力针对新的实际，掌握马克思主义基本理论。因为只有这样，才能提高我们运用它的基本原则基本方法，来积极探索解决新的政治经济社会文化基本问题的本领，既把我们的事业和马克思主义理论本身推向前进，也防止一些同志，特别是一些新上来的中青年同志在日益复杂的斗争中迷失方向。因此，我希望党中央能作出切实可行的决定，使全党的各级干部，首先是领导干部，在繁忙的工作中，仍然有一定的时间学习，熟悉马克思主义的基本理论，从而加强我们工作中的原则性、系统性、预见性和创造性。只有这样，我们党才能坚持社会主义道路，建设和发展有中国特色的社会主义，一直达到我们的最后目的，实现共产主义。"①坚持运用马克思主义的立场、观点和方法，指导社会主义革命和建设实践，在社会主义革命和建设的伟大实践中，继承和发展马克思主义，把马克思主义和社会主义的实践相结合，才能真正搞清楚"什么是马克思主义，什么是

---

① 《邓小平文选》第3卷，人民出版社1993年版，第146—147页。

社会主义"。搞清楚对一些重大问题的认识，最重要的、最核心的就是要搞清楚"什么是马克思主义，什么是社会主义"，这是统一全党全国一切思想认识的基础和前提。

马克思主义的产生，是人类思想史上划时代的伟大变革。自从诞生以来，马克思主义得到了广泛的传播，成为推动世界进步的强大思想武器。马克思主义之所以具有强大生命力，就在于它作为科学是不断发展与不断创新的。今天，人类社会正处于伟大变革的时代。全球正在兴起世界性的现代科技革命，知识经济、信息革命方兴未艾，不仅从根本上改变着传统的社会生产，而且也改变着整个社会生活的面貌；经济全球化趋势势不可挡，给世界经济、政治、文化、军事以及全面的社会发展带来了极其深刻而又广泛的影响。现代科技革命和经济全球化是震撼全世界的大事，使得整个世界乃至中国都处于整体性的深刻变革之中，出现了许多新情况、新问题，使我们面临着空前的挑战和难得的机遇。在这沧桑巨变的历史关头，离开了马克思主义的指导，无疑是不可能取得胜利的；同样，固守马克思主义的原有结论，墨守成规，不依据新的实际来认识、继承、发展和创新马克思主义，也是根本不行的。因此，针对新的实际，以当代中国的社会主义改革开放和现代化建设的实际问题为中心，以我们正在做的事情为中心，以新的观点来继承和发展马克思主义，用于指导建设有中国特色社会主义现代化的伟大实践，是摆在我们这些马克思主义后继者面前的庄严而伟大的历史重任。

邓小平同志指出："马克思去世以后一百多年，究竟发生了什么变化，在变化的条件下，如何认识和发展马克思主义，没有搞清楚。绝不能要求马克思为解决他去世之后上百年、几百年所产生的问题提供现成答案。列宁同样也不能承担为他去世以后五十年、一百年所产生的问题提供现成答案的任务。真正的马克思列宁主义者必须根据现在的情况，认识、继承和发展马克思列宁主义。"① 今天，面对着翻天覆地的世界性变化，面对着社会主义改革开放和现代化建设的新实践，中国共产党人一定要以新的思想、观点和视野，继承和发展马克思主义，用以指导社会主义的新的伟大实践，并在社会主义新的伟大实践中，努力开创马克思主义发展的新局面，在实践中回答并搞清楚"什么是马克思主义，什么是社会主义"。

二

马克思主义是随着实践的发展而不断创新的科学体系，今天仍然具有强大的生命力。作为开创阶段的马克思主义，自诞生以来已经一个半多世纪了；作为直接继承和发展阶段的列宁主义，形成至今又近一个世纪了。马克思主义与中国实际结合的伟大成果，也从毛泽东思想阶段发展到邓小平理论阶段。从马克思主义创立至今，无论是世界还是中国，实际生活所发生的剧烈而深刻的变化已达到

---

① 《邓小平文选》第3卷，人民出版社1993年版，第291页。

了前人难以想象的程度。对于走向 21 世纪的中国共产党人来说，如何科学地认识马克思主义，坚持和发展马克思主义；科学地认识社会主义，坚持和发展中国特色的社会主义，真正搞清楚"什么是马克思主义，什么是社会主义"，重要的问题是认真学习当代中国的马克思主义——邓小平理论，用邓小平理论武装全党，因为邓小平理论在新的历史条件下，回答了"什么是马克思主义，什么是社会主义"这个革命和建设的大问题。

江泽民同志在十五大报告中指出："实践证明，作为毛泽东思想的继承和发展的邓小平理论，是指导中国人民在改革开放中胜利实现社会主义现代化的正确理论。在当代中国，只有把马克思主义同当代中国实践和时代特征结合起来的邓小平理论，而没有别的理论能够解决社会主义的前途和命运问题。"毛泽东同志于 1939 年在延安发起学习运动时说过："我们队伍里边有一种恐慌，不是经济恐慌，也不是政治恐慌，而是本领恐慌。"[①] 对照今天干部的素质状况来讲，"本领恐慌"首先应是对邓小平理论学习的"恐慌"，是具备不具备运用邓小平理论解决社会主义改革开放事业中一系列实际问题的领导能力的"恐慌"。在当前，能否高举邓小平理论，创造性地运用邓小平理论，推进中国特色的社会主义建设事业，是衡量一个干部素质高不高、有没有真本领的重要标准，也是关系到社会主义改革开放事业成败的关键问题。用邓小平理论武

[①] 《毛泽东文集》第 2 卷，人民出版社 1999 年版，第 178 页。

装全党，是一项战略性的任务。

在抗日战争的关键时刻，毛泽东同志说："如果我们党有一百个至二百个系统地而不是零碎地、实际地而不是空洞地学会了马克思列宁主义的同志，就会大大地提高我们党的战斗力量，并加速我们战胜日本帝国主义的工作。"① 毛泽东同志从担负主要领导责任的观点上，把提高党的战斗力量，把战胜日本帝国主义的关键，放在解决一百至二百个干部是否学会了马克思主义这个基本问题上，可见理论武装的极端重要性。毛泽东同志所说的"学会了"，有两个重要的前提条件：一是系统地而不是零碎地；二是实际地而不是空洞地。也就是说，要系统地掌握马克思主义的立场、观点和方法，并且要能够理论联系实际地运用马克思主义的立场、观点和方法，来解决当时中国抗日战争的实际问题。毛泽东同志不仅强调了系统地学习马克思主义的极端重要性，而且还强调了解决理论联系实际的学风问题的极端重要性。他把解决一二百个高级干部理论联系实际地、系统地掌握马克思主义的问题，提到这样一个高度来认识，可见毛泽东同志对坚持和发展马克思主义和怎样坚持和发展马克思主义这两个问题是多么的重视。第一个问题是坚持和发展马克思主义的重要性问题，第二个问题是坚持和发展马克思主义的方法问题，即学风问题。用毛泽东同志的这句话指导我们今天的实际，是否可以说，如果我们有更多的领导干部系统地而不

---

① 《毛泽东选集》第2卷，人民出版社1991年版，第533页。

是零碎地、实际地而不是空洞地掌握了邓小平理论的话，就会大大地提高我们党的战斗力，就会大大地加快建设中国特色社会主义事业的步伐。

学习邓小平理论，用邓小平理论统一全党的认识，运用邓小平理论解决我国改革开放的一系列实际问题，必须解决三个认识问题。

第一，树立高举邓小平理论旗帜不动摇的坚定性。必须坚定不移地相信，只有邓小平理论，才能指引我们遵照正确路线不断开拓改革开放的新局面，才能指导我们沿着正确轨道不断推进建设中国特色社会主义事业的进程。对高举邓小平理论伟大旗帜的认识，必须要有一种坚定性，要明确地认识到邓小平理论正确、管用，离开了它不行。粉碎"四人帮"之后，当时国民经济已处于即将崩溃的边缘，中国面临着向何处去的问题，正处在十字路口。一是走歪路，放弃社会主义，走资本主义道路。中国的国情、世界的"世"情，是不允许走这条路的，要走这条路，历史是不允许的，中国人民是不答应的。二是走老路，搞"两个凡是"，按照阶级斗争年年讲、月月讲、天天讲的既定方针办。照"左"的理论、路线、方针走下去，事实证明是行不通的。1976—1978年，我国经济两年徘徊不前，并没有从"文化大革命"的阴影中走出来。三是走新路，走老路不行，走歪路更不行，必须开辟一条正确的新路。1978年党召开了十一届三中全会，彻底纠正了毛泽东同志在社会主义建设时期和"文化大革命"中所犯的"左"的错误，彻底否定了"左"的理论和路线,提出了十一届三中全会以来正确的路线、方针、政策,形成了邓小平理论。按照正确的理论、路线、方针、政策干了20年,事实雄辩地证明:十一届三中全会以来取得了伟大成绩,发展了生产力,基本上解决了全国人民的吃饭问题,解决了人民生活水平提高、国家兴旺发达的问题。走中国特色社会主义的新路,才是中国唯一的出路。20年的实践证明,只有依靠邓小平理论这面旗帜,才能把我们引导到社会主义建设的正确道路上来,只有邓小平理论才能解决今天中国向何处去的问题。有了这种认识,才有政治上的坚定性,才能坚定不移地坚信邓小平理论。

真正树立高举邓小平理论旗帜不动摇的坚定性,要具备三个勇气:政治勇气、理论勇气、实践勇气。什么叫政治勇气?就是不管刮什么风,高举邓小平理论伟大旗帜坚定不移。没有坚持邓小平理论的坚定性,今天打雷,明天下雨,就会摇摆不定。回顾20年来社会主义改革开放的实践可以看到,每当关键时刻,对理论旗帜的认识总是会有杂音。1989年我国发生了一场风波,1992年东欧出现剧变,有人对社会主义到底行不行、社会主义还有没有希望、中国还能不能搞社会主义等等产生了怀疑,甚至有人对社会主义完全丧失信心,认为社会主义已经到头了,应该搞资本主义,应该"西化",应该"私有化"。这是右的倾向。也有少数人持"左"的看法,认为现在的理论、路线不行了,还是要讲"阶级斗争一抓就灵"那一套,希望回到老路上去。在这个关键时刻,邓小平同志坚决肯定十一届三中全会以来确定的路线、方针、政策是正确的，认为现在的任务是向前看，坚持以经济建设为中心，坚定不移地沿着建设中国特色社会主义道路走下去。政治上的勇气来自理论勇气，理论上有了勇气，政治上才能更坚定，这就是说，必须从理论上彻底搞清楚邓小平理论是唯一正确的。邓小平同志讲：不管是对现在还是对未来，我们讲的东西不是从小的角度讲的，而是从大局讲的。领会邓小平理论，必须从长远的、战略的眼光来看问题，必须紧紧抓住解放思想、实事求是这个精髓。思想路线正确了，从长远的、战略的眼光看问题，在政治上才能更加坚定。有了政治勇气就有了理论上的勇气，理论上有了勇气反过来会更加坚定政治勇气。第三个勇气是实践的勇气。有了政治勇气、有了理论勇气，实践才有勇气。政治勇气、理论勇气最终要落在实践勇气上，实践的结果反过来又会加强政治勇气和理论勇气。实践勇气来自于理论勇气，来自于政治勇气；同时证实和支持理论勇气，坚定和支持政治勇气。

第二，具备学习邓小平理论坚持不懈的自觉性。各级干部担负着十分繁重的经济建设和其他各项工作任务，任务重、压力大，越是在这个时候，越要保持清醒的头脑，越要认真学习邓小平理论。邓小平理论通俗易懂，博大精深。在学习过程中，广大干部深深认识到：邓小平理论越看越有味道，越琢磨道理越深。在工作中会遇到一系列问题，哪些该干，哪些不该干，要搞清楚。要胜利完成各项工作任务，离开用邓小平理论武装是不行的。有了这个主心骨，无论任何困难局面、任何复杂情况，都能做到泰然处之，方寸不乱。邓小平理论是我们干一切事业、完成一切工作、处理一切问题的主心骨。学习邓小平理论，必须从工作实践中切实感到紧迫性，树立自觉性。哪一个干部不认真学习邓小平理论，不学习一切新鲜的知识，如现代科技、现代管理知识等，那么就会落伍。

第三，要有学习邓小平理论勇于实践的创造性。邓小平理论是创造性地运用马列主义、毛泽东思想与中国实践相结合的产物。没有创造性，就没有建设中国特色的社会主义事业；没有创造性，马克思主义就没有生命力；没有创造性，工作也就不可能做得有声有色。有这样三句话讲得很好："不如马克思，不是马克思主义；'等于'马克思，也不是马克思主义；超过马克思，才是马克思主义。"第一句话，不如马克思，不是马克思主义，好理解。第二句话，"等于"马克思，也不是马克思主义。马克思在一百多年前讲的话，今天又重复一遍，这叫"等于"马克思主义。在中国革命和中国共产党历史上，这种自称"等于"马克思主义的人给中国革命带来的损失很大。在中国共产党历史上，自称是百分之百的布尔什维克主义的王明，不相信山沟沟里会有马克思主义。他自称自己是百分之百的布尔什维克主义，否定毛泽东同志的正确路线，推行极"左"路线，结果百分之百的布尔什维克主义使中央红军损失90%，中央革命根据地损失百分之百。可见，在某种条件下，"等于"马克思主义的危害比不懂得马克思主义的人危害更大。第三句话，超过马克思，才是马克思主义。什么叫超过马克思主义？用牛顿的话讲，就是要站在巨人的肩膀上，继承巨人，又超过巨人。中国革命成功以后，中国怎样靠社会主义制度解决贫困问题，然后实现社会主义现代化。对这个题目，前人没有解决好，邓小平同志解决了。经过20多年的努力，现在全国基本解决了温饱问题，而且在向小康迈进。经济迅猛发展，社会政治稳定，人民生活不断改善。关键在于思想对头、理论对头、路线对头。思想对头不对头，理论对头不对头，路线对头不对头，路有没有走对，这是关键。邓小平同志解决了在落后的中国如何建设社会主义的问题，而且已经取得了举世瞩目的成就，所以叫邓小平理论。这叫发展，叫创新。

邓小平同志去世后，党的十五大又创造性地运用邓小平理论回答了当前改革开放中的一系列问题，这就是创造性地运用邓小平理论。邓小平同志去世了，怎样高举邓小平理论的伟大旗帜呢？第一是要继续高举邓小平理论伟大旗帜，坚定不移地用邓小平理论武装全党，即学好、理解好邓小平理论；第二是运用邓小平理论创造性地解决中国改革开放过程中深层次的问题，创造性地发展邓小平理论。十五大报告的创造性就在于：第一次把邓小平理论写进党章作为我们党的指导思想；第一次全面地提出社会主义初级阶段的政治、经济、文化建设的基本纲领；第一次明确地指出社会主义的公有制实现形式是多样化的，股份制可以搞，股份合作制可以搞，混合经济也可以搞。社会主义所有制形式也可以多样化，私营经济可以搞，个体经济也可以搞,外资进来也可以,非公有制经济是社会主义市场经济的重要组成部分。什么叫创造性? 创造性就是既要继承马克思主义老祖宗最基本的立场、观点、方法,又要不囿于马克思主义老祖宗的本本,一切从实际出发,解放思想,实事求是。实事求是,首先是思想一定要解放。任何一个领导干部如果完全照书本来办事,就很难发展经济,很难提高人民的生活水平。学习邓小平理论,必须解决一个创造性地工作、创造性地实践的问题。一个领导干部要做好本身的工作,必须把邓小平理论与本地区、本单位的实际创造性地结合起来开展工作。

深入学习邓小平理论,一定要弘扬理论联系实际的马克思主义学风。学风是关系到党的兴衰和事业成败的重大政治问题,一个党委、一个领导干部能否坚持理论联系实际的马克思主义学风,是理论上政治上是否成熟的一个重要标志。

毛泽东同志讲:"如果你能应用马克思列宁主义的观点,说明一个两个实际问题,那就要受到称赞,就算有了几分成绩。被你说明的东西越多,越普遍,越深刻,你的成绩就越大。"[①] 马克思主义学得怎么样,要看有没有用马克思主义立场、观点和方法来说明和解决问题,说明的问题越多,表明马克思主义学得越好。学习邓小平理论必须解决好学风问题,解决学风问题的关键在于解决理论联系实际的问题,又在于是不是能运用邓小平理论思索、分

---

① 《毛泽东选集》第3卷,人民出版社1991年版,第815页。

析和解决实际工作中的问题。学习邓小平理论，必须大力弘扬理论联系实际的马克思主义学风，这是对待马克思主义的正确态度。

理论联系实际，主要联系两个实际：一是联系工作实际，叫做改造客观世界；一是联系思想实际，叫做改造主观世界，解决世界观问题，在改造客观世界的同时改造主观世界。联系工作实际有三个方面：第一，联系世界大局的实际，联系全党全国工作大局的实际。任何一个地区、一个单位的领导同志，都要服从全党的大局、全国的大局，乃至要明了世界的大局。领导干部必须从全党全国的大局来看问题，从世界的大局来看问题。今天，我们全党的大局是什么？就是建设中国特色的社会主义，必须从全国、全世界的大局出发，才能认清全党工作的大局。只有这样，才能把邓小平理论搞懂、弄明白。第二，联系本地区、本部门、本单位的实际。这就要把邓小平理论贯彻到本地区、本部门、本单位的实际工作中去。作为一个地区、一个部门、一个单位的领导，更要联系本地区、本部门、本单位的实际，有针对性地做好工作。第三，联系个人的工作实际。个人的工作实际同全国大局的实际，同本地区、本单位、本部门的工作实际是一致的，同时又有一定区别。领导干部不仅要领会好大实际、中实际，还必须解决好本人具体工作的小实际。联系思想实际也有两个方面：一方面是联系个人的思想实际。个人的思想实际，是指个人的世界观、人生观、价值观、道德品行、思想状况、个人素质等方面的问题。另一方面是联系社会普遍性的思想实际。全局普遍性的思想实际,就是党内和社会上流行的社会风气、群众情绪、干部思想状况等方面的问题。不联系思想实际,不解决世界观、人生观、价值观问题,是不行的。必须联系这些实际,来学习邓小平理论。联系工作实际也好,联系思想实际也好,解决这两个实际问题,一是要解决能力问题,即提高思想理论素质,提高运用马列主义、毛泽东思想、邓小平理论的立场、观点、方法,创造性地工作的能力;二是要解决思想道德素质问题,树立马克思主义的世界观、人生观、价值观问题。解决两个实际归结到一点,都要解决树立马克思主义世界观、方法论的问题。

三

邓小平同志坚持科学社会主义理论的基本原理,紧紧围绕"什么是社会主义,怎样建设社会主义"这个主题,深刻揭示了社会主义本质,第一次比较系统地回答了在中国这样经济文化发展比较落后的国家如何建设社会主义的一系列基本问题,科学地回答了"什么是社会主义"这个大问题,把对社会主义的认识提高到了一个新水平,把马克思主义发展到一个新阶段。

邓小平同志早在 1980 年就指出:在新的历史时期"不解放思想不行,甚至于包括什么叫社会主义这个问题也要解放思想。经济长期处于停滞状态总不能叫社会主义。人民生活长期停止在很低的水平总不能叫社会主义。"① 实际上，新时期解放思想、实事求是的关键就是，在"什么是社会主义，怎样建设社会主义"这个根本问题上解放思想、实事求是。1985 年，他指出："我们冷静地分析了中国的现实，总结了经验，肯定了从建国到一九七八年三十年的成绩很大，但做的事情不能说都是成功的。我们建立的社会主义制度是个好制度，必须坚持。我们马克思主义者过去闹革命，就是为社会主义、共产主义崇高理想而奋斗。现在我们搞经济改革，仍然要坚持社会主义道路，坚持共产主义的远大理想，年轻一代尤其要懂得这一点。但问题是什么是社会主义，如何建设社会主义。我们的经验教训有许多条，最重要的一条，就是要搞清楚这个问题。"②

对"什么是社会主义，怎样建设社会主义"这一问题的认识，从马克思、恩格斯创立科学社会主义理论开始，经列宁到斯大林，再经毛泽东到邓小平，经过了相当长时间的实践与认识的过程，在实践与认识的道路上人们既有经验，又有教训；对"什么是社会主义，怎样建设社会主义"的认识、认识、再认识，是同社会主义建设的实践、实践、再实践紧密联系在一起的。邓小平理论所达到的关于"什么是社会主义，怎样建设社会主义"的认识新水平，是在新的实践基础上形成的新认识，是当代

---

① 《邓小平文选》第 2 卷，人民出版社 1994 年版，第 312 页。

② 《邓小平文选》第 3 卷，人民出版社 1993 年版，第 115—116 页。

马克思主义的科学回答。

从国际共产主义运动的历史来看,从苏联东欧和我国社会主义建设的历史来看,人们在对"什么是社会主义,怎样建设社会主义"的认识问题上,在社会主义建设的实践问题上犯了两个错误,有两个教训:一个是离开本国实际,照抄照搬,犯了教条主义错误;一个是超越生产力实际,犯了单纯拔高生产关系、以阶级斗争为纲的错误。

1. 第一条错误:离开本国实际,照抄照搬的教条主义。

马克思、恩格斯亲身经历了自由竞争资本主义的实际,经历了风起云涌的西欧工人阶级反抗资产阶级的阶级斗争实践。面对当时的社会现实,他们运用唯物史观,剖析了自由竞争资本主义的经济关系,揭示了资本主义不可克服的内在矛盾,得出资本主义必然灭亡、社会主义必然胜利的科学结论。马克思、恩格斯认为,资本主义"社会所拥有的生产力已经不能再促进资产阶级文明和资产阶级所有制关系的发展;相反,生产力已经强大到这种关系所不能适应的地步,它已经受到这种关系的阻碍;而它一着手克服这种障碍,就使整个资产阶级社会陷入混乱,就使资产阶级所有制的存在受到威胁。资产阶级的关系已经太狭窄了,再容纳不了它本身所造成的财富了"。① 他们还认为:在资本主义生产力高度发展、高度成熟的前提下,通过社会主义革命可以实现社会主义。马克思在

---

① 《马克思恩格斯选集》第 1 卷,人民出版社 1995 年版,第 278 页。

《哥达纲领批判》一书中明确指出，由资本主义向共产主义发展，经过一个过渡时期（即马克思称之为革命转变时期）之后，进入的共产主义社会分为两个阶段，共产主义社会第一阶段是社会主义，然后是共产主义高级阶段。

马克思、恩格斯运用唯物史观，对未来社会主义社会也作了原则性的构思。他们认为，在共产主义第一阶段即社会主义社会阶段主要有四大特征：

第一个特征是以生产力的高度发展为物质前提。马克思和恩格斯认为，未来社会主义社会必须创造出比资本主义高得多的劳动生产率，因为它"是以生产力的巨大增长和高度发展为前提的"，因为"如果没有这种发展，那就只会有贫穷、极端贫困的普遍化；而在极端贫困的情况下，必须重新开始争取必需品的斗争，全部陈腐污浊的东西又要死灰复燃"。① 未来社会主义的生产力之所以能够得到高度发展，是因为束缚生产力发展的桎梏已被打破。

第二个特征是生产资料由全社会占有，实现全部生产资料公有制。马克思和恩格斯认为，社会主义社会与资本主义社会"具有决定意义的差别当然在于，在实行全部生产资料公有制（先是单个国家实行）的基础上组织生产"。② 马克思和恩格斯还用"财产公有"或"财产共有"等提法，来表述社会主义全社会生产资料占有性质

① 《马克思恩格斯选集》第1卷，人民出版社1995年版，第86页。
② 《马克思恩格斯全集》第37卷，人民出版社1971年版，第443页。

的公有制。

第三个特征是实行按劳分配的原则。马克思和恩格斯认为，社会主义社会和共产主义社会高级阶段的一个重要区别就是，社会主义社会在消费品的分配方式上实行按劳分配原则，共产主义社会实行按需分配原则。

第四个特征是有计划地组织生产，没有商品、没有货币，实行计划经济。马克思、恩格斯认为，社会主义社会实行生产资料归全社会占有，可以做到有计划地组织生产，货币和商品将从社会上消失。恩格斯说："一旦社会占有了生产资料，商品生产就将被消除，而产品对生产者的统治也将随之消除。社会生产内部的无政府状态将为有计划的自觉的组织所代替。"① 当然，除了这四个特征以外，马克思、恩格斯还说到了未来社会的一些其他特征，如国家开始消亡，人将获得自由和全面的发展等，但这四个特征是最主要的。

马克思、恩格斯在描述未来社会主义社会特征时，实际上强调了两个重要前提：第一个前提是，当资本主义生产力高度成熟，资本主义生产关系再也容纳不下生产力发展时，社会主义革命必然到来，革命的结果是建立社会主义社会；第二个前提是，在资本主义高度发展、高度成熟的生产力前提下，通过社会主义革命所建成的社会主义社会才具有上述四个主要特征，同时，建成的社会主义也必然以进一步发展生产力为根本任务。

---

① 《马克思恩格斯选集》第3卷，人民出版社1995年版，第633页。

　　什么是社会主义？在十月革命前夕，列宁根据马克思、恩格斯的设想，概括社会主义就是"生产资料公有和按每个人的劳动量分配产品"。① 在《土地问题和争取自由的斗争》一书中他认为，"只要还存在着市场经济，只要还保持着货币权力和资本力量，世界上任何法律都无法消灭不平等和剥削。只有建立起大规模的社会化的计划经济，一切土地、工厂、工具都转归工人阶级所有，才可能消灭一切剥削"。② 他坚持社会主义实行社会化的计划经济和全社会的公有制。1917 年十月革命，列宁创建了第一个社会主义国家，囿于马克思主义原来的设想：工人阶级取得政权后，就需要利用国家权力以社会的名义把全部生产资料变为国家所有，而国家一旦实行了社会所有以后，货币和商品生产就要废除，旧的分工和竞争也随之消失，为统一的计划经济和直接的产品分配所取代，社会就将进入共产主义，而首先进入共产主义第一阶段（只保留按劳分配）。在 1919 年制定俄共（布）八大新党纲时，列宁坚持社会主义是非商品经济的社会，并且在实践上尝试在俄国建立以产品经济为内容的高度计划经济的社会主义体制。列宁曾设想在俄国建设一个社会主义"辛迪加"。"辛迪加"在俄文中就是大工厂的意思，是公有制的大工厂，即整个俄国是公有制的大工厂，在这个大工厂里，所有的生产资料都归全体人民所有，这就是全社会的

---

① 《列宁全集》第 29 卷，人民出版社 1985 年版，第 178 页。
② 《列宁全集》第 13 卷，人民出版社 1987 年版，第 124 页。

公有制。这是第一条。第二条,实行计划经济,没有商品、没有货币。没有商品、没有货币,人们吃饭、穿衣、住房怎么办呢? 不需要到市场上去买,而是根据按劳取酬的原则进行直接分配。这是第三条。劳动多少,给你多少,工人用劳动券直接到工厂去领取劳动所得的生活资料。事实上,前文已经提到,马克思、恩格斯所讲的社会主义的生产资料由全社会占有的公有制、计划经济、按劳分配这些重要特征,是指在资本主义生产力高度发达、资本主义生产关系再也不能容纳生产力发展的前提下,通过社会主义革命所建成的社会主义所具有的主要特征,这里有一个发达生产力的重要前提条件。在马克思、恩格斯的论述中,这个重要前提是不证自明的。而俄国的社会主义革命并不是在俄国资本主义发展到其生产力已经高度成熟、生产关系再也容纳不了的条件下发生的,不是在这种前提下取得胜利、建设社会主义的,而是在资本主义生产力相对落后的俄国来进行社会主义革命,建设社会主义的。因此,俄国建设社会主义的初期设想显然忽略了生产力高度成熟、生产关系再也容纳不了生产力发展的前提条件。

实际上,列宁也并没有实施关于社会主义"辛迪加"的设想。因为十月革命一成功,14个帝国主义国家就联合沙俄反动派,向苏维埃发动反革命战争,企图把苏维埃扼杀在摇篮里。迫于当时的局势,用武装的革命反对武装的反革命是首位的任务。因此,依据当时的战争需要,实际实行的是战时共产主义的具体体制和政策。农村实行余粮征集制，禁止自由贸易，工业企业普遍国有化，工厂的一切生产消费均纳入国家计划，个人生活必需品采取供给制，实行平均主义的分配办法，从列宁到普通群众的食品供给基本都一样。在激烈的战争形势下，为了赢得战争，人民群众是可以忍受战时共产主义的体制和政策的。但到1921年，战争打赢了，俄国农民由于余粮征集制而对苏维埃政权不满，城市工人因生活困难而对俄共（布）不信任。由于农民、工人不满情绪的影响与白卫分子的煽动，爆发了"喀琅施塔叛乱"，参加1917年起义的一些水兵把炮口转过来对着苏维埃。为什么呢？因为对大多数穷苦工人、农民、水兵来说，1917年革命前吃不上饭，革命要解决吃饭问题，革命成功后到1921年还吃不饱饭，人们就很容易对社会主义产生怀疑，甚至把炮口对着苏维埃。现实使列宁清醒了，他开始认真重新考虑社会主义到底建成什么样子这个重大问题。事实上，十月革命之后，一方面，列宁按照马克思的设想来考虑社会主义是什么样子，建成什么样子；另一方面，在实践中，他从俄国经济文化落后的实际出发，特别强调社会主义要创造比资本主义更高的劳动生产率和发达的生产力，同时还认为当时尚不具备条件全面阐述什么是社会主义。1918年3月，布哈林在俄共（布）第七次（紧急）代表大会上提出在新党章中要全面阐述社会主义特征，列宁反驳说，我们说不能够阐述社会主义的特征，社会主义将来是个什么样子，什么时候达到完备的形式——这些我们都不知道，也不能说。看来，再照搬战时共产主义的办法搞社会主义建设是不行的。社会生产力发展上不去,人民的生活水平得不到提高,甚至基本温饱也得不到保证,人民就会怀疑社会主义,就会不相信执政党。

在相对落后的俄国到底怎么建设社会主义?不能照搬照抄马克思主义经典作家关于社会主义特征的结论,不能忽略马克思主义经典作家讲的高度成熟生产力的重要前提,不能忽视社会主义必须发展生产力这个根本任务。实际上,列宁对马克思、恩格斯关于未来社会主义的预测,一直采取科学的态度。首先,列宁认为,马克思、恩格斯对未来社会的预测不是乌托邦的,而是运用唯物史观考察资本主义的内在矛盾和社会未来发展的走向得出的科学预测。其次,列宁一方面囿于马克思主义的一些结论,对社会主义特征的认识局限于生产关系方面多一些,认为社会主义的本质是"把土地、工厂等等即全部生产资料变为全社会的财产,取消资本主义生产,代之以按照总的计划进行有利于社会全体成员的生产"。① 另一方面,他又依据彻底的唯物主义原则,反对详细地论述社会主义特征,认为现在社会主义发展还不充分,只有未来的建设者才能具体描述社会主义生产关系。根据俄国实际情况,战后列宁开始提出新经济政策。他在晚年写的八篇文章,集中探索在落后的俄国怎么建设社会主义的问题。列宁指出,俄国是一个小农在经济上占优势的国家。要承认这个现象,要知道俄国的社会主义道路将不同于其他国家,要看到俄

---

① 《列宁全集》第 4 卷,人民出版社 1984 年版,第 229 页。

国情况的特殊性。根据俄国的实际情况，苏维埃政权将推行国家资本主义，在经济生活中实行自由贸易。他还说，毫无疑问，在一个小农生产者占人口大多数的国家里，实行社会主义革命必须通过一系列特殊的过渡办法，这些办法在工农业雇佣工人占大多数的发达资本主义国家里，是完全不需要采用的。列宁提出要允许、鼓励小农经济发展，鼓励城市私人工商业企业发展，鼓励发展自由贸易；实行租让制、租赁制，搞合作社，搞国家资本主义，搞商品、货币，可以引进外资。这八篇文章表明，列宁对怎样建设社会主义的问题进行了实事求是的理论和实践的探索，他阐述了一系列在落后的俄国怎样进行社会主义建设的新的理论观点，如允许和鼓励小农经济发展的观点，关于发展国家资本主义的观点，关于发挥私人资本主义作用的观点，关于生产力落后的俄国通过"中间环节"过渡到社会主义的观点，等等。列宁不愧为伟大的马克思主义者，当理论与现实发生矛盾时，他勇敢地尊重实践、发展理论。上面的分析表明，十月革命成功后，列宁曾设想按照马克思、恩格斯在书本上对社会主义特征的论述来建设社会主义，但实践突破了列宁原来的设想，列宁在实践中认真探索社会主义建设的道路问题。

列宁去世后，斯大林领导的苏联人民进行了社会主义工业化和农业集体化。在这个过程中，一方面苏联社会主义建设取得了一定成绩，另一方面也逐步形成了高度集中的计划经济体制和高度集权的政治体制。当然，对这个体制的形成和作用要做历史的分析，要一分为二地看待。就当时苏联现实社会主义建设的实际情况来说, 计划经济体制对赢得战争是有好处的, 对长远建设是弊大于利的。历史地看, 如果不实行社会主义计划经济, 不把全部人力、财力、物力集中起来, 当时的苏联是很难打败德国法西斯的。在德国法西斯的进攻下, 实行资本主义市场经济的法国不行了, 西欧许多国家都不行了, 社会主义的苏联却顶住了, 打败了德国法西斯。其中原因很多, 但是实行了严格的计划经济体制, 集中国力赢得战争, 也是一个重要原因。那么, 仗打完了之后, 搞社会主义建设, 高度集中的计划经济——政治体制就不适应生产力的发展了。其实, 在苏联建立社会主义的经济体制和政治体制时, 斯大林也是大体按照马克思、恩格斯关于在公有制条件下按计划经济的设想, 实行全社会的公有制、计划经济和按劳分配, 忽略了生产力的前提条件。当然, 斯大林不是一点发展都没有。例如, 他在临近逝世时有所反思。在《苏联社会主义经济问题》中认为, 社会主义公有制有两种: 一种是全民所有制, 一种是集体所有制。他还认为, 在社会主义社会生产资料全民所有制范围内是没有商品交换的, 但在生活资料范围内是可以有商品交换, 有价值规律起作用的。在实践上, 他也是这么做的。尽管如此, 他还是忽略了苏联与其他资本主义国家相比相对落后的生产力前提, 在整体上逐步建立了僵化的高度集中的经济体制和高度集权的政治体制, 形成了斯大林模式。二战后, 在苏联社会主义建设中, 斯大林模式逐步表现出既束缚了生产力发展, 同时又限制了社会主义的民主和法制、影响人们积极性发挥的弊端。从体制因素上来说，正是因为体制上的严重弊端，长期束缚人们积极性的发挥，束缚生产力的发展，矛盾逐步积累、激化，导致斯大林逝世后国际上刮起一股全盘反苏、反斯大林、反社会主义的浪潮，导致一系列事件的发生；特别是到 20 世纪 80 年代末 90 年代初，矛盾逐渐积累并激化，导致了社会主义在苏联的失败。东欧诸国在社会主义建设过程中，基本上是照搬斯大林模式，同样形成了僵化的经济政治体制，影响了生产力的发展。也正是深刻的体制上的原因，再加上其他因素的综合作用，同样引发了社会主义在东欧的失败。我国在建国初期搞社会主义建设，也在一定程度上囿于马克思的原有结论，依据了苏联斯大林模式的一些做法。

总之，第一个错误引出第一个问号，什么叫社会主义？中外社会主义建设的经验，特别是苏联东欧剧变的沉痛教训，以及我国建国后社会主义建设所走的弯路表明，绝不能离开本国实际，照抄照搬马克思主义书本上的现成结论。照抄照搬别国的模式，搞不清楚什么是社会主义，也就建设不成社会主义。

2. 第二条错误：脱离生产力实际，以阶级斗争为纲，一味拔高生产关系。

纵观国际共产主义运动，纵观社会主义各国，特别是我国在社会主义建设方面的深刻教训，重要的一条就是不能离开本国生产力的实际，一味拔高生产关系，一味以阶级斗争为纲，放弃发展生产力这个根本任务，来进行社会主义建设。

什么叫离开本国生产力实际？第一个"离开"就是不顾本国生产力的实际，抽象地拔高生产关系。不管本国生产力水平高低的实际，都必须一律按马克思讲的高度成熟生产力的社会主义特征的要求，去建设高级的社会主义的生产关系。俄国比欧美诸资本主义国家的生产力要落后，中国比俄国还落后，但是我们建设社会主义，却离开了本国生产力相对落后的具体条件，一味地追求先进的生产关系，以为有了先进的生产关系，就可以把生产力带起来。第二个"离开"就是忽略发展生产力是社会主义的根本任务，以为以阶级斗争为纲，才能把生产力促上去。

应该说，取得政权以后，特别是社会主义三大改造完成以后，我们党的主观愿望是好的，力图尽快扭转我国一穷二白的面貌，尽快使全国人民都过上好日子。问题就出在主观上要尽快让全体人民都过上好日子，而现实客观条件却不允许，主客观差距大，犯了"急性病"。少数人过上好日子，一部分人过上好日子，能办到；但真正让全国老百姓都过上幸福的生活，谈何容易。就拿解决吃饭问题来说，中国人民解决吃饭问题，不是一朝一夕能解决的，更何况要解决吃好的问题，还早着呢！希望在短时间内，尽可能快地解决全国人民的吃饭问题，解决吃好的问题，过上好日子，这就很容易犯"革命"的"急性病"。怎样尽快解决全国人民过上好日子的问题，从1956年以来到"文化大革命"结束的历史来看，当时主要采用了两个办法：

第一个办法是，尽快尽早地建立先进的生产关系，误以为用先进的生产关系可以把落后的生产力带动起来，然而拔苗助长，欲速则不达。马克思主义唯物史观告诉我们，生产关系对生产力的不适应或阻碍作用有两种情况：一是超前，生产关系跑到生产力前面去了；一是落后，生产关系落后于生产力，这两种情况的结局都是一样的，阻碍乃至破坏生产力的发展。新中国成立之初，我们一个劲地在拔高生产关系上做文章：互助组慢，搞初级社；初级社慢，搞高级社；高级社慢，就搞人民公社。当时的一首歌里唱道，共产主义是天堂，人民公社是金桥。认为通过人民公社这个金桥，一下子就到了共产主义天堂，希望通过人民公社这个"一大二公"的公有制形式，一下子过渡到共产主义。农村搞人民公社，城市也走这条道路。城市民族资本主义企业实行公私合营，所有城市个体手工业户实行合作化，变成城市集体企业。误以为公有制越大越好，越纯越好，这种在拔高生产关系上做文章的办法，不仅不能发展生产力，反倒会阻碍、破坏生产力。

第二个办法是，狠抓思想意识领域里的阶级斗争，抓革命促生产，通过抓阶级斗争促进生产力的发展。1957年，毛泽东同志在《在中国共产党全国宣传工作会议上的讲话》中讲过："我们已经在生产资料所有制的改造方面，取得了基本胜利，但是在政治战线和思想战线方面，我们还没有完全取得胜利。无产阶级和资产阶级之间在意识形态方面的谁胜谁负问题，还没有真正解决。"[①] 毛泽

---

① 《毛泽东文集》第7卷，人民出版社1999年版，第281页。

东同志又在《关于正确处理人民内部矛盾》中讲道："无产阶级和资产阶级之间的阶级斗争，各派政治力量之间的阶级斗争，无产阶级和资产阶级之间在意识形态方面的阶级斗争，还是长时期的，曲折的，有时甚至是很激烈的。无产阶级要按照自己的世界观改造世界，资产阶级也要按照自己的世界观改造世界。在这一方面，社会主义和资本主义之间谁胜谁负的问题还没有真正解决。"① 他认为，夺取政权，剥夺剥夺者，实现了社会主义改造，消灭了压迫和剥削，只是在经济上战胜了资本主义，而在政治思想战线上，无产阶级战胜资本主义的问题还没有解决。完成社会主义改造之后的首要任务，是继续进行意识形态领域内的阶级斗争，彻底解决在意识形态领域谁战胜谁的问题。只有抓阶级斗争，才能促进生产力的发展。但唯物史观告诉我们：生产力中最主要的因素是劳动者，是劳动人民，只有调动劳动人民的积极性，才能把生产抓上去。在社会主义条件下，调动劳动人民的积极性，一是给人以合理的物质利益，充分发挥利益激励的作用；二是加强思想政治工作，提高人的素质和思想觉悟，发挥精神鼓励的作用。这两个办法，第一个是为主的，第二个当然也是必要的。然而，如果长期忽略了人们合理的物质利益需求，就会挫伤人们的积极性。新中国成立以来很长一段时间，"左"的理论错误地认为，影响劳动人民积极性发挥的最大的原因就是私心，只要解决了私心，狠斗私心一闪念，

① 《毛泽东文集》第7卷，人民出版社1999年版，第230页。

灵魂深处爆发革命，狠抓意识形态领域内的阶级斗争，老百姓就有积极性了，工作就上去了。以阶级斗争为纲的做法，严重偏离了我国政治生活的主题，挫伤了人民群众的积极性，最后的结果是失去人民群众的支持，因为人民群众需要一定物质利益，才有积极性。人民群众总体上是好的，但是在觉悟上还有差距，这也是由生产力水平决定的；靠抓阶级斗争为纲，越抓意见越大，群众积极性越低。只有通过给人民以合理的物质利益，才能调动人民群众的积极性。当然，在社会主义阶段，阶级斗争还在一定范围内存在，因而否定阶级斗争，丧失警惕，也不对。正是脱离生产力而一味拔高生产关系，否认人民群众的合理物质要求，狠抓阶级斗争为纲，最终导致我国在社会主义建设上犯了长达20年的"左"的错误，直至"文化大革命"，国民经济到了濒临崩溃的边缘，严重破坏了生产力，结果出了大问题。

离开了生产力的实际，离开发展生产力的根本任务，奢谈社会主义建设，这是第二个错误，这个错误实际上引出了怎么建设社会主义的第二个问号。

3. 基本经验：必须搞清楚"什么是社会主义，怎样建设社会主义"。

"什么是社会主义，怎样建设社会主义"，这是建设中国特色社会主义的首要的基本问题。邓小平同志说：问题是要把什么叫社会主义搞清楚，把怎样建设和发展社会主义搞清楚。前面分析的第一个错误引出什么是社会主义，这是第一个问号；第二个错误引出了怎样建设社会主义,这是第二个问号。这两个问号就构成了"什么是社会主义,怎样建设社会主义"这个首要的基本问题,搞社会主义建设,一定要搞清楚首要的基本问题。

　　搞清楚首要的基本问题的过程就是对社会主义再实践、再认识的过程,就是总结社会主义经验教训的过程。什么叫社会主义?实质上就是对社会主义本质的认识。邓小平同志认为,解放和发展生产力,消灭剥削,消除两极分化,实现共同富裕,这是社会主义本质。这个认识把生产力放进去了,阻碍生产力发展的社会主义、贫穷的社会主义,不是真正的、合格的社会主义。1980 年邓小平同志首次论及社会主义本质时说道:"社会主义是一个很好的名词,但是如果搞不好,不能正确理解,不能采取正确的政策,那就体现不出社会主义的本质。"[①] 1990 年邓小平同志进一步论述社会主义本质问题时指出:"社会主义最大的优越性就是共同富裕,这是体现社会主义本质的一个东西。"[②] 1992 年他在南方谈话中对社会主义本质问题做了全面论述:"社会主义的本质,是解放生产力,发展生产力,消灭剥削,消除两极分化,最终达到共同富裕。"[③] 邓小平同志对社会主义本质的论述,从根本上总结了社会主义建设的基本经验,抓住了社会主义的根本属性,体现了发展生产力是社会主义的根本任务、本质要

①　《邓小平文选》第 2 卷,人民出版社 1994 年版,第 313 页。

②　《邓小平文选》第 3 卷,人民出版社 1993 年版,第 364 页。

③　《邓小平文选》第 3 卷,人民出版社 1993 年版,第 373 页。

求，体现了解放生产力和发展生产力，体现了生产力与生产关系、社会主义的现实任务和根本目标的高度统一，是我们党对社会主义的新认识。

怎样建设社会主义？邓小平理论告诉我们，一切从本国生产力实际出发，走中国人自己的道路，建设有中国特色的社会主义。什么是一切从实际出发？就是不要照抄照搬别国的经验和模式，按照自己的实际来办事，从本国的生产力发展的实际状况出发来搞社会主义建设。邓小平同志说："无论是革命还是建设，都要注意学习和借鉴外国经验。但是，照抄照搬别国经验、别国模式，从来不能得到成功。""把马克思主义的普遍真理同我国的具体实际结合起来，走自己的道路，建设有中国特色的社会主义，这就是我们总结长期历史经验得出的基本结论。"① 十一届三中全会以来，我们党在邓小平同志指引下，经过实践探索，逐步明确并确立了中国特色社会主义道路。马克思主义认为，社会主义生产力要高度发达，而我们是在生产力不发达的落后国家搞社会主义。怎样建设社会主义呢？首先，必须把发展社会主义的生产力作为社会主义的根本任务。其次，要从本国生产力的实际情况出发，建设适应本国生产力发展的经济体制和政治体制。邓小平理论就是对"什么是社会主义，怎样建设社会主义"问题的回答，就是在中国这个落后的国家探索如何建设社会主义的经验总结与理论概括。邓小平理论在总结中外社会主义建设的

---

① 《邓小平文选》第3卷，人民出版社1993年版，第2—3页。

经验教训的基础上，把对社会主义的认识提高到了一个新的水平。

4. 对社会主义的新认识：既要批"速成论"，又要批"渺茫论"。

对社会主义的新认识必须注意两个问题：第一个问题是要认识到社会主义的长期性，特别是社会主义初级阶段的长期性。对长期性的认识是基于对落后国家生产力发展长期性的判断而得出来的正确认识。我国社会主义初级阶段是长期的，必须坚持党的基本路线一百年不动摇。社会主义初级阶段是长期的，社会主义也是长期的，必须对社会主义初级阶段长期性、社会主义长期性有足够的认识。第二个问题是既要彻底批判社会主义建设"速成论"，同时又要批判社会主义"渺茫论"和科学社会主义理论"过时论"。

什么是"速成论"？就是认为社会主义可能一下子就能建成，社会主义初级阶段也可能很快就过去。坚持"速成论"，就会犯革命的"急性病"，就容易犯"超前"的毛病。什么是"渺茫论"？"渺茫论"则认为社会主义没有希望，对社会主义丧失信心。什么是"过时论"？"过时论"就是认为马克思主义过时了，科学社会主义过时了。批判"过时论"，回答"过时论"所提出的问题，必须要回答资本主义为什么至今还没有灭亡这个问题。事实表明，即使今天，我们也不能说资本主义没有生命力了，香港地区、美国、欧洲的实例，能说资本主义没有生命力了吗？不能这么说。因为目前它的生产关系在某种程度上还适应生产力的发展。

有的同志问：马克思、恩格斯在 100 多年前就讲，资本主义的丧钟已经敲响了。为什么资本主义的丧钟敲了 100 多年，资本主义不仅没有死，而且还有生命，甚至一些社会主义国家还失败了，是不是马克思主义"过时"了，科学社会主义"过时"了？列宁讲帝国主义是垄断的、腐朽的、垂死的资本主义，既然是腐朽的、垂死的，为什么垂死的资本主义到今天还有一定生命，是不是列宁主义也"过时"了？对此必须给予正确的回答。马克思、恩格斯认为，资本主义社会的发展总有一天会达到生产关系容纳不了生产力发展的地步，总有一天要灭亡，要被社会主义所代替，这是他们分析资本主义的内在矛盾而得出的科学结论。在这里，马克思、恩格斯做出结论的基本观点、基本立场、基本方法是正确的，看问题的立场、方法、观点是正确的。那么，为什么资本主义垂而不死呢？马克思、恩格斯对历史发展趋势的总判断是正确的，但他们关于资本主义即将灭亡的具体估计是有局限性的。认为资本主义、帝国主义必然灭亡是正确的，但对它灭亡的具体时间估计是有历史局限性的。任何伟大人物看问题都要受到时间、地点、条件的局限，谁也逃脱不了历史的局限。我们学习马克思主义、学习列宁主义、学习毛泽东思想，不能局限于其个别结论、个别观点，而要看他们的立场、观点、方法，看他们是怎样用科学的世界观、方法论分析问题的。马克思、恩格斯、列宁为什么得出有一定局限性的具体结论呢？这是历史所给予他们的局限，任何伟人都有历史局限性。马克思、恩格斯所生活的那个历史时代是自由竞争资本主义,是资本主义发展的初期阶段。在这个阶段,马克思、恩格斯看到的就是工人与资本家的极端对立。《资本论》相当部分是描写工人在怎样恶劣条件下生产的,资本家怎样压榨工人的。马克思讲,资本的每一个毛孔都渗透着工人阶级的鲜血。他们看到的是自由竞争资本主义阶段工人阶级与资产阶级的尖锐对抗。当时社会矛盾深刻,工人运动此起彼伏。正是从这个现实矛盾分析入手,他们得出了资本主义必然灭亡、社会主义必然胜利的科学结论,建立了无产阶级革命和无产阶级专政的理论。列宁主义是资本主义发展到垄断资本主义即帝国主义阶段的马克思主义。列宁指出,资本主义在其国内矛盾激化的状况下,把内部矛盾的解决转移到外部,资本主义内部矛盾的发展引起帝国主义国家之间矛盾的激化,爆发了第一次世界大战。第二次世界大战也是如此。

　　世界大战,特别是二战的结果是资本主义内外交困,社会主义反而发展起来了。所以,二战胜利后,世界上许多进步人士都认为社会主义比资本主义好,感觉社会主义很快就成功了。一些资本主义的有远见的思想家、政治家开始冷静地考虑资本主义到底怎么办,认识到照老办法搞下去,资本主义只有死路一条。二战后,真正困难的是资本主义、帝国主义,只有美国好一点。日本、德国是战败国,非常困难。英国和法国也是比较麻烦的。帝国主义内部矛盾激化,资本主义国家内部工人运动、民族解放运动风起云涌,美国黑人运动爆发,日本、西欧工人举行大罢工，社会主义胜利似乎很快就要到来了。赫鲁晓夫在1958年就讲，再过七八年共产主义就到来。社会主义各国的共产党人错判了形势，觉得资本主义很快就灭亡。这时社会主义各国抓内部阶级斗争，解决内部在思想政治上无产阶级彻底战胜资产阶级的问题；抓生产关系的革命问题，解决公有制的升级问题，进一步形成了束缚生产力发展的僵化的经济体制，束缚人民群众积极性发挥的高度集权的政治体制，忽视了发展生产力这个根本任务。正在这个时候，资本主义开始考虑如何调整资本主义内部生产力和生产关系之间的矛盾，开始进行资本主义生产关系的体制性改革。日本、美国、法国、英国等都进行了不同程度的资本主义改革。改革的结果是使资本主义生产关系在某些程度上逐渐适应其生产力的发展。资本主义内部矛盾主要是工人阶级和资产阶级两极分化的矛盾，一些开明的资本主义政治家设想能不能从超额垄断利润中拿出一部分给工人阶级，让他们不要造反，刺激他们的工作积极性，维持生产力发展。许多发达资本主义国家采取了高福利办法，对国民经济进行了二次分配。第一次分配就是通过生产分配，工人拿小头，资本家拿大头；第二次分配就是通过税收等经济政策，如高额累进税等，把第一次分配到资本家手里的钱再拿出一部分，进行第二次分配，用于工人的一些福利、救济，搞免费教育、免费医疗等等。二次分配使资本主义国家两头小中间大的社会结构得以形成，即收入最低的人少，收入最高的人也少，收入相对属于中间状况的是多数，叫中等收入阶层；中等收入阶层就是基本上靠工资吃饭，孩子可以上大学，退休后退休金基本可以养老。大部分人有饭吃，有房子住，衣食住行有基本保证，这就不用革命了。所以现在发达资本主义国家缺少革命形势。资本主义进行改革调整之际，社会主义却搞阶级斗争，搞相对集中的计划经济体制，束缚了生产力的发展，挫伤了人民的积极性，结果在经济发展上愈加落后于资本主义。苏联东欧出现了问题，我国"文化大革命"也出现了问题。所以说，马克思、恩格斯和列宁的基本立场、观点、方法是正确的，但并不排除他们的历史局限性。学习马克思主义不能局限于个别观点、个别结论，关键是学习世界观和方法论。马克思、恩格斯的科学社会主义理论并没有过时，但必须要不断发展。邓小平同志所开创的中国特色的社会主义道路，从理论上和实践上坚持了马克思主义，坚持了社会主义，是对"速成论"、"渺茫论"、"过时论"的有力批判。

马克思主义在当代中国
与时俱进、不断创新的
光辉典范[*]

　　邓小平南方谈话是一篇当代中国马克思主义的纲领性文献，它是邓小平理论的代表作，集中地、系统地论述了邓小平理论的科学体系、精神实质和现实意义，是当代马克思主义的经典之作，在当代中国马克思主义的形成与发展过程中具有重要的地位和作用。只有从我们党所领导的社会主义改革开放和现代化建设事业经历了两个十年，这样一个历史的跨度、时空的角度、实践的高度，来看待南方谈话的地位、意义和作用，才能更深刻地理解南方谈话的理论内涵、精神实质和政治意义。

---

* 本文发表于《中共中央党校报告选》2002 年第 3 期。

一、十一届三中全会上的讲话："解放思想、 实事求是"的第一篇政治宣言书

从 1978 年十一届三中全会到 20 世纪 80 年代末 90 年代初，是我国社会主义改革开放和现代化建设的第一个十年，这个阶段是以邓小平同志在十一届三中全会上的重要讲话《解放思想，实事求是，团结一致向前看》作为标志的，党的十五大把这篇重要讲话概括为我国社会主义改革开放和现代化建设进程中的第一篇政治宣言书。中国共产党历史上曾经有过两次重大转折：一次是遵义会议，一次是党的十一届三中全会。十一届三中全会是我们党在社会主义建设正处于生死存亡的关键时刻召开的一次极其重要的会议。1976 年粉碎"四人帮"到 1978 年，我国社会主义建设正处于徘徊时期。因为当时是按照"两个凡是"的主张指导工作的。所谓"两个凡是"，实质上就是仍然坚持"文化大革命"所奉行的"左"的理论和路线不变。1976 年，我们国家已经被"四人帮"破坏到近于崩溃的边缘，又经过两年的徘徊，我国经济社会发展更是雪上加霜，处于危机状态。而恰恰在这个时期，世界上发生了翻天覆地的变化，亚洲"四小龙"已经腾飞，资本主义世界已经进入现代资本主义发展的新阶段。在这个重要的历史转折关头，邓小平同志提出了"解放思想、实事求是，团结一致向前看"的正确主张，发动了"实践是检验真理的唯一标准"的大讨论，恢复了实事求是的思想路线，

进行了理论上和路线上的拨乱反正，确定了以经济建设为中心，坚持改革开放、坚持四项基本原则的正确路线。邓小平同志的第一篇政治宣言书，起到了在历史转折关头力挽狂澜的巨大历史作用。正是在正确的思想路线和政治路线的指引下，我们党领导全国人民按照邓小平同志开创的改革开放新格局和新思路，整整走了十年。在这十年中，农村发生了巨大变化，城市改革进入攻坚阶段，中国特色社会主义现代化建设取得了重大成绩。这十年，也正是邓小平理论逐步系统化的十年。

二、南方谈话：“解放思想、实事求是”的
　　第二篇政治宣言书

20世纪90年代初到20世纪末是中国特色社会主义事业发展的第二个十年，20世纪80年代末90年代初正是该阶段的历史转折关头。80年代末90年代初，国际上发生了东欧剧变，列宁亲手创建的社会主义苏联崩溃了，东欧社会主义阵营不复存在了，社会主义在东欧和苏联暂时失败了。在国际上反社会主义、反马克思主义的逆流冲击下，我国也发生了一场重大政治风波。当时，我们党面临着国际国内复杂严峻的形势，面对着来自“左”和右两方面的干扰。“左”的干扰认为改革开放是错误的，以经济建设为中心也是错误的，应该回到“以阶级斗争为纲”的路线上去。右的干扰则鼓吹完全“西化”，完全私有化，完全资本主义化。“左”和右两方面的干扰都很

大，我国社会主义改革开放和现代化建设的进程受到了严重的阻碍。中国社会主义究竟向何处去？这成为世界瞩目的焦点。在这个关键的历史时刻，邓小平同志提出，坚持党的基本路线一百年不动摇。不坚持社会主义，不改革开放，不改善人民生活，只有死路一条。谁要改变十一届三中全会以来的路线、方针、政策，老百姓不答应，谁就会被打倒。这就是说，十一届三中全会以来的路线是完全正确的。既要防止"左"，又要防止右，要坚定不移地沿着十一届三中全会确定的路线走下去。南方谈话正是在这样大的历史背景下，经过邓小平同志深思熟虑而形成的，它是我们党在改革开放至关重要的历史关头的第二篇"解放思想、实事求是"的政治宣言书。

邓小平同志南方谈话篇幅虽短，朴实无华，但理论和政治内涵是十分深刻、博大的。邓小平理论体系中几乎所有的重要观点都在南方谈话中体现出来了，它是邓小平理论的系统的、集中的体现，是邓小平理论科学体系最终形成的标志。从今天的现实来看，需要从以下几个方面加深对南方谈话的理解。

第一，南方谈话科学地回答了"什么是社会主义、怎样建设社会主义"这个中国特色社会主义建设的首要的基本问题。邓小平同志说："什么是社会主义，如何建设社会主义。我们的经验有许多条，最重要的一条，就是要搞清楚这个问题。"他还说："问题是要把什么叫社会主义搞清楚，把怎样建设和发展社会主义搞清楚。"因为不搞清楚这个问题，中国特色社会主义的发展就没有前途，没有出路，没有方向。在这个首要的基本问题上，邓小平同志一针见血，抓住了要害。从苏联、东欧的失败到中国社会主义建设的历程来看，我们在这个问题的认识和实践上，曾经走过很长一段弯路。150多年前，马克思、恩格斯创立了唯物史观和剩余价值理论，揭示了资本主义必然灭亡和社会主义必然胜利的历史规律，得出社会主义革命在数国同时取得胜利的结论。列宁继承和发展了马克思主义，分析了垄断资本主义的经济政治矛盾，揭示了帝国主义发展不平衡的规律，突破了马克思恩格斯的原有结论，得出了社会主义革命可以在一国首先取得胜利的结论，领导了十月革命，建立了人类历史上第一个社会主义制度的国家。毛泽东同志把马克思列宁主义同中国革命的具体实践相结合，解决了在中国半封建半殖民地社会夺取政权的理论、路线和道路问题，创立了毛泽东思想。关于什么是社会主义，在落后的中国怎么建设社会主义的问题，尽管毛泽东同志在领导中国社会主义建设的实践中有所探索，但并没有科学地解决这个问题。毛泽东同志只解决了中国革命的问题，没有解决中国社会主义如何建设的问题。邓小平理论科学地、系统地，也是初步地回答了"什么是社会主义，怎样建设社会主义"的问题，解决了在中国这样落后的东方大国怎样建设社会主义的问题。邓小平同志说过，贫穷不是社会主义。只有富起来，好起来，人们才会说社会主义好。邓小平同志提出了社会主义本质论和社会主义初级阶段论，对"什么是社会主义，怎样建设社会主义"问题从根本上进行了科学地回答。

第二，"解放思想、实事求是"是南方谈话的精神实质，是邓小平理论的精髓，是贯穿南方谈话全文的一条红线。实事求是是毛泽东思想的灵魂，是我们党克敌制胜的法宝。邓小平同志说，实事求是是马克思主义的精髓，要提倡这个，不要提倡本本。邓小平同志加上了"解放思想"四个字，使毛泽东思想实事求是的思想路线更全面了。解放思想、实事求是是邓小平理论的精髓，没有解放思想、实事求是，就没有十一届三中全会，就没有改革开放的 20 年，就没有今天面向 21 世纪的中国共产党和面向 21 世纪的中华民族。

第三，南方谈话关于社会主义市场经济的观点，是对马克思主义经济理论和科学社会主义理论的重大突破。长期以来，把计划经济看做是社会主义的特征、把市场经济看做是资本主义特征的传统观念，严重束缚着人们的头脑。把市场经济与社会主义结合起来是前无古人的探索。社会主义可以搞市场经济，是南方谈话的一个重要观点。"计划多一点还是市场多一点，不是社会主义与资本主义的本质区别。计划经济不等于社会主义，资本主义也有计划；市场经济不等于资本主义，社会主义也有市场。计划和市场都是经济手段。"实际上，邓小平同志早在 1979 年就提出社会主义市场经济的思想。如果没有社会主义市场经济这个重大理论突破，我国现代化建设就不会有如此翻天覆地的历史性巨变。

第四，南方谈话关于"三个有利于"的判断标准，是"解放思想、实事求是"思想路线的具体化和深化。

必须按照"三个有利于"的判断标准来判断改革开放中的是非问题、成败问题。从哲学基础上来讲，解放思想、实事求是是个辩证唯物主义认识论问题，"三个有利于"判断标准则是"解放思想、实事求是"的思想路线在历史观领域的具体体现。邓小平同志在南方谈话中明确指出："改革开放迈不开步子，不敢闯，说来说去就是怕资本主义的东西多了，走了资本主义道路。要害是姓'资'还是姓'社'的问题。判断的标准，应该主要看是否有利于发展社会主义社会的生产力，是否有利于增强社会主义国家的综合国力，是否有利于提高人民的生活水平。"从十一届三中全会到南方谈话的实践告诉我们，社会主义改革开放和现代化建设进程中的最大阻力往往来自于传统观念的禁锢。十一届三中全会的争论就是实践是检验真理的标准还是领袖的话、"两个凡是"是检验真理的标准。在后来的改革开放进程中又产生了姓"社"还是姓"资"的争论。农村实行联产承包责任制时，有人赞成，有人反对，反对的人认为"辛辛苦苦几十年，一夜就退回到解放前"。建设特区时，有人认为是搞资本主义的特区。进行土地批租时，有人说是"慈禧太后又复活了，割地赔款，是卖国贼"。引进外资，有人认为多一份外资就多一份资本主义。搞乡镇企业，有人认为这是萌生腐败的温床。总之，在改革开放实践中遇到的一个重大障碍就是姓"社"还是姓"资"这种传统思维定式的束缚。靠什么冲破它呢？用什么标准判断改革的对与错呢？邓小平同志讲判断姓"社"姓"资"的标准，主要是"三个有利于"，这就把"三个有利于"标准引申到改革开放的实践中，把实事求是思想路线引申到社会历史观领域。怎样才能在工作中体现"三个有利于"呢？关键在党，关键在领导干部。党和党的领导干部怎么才能做到"三个有利于"呢？就要按照"三个代表"重要思想的要求，代表先进生产力、代表先进文化、代表人民利益。"三个代表"重要思想与"三个有利于"判断标准具有非常鲜明的理论继承性。

第五，既要防止"左"，又要防止右，当前主要是防止"左"，是南方谈话的重要观点。邓小平同志说："现在有右的东西影响我们，也有'左'的东西影响我们，但根深蒂固还是'左'的东西。有些理论家、政治家拿大帽子吓唬人的，不是右，而是'左'，'左'带有革命的色彩，好像越'左'越革命。'左'的东西在我们党的历史上十分可怕呀！……右可以葬送社会主义，'左'也可以葬送社会主义。中国要警惕右，但主要是防止'左'。"这一段话非常深刻。在中国革命历史上，危害最大的是"左"。王明"左"倾机会主义就是如此，披着马克思主义的外衣欺骗人，自称是百分之百的布尔什维克。结果，中央根据地全部丢失，红军损失90％。社会主义建设时期对我们危害最大的仍然是"左"。必须加深理解当前主要是防止"左"的重要观点。

第六，中国的问题关键在党，是南方谈话关于执政党建设的重要思想。邓小平同志说："正确的政治路线要靠正确的组织路线来保证。中国的事情能不能办好，社会主义改革开放能不能坚持，经济能不能快速发展起来，国家能不能长治久安，从一定意义说，关键在人"。他又说："中国要出问题，还是出在共产党内"。这是一个非常重要的观点。加强党的建设是关系到中国特色社会主义建设成败的关键问题。当前党的作风建设是党的建设的突破口。如何解决密切联系群众的问题，是一个关系到党生死存亡的关键问题，是当前党的作风建设所要解决的核心问题。

三、南方谈话：改革开放和现代化建设进入新阶段的标志

南方谈话抓住了我国社会主义建设实践中长期困扰人们的根本性问题，抓住了中国特色社会主义建设进程中一系列重大问题，从理论上给予科学的回答，对中国特色社会主义建设具有战略性的、前瞻性的、全局性的指导意义。南方谈话是对十一届三中全会以来我们党领导的社会主义改革开放新鲜经验的高度总结，是对世界各国社会主义建设历史经验教训的高度总结，是对国际共产主义运动及其发展经验教训的高度总结。如果说邓小平同志的《解放思想，实事求是，团结一致向前看》的重要讲话起到了拨乱反正、开辟中国特色社会主义建设正确航道的重要历史作用，那么南方谈话就起到了既要防止"左"，又要反对右，主要是防止"左"，全面肯定十一届三中全会以来的理论、路线和实践，坚定不移地沿着社会主义改革

开放的正确道路走下去，开拓社会主义改革开放的新局面，掀起现代化建设新高潮的伟大历史作用。党的十四大对南方谈话的深远历史意义和伟大现实意义作出了高度的评价："以邓小平同志南方谈话和今年3月中央政治局全体会议为标志，我国改革开放和现代化建设事业进入了一个新的阶段。"南方谈话在中国特色社会主义改革开放和现代化建设的历史上，具有划时代的历史意义和推动中国社会发展的现实意义。回顾20世纪80年代末90年初的历史现状，可以清楚地看到南方谈话的极端重要性。没有南方谈话，就没有今天建设中国特色社会主义的大好形势。南方谈话朴实无华，道理深刻，既对前10年我国改革开放事业作了肯定和总结，又对开辟改革开放第二个10年起到了重大推动作用。从南方谈话至今10余年的伟大实践，充分证明了南方谈话所具有的强大的理论生命力。南方谈话标志着邓小平理论达到了成熟的高峰。

与时俱进是马克思主义的理论品质[*]

  "与时俱进"的"时",就是不断发展和变化着的客观实际;"进",就是随着发展和变化着的客观实际而发展。与时俱进,要求马克思主义理论必须随着客观事物的变化和实践的发展而不断发展,根据实践的要求而不断创新。胡锦涛同志在《在"三个代表"重要思想理论研讨会上的讲话》中指出:"坚持一切从实际出发,理论联系实际,实事求是,在实践中检验真理和发展真理,是马克思主义最重要的理论品质。这种与时俱进的理论品质,是150多年来马克思主义始终保持蓬勃生命力的关键所在。"与时俱进是人类实践和认识的发展规律,是马克思主义的理论品质,是马克思主义理论发展的内在逻辑和前进规律,也是马克思主义理论永葆强大生命力的关键之所在。

---

* 本文发表于《紫光阁》2003 年第 12 期。

一、与时俱进是对马克思主义认识论
基本原理的新概括

马克思主义认识论告诉我们：实践第一，人的一切认识都来源于实践；实践不断发展，认识也不断发展；实践无止境，人的认识也无止境；实践是检验人的认识和行动正确与否的唯一标准。实践不断发展，马克思主义理论必须根据实践的发展而不断发展。因此，与时俱进是马克思主义的理论品质，是对马克思主义认识论基本原理新的集中概括。

实践是认识的基础，是检验真理的唯一标准，也是实现与时俱进的桥梁和纽带。人的思想认识是否具有客观真理性，不是理论问题，而是实践问题。同样，与时俱进、实事求是也是实践问题。"实践、认识、再实践、再认识"，循环往复，以至无穷，这是人类认识的规律。马克思主义是在无产阶级斗争的实践中产生，并随着实践发展而发展的。今天，我们讲与时俱进，十分重要的一点是，无论办什么事情，都要立足于我国现在正处于并将长期处于社会主义初级阶段这样一个最大的实际，自觉地把思想认识从那些不合时宜的观念、做法和体制中解放出来，从对马克思主义的错误的和教条式的理解中解放出来，从主观主义和形而上学的桎梏中解放出来。任何理论创新都是对既有理论的继承和发展。马克思主义创立150多年来，人类社会发生了重大而深刻的变化。面对这些变化，我们必须用发展的眼光来透视现实，根据变化着的实践来创新发展马克思主义，用发展着的马克思主义指导新的实践，适应历史发展规律，推动历史前进。

二、与时俱进是对党的实事求是思想路线的新发展

实事求是是毛泽东思想的灵魂和精髓，是我们党的思想路线，是马克思主义世界观和方法论的哲学根据。实事求是，就是一切从实际出发，调查研究，从实际工作中，从事物固有的规律中探求和把握事物发展的内在逻辑，按照事物本身的规律去认识事物，解决问题，推动事物的发展。毛泽东同志把马克思主义的实践决定认识、实践检验认识、实践推进认识的认识论的基本原理作为党的思想路线，高度概括为"实事求是"四个字，这是毛泽东同志对马克思主义认识论的一大贡献，对党的指导思想的哲学灵魂的一大贡献。作为党的第二代领导集体的代表人物，邓小平同志在改革开放的实践过程中，坚持恢复并发展了"实事求是"的思想路线。他指出：一切从实际出发，解放思想，实事求是，是坚持党的思想路线的根本要求。他在"实事求是"前面又提出了"解放思想"。在当时的历史条件下，如果不解放思想、不转变观念，就根本无法实事求是。1978年改革开放之初，要真正做到拨乱反正，恢复党的正确路线，就必须解决实事求是问题，解决思想路线问题，就要把全党从"左"的思想束缚和对毛泽东

同志盲目的个人崇拜中解放出来。只有如此解放思想，才能做到实事求是。

邓小平同志去世以后，我们党面临着如何坚持并运用邓小平理论的基本立场、观点和方法，把在新的阶段和新的形势下出现的一系列新问题加以回答和解决，全面推进邓小平同志开创的中国特色社会主义事业的伟大任务。从邓小平同志去世至今 10 多年来改革开放波澜壮阔的历史变化过程，就是按照新的实践的发展，依据时间、条件、地点的变化，而不断推进党的理论创新的过程。与时俱进和解放思想、实事求是是完全一致的。提出"解放思想、实事求是、与时俱进"，是以江泽民同志为核心的第三代中央领导集体把与时俱进作为马克思主义的理论品质概括到党的思想路线之中的题中应有之义，是对"解放思想、实事求是"思想路线的新发展，是对党的指导思想的哲学依据的新发展。

三、与时俱进是我们党推进理论创新和实践创新的集中体现

我们党在坚持把马克思主义基本原理同中国具体实际相结合的不懈努力中，形成了毛泽东思想、邓小平理论和"三个代表"重要思想这三大理论成果。回顾我们党在新民主主义革命时期、社会主义革命和建设时期，以及改革开放新时期以来，进行理论创新并指导实践的历史进程，我们可以得到两点重要的启示：

第一，科学理论必须深深地植根于人民群众创造历史的伟大实践。如果没有人民群众创造历史的伟大实践，就没有科学理论的诞生，而人民群众推动社会变革的实践，如果没有科学理论的指导，就不能成功。马克思主义被运用于中国并发挥出巨大的作用，正是因为中国的社会条件有了这样的需要，中国人民的伟大实践有了这样的需要，从而才产生了马克思主义中国化的三个伟大成果。也正是因为马克思主义中国化的伟大理论成果同中国人民争取自身解放和发展的实践发生了联系，同中国社会进步的客观要求紧密地结合在了一起，才显示出了巨大的理论指导作用。

第二，科学理论必须在实践中不断丰富和发展，才能发挥出巨大的指导作用。社会实践是不断发展的，人们对客观规律的认识不可能一次完成，马克思主义基本原理同中国具体实际相结合也不能一劳永逸。时代条件发生了变化，客观实际发生了变化，人们的思想认识就必须不断前进，不断根据新的实践进行新的理论探索和概括。科学理论也必须在继承的基础上不断吸取新的实践经验、新的思想而向前发展，为新的实践提供有力的理论指导。坚持实事求是，科学分析和全面把握时代特征和我国国情，体现中国社会进步的要求和中国人民实践的需要，不断对中国人民伟大的实践创新作出新的理论概括，是我们党之所以能在理论创新上不断取得新成就的一条根本经验。

"三个代表"重要思想就是在邓小平理论的基础上，对社会主义建设规律的进一步深刻认识，对执政党执政规律的进一步深刻认识，对人类社会发展规律的进一步深刻认识，是对中国特色社会主义建设这一总主题的进一步深刻认识。"三个代表"重要思想就是以江泽民同志为代表的中国共产党人，在实践中运用、丰富和发展马克思主义、毛泽东思想、邓小平理论，正确分析世纪之交的国际国内形势，着眼于21世纪中国的新发展和实现党的中心任务而形成的马克思主义中国化三大成果之一。"三个代表"重要思想进一步回答了什么是社会主义、怎样建设社会主义的问题，创造性地回答了建设什么样的党、怎样建设党的问题，极大地深化了对中国特色社会主义的认识，形成了马克思主义中国化的最新成果，充分体现了马克思主义与时俱进的理论品质，是我们党不断进行理论创新和实践创新的集中体现。

胡锦涛同志在省部级主要领导干部学习贯彻"三个代表"重要思想专题研讨班开班式上的重要讲话中强调，我们要从马克思主义基本原理同中国具体实际相结合的历史发展中，深刻认识学习贯彻"三个代表"重要思想的重大意义。"三个代表"重要思想是新世纪新阶段党和国家各项工作的根本指针。学习"三个代表"重要思想，既要掌握其科学内涵和理论真谛，又要学习贯穿其中的与时俱进精神。要把学习"三个代表"重要思想同研究新情况、解决新问题结合起来，既深化对理论的认识，又推动实际问题的解决。全面建设小康社会，是学习贯彻"三个代表"重要思想的最好实践，也是对学习贯彻"三个代表"重要思想成效的最好检验。

正确指导发展的马克思主义世界观和方法论的集中体现[*]

积极促进我国经济社会又好又快地发展，不断推进中国特色社会主义伟大事业胜利前进，最重要的是紧紧抓住科学发展观这个灵魂，吃透科学发展观的精神实质，提高全面落实科学发展观的坚定性和自觉性。

一、科学发展观是正确指导发展的马克思主义世界观和方法论的集中体现

发展观既是人们对发展问题的总的看法，又是解决发展问题的总的方法，是关于发展问题的世界观和方法论的具体体现。一定的发展观受一定的世界观和方法论的指

---

* 本文是作者 2005 年 10 月 22 日在杭州举办的"认真学习十六届五中全会精神，全面贯彻落实科学发展观"研讨会上的总结讲话基础上改写的。发表于《落实科学发展观与构建社会主义和谐社会》，中共中央党校出版社 2005 年 12 月版。

导。科学发展观是建立在马克思主义世界观方法论基础上的，是我们党创造性地运用马克思主义世界观方法论，说明和解决中国发展问题的最新思想成果。运用马克思主义立场、观点、方法认识发展问题，科学地把握发展规律，体现为世界观；用马克思主义立场、观点和方法解决发展问题，科学地推进经济社会发展，体现为方法论。要树立和落实科学发展观，必须从马克思主义世界观方法论的高度，搞清楚"为什么要发展，怎样发展，发展什么"？搞清楚"发展的目的是什么，发展的动力是什么，发展的主体是什么"？搞清楚"为谁发展，靠谁发展"？也就是说，搞清楚发展规律、发展理念、发展动力、发展主体、发展战略、发展思路、发展道路、发展模式、发展目标、发展规划、发展措施等一系列重大问题。

我们说，科学发展观是马克思主义关于发展问题的世界观和方法论的集中的具体体现，其主要理由是：

（一）科学发展观是辩证的发展观

辩证唯物主义是马克思主义的世界观方法论，一定要从唯物辩证的思维方式出发解决好对发展问题的科学认识。什么叫发展？唯物辩证法认为，发展是事物的一种运动状态，但又不是事物的一般的运动状态，而是特指事物向前，而不是倒退的前进运动；是向上的，而不是向下的由低级向高级进步的运动；是由小到大的，由旧到新的，由落后到先进的，不断地推陈出新的创新运动。发展就是事物辩证的运动过程。在原有基础上的重复，甚至倒退的运动都不是发展。当然，发展作为事物运动的状态也有快、有慢，有单一的、有全方位的，有不平衡的、有均衡的，有不协调的、有协调的，有一时的，也有持续的。科学的发展观追求的是正常的、健康的、协调的、全面的、合理的发展。从马克思主义哲学世界观和方法论来看，发展应该是辩证的发展，辩证的发展是不断解决矛盾的发展，是全面的发展、协调的发展、可持续的发展。

首先，辩证的发展观是对立统一的发展观。发展是事物内部矛盾不断产生、发展和解决的过程。旧的矛盾解决了，新矛盾又出来了，往复循环，事物才向前发展，事物是以矛盾发展为动力的。科学的发展观从本质上说，其哲学依据就是发现矛盾、认识矛盾、解决矛盾的马克思主义哲学观。说到底，就是运用马克思主义对立统一的观点，认识和解决社会发展过程中的一系列矛盾和问题。

其次，辩证的发展观是全面的发展观。辩证的发展应当是系统的、全面的、保持内在各要素均衡的发展，也就是说，任何健康的发展，都应当是全面的发展，而不能是片面的、畸形的、不均衡的、单一突进的发展。在发展过程中，要全面地兼顾到系统构成的各个要素。社会发展是全面的，必须看到它是一个经济社会发展的系统工程，必须系统、全面、协调推进经济社会发展。

再次，辩证的发展观是协调的发展观。事物是普遍联系的，一事物不是孤立存在的，而是在与它事物的普遍联系中存在的，一事物离开与它事物的联系，就谈不上存在，更谈不上发展。社会发展必然是协调的、兼顾的、对称的、照顾他方的发展，否则就是畸形的发展，甚至是倒退和停顿。

最后，辩证的发展观就是可持续的发展观。辩证法讲发展，是要求连续的、匀速的、保持内在后发力的健康发展。任何一个事物的发展，包括社会发展，一定要有可持续的发展能力。健康的、正常的发展应是持续的、内在的、有后劲的发展。

（二）科学发展观是唯物史观的发展观

马克思主义哲学历史观，即历史唯物主义，是说明社会历史发展规律的世界观和方法论。马克思主义哲学历史观的一个方面，是强调历史决定论。认为社会存在决定社会意识，社会历史发展，归根结底，是生产力的东西、经济的东西、物质的东西所决定的。发展是硬道理，社会发展归根到底首先要解决好生产力的发展。

马克思主义历史观的另一个方面，是强调历史辩证法。首先，强调在社会发展过程中，不能仅仅把经济、生产力归结为发展的唯一因素，要讲政治、文化、思想等各方面因素在整体社会发展中的作用。其次，既重视人和社会发展的特殊性，又重视自然因素对社会与人发展的制约性。人是社会发展的积极的能动的主体，而人的发展、社会的发展又依赖于自然的发展，自然的发展制约人的发展和社会的发展，人类社会发展的过程一定要做到人与自然的和谐发展。最后，强调人是发展的目的、发展的主体，而不仅仅是发展的手段。历史唯物主义就是从现实的人出发，以现实的人的发展为目的的社会发展理论。正是从这样一个历史观出发，马克思主义把人作为社会发展的主体，作为社会发展的目的，把努力促进人的全面发展作为创建未来社会的本质规定。社会主义建设和发展的历史经验教训表明，必须以人为本，把推进人的全面发展作为社会主义发展的根本目的。要一切依靠人民、一切为了人民，把满足人民群众的物质文化需要，作为推动经济社会发展的根本出发点和最终归宿。

从马克思主义历史观高度认识发展问题，一是要认识到科学发展观是有重点的发展观。重点就是抓住最主要的东西、决定性的东西，就是生产力、经济、物质的东西；一是要认识到科学发展观是关于社会辩证法的发展观。什么是社会发展的辩证法？就是讲发展重点的时候，还要讲其他因素的作用，讲人的作用和满足人的需要的目的。社会发展不等于单纯的经济增长，它内在地包括稳定、公平、民主、价值等社会和人全面发展的诸要素。社会发展中的政治、经济、文化三大部分缺一不可，物质文明建设、政治文明建设、精神文明建设、和谐社会建设缺一不可，社会发展是一个全面系统的过程。

（三）科学发展观是尊重规律的发展观

实事求是思想路线，是贯穿科学发展观的马克思主义世界观的精髓。实事求是，就是一切从实际出发，尊重规律，照规律办事。一切从客观实际出发，尊重和把握客观规律，按照客观规律办事，这是马克思主义的世界观方法论。科学发展观正是建立在认识发展的客观规律，尊重发展的客观规律，按照发展的客观规律办事的马克思主义世界观方法论基础之上的。

客观规律和人的主观能动性的关系问题，是马克思主义世界观方法论所要回答的一个基本问题，科学发展观也正是要回答在社会发展过程中，如何在尊重客观规律的基础上，充分发挥人的主观能动性和创造性，努力推进经济社会又好又快发展的问题。从马克思主义世界观方法论来看，人的主观能动性是受客观条件、客观规律制约的。人只有在一定的客观条件下，按照客观规律办事，才能创造历史。当然，人又不是无条件的受制于客观条件、客观规律，对于客观条件、客观规律具有一定的主观能动性。按照马克思主义哲学的观点，任何事物，无论是自然、社会，还是人类思维，都存在不以人的意志为转移的客观规律。人们只有尊重规律、认识规律、把握规律，按照规律去办事，才能最大限度地发展人自身的能动性和创造性。反之，就会受到客观规律的惩罚。

正确处理好人的主观能动性和客观规律之间的关系，是全面落实科学发展观，解决以人为本，全面协调可持续发展的关键问题。我国是一个人口众多、资源相对不足的大国。随着向工业文明的迈进，人口、生态环境、资源等矛盾日益突出，成为制约发展的瓶颈。一定要把控制人口、保护生态环境、节约资源放到更加重要的位置，使人口增长与社会生产力相适应，使经济建设与人口、资源、环境相协调，积极倡导和推行循环经济，努力建设资源节约型和环境友好型社会，实现发展的良性循环，实现经济社会的持续健康发展与人和自然和谐发展，推进整个社会走上生产发展、生活富裕、生态良好的科学文明发展之路。

二、科学发展观是社会主义建设
指导思想的重大创新

关于社会主义建设的指导思想问题，如同社会主义建设的伟大实践一样，经历了一个不断探索、勇于创新的历史过程。

马克思恩格斯最初认为，社会主义社会应该脱胎于生产力高度发达的资本主义社会，应该是经济社会充分发展的崭新的社会形态。列宁提出社会主义革命有可能在一国或数国首先取得胜利的思想，成功地领导经济文化相对落后的俄国率先走上了社会主义道路。列宁指出，社会主义一定要创造出比资本主义更高的劳动生产率，胜利后的无产阶级必须大力发展生产力。在总结俄国探索社会主义道路经验的基础上，列宁提出了"新经济政策"的思路，初步形成了经济文化落后的俄国如何建设社会主义的正确构想。斯大林时期，虽然在社会主义建设上取得了一定的成绩却形成了以"高度集中"为基本特征的社会主义建设的"苏联模式"。随着实践的发展，其弊端逐步暴露出来，最终演变成严重阻碍社会主义建设的体制障碍。加之后来复杂的原因，最终导致苏联解体。从总体上看，第一个社会主义国家苏联没有解决好社会主义建设这个重大问题。

新中国成立后，毛泽东同志对我国社会主义建设道路问题进行了艰辛的探索，初步形成了关于社会主义建设的正确思想。他强调社会主义必须发展生产力，提出了实施工业化的赶超战略，希望以超常规的发展，赶上西方发达国家。但是，由于受"左"的路线干扰，在很多方面违背了社会主义现代化建设的客观规律，致使我国社会主义建设遭受重大挫折。

十一届三中全会以后，以邓小平为核心的党的第二代中央领导集体，深刻总结了以往的经验教训，实现了全党工作重点的转移，提出和贯彻"一个中心、两个基本点"的基本路线，开创了中国特色社会主义现代化建设的新局面。邓小平同志多次强调，社会主义的根本任务是发展生产力，提出了发展才是硬道理的战略思想，创造性地解决了中国特色社会主义"为什么要发展"的课题，初步回答了关于发展目的、发展战略、发展道路、发展动力等一系列重大问题，开辟了中国特色社会主义的发展道路，提出了关于中国特色社会主义建设的指导思想。

以江泽民为核心的党的第三代中央领导集体，把发展提到了"党执政兴国第一要务"的高度，强调发展要有新思路；要保持国民经济持续、快速、健康发展；要实现区域经济合理布局和协调发展；要正确处理改革、发展和稳定的关系，不断推进社会主义物质文明、精神文明和政治文明建设；在推动经济社会全面进步的基础上，不断推进人的全面发展，等等，使中国特色社会主义建设的指导思想有了新的升华。

以胡锦涛为总书记的新一届中央领导集体，在科学总结我国改革开放和社会主义现代化建设新鲜经验的基础上，着眼于新的实践和新的发展，深入研究和分析我国经济社会发展的新的阶段性特征，明确提出"以人为本，全面协调可持续发展"的科学发展观。科学发展观，是我们党坚持以邓小平理论和"三个代表"重要思想为指导，解放思想、实事求是、与时俱进，探索中国特色社会主义发展道路的最新理论成果。科学发展观同我党三代领导集体关于社会主义建设的思想既一脉相承，又有新的创造，赋予了我们党关于社会主义建设的理论以新的时代内涵。科学发展观，不仅进一步回答了"中国特色社会主义为什么要发展"的问题，而且富有创造性地回答了"中国特色社会主义如何发展、发展什么？"等重大问题，丰富、创新和完善了我们党关于社会主义建设的指导思想。科学发展观是我们推动经济社会发展、加快推进社会主义现代化必须长期坚持的指导思想。

三、科学发展观是解决当前我国经济社会发展面临诸多矛盾和问题所应遵循的基本原则

我国改革开放 27 年来成绩是巨大的。据国家统计局统计，GDP 由 1978 年的 3624.1 亿元，到 2005 年突破了 18 万亿元大关，达到 182321 亿元。人均 GDP 达到 1700 美元。财政收入突破 3 万亿元。经济总量跃居世界第四位。这是一个巨大的胜利。但同时必须看到，面对错综复杂的国际形势，在新的发展阶段，我国经济社会发展出现

的一系列新问题、新情况、新矛盾，迫切要求我们全面落实科学发展观。

十六届三中全会全面分析我国社会发展中存在的突出问题，提出了"五个统筹"的要求，即统筹城乡发展、统筹区域发展、统筹经济和社会发展、统筹人与自然协调发展、统筹国内改革和对外开放。"五个统筹"实际上就是"五对矛盾"或"五大问题"，即城乡发展不平衡，区域发展不平衡，经济社会发展不平衡，人与自然发展不平衡，国内和对外发展不平衡。胡锦涛同志指出："地区发展的不平衡，城乡发展的不平衡，部分社会成员收入差距的不平衡的问题更为突出。""三大不平衡"问题是"五对矛盾"中更为突出的问题。

十六届五中全会进一步分析了我国经济社会发展新阶段的形势、特征，从生产力发展面临的诸多体制性、机制性障碍；从实现可持续发展遇到的能源、资源、环境、技术的压力；从解决"三农"问题的艰巨性；从自主创新能力亟待提高的状况；从全面满足各方、各种利益需求的繁重任务；从缩小各种发展差距的艰巨性；从面对日趋激烈的国际竞争压力；从发展民主政治和先进文化的更高要求；从人民内部矛盾多发易发现状与社会建设和管理面临的一系列新问题；从社会稳定与和谐种种不良因素的影响等十个方面，全面分析了我国经济社会发展所面临的突出矛盾和问题。

十六届三中全会揭示的"五大矛盾"和五中全会分析的"十大问题"严重制约和影响了我国经济社会又好

又快地发展。必须清醒地看到，我们正处于并将长期处于社会主义初级阶段，生产力不发达，城乡区域发展不平衡；粗放型经济增长方式没有根本转变，经济结构不够合理，自主创新能力不足，经济发展与人口资源环境矛盾日益突出；解决"三农"问题任务相当艰巨；就业压力依然存在，收入分配中矛盾较多；影响发展的体制机制问题亟待解决，处理社会利益关系的难度加大……我们前进道路上还将面临诸多困难和问题，这说明树立和落实科学发展观是一个长期艰巨的历史过程，也说明树立和落实科学发展观的重要性、必要性和紧迫性。

科学发展观是解决我国当前经济社会发展诸多矛盾和问题所应遵循的基本原则。推进我国经济社会的全面协调发展，一定要破解这些难题、化解这些矛盾、解决这些问题。破解难题的关键是全面落实科学发展观，只有始终不渝、坚持不懈地树立和落实科学发展观，才能化解诸多矛盾和问题，使我国经济社会发展逐步进入良性的、全面的、协调的、健康的、和谐的发展轨道，最终保证中国特色社会主义建设事业的不断前进。

四、科学发展观是实现我国经济社会
又好又快发展的根本指针

五中全会提出的"十一五"规划建议，全国人大四次会议通过的"十一五"规划，是提出科学发展观之后编制的第一个五年规划，是科学发展观的重大战略思想由

发展理念转化为发展实践的第一份"五年路径图",是按照科学发展观要求制定的,实现我国经济社会又好又快发展的第一个五年战略计划。科学发展观既是制定"十一五"规划的根本指针,又是实施"十一五"规划,实现经济社会又好又快发展所必须坚持、必须遵循的根本指针。

胡锦涛同志指出:"我们要求的发展,必须是符合科学发展观的发展。"科学发展观是制定"十一五"规划的指导思想,是贯穿"十一五"规划的一条主线。按照科学发展观的要求,"十一五"规划坚持发展是硬道理,坚持抓好发展这个党执政兴国的第一要务,坚持以经济建设为中心,坚持用发展和改革的办法解决前进中的问题;强调要转变发展观念、创新发展模式、提高发展质量,把经济社会发展切实转入全面协调可持续发展的轨道;按照构建社会主义和谐社会的要求,按照最大限度地满足人民生活需要的要求,强调要构建民主法治、公平正义、诚信友爱、充满活力、安定有序、人与自然和谐相处的社会主义和谐社会,强调要认真解决人民群众最关心、最直接、最现实的利益问题,包括扩大就业、建立健全与经济发展水平相适应的社会保障体系、加大调节收入分配的力度、深化文化体制改革、深化医疗卫生体制改革、加强社会治安综合治理等,保证人民群众安居乐业。

"十一五"规划的核心和灵魂,就是在我国经济社会发展的关键时期,全面贯彻和落实科学发展观,用科学发展观统领经济社会发展全局。

根据科学发展观的要求，按照十六大对 21 世纪头 20 年全面建设小康社会的总体部署，"十一五"规划提出了"十一五"时期经济社会发展的"七大"主要目标：在优化结构、提高效益和降低消耗的基础上，实现 2010 年人均国内生产总值比 2000 年翻一番；资源利用效率显著提高，单位国内生产总值能源消耗比"十五"期末降低 20% 左右；形成一批拥有自主知识产权和知识品牌、国际竞争力较强的优势企业；社会主义市场经济体制比较完善，开放型经济达到新水平，国际收支基本平衡；普及和巩固九年义务教育，城镇就业岗位持续增加，社会保障体系比较健全，贫困人口继续减少；城乡居民收入水平和生活质量普遍提高，价格总水平基本稳定，居住、交通、教育、文化、卫生和环境等方面的条件有较大改善；民主法制建设和精神文明建设取得新进展，社会治安和安全生产状况进一步好转，构建和谐社会取得新进步。这"七大"目标，涉及经济发展、能源消耗、自主创新、经济体制、对外开放、义务教育、城镇就业、社会保障、城乡差距缩小、经济环境、社会环境和自然环境改善等各个方面，是把科学发展观转化为可操作的发展目标体系的具体化。

"十一五"规划从这一目标体系出发，提出当前应该解决的"七个"重点任务：建设社会主义新农村，推进产业结构优化升级，促进区域协调发展，建设资源节约型、环境友好型社会，深化体制改革和提高对外开放水平，深入实施科教兴国战略和人才强国战略，推进社会主义和谐社会建设。七个重点任务集中解决的是城乡不和谐、区域不和谐、人与自然不和谐的问题，其核心依然是全面落实科学发展观。

全面落实科学发展观是实施"十一五"规划，实现经济社会又好又快发展的关键。"十一五"规划目标和任务确定之后，贯彻和落实科学发展观就成为关键。为了更好地贯彻落实科学发展观，实现经济社会又好又快的发展，"十一五"规划提出："十一五"时期，必须保持经济平稳快速发展，必须加快转变经济增长方式，必须提高自主创新能力，必须促进城乡区域协调发展，必须加强和谐社会建设，必须不断深化改革开放等"六个必须"。"六个必须"体现了全面落实科学发展观的基本要求，是相互联系和相互促进的，是实施"十一五"规划的根本原则。而"六个必须"原则，又是科学发展观与经济社会发展的客观实际相结合的产物，是科学发展观在我国经济社会发展处于关键时期的具体化。

科学发展观的实质要求是实现经济社会又好又快的发展。要实现科学发展观的这一要求，必须把握住保持经济平稳较快发展的重大原则；紧紧抓住经济结构战略性调整的主线；切实抓好大力转变经济增长方式的关键；坚持实现不断提高全国人民生活的根本目的。实施"十一五"规划的关键靠全面落实科学发展观，要把科学发展观贯穿到"十一五"规划的实施过程中，贯穿到改革开放和现代化建设的全过程中。只有用科学发展观武装人们的头脑，成为人们进行中国特色社会主义建设实践的指南，"十一五"规划的实施才能成为人们自觉的行动，才能真正实现经济社会又好又快的发展。

五、全面落实科学发展观需要进一步研究的几个问题

胡锦涛同志在十六届五中全会讲话中指出：树立和落实科学发展观，"推动'十一五'时期经济社会发展，首先要准确认识国际国内的发展环境，准确认识我国发展的阶段性特征，准确认识我国经济社会发展面临的主要问题，准确认识实现我国经济社会又好又快发展的基本要求。"我们应该以邓小平理论和"三个代表"重要思想为指导，按照胡锦涛同志提出的四个"准确认识"的要求，针对全面落实科学发展观的新的实际，研究并回答以下一些重大的理论和实践问题：

1. 深入研究我国经济社会发展所面临的国内外客观环境，准确判断和把握国内外形势的发展趋势和特点，认清有利和不利因素，趋利避害，充分把握促进科学发展的有利条件。

2. 深入研究我国正处于全面建设小康社会，加快推进社会主义现代化建设的新的发展阶段所呈现出的一系列阶段性特征，牢牢把握和切实用好战略机遇期，确定正确的发展目标、任务、方针和政策。

3. 深入研究我国经济社会发展所面临的突出矛盾和问题，以及我国经济运行中的突出矛盾和问题，提出解决问题的出路和措施。例如，如何从战略上提出促进农业增

产和农民增收，加快转变经济增长方式，提高自主创新能力等方面更有效的政策措施。

4. 深入研究我国经济社会发展中的一些长期性问题和深层次矛盾，提出解决问题的思路和措施。如涉及我国经济安全、能源安全、金融安全、文化安全等突出问题的解决思路和措施。

5. 深入研究我国社会事业发展相对滞后的突出问题，提出解决问题的思路和措施，如如何大力推进教育、卫生、文化等事业加快发展的问题。

6. 深入研究关系群众切身利益的一些重大问题，正确处理人民内部矛盾，提出解决收入差距持续扩大、就业、看病难看病贵、教育高收费、打官司难、城乡低收入群众基本生活保障、生态环境保护、安全事故频发、群体性事件增多等方面的问题。

7. 深入研究科学发展观的内涵、目标和要求，探索有利于科学发展观全面落实的指标考核体系，探索有利于科学发展观全面落实的制度、体制和机制体系，切实把科学发展观贯彻于经济社会发展全过程，落实到经济社会发展的各个环节。

无论是从事理论研究工作，还是从事实际工作，都要学会运用马克思主义的世界观方法论，学会运用邓小平理论和"三个代表"重要思想，学会运用科学发展观，分析、说明、回答、解决我国经济社会发展中的一系列矛盾和问题，正确指导发展，科学推进发展。

从马克思主义世界观、方法论的高度，深刻理解科学发展观的科学内涵，真正树立和落实科学发展观[*]

　　发展观是对社会发展一般进程的客观规律的认识和把握，正确的发展观是对社会发展客观规律的正确认识和科学把握，错误的发展观是对社会发展规律的错误认识和把握。不同的发展观，在实践上对经济社会发展产生不同的导向作用，正确的发展观是正确的导向，错误的发展观是错误的导向，不同的发展观会导向不同的发展结局。

　　当前我国经济社会发展中出现的一系列失衡问题，和我们领导干部头脑中发展观念的导向作用是有关联的。有些领导干部把"发展也是硬道理"，误解为"只有经济增长才是硬道理"；把"发展是执政兴国第一要务"误解为"经济增长是执政兴国唯一要务"；把"以经济建设为中

　　* 本文是作者为中共中央党校出版社 2004 年出版的《科学发展观干部读本》一书所作的序，主要内容发表于 2004 年 5 月 31 日《人民日报》。

心"误解为"以 GDP 为中心";把"GDP"误解为"单一的社会发展指标";把发展的最终目的误解为追求单一的经济目标;把发展误解为短期的、一时的经济增长行为。消除当前我国经济社会发展的不健康、不协调的问题,促进经济社会全面、协调、健康、快速发展,在领导干部中一定要破除发展是单一的经济增长,发展是单一的发展"GDP",而忽视社会全面发展的片面发展观;一定要破除发展的最终目的就是追求单纯的经济指标,而忽视人的全面发展的只见物不见人的片面发展观;一定要破除只顾眼前而不顾长远的发展短期化的思路,而忽视可持续发展的片面发展观。

科学发展观是建立在马克思主义世界观方法论基础上的,是受更高层次的马克思主义理论指导的。要树立科学发展观,必须从马克思主义世界观方法论的高度,从马克思主义理论上搞清问题。只有理论上清醒和彻底,在发展观念问题上才能清醒和彻底。

一、一定要从辩证思维方式出发,认识和把握好科学发展观

从世界观方法论上说,错误的片面的发展观就是离开了唯物主义辩证法,在思维方法上,陷进了主观主义、形而上学的世界观和方法论的误区,说到底是偏离了唯物辩证法的世界观和方法论。

唯物辩证法是观察、分析发展问题的最根本的世界观

方法论，一定要从辩证的思维方式出发解决好对发展的科学认识问题。什么叫发展？唯物辩证法的最基本观点认为，一切事物都是运动的，运动是绝对的，静止是相对的。事物运动可以有不同方向的运动、不同形态的运动，比如有向上的运动，有向下的运动；有前进的运动，有后退的运动；有可持续式的运动，也有间歇式的运动。发展是事物的一种运动状态，但又不是事物的一般的运动状态，而是特指事物向前，而不是倒退的前进运动；是向上的，而不是向下的由低级向高级进步的运动；是由小到大的，由旧到新的，由落后到先进的，不断地推陈出新的创新运动。在原有基础上的重复，甚至倒退的运动都不是发展。当然，发展作为事物运动的状态也有快、有慢；有单一的、有全方位的；有不平衡的、有均衡的；有不协调的、有协调的；有一时的，也有持续的。也就是说发展有正常的、健康的、协调的、全面的、合理的，也有不正常的、不健康的、不协调的、不全面的、不合理的。总之，从唯物辩证法的世界观方法论意义上讲，发展就是事物辩证的运动过程。事物包括自然事物和社会事物。科学发展观就是辩证的发展观。

如何全面把握辩证的发展观呢？

第一，辩证的发展观就是对立统一的发展观。

什么叫辩证的发展观，首先要从辩证法的根本规律的角度来认识。矛盾是辩证法的根本法则，是一切事物存在的根本规律，是事物发展的根本原因。矛盾是事物存在的普遍法则，矛盾无处不在、无时不有；一切事物发展的根本原因，在于事物本身的内在矛盾，矛盾是事物发展的根本原因，旧矛盾解决了，新矛盾又产生了；矛盾是事物客观存在的特性，矛盾是客观存在的，不以人的意志为转移，矛盾本身无所谓好，也无所谓坏，矛盾的解决才是好事，矛盾的积累不解决是坏事，前者是前进，后者是倒退。辩证的发展观实质上是矛盾的发展观，具体讲，旧矛盾解决，新矛盾又出来了，往复循环，事物才向前发展，有矛盾才发展，事物是以矛盾发展为动力的。发展就是事物内部矛盾不断产生、发展和解决的过程，辩证的发展就是对立统一的发展过程。

科学发展观，从根本上说，其哲学依据就是发现矛盾、认识矛盾、解决矛盾的马克思主义哲学观。说到底，就是运用马克思主义哲学辩证法的世界观方法论解决社会发展过程中的一系列矛盾。讲科学的发展观，就一定要高度重视和认识当前经济社会生活中的一系列矛盾和人民内部的一系列矛盾，对这些矛盾有清醒的认识，提出适当的解决办法，加以解决。

斯大林在领导苏联社会主义建设和发展的历史过程中，取得了很大成绩，但由于没有前人的经验可以借鉴，一定程度上离开了辩证唯物主义，陷入了形而上学和唯心主义，在社会主义建设和发展过程中犯了不可弥补的严重失误。从辩证的发展观角度来总结，斯大林没有正确认识和处理苏联社会主义经济社会发展中的一系列矛盾，导致矛盾积累、恶化，直至激化，发展到1989年急剧爆发，这是苏联解体的一个深层次的主观原因。

第二，辩证的发展观就是全面的发展观。

辩证的发展观，还要从"系统的集合体"、"过程的集合体"的角度来认识。任何事物发展都是一个系统的发展过程，事物发展的本身就是一个系统工程。发展是一个具有丰富内涵的过程，也是一项全面的系统工程。因此，在发展过程中要全面地兼顾到系统构成的各个要素，事物辩证的发展应当是系统的、全面的、保持内在各要素均衡的发展。也就是说，任何健康的发展，都应当是全面的发展，而不能是片面的、畸形的、不均衡的发展。发展是辩证的，就应该是全面的发展，不能是单一突进的发展。比如说小孩，如果光长个子，个子疯长，四肢不发达，大脑不发达，小孩长的再高，也不是全面的健康的成长。科学发展观是全面的发展观。

社会发展是全面的，必须看到它是一个经济社会发展的系统工程，必须系统、全面、协调地推进经济社会发展。只有经济增长，忽视其他发展，最终是其他社会发展拖住经济增长的后腿，整体发展还是上不去；只有城市发展，不解决农村发展问题，农村拖住城市后腿，最终整体发展还是上不去；没有农民的小康，就没有全国的小康；只有东部、沿海地区的发展，不大力推进中西部发展，如西部大开发，中部崛起，振兴东北老工业基地，也不行。

第三，辩证的发展观就是协调的发展观。

辩证法的一个普遍原则就是认为事物是普遍联系的。一事物不是孤立存在的，而是在与他事物的普遍联系中存在的，一事物离开与他事物的联系，就谈不上存在，更谈不上发展。普遍联系，实质上就是讲，事物的发展必然是协调的、兼顾的、对称的，照顾他方的发展，否则就是畸形的发展，甚至是倒退和停顿。因此，发展是协调的，一个孩子的发育成长，不能脑袋越来越大，腿越来越细或者肚子越来越大，这些都不协调，事物发展如此，社会发展也是如此。辩证的发展就是协调的发展观。

第四，辩证的发展观就是可持续的发展观。

辩证的发展观，还要从连续的、匀速的，保持一定后发力的角度来认识。辩证法讲发展，是要求连续的发展，保持内在后发力的发展。辩证发展是连续性的、有后续的发展。比如，老百姓讲"不怕慢，就怕站；不怕慢，就怕停；不怕慢，就怕时好时坏"。任何一个事物的发展，包括社会发展，一定要有可持续的发展能力。因此，健康的、正常的发展应是持续的、内在的、有后劲的发展，科学发展观就是可持续的发展观。

从世界各国发展的历史和现实来看，可持续的发展必须注重三个资源的可持续性：一是物的资源的可持续性。自然资源、环境、能源等等，能否支持经济社会的可持续发展，是我们必须考虑的发展战略问题。从资源和环境方面看，我国可持续发展形势严峻。人均水资源仅相当于世界人均水量的 $1/4$，约 $1/6$ 的中国城市缺水，水资源短缺已成为制约中国经济社会发展的重要因素；能源短缺问题严重，人均能源资源占有量不到世界人均的一半，石油仅为 $1/10$。二是人文资源的可持续性。人才资源是关键性资源，知识、信息、文化资源是重要资源，人文资源是不可或缺的重要资源。教育科技文化卫生等社会事业发展不足，人才资源、文化资源、知识资源也会面临枯竭和耗尽。在某种情况下，人文资源的缺乏比物的资源缺乏更可怕。世界发展史中，很多资源匮乏的小国，靠人文资源发展很快，比如新加坡、以色列。在对待可持续发展资源问题上，也要反对认为人文资源不是可持续性资源的错误倾向。三是政治资源的可持续性。良好的民主政治、健全的法律体系、稳定的政治格局、坚强的领导核心，这些都是可持续发展的必不可少的政治资源。任何一个动荡的、秩序紊乱、政治文明不发达的国家都是无法正常持续发展的。轻视物质资源不行，轻视人文资源、政治资源也不行。

从马克思主义哲学辩证法来看，发展应该是辩证的发展，辩证的发展是对立统一的发展，是全面的发展，是协调的发展，是可持续的发展。从哲学角度讲，什么叫全面，因为有不全面，即孤立的、片面的、零散的、单一的，才有全面；什么叫协调，因为有了矛盾，解决不了，互相冲突、对立，不协调了，才有协调；没有后劲、后发力不行，发展一阵子就停下来了，也就没有可持续发展能力了。所以，全面的、协调的、可持续的，都是回答辩证发展问题的，辩证的发展才是健康的、健全的、合理的、有益的发展。

二、一定要从马克思主义历史观出发, 认识和把握好科学发展观

错误的、片面的发展观念还可以从历史观方面找到其产生的理论根源。马克思主义哲学历史观,即历史唯物主义,是马克思主义关于社会发展问题的哲学说明,是说明社会历史发展规律的世界观和方法论。破除错误的发展观念,一定要从马克思主义哲学历史观高度搞清问题。

马克思主义哲学历史观,主要从两个方面加以理解和把握。第一个方面,是历史决定论。认为社会发展的最终力量就是物质的生产资料、物质的生产力,这是一切社会向前发展的根本动力。所有的社会历史发展,归根结底,是生产力的东西、经济的东西、物质的东西所决定的。所以社会存在决定社会意识。马克思主义发展观最重要的首先就是发展生产力、解放生产力,发展归根到底首先是解决好生产力的发展。

马克思主义历史观的第二个方面,是历史辩证法。马克思主义历史观强调社会发展,不能仅仅把经济、生产力归结为是发展的唯一因素,要讲政治、文化、思想各方面因素在整体社会发展中的制约作用,任何一个社会的发展都是在解决矛盾过程中来发展的,社会发展是全面的、协调的、可持续的发展。

我们可以看到,在马克思主义历史观的基本观点中,总是既讲重点方面,又强调其他方面因素的作用。

第一，既强调人和社会发展的特殊性，又强调了自然因素对社会与人发展的制约性。人的发展、社会的发展与自然界密切联系、相互制约，构成了统一的自然历史过程，人是社会发展的积极的能动的主体，而人的发展、社会的发展又依赖于自然的发展，自然的发展制约人的发展、社会的发展。人类社会的存在和发展一刻也离不开自然，人及其社会对自然有相当程度的依赖性，人类发展一定要做到人与自然的和谐协调发展。

第二，既强调人类的社会存在决定社会意识，又强调社会意识反作用于社会存在。社会存在和社会意识是历史唯物主义最基本的范畴，它是历史唯物主义对人类全部社会生活过程的高度概括。社会存在主要是指人们的物质生活过程，主要是物质资料的生产过程，以及人们在这种过程中结成的物质的社会关系。作为社会存在的物质资料的生产方式是社会发展的决定力量，是决定社会发展的第一个因素。影响社会发展的第二个因素是地理环境，也就是人生活的一切周围的自然环境，第三个因素是人口因素，也就是人本身的自然。物质资料的生产方式是社会赖以存在和发展的决定性的物质基础和前提，而地理环境和人口因素是社会赖以存在的重要的物质条件。社会存在还有一部分，即与物质的生产方式相适应的上层建筑。社会意识是指人们的社会精神生活过程，它是社会存在的反映。社会意识包括社会心理，这是社会意识的第一个因素，比如说，情感、感觉、情绪等等。第二个因素是系统化、理论化的各种社会意识形式，比如政治思想、法律思想、道德、艺术、科学、哲学、宗教等等。社会存在与社会意识具有对立统一的辩证关系,社会存在是第一位的,社会存在决定社会意识。但社会存在和社会意识是辩证关系,社会意识相对社会存在来说具有相对独立性和反作用力。人类社会的发展要受到政治因素、文化因素、意识形态因素和其他社会因素的制约。

第三,既强调物质、经济、生产力的最终决定作用,又强调生产关系、上层建筑、政治、文化的反作用。社会生活在本质上是实践的,物质的生产方式是人类社会的前提和基础,物质生产力是人类社会发展的根本动力,人类社会是在生产力与生产关系、经济基础与上层建筑的矛盾运动中发展的。社会存在决定社会意识,说到底,就是社会存在中的物质的生产方式,归根结底是生产力决定人类社会,构成人类社会的全部前提和基础。"物质生活的生产方式制约着整个社会生活、政治生活和精神生活的过程。"① 人类物质生活的生产方式制约着整个社会生活、政治生活和精神生活。也就是说,生产力决定生产关系乃至上层建筑,经济决定政治、文化,物质生活决定人类政治生活和精神生活,物质文明决定政治文明和精神文明。归根结底,生产力是决定社会发展的根本力量。但是,反过来生产关系影响制约生产力,上层建筑影响制约生产关系。相对生产力来说,生产关系具有一定的相对独立性和反作用力,相对经济基础来说,上层建筑具有一定的相对

① 《马克思恩格斯选集》第2卷,人民出版社1995年版,第32页。

独立性和反作用力。从这个意义上讲，生产关系的具体形式，也就是生产关系的具体体制和机制，上层建筑的具体形式，也就是说上层建筑的具体体制和机制，反过来对生产力有制约和影响的作用。这种制约和影响作用表现为两个作用，一是促进作用，一是阻碍作用。如果生产关系和上层建筑的体制和机制适应生产力的发展，就会推进生产力的发展。如果生产关系和上层建筑的体制和机制不适应生产力的发展，反过来就会制约和破坏生产力的发展。

第四，既强调人类社会发展本身是一个辩证的、矛盾的发展过程，又强调人类社会发展本身是一个追求协调的、和谐的发展过程。人类社会的过程是充满矛盾的，旧的矛盾解决了，新的矛盾又发生了，人类社会发展的过程就是不断解决矛盾的过程，人类社会发展的内在动力就是社会矛盾的不断解决。马克思主义辩证法告诉我们，事物的发展过程就是对立统一的过程，对立就是矛盾，统一就是和谐，不断地解决矛盾，求得和谐与统一，是事物发展的辩证法，也是社会发展的辩证法。马克思主义历史观在强调发现社会矛盾、认识社会矛盾、解决社会矛盾的同时，同样强调通过解决矛盾求得社会一致、统一与和谐。

关于科学发展观，马克思主义历史观主要是强调两点：一是强调科学发展观是有重点的发展观，重点就是抓住最主要的东西，决定性的东西，就是生产力、经济、物质的东西，这是重点的发展观。二是强调科学发展观又是关于社会辩证法的发展观。什么是关于社会辩证法的发展观呢？就是讲重点的时候，还要讲其他因素的作用，讲全面、协调、可持续的发展。社会发展不等于单纯的经济增长,它内在地包括稳定、公平、民主、价值等社会和人全面发展的诸要素,是一个全面系统的过程。马克思主义的科学发展观是重点发展观,同时又是全面的、协调的、可持续的发展观。

总而言之,只有全面理解马克思主义经济社会形态理论,才能认识和把握好科学发展观。认为发展只有经济增长,忽视社会全面发展,在理论上的一个误区就是没有全面理解马克思主义的经济社会形态理论。根据马克思主义的经济社会形态理论,可以把人类社会结构分为两大部分,一部分是社会存在,即物质生活及其过程;另一部分是社会意识,即精神生活及其过程。再进一步划分,可以分为三大部分,可以把产生于物质生活的政治生活划分出来。从人类社会生活角度,可以划分为物质生活、政治生活和精神生活或经济生活、政治生活和文化生活;从社会文明角度,可以划分为物质文明、政治文明和精神文明;从社会构架角度,可以划分为生产力、生产关系(经济基础)和上层建筑,上层建筑又分两个部分:一是政治上层建筑,一是意识形态的上层建筑;从社会领域角度,可以划分为经济、政治、文化。社会存在决定社会意识;物质生活决定政治生活、精神生活;物质文明决定政治文明、精神文明;经济决定政治、文化;生产力决定生产关系,经济基础决定上层建筑。反过来,社会意识对社会存在,精神对物质,上层建筑对经济基础从而对生产力,起制约和反作用。文化、政治,精神文明、政治文明反过来对经济、物质文明又起制约和反作用。社会发展三大部分缺一不可，社会发展是社会各因素相互作用的结果。按照经济社会形态理论，经济增长是基础和前提，但它只是整个社会发展的一部分，忽视政治文明建设，忽视精神文明建设，忽视各项社会事业的发展，最终要付出沉重的社会代价。

只有全面理解马克思主义的全面生产理论，才能认识和把握好科学发展观。认为马克思主义生产理论只讲物质生产资料的生产，不讲其他，又是一个理论上的误区。马克思主义全面生产理论的主要内容有：（1）物质生活资料的生产，即物质生产。（2）人自身的生产，即人口的生产。（3）精神生产。主要是指思想、观念、意识、宗教、法、道德、理论等精神产品的生产。（4）社会关系的生产。人类在生产过程中，生产出家庭，生产出国家，生产出更为复杂的社会。以上四个方面的生产相互渗透、相互关联，构成马克思主义全面生产理论的基本内容。学习马克思主义全面生产理论，可以划清马克思主义历史观同"经济是唯一决定因素"的庸俗唯物主义历史观的本质区别。可以搞清发展不是单一的经济增长，而是社会的全面发展，人们的全面生产不是指单一的物质生产，而是包括人、精神、文化、社会的生产。

只有全面理解马克思主义人的全面发展理论，才能认识和把握好科学发展观。在解决经济社会发展问题过程中，只见物不见人，只讲经济增长，忽视社会和人的全面发展，也是一个理论误区。以人为本，解决经济社会协调发展问题,必须弄清"发展的目的是什么,发展的动力是什么,发展的主体又是什么"。有一种错误的观点认为,马克思主义的历史唯物论只重视物,不重视人,是人的缺位理论,这是错误的。实际上,马克思主义的历史唯物论就是从现实的人出发,以现实的人的发展为目的的社会发展理论。正是从这样一个历史观出发,马克思主义把人作为社会发展的主体,作为社会发展的目的,把努力促进人的全面发展作为创建未来社会的本质规定。马克思主义关于人的全面发展的理论是在批判资本主义弊病的基础上提出来的。在18世纪到19世纪期间,资本主义社会获得了前所未有的发展,但是资本主义物质财富的增长是以牺牲人的全面发展为代价,是物对人的统治,人不仅成为创造物质财富的手段,也成为物的奴隶。马克思恩格斯强烈地批判了资本主义社会非人道的社会弊端,希望建立以每个人的自由、平等和全面发展为基础的新社会,认为在未来的新社会,不是物对人的统治,而是物为人的全面发展这一目的服务。

社会主义建设和发展的历史经验教训表明,必须以人为本,把推进人的全面发展作为社会主义发展的根本目的。以人为本,就是以人为根本,以人为核心,以人为基础,以人的全面发展需要为最终目的,要满足人的生存、安全、健康等自然需要,满足人的民主权利、人的公平公正要求、人的全面素质提高、人的价值实现、人的精神文化满足等社会需要,关心人,尊重人,爱护人,解放人,发展人,一切依靠人民,一切为了人民,把满足人民的物质文化需要，有利于人民的全面发展作为推动经济社会发展的根本出发点和最终归宿。

三、一定要从马克思主义认识论出发，认识和把握好科学发展观

　　错误的片面的发展观还可以从认识论上找到其产生的理论根源，说到底，其实质就是离开实事求是的基本原则，离开一切从实际出发、从客观规律出发的马克思主义认识论的基本原理。当前我国经济社会发展中出现的一系列问题，很大程度上是因为一些领导干部主观臆断，盲目办事，不尊重发展的客观规律，不按规律办事所造成的。

　　树立和落实科学发展观，关键在于尊重和把握客观规律，按照客观规律办事，这是树立和落实科学发展观首先要解决的基本问题，也是科学发展观本身的重要内容。正确认识客观规律，尊重事物发展的客观规律，按事物发展的客观规律办事，在这个基础上，充分发挥人的主观能动性和创造性，积极推进经济社会的健康发展，这就是科学发展观。

　　客观规律和人的主观能动性的关系问题是马克思主义哲学的一个基本问题。人的主观能动性是受客观条件、客观规律制约的，人只有在一定的客观条件下，按照客观规律办事才能创造历史，当然人又不是无条件的受制于客观条件、客观规律，对于客观条件、客观规律具有一定的主观能动性。按照马克思主义哲学观点，任何事物，无论是

自然,还是社会,还是人类思维都存在不以人的意志为转移的客观规律,人们只有尊重规律、认识规律、把握规律,按照规律去办事,才能最大限度地发挥人自身的能动性和创造性。反之,就会受到客观规律的惩罚。自然有其固有的客观规律,社会发展也有其固有的客观规律,社会发展规律是不依赖于人的主观意志为转移的客观的必然的历史过程。社会规律,既是自然规律的一部分,同时又有别于自然规律。社会规律与自然规律相区别的主要特点是,在纯粹自然界中,自然规律是没有人参与的,是通过各种事物包括动物的无意识的相互作用表现出来。而在社会中,社会规律是由人参与的,是通过人的有意识活动体现出来的。有了人的有意识的创造活动,社会规律还是客观的吗?历史唯心主义认为,历史完全是人的主观创造的,人们是可以随心所欲创造历史的,否认社会历史发展是客观的,是有规律性的。还有一种庸俗的唯物主义观点,认为人在自然面前、在社会历史面前是毫无作为的,人必须无条件地服从历史,否认了人在历史发展进程中的主观创造性和能动性,这种观点也是错误的。

人们创造历史的活动不是随意的,而要受到社会发展客观规律的制约,这种制约性主要是通过社会规律起作用的社会条件所表现出来的。社会条件就是人们从事历史活动的条件,主要包括客观条件和主观条件。人们创造历史的活动不能不受到一定条件的制约。首先,人们的创造活动受到人们生活的自然条件的限制,也就是受到自然规律的限制,社会规律说到底还是自然规律。其次,人的创造活动还受到经济条件特别是社会生产力发展水平的制约，即经济规律的限制。再次，人的活动要受到政治条件和政治制度及其体制的制约，即政治规律的限制。还有，人的活动还要受到主观思想条件的制约，如意识形态条件、文化传统条件，活动主体本身的主观认识条件，等等。总的来说，社会条件对人们来说是创造历史活动的客观制约因素，它从根本上决定人们创造历史活动的内容、性质、方式、发展方向和结果。

制约人们的社会条件表现为不以人们的意志为转移的自然规律和社会规律。社会规律包括经济发展规律、政治发展规律、文化发展规律、人自身发展规律、人的思维发展规律，等等。人们在创造历史的活动中必须要处理人的主观能动性同客观规律的关系，要学会按照规律办事，如果违背规律的话，人就会受到规律的惩罚。

以自然规律为例，人类所处的自然环境是有其客观规律的，如气候变化规律、生态平衡规律、一些自然资源的不能再生规律，等等。人类认识和掌握自然规律，一方面要利用和改造自然，另一方面要善待和尊重自然，与自然和谐相处。任何人为的创造活动绝不能超出自然所能承受的程度，绝不能为所欲为地掠夺、破坏自然。违背了自然规律，必然受到大自然的报复和惩罚。人一定要有"人定胜天"的精神气概，要敢于与大自然斗争，但是，又不要过分陶醉于人类对自然界的"胜利"，对于每一次人对自然过分的"胜利"，自然界都会对我们进行报复。要懂得与大自然和谐相处。我国古代有许多关于人与自然和谐相处的辩证关系的例证，大舜治水就是尊重自然规律以疏导为主来治水，都江堰不但是我国古代的伟大水利工程，同时也是人与自然和谐相处的典范工程，人们要在改造、利用自然的过程中懂得如何与大自然相处的道理。

以社会发展规律为例，社会发展有其自身发展的客观规律，如社会的生产力与生产关系相适应的规律，上层建筑与经济关系相适应的规律，等等。不懂社会发展规律，生产关系对生产力，上层建筑对经济基础，无论超前，还是落后，都会出现问题。这就比如小孩子穿鞋，鞋大了不跟脚，小孩子跑不快，鞋小了，小孩子也跑不好。整个社会是经济、政治、文化协调发展，社会发展一定按照物质文明、精神文明、政治文明统筹协调发展规律来推进。

以经济规律为例，市场经济发展中的价值规律、资本循环规律、供求规律、竞争规律、分配规律等，这些规律虽然都有人的因素的作用，但都是客观存在的，必须要尊重这些规律。比如说，在经济发展过程中，计划经济体制，并不是错在有计划上，而是错在计划经济体制超越了我国社会发展的客观规律。所谓计划起作用，实际上是脱离实际的主观想象，行政命令和长官意志发生作用。经过长期探索，我国终于选择了市场经济体制，打破过去根深蒂固的社会主义不能搞市场经济的传统观念，这是符合我国经济发展的客观规律的。在经济发展中还有很多规律，企业发展必须按企业的规律来办事，宏观控制要按宏观经济运行规律来办事，等等。经济工作是讲成本的，成本意识淡漠、大手大脚、铺张浪费严重，甚至为了私利不惜劳民伤财，搞什么"政绩工程"、"形象工程"，最终结果不是发展经济而是破坏经济。能源消耗也要符合经济发展规律，据有关部门计算，目前我国单位 GDP 的能耗是世界平均水平的 2.6 倍，与发达国家相比差距更大了。如果降低到世界平均水平，能节约多少能源，降低多少成本，减少多少污染！

总的来说，正确处理好人的主观能动性和客观规律之间的关系，是解决全面、协调、可持续发展的关键问题。发展应尊重自然规律和社会规律。我国是一个人口众多、资源相对不足的大国，随着向工业文明的迈进，人口、生态、环境、资源等矛盾日益突出，成为制约发展的瓶颈。把控制人口、保护生态和环境、节约资源放到更加重要的位置，使人口增长与社会生产力相适应，使经济建设与生态、环境、资源相协调，我们才能实现发展的良性循环。绝不能"一地致富，八方遭殃"，绝不能"吃祖宗饭，砸子孙碗"。发展，就应该在自然界承受能力和更新能力允许的范围内，实现经济社会的持续健康发展和人与自然的和谐，推进整个社会走上生产发展、生活富裕、生态良好的文明发展之路。

关于构建社会主义
和谐社会的若干哲学问题*

本文就构建社会主义和谐社会的若干哲学问题，提出一些看法，与读者们商榷。

一

党的十六届六中全会作出构建社会主义和谐社会的重要决定，提出社会和谐是社会主义的本质属性这样重大命题，形成了我们党关于社会主义和谐社会理论，这是在新世纪新阶段以胡锦涛为总书记的党中央，自十六大以来以邓小平理论和"三个代表"重要思想为指导所提出来的重大战略思想，是对邓小平理论和"三个代表"重要思想的继承、丰富和发展，同邓小平理论和"三个代表"

---

* 本文是作者出席桂林"邓小平理论与构建社会主义和谐社会研讨会"上的发言，发表于《理论前沿》2007 年第 3 期。

重要思想一样，也是马克思主义中国化的最新成果。

第一，社会主义和谐社会理论首先深化了对社会主义本质及其主要特征的认识，拓宽了对中国特色社会主义的认识视野。

关于社会主义本质，即"什么是社会主义"问题，邓小平同志指出，社会主义就是解放和发展生产力，消灭两极分化，最终达到共同富裕。什么是本质，什么又是本质属性？从哲学上来说，本质与本质属性是互相紧密联系的两层含义。当人们面对客观世界时，首先展现在人们面前的是千变万化的、丰富多彩的各种客观现象，而在这些客观现象背后隐藏着的是事物的本质。现象是人们通过自己的感官可以感觉到的，即可以看到、听到、触摸到的客观事物的具体表征，是人们可以通过感性认识到的。而本质则是通过理性思维才能认识到的，直接通过感官是无法直接感觉到、接触到的。比如说，什么叫狗？人们看到的是大狗、小狗、公狗、母狗、黄狗、黑狗……这些具体的狗，谁也没有见到不公不母、不大不小的抽象的狗，狗是对特殊的、具体的狗的共同本质的抽象概括，是人们对具体狗的普遍本性的理性思维的认识。中国古代"白马非马"的哲学命题，也是这个道理。本质是事物的内在的联系，是事物相对稳定的最一般、最共同的东西，体现了该事物不是他事物的最根本的区别点和特殊性。事物的本质是由事物内在的矛盾决定的，事物的特殊矛盾决定了事物的特殊本质。本质是相对稳定的，是事物的内在的、隐蔽的、深刻的，也是最根本、最一般、最普遍、最共同的东西，一个事物的最本质的东西一般来说只有一个。而现象则是易变的、表面的、多个的、具体的。本质属性，则是由事物本质所决定的，所表现出来的主要特征。从哲学认识论上来看，本质与本质属性，密不可分，但还不完全是一回事。社会主义本质就是邓小平同志所概括的科学论断。社会主义的本质属性则是由社会主义本质所决定的主要特征。中国特色社会主义是富强的、民主的、文明的社会主义，富强、民主、文明应该是社会主义的主要特征，即本质属性。现在我们对社会主义主要特征的认识，又深化了，认识到"和谐"也是社会主义社会本质的主要特征要求。富强就是生产力要发展，经济要发达，经济总量、综合国力、人民生活水平要提高；民主就是要给人民充分的民主权利，建立社会主义的民主政治；文明就是要建立社会主义文明，包括社会主义物质文明、精神文明、政治文明；和谐就是社会主义要共同富裕，不能两极分化，要相互和睦，不能相互争斗，要利益互惠，不能利益对立。因此，社会和谐是社会主义的主要特征，是社会主义的本质属性。构建社会主义和谐社会则是对社会主义本质属性和主要特征认识的深化，是对"什么是社会主义、怎么建设社会主义"问题的更进一步回答。邓小平同志科学地、系统地，也是第一次地回答了"什么是社会主义、怎么建设社会主义"问题。"三个代表"重要思想进一步回答了"什么是社会主义、怎么建设社会主义"问题。社会主义和谐社会理论又进一步回答了"什么是社会主义、怎么建设社会主义"问题，是对"什么是社会主义，怎样建设社会主义"，即对社会主义本质及其所决定的本质属性或主要特征的认识的深化。

第二，深化了关于社会主义建设理论和指导思想的认识，拓宽了对社会主义发展规律的认识视野。

关于中国特色社会主义建设理论和指导思想，从毛泽东同志领导中国社会主义建设就开始进行了探索。毛泽东同志对中国社会主义建设的探索既有成功的经验，也有失败的教训，他提出的许多正确的思想构成了邓小平理论的基础、前提和来源。邓小平理论是解决中国特色社会主义建设的正确的理论和指导思想，是对毛泽东同志关于中国社会主义建设正确思想的丰富和发展。"三个代表"重要思想进一步回答了中国特色社会主义为什么建设、怎么建设、建设什么的问题，丰富和发展了邓小平同志关于中国特色社会主义建设的理论和指导思想。以胡锦涛为总书记的党中央自十六大以来，提出了科学发展观和构建社会主义和谐社会等一系列重大战略思想，进一步回答了中国特色社会主义为什么建设、怎么建设、建设什么的问题，也是对毛泽东思想、邓小平理论、"三个代表"重要思想关于中国特色社会主义建设理论和指导思想的继承、丰富和发展。关于中国特色社会主义建设，邓小平同志提出建设社会主义物质文明和精神文明，要"两手抓、两手都要硬"的思想。"三个代表"重要思想提出社会主义政治文明建设的重要思想。在这个基础上，以胡锦涛同志为总书记的党中央提出，要进行社会主义政治文明、物质文明、精神文明建设，还要加大社会管理力度，要进行和谐社会的建设，提出经济建设、文化建设、政治建设和社会建设的"四位一体"的战略任务。

第三，深化了对共产党作为执政党的执政任务的认识，拓宽了对共产党执政规律的认识视野。

关于共产党自身的建设问题，即建设一个"什么样的党，怎样建设党"的问题，马克思恩格斯从发表《共产党宣言》开始，到亲手缔造工人阶级的政党组织，在领导欧洲工人阶级斗争实践中，形成了马克思主义最初的党建理论，开始了对工人阶级政党自身发展规律的认识。列宁在领导俄国社会主义革命和工人阶级政党建设的实践中，进一步回答了在无产阶级革命时期，建设一个"什么样的党，怎样建设党"的问题，深化了对工人阶级政党自身发展规律的认识，形成了通过武装斗争夺取政权的、领导革命斗争的工人阶级政党的自身建设理论。毛泽东同志在落后的中国领导新民主主义革命和社会主义革命的实践中，创造性地回答在落后的中国，领导武装斗争夺取政权的工人阶级政党，要建设成一个"什么样的党，怎样建设党"的问题，针对中国工人阶级力量薄弱，农民阶级为主要成分的特点，提出了从思想上建党的具有创新性的党建理论，深化了对工人阶级政党自身发展规律的认识。从马克思主义的党建理论发展历史来看，从马克思、恩格斯、列宁到毛泽东，他们解决的都是作为领导革命斗争的工人阶级政党的自身建设问题。在社会主义建设时期，尽管他们在不同程度上也提出了共产党作为执政党自身建设的问题和思路，但并没有把执政党建设问题作为一个根本性、全局性问题提出来并加以解决。邓小平同志明确提出"建设一个什么样的执政党"问题，提出了在社会主义市场经济和改革开放条件下执政党建设思想，深化了对社会主义市场经济和改革开放条件下共产党执政规律的认识。"三个代表"重要思想系统、科学地回答了在社会主义市场经济和改革开放条件下共产党作为执政党的建设问题。在社会主义建设时期，特别是在社会主义市场经济条件下，对于共产党作为执政党来说，从执政理念到执政任务、执政方略、执政方式等几个方面都提出了自身建设的一系列的重大问题，对这些重大问题的认识，实质上就是对共产党执政规律的认识。社会主义和谐社会理论，从执政党的执政任务高度，进一步深化了共产党执政规律的认识，丰富和发展了邓小平理论、"三个代表"重要思想关于执政党建设理论。

总之，社会主义和谐社会理论是马克思主义中国化的最新成果，拓宽了我们党对人类社会发展规律，社会主义发展规律，共产党执政规律的认识视野，是对邓小平理论、"三个代表"重要思想的继承、丰富和发展，形成了马克思主义中国化的最新认识成果。

二

从哲学角度，深入探索研究社会主义和谐社会理论与社会主义和谐社会建设问题，可以考虑得更深一些。

第一，和谐和矛盾。

为什么要提出社会主义和谐社会建设问题。社会主义和谐社会建设的命题不是从理论出发提出来的，而是从活生生的现实生活中提出来的。因为有矛盾才要求和谐，没有矛盾怎么会要求和谐？我国社会主义改革开放事业发展到今天，既取得了举世瞩目的伟大成就，同时又出现并遇到一系列新问题、新矛盾，这些问题和矛盾是影响当前我国社会稳定、和谐的隐患，严重地制约了中国特色社会主义事业的进一步发展。正因为有矛盾，而且这些矛盾还比较突出、比较紧张、比较尖锐，所以才提出构建社会主义和谐社会问题。说到这个问题的时候，有的同志说，"不是说现在成绩很大吗？就 GDP 来说，已经排到世界第四位了"。我们 50 岁以上年龄的人，都曾记得"大跃进"中提出"超英赶美"的口号，超过英国，赶上美国。现在，把英国赶上了，法国落在我们后面，在我们前面的是美国、日本、德国。我国外汇储备已经超过 1 万亿美元，人均 GDP 已经达到了 2000 美元，我国的经济实力、综合国力、人均生活水平迅速提升。改革开放 28 年，成绩那么大，但为什么矛盾和问题又会那么多呢？我认为，这就要辩证地看问题。邓小平同志 20 世纪 90 年代初就讲过，现在看来，发展起来了的问题不比不发展的时候少。这是什么意思呢？就是说，发展了，问题反而多了，不发展，问题没那么多。发展起来，问题反而多了，这就是辩证法。道理很简单，"文化大革命"之前和"文化大革命"期间，我们没有发展起来，最大一个问题就是老百姓吃不上饭，吃不好饭，归结起来就一个问题，穷。虽然穷，但大家都穷，平均主义，大家都差不多，仇官仇富心理不像现在这么厉害，或者说，几乎没有。你大学毕业40多块钱，我大学毕业也是40多块钱，你干到老，八级工，我干到老，也差不多。全国上下，凭票供应，四两肉，二两油，二三十斤粮食，其中有点大米和白面，其余大部分是粗粮，东北是高粱米，河北、北京是玉米面，到南方就是糙米了，大家都差不多。因此暴露出来的矛盾和问题并不是那么多，"穷"就是最大的问题了。现在发展起来了，大家吃好了，吃肉、吃鱼、吃山珍、吃海鲜，住的房子冬天有暖气、夏天有空调，出门坐汽车，车里带冷气。现在生活好了，但随便找一个人一检查，什么脂肪肝，什么糖尿病，什么高血压，什么血脂高，恐怕都有了。很瘦的人，一查，恐怕也有脂肪肝。发展起来了，生活好了，反而毛病多了。同样，今天发展的越快，所遇到的矛盾和问题也就越多，这叫做"发展中的矛盾，前进中的问题"。好中的问题、主流中的支流、阳光下的阴暗面越来越凸现。比如，贫困问题，改革28年，贫困率从31%下降到1.8%，绝大多数人解决了温饱，达到了小康，贫困人数大规模减少，贫困人口绝对数很少了，但贫困问题却突出了。原因是贫富差距拉开，富者越富，贫者就突出了。

邓小平同志还有一句话，解决发展起来的问题比解决发展的问题还难。辩证法就是如此，事物的辩证法并不像人们主观愿望那么简单。打天下难，但坐天下比打天下还难。发展中的矛盾和问题，尽管是发展中的，但这些问题如果不解决，就会严重制约我国经济社会的正常发展，使已经取得的成绩丧失掉。党的十六届三中全会提出科学发展观，要实现"五统筹"。"五统筹"就是五大矛盾：经济社会之间的矛盾、区域之间的矛盾、城乡之间的矛盾、对内改革和对外开放的矛盾、人与自然的矛盾。总之，为什么提出构建和谐社会，因为矛盾多了、问题多了。有矛盾、有问题，才提出构建和谐社会。反过来看，构建和谐社会就是要正视矛盾，就是要解决矛盾，不是否定矛盾，不是看不到矛盾，不是回避矛盾，而是要正视矛盾、面对矛盾、解决矛盾、协调矛盾。所以，从现实情况来看，有一个社会和谐和社会矛盾的关系问题。从理论深度来看，有一个深层次的哲学问题，即和谐和矛盾的关系问题需要探讨。

最近，理论界有一种说法，引了毛泽东同志的一句话："共产党的哲学就是斗争哲学"，认为毛泽东哲学思想是斗争哲学，和谐社会理论的哲学是和谐哲学。斗争哲学是错误的，和谐哲学是正确的。这种说法显然是不对的，既不符合实际情况，又不符合马克思主义哲学的本意。这里面首先有一个把毛泽东哲学思想同毛泽东本人晚年在哲学认识上的失误区别开来的问题。毛泽东哲学思想是马克思主义中国化的科学的认识成果。而毛泽东本人晚年在哲学认识上是有偏颇的，但这并不能由此而否定毛泽东哲学思想。马克思主义、毛泽东思想、邓小平理论、"三个代表"重要思想，包括十六大以来党提出的一系列重大战略思想，是一脉相承的，它们的哲学基础也是一脉相承的。既然具有一脉相承的理论来源和哲学基础，那么，把它们对立起来，割裂开来，是不适当的。我认为，社会主义和谐社会理论的哲学基础仍然是马克思主义对立统一的哲学观点。

要重读两本书，一本是《矛盾论》，一本是《关于正确处理人民内部矛盾问题》，这两本书奠定了社会主义和谐社会理论的哲学基础。辩证法三大规律，最根本的规律就是对立统一规律。马克思主义哲学辩证法的最基本观点就是对立统一观点。毛泽东同志把对立统一规律作了中国化的概括，称之为矛盾规律，把马克思主义哲学辩证法的对立统一观点，概括为矛盾观点。什么是对立？对立就是矛盾。什么是统一？统一就是和谐。所谓对立统一就是在不断地解决矛盾的过程求得统一与和谐。对立统一观点，即矛盾观点告诉我们：第一，世界充满了矛盾。没有矛盾是不可能的，矛盾无时不有，无处不在。毛泽东同志说："现实生活中充满了矛盾"。没有矛哪来的盾，"以子之矛攻子之盾"，这就是矛盾。对立统一规律，即矛盾规律是宇宙间的根本规律。第二，矛盾是事物包括社会发展的根本动力和源泉。第三，必须用对立统一观点，即矛盾观点观察世界、认识世界、改造世界。运用对立统一观点认识世界，就是世界观；运用对立统一观点改造世界就是方法论。

如何理解对立统一规律，即矛盾规律呢？首先，要理解矛盾的普遍性和特殊性。马克思主义中国化就是矛盾的普遍性和特殊性的统一。马克思主义的普遍真理概括的是矛盾的普遍性，马克思主义中国化概括的是矛盾的特殊性。运用马克思主义普遍真理针对中国的特殊矛盾，加以回答解决，形成中国化的马克思主义，成为指导中国具体实践的指导思想。其次，要理解矛盾的斗争性和同一性。斗争性是绝对的，同一性是相对的。斗争性是强调对立、矛盾，同一性是强调统一、和谐，斗争性和同一性的结合就是对立统一。没有斗争性哪来的同一性，反之，没有同一性就没有斗争性。矛盾不是没有同一，对立不是没有统一，斗争不是没有和谐。反之同一不是没有矛盾，统一不是没有对立，和谐不是没有斗争。这是一个问题。

再一个问题，什么是矛盾的同一性？矛盾的同一性的第一层含义，是指矛盾的双方互相依存、互为前提，矛盾双方共存一个统一体之中。没有东哪来的西，没有上哪来的下。毛泽东同志在《矛盾论》中讲到，炸弹在没有引爆的时候，矛盾的双方是共处的，这是同一性。当引爆以后，矛盾就以外部冲突的形式来解决，这是斗争性。

同一性的另一层含义，是指矛盾双方互相转化，互相渗透、互相融合。这里有两种转化、渗透和融合的情况：一种情况是一个吃掉一个，矛盾的一方吃掉另一方。在生物学中有一个很典型的例子，蝎子交配完，母的要把公的吃掉，公的变成母的自身的蛋白质构成，以维持母的生产出新的生命体。另一种情况是双方融合。一个吃掉一个是同一，双方融合也是同一。比如，动物界的公的和母交配以后，产生一个新体，而不是一个吃掉一个。双方结合产生新体，这也是同一。

以上说明，在不同的具体条件下，斗争性与同一性的表现方式是不同的。毛泽东同志为什么讲"共产党的哲学是斗争哲学",这是毛泽东同志所处的历史条件所决定的。因为毛泽东同志所处的中国革命的具体历史条件和历史任务,是革命,通过武装斗争,用新中国代替旧中国,要把"三座大山"消灭掉。在这种历史条件下,一定要强调斗争性的一面,要强调通过一个吃掉一个达到同一性。所以,毛泽东同志强调斗争性这一面,是由当时的历史条件所决定的。"共产党的哲学是斗争哲学",作这样的强调是有历史条件的。不能离开具体历史条件来理解毛泽东同志的话。但是,毛泽东同志在强调斗争性的同时,也重视同一性。比如,他强调斗争性,是要通过一个吃掉一个的同一性的办法,求得同一,求得统一。另外,在强调斗争性时,他同样重视同一性问题。比如,提出抗日民族战争中的统一战线问题,不就是解决同一性问题吗?为了共同对抗日本鬼子,中华民族内部要搞统一战线,即使对日本人也要搞统一战线,只要反战的,就团结,对日本俘虏不是采取杀掉的办法,只要缴械投降,就可以同一他们。对国民党,对蒋介石也可以采取同一的办法。所以,即使在当时的历史条件下,在强调斗争性的同时,毛泽东同志也是要考虑到同一性的。统一战线理论,这是中国共产党取得革命胜利的三大法宝之一,实际上也是哲学上的同一性问题。问题在于,一切以时间条件地点为转移,条件变了,形势变了,人们强调的方面也要相应地发生变化。1956年,我国社会主义制度建立起来了,国内主要矛盾已经不是阶级斗争了,这就不能过分地强调阶级斗争，对于人民内部矛盾，也不能用一个吃掉一个的办法来解决。"文化大革命"，1957年反右，紧接着"反对右倾机会主义"斗争，1964年的社教，就是把战争年代历史条件下的大规模阶级斗争的办法，运用到了社会主义和平建设时期。离开了斗争性和同一性的具体的历史条件和实践条件，片面强调斗争性，这是毛泽东本人晚年在哲学认识上的失误。

所以，把毛泽东思想的哲学基础说成斗争哲学，把和谐社会理论的哲学基础说成和谐哲学，离开了马克思主义的对立统一观点。无论是新民主主义革命、社会主义革命，还是社会主义建设，包括构建社会主义和谐社会，都是以马克思主义对立统一观点为哲学依据的。党的十六届六中全会决定用很长的篇幅论述社会矛盾问题，是符合马克思主义辩证观点的。把和谐社会理论哲学基础同对立统一观点对立起来了，在认识上是有缺陷的。构建社会主义和谐社会就要认识现实社会的矛盾、分析现实社会的矛盾、善于化解现实社会的矛盾。现实社会的矛盾，除了极少数反党反社会主义的犯罪分子以外，都不能采取阶级斗争的办法，处理敌我矛盾的办法来解决，而是采取融合的办法、和解的办法、协调的办法来解决。当然，即便对少数犯罪分子也要用法律的办法来解决，这同战争年代处理敌我矛盾的办法也不同了。

第二，和谐社会和社会基本矛盾。

把马克思主义的对立统一观点运用到社会历史领域，就会发现，在社会历史领域，生产力和生产关系、经济基础和上层建筑的矛盾是社会的基本矛盾，它们的辩证发展，即矛盾运动推动社会不断向前发展。唯物史观揭示了社会历史发展的物质前提和根本动力，揭示了社会历史发展的辩证法，认为社会生产力是历史发展的物质前提和基础，生产力和生产关系、经济基础和上层建筑的矛盾运动是社会发展的动力。那么，社会主义还有没有社会基本矛盾呢？1936年，苏联宣布建成社会主义，斯大林认为，苏联的生产力和生产关系，经济基础与上层建筑"完全适合"，没有矛盾。"完全适合"，没有矛盾的形而上学观点导致斯大林在社会主义建设指导思想上的失误。生产力与生产关系，上层建筑与经济基础"完全适合"，没有矛盾了，那么，就不需要随着生产力的发展不断地进行生产关系和上层建筑具体体制上的变革，就会逐步形成僵化的经济政治体制，从而束缚生产力的发展。1953年，斯大林临去世的时候，写了一本书《苏联社会主义经济问题》，他隐隐约约地感到生产力和生产关系在社会主义条件下是有矛盾的。但是，他认为，在他领导下的苏联没有矛盾。1957年，毛泽东同志在《关于正确处理人民内部矛盾》中，提出社会主义社会不是没有矛盾，而是充满了矛盾。他认为，社会主义的生产力和生产关系，经济基础和上层建筑的矛盾表现为既相适应又不相适应的矛盾，也就是说，社会基本矛盾表现为适合下的不适合，这是社会基本矛盾在社会主义制度下的具体表现。在我国社会主义初级阶段，基本适合是指以公有制为主体，以按劳分配为主体的经济制度，以人民当家做主的人民民主政治制度，是适合我国社会生产力发展的，这就决定了社会基本矛盾总体是适合的。但是，它又是不适合的。在改革开放之前，我国的社会主义制度是好的，但具体的经济、政治体制不适合，阻碍生产力的发展，束缚了社会主义制度优越性的充分发挥，使社会主义制度的优越性在僵化的计划经济体制和高度集权的政治体制条件下没有发挥出应有的制度优越性来。到"文化大革命"，我国的经济社会发展已走到了崩溃的边缘。邓小平同志提出"改革是第二次革命"，就是改不适合生产力发展的生产关系和上层建筑的具体体制。

今天，虽然经过 28 年的改革，初步形成了有利于生产力发展的社会主义市场经济体制，有利于人民积极性发挥的社会主义民主政治体制，但社会基本矛盾还有不适合的方面，是影响社会主义和谐社会建设的深层体制原因。我国社会目前阶段的基本矛盾，仍然是基本适合条件下还有不适合的地方，这些不适合的方面仍然阻碍生产力的进一步发展，人民积极性的进一步发挥。目前社会上出现的很多矛盾和问题，仍然同生产关系和上层建筑具体体制上的不适合有关系。所以，不进一步改革影响和阻碍生产力发展的体制上的障碍，就不能进一步发展。当前发展中存在的问题，要靠改革，靠发展来解决。

首先，在经济体制方面还存在束缚生产力发展的体制性障碍。比如，28 年改革的实践证明，社会主义市场经济体制的改革取向是正确的，但是当前还有些方面有悖于社会主义市场经济体制的改革取向。比如，有些国企的垄断性越来越强，离开市场经济体制的定向，老百姓对垄断性企业是有看法的，对一些垄断价格，对个别垄断利益的集团化，是有意见的。对行业之间，行业内部分配不公，也是不满意的。所以，进一步坚持社会主义市场经济的改革取向，解决制约生产力发展的体制性障碍的任务，还是相当重的。一定要坚持社会主义改革的发展方向，不改不行，不改很多问题都解决不了的。怎么才能从根本上解决和谐社会建设问题呢？要进一步对经济基础和上层建筑的具体体制进行改革，只有这样，才能从体制上解决好和谐社会的建设问题。

第三，和谐社会和社会主义初级阶段主要矛盾。

党的十一届三中全会拨乱反正，提出社会主义初级阶段主要矛盾不是阶级斗争，而是不断提高的人民物质文化需要和落后的社会生产之间的矛盾，把以阶级斗争为纲转变为以经济建设为中心。如何解决初级阶段的主要矛盾呢？就要坚定不移地推进经济建设和生产力的发展。现在看来，我们社会上出现的矛盾和问题，归根结底，取决于生产力发展。一段时间以来，大家讨论效率和公平的关系问题。有两种看法，一种看法是要淡化效率优先，兼顾公平的提法；再一种看法是继续坚持效率第一，兼顾公平的提法。我认为，正确的提法应当是，在坚持经济发展的前提下，即在坚持效率的前提下，更多地突出地解决好分配公平问题。既要把蛋糕做大，还要把蛋糕分好。把蛋糕做大，是效率问题，是经济发展问题。把蛋糕分好，是公平分配问题。做大蛋糕的同时，要分好蛋糕，这是一个问题的两个方面，缺一不可。有一种说法，衡量经济社会发展是否进步与和谐，一定要把追求财富的最大化和分配的公平化有机地结合在一起，来作为衡量标准。财富的最大化就是要把蛋糕做大，分配的公平化就是要把蛋糕分好，蛋糕做大是前提和基础，必须坚定不移的以经济建设为中心，把发展生产力作为根本任务，把蛋糕做大。但是，同时不能忽略了公平问题，不能忽略公平分配问题，要把蛋糕分好。国民党历史上经历两次垮台：一次是被共产党人推翻其在大陆的统治，被赶到海岛上去；第二次是蒋经国去世以后，国民党搞黑金政治，被民进党搞垮，国民党下台，民进党上台。实际上，在蒋经国时期，国民党执政下的台湾经济发展还是很快的，成为亚洲"四小龙"。但是台湾的经济上去了，但国民党却被搞下台了。这个教训，也需要借鉴。共产党作为执政党要有两个基本的执政能力，一是把蛋糕做大，一是把蛋糕分好。共产党人执政既要有把蛋糕做大的本事，还要有把蛋糕分好的能力，执政能力应当有机地包括这两个方面。

在社会主义初级阶段由社会基本矛盾所决定的社会主要矛盾，表现为不断提高的人民的物质文化需求和相对落后的生产之间的矛盾。解决相对落后的社会生产就要把蛋糕做大，才能满足人民的需要。当然，也需要把蛋糕分好，也才能满足人民的需要。提高人民物质文化需求，除了把蛋糕做大之外，还要把蛋糕分好。必须进行合理、公正的分配，如果分配不公正，社会主要矛盾还是解决不好。

第四，和谐社会和人民内部矛盾。

社会基本矛盾也好、主要矛盾也好，在人与人之间关系上表现为人民内部的矛盾。在我国社会主义初级阶段，阶级斗争已经不是主要矛盾了，大量的、反复的、经常出现的是人民内部矛盾，人民内部矛盾是社会主义初级阶段人际关系上的主要矛盾。构建社会主义和谐社会，必须重视正确认识和处理人民内部矛盾问题。构建社会主义和谐社会，关键是正确处理好人民内部矛盾。人民内部矛盾从总体上来讲是非对抗性矛盾。但处理不好，人民内部矛盾可以激化，转化为对抗性矛盾。当前，由人民内部矛盾引发的突发性事件、群体性事件，就是人民内部矛盾的激化和对抗化的具体表现。当前，主要由以下因素引发的群体性事件成为人民内部矛盾激化的突出问题。一是由土地征用和拆迁引发的社会矛盾和问题。我国是人多地少的国家，在土地问题上，矛盾最容易激化。我们国家制定了最严格的土地管理制度，动用一亩地都要报国务院审批。从2000年到2005年我国减少耕地1.47亿亩，一年要减少300万到400万耕地。现在由土地引发的人民内部冲突占群体事件的45%。农村失地农民约4000万人左右，再过10年，会有1个亿的农民没有土地。有些农民讲："我们是三无农民，种田无地，低保无份，进城没事。"有的农民讲，"征用土地是官员得帽子，富人得票子，农民得条子"，"过去我是种地的农民，现在变成了无地的流民，进城以后成了到处游逛的游民"。二是由国企改制引发的社会矛盾和问题。几年来，国有企业改制几千万职工下岗，这几年大力推进再就业工程，解决了大批下岗职工就业问题，但是已经就业的 90% 职工还是临时性的岗位，随时都有可能再次下岗分流。历年改制沉淀下来的还有许多下岗职工没有解决就业问题。一个下岗职工可能要涉及三四口人生活问题，算起来，恐怕要涉及更多一些人的生活问题。如何解决下岗职工就业问题，仍然是一个大问题。三是由一部分转业退伍军人上访引起的社会矛盾和问题。少数转业复员军人参与的群体性事件最大的特点是组织性强，跨地区联合，社会影响不好。四是由社会管理不到位引发的社会矛盾和问题。五是由少数干部腐败和官僚主义引发的社会矛盾和问题。六是由境内外的敌对势力挑动引发的社会矛盾和问题。总之，目前我国人民内部矛盾引发的突发性和群体性事件正处于多发期和突发期，这是社会和谐的突出隐患。

当前人民内部矛盾还有一个新的特点，就是"无直接利益冲突"的矛盾越发增多。所谓"无直接利益冲突"，是指参与事件的老百姓本身没有直接的利益要求，但也容易参与到群体性事件中。一些群众中普遍存在仇官仇富心理，一看到当官的，就认为是腐败分子，一看是富人，就认为是为富不仁。尽管没有直接的利益冲突，但积淀下来普遍的仇官仇富心理，一有诱因，也会爆发出来。

构建社会主义和谐社会，关键要正确处理好人民内部矛盾问题；正确处理好人民内部矛盾，关键要正确处理好人民内部的利益矛盾。社会关系，从某种意义上说就是人与人之间利益关系的存在形式。有关系就有差别，有差别就有矛盾，一定的利益差别表现为一定的利益矛盾。适当地保持一定的利益差别，对社会发展是一种动力，会产生利益激励机制，推动人们去积极工作，以谋求更多的利益。利益矛盾处理好了，于社会发展有利；利益矛盾处理不好，于社会发展不利。在社会主义初级阶段，特别是在建立和完善社会主义市场经济体制的过程中，我国现实的社会经济政治状况决定了在人民内部必然存在复杂多样的利益矛盾。只有从物质经济利益根源上对人民内部矛盾进行深刻的、正确的分析，才能正确认识和处理人民内部矛盾。物质的、经济的利益矛盾是人民内部矛盾产生和变化的根源。正确认识和处理人民内部的利益矛盾，是正确认识和处理人民内部诸矛盾的前提。因此，要正确认识和处理新时期人民内部矛盾，就必须认真研究和妥善协调新时期人民内部的利益矛盾。

第五，和谐社会与阶级、阶层和利益群体的关系。

经济社会发展使我国社会阶级、阶层和利益群体发展了新的分化、变化。社会主体阶级尽管仍然是工人阶级和农民阶级，再加一个知识分子阶层（工人阶级一部分）。但工人阶级内部分化成不同的阶层和群体；农民阶级内部也分化成不同的阶层和群体；还产生一些新的社会阶层和利益群体。就拿工人阶级来讲，拿一百万年薪的国企经理也是工人阶级，月薪几千的职工也是工人阶级，公务员也是工人阶级，在第一线从事物质生产劳动的，或下岗的、失业的也是工人阶级，工人阶级本身分化成不同的阶层和群体，工人阶级内部不同阶层和群体之间存在着很大的利益差别和矛盾。城乡差别持续拉大，继续加大了工农两大阶级之间的差别和矛盾。新产生的社会阶层，同原有的阶级、阶层也存在差别和矛盾。所以，正确认识和有效协调阶级、阶层和利益群体之间的关系和矛盾，努力构建和谐的、相互协调的社会阶级阶层结构，对于和谐社会建设相当重要。保持社会长期稳定与和谐，要形成枣核形的社会成员构成结构，这种社会成员构成结构有利于社会稳定与和谐。

第六，和谐社会和多元文化。

构建社会主义和谐社会，从文化建设角度来看，既要考虑到文化多元化，又要考虑意识形态一元化。现在我国的文化发展实际上是向多元化的方向发展。从电视节目就可以看出来，电视什么节目都有，唱京戏的有，比基尼服装内衣秀的也有，演革命历史题材电视剧的有，演三角恋爱的电视剧也有，电视节目可以说是满足不同层次群众的文化需求，有多元文化的趋向。多元文化的发展有利于社会和谐。当然，不同层次、多元文化之间也有冲突，也有矛盾和冲撞。多元文化有利于个人的自由发展，有利于个人的心情舒畅，但不容易把人的思想统一起来，人们的价值观也容易发生分歧和冲突。美国的亨廷顿写了一本《文明的冲突》，讲的是多元文明间的冲突，多元文明与一元文明的冲突。意识形态一元化的好处，是能把人的思想统一起来。和谐社会建设既要承认多元文化的存在，鼓励发展多元文化，但另一方面要着力建立社会主义核心价值体系，要有主导的，一元的，占统治地位的，能统一人们思想的核心思想、核心文化、核心价值观，否则社会就不能很好地发展。现在主导的社会主义核心价值体系淡化了，多元有了，主导的淡化了。意识形态一元化淡薄了。意识形态一元化建设，核心价值观的建设是极端重要的，巩固和强化马克思主义的指导地位是极端重要的。所以，构建社会主义和谐社会，既要承认多元文化的存在，承认各种文化存在，同时又要构建主导的，核心的，把大家凝聚起来的思想价值体系，扩大和巩固马克思主义的指导地位，否则社会也和谐不了。

关于重大现实问题

GUANYU ZHONGDA XIANSHI WENTI

关于新形势下人民内部矛盾问题[*]

正确处理新形势下的人民内部矛盾，是处于社会主义初级阶段市场经济条件下我国政治生活的主题，也是维护社会稳定，加快改革开放，发展社会主义市场经济，建设中国特色社会主义的重要保证。应当结合新的实际，认真研究、正确认识、妥善处理新形势下人民内部矛盾。

一、新时期人民内部矛盾的新情况、新问题、新特点

在社会主义改革开放的新形势下，在社会主义市场经济体制的建立过程中，新旧体制的转变、利益分配格局的变化致使人民内部矛盾在表现形式和特点上与过去有很大的不同，产生了新的情况，表现出新的形式，具有新的内

---

* 本文是作者 1996 年以来在中央党校主体班次的讲稿。有关内容在 1993 年 5 月 17 日《光明日报》，2001 年 5 月 31 日《人民日报》，《理论动态》2001 年 2 月 28 日多次发表。

容，呈现新的问题，形成新的特点。

（一）人民内部矛盾的新情况

改革开放以来，人民内部的各种关系基本协调，社会局势基本稳定，在基本协调、基本稳定的前提下，还存在一些值得警惕的情况。

第一，贫富差距产生，并有继续扩大的趋势，分配领域矛盾突出。

针对平均主义盛行的状况，邓小平同志提出"允许一部分人先富起来"的思想，实行允许和鼓励一部分人通过诚实劳动和合法经营富裕起来的政策，激发了广大人民群众的积极性，一部分人、一部分地区终于富起来了。在一部分人、一部分地区先富起来的同时，多数人的收入水平都有了较大的提高。当然，一部分人、一部分地区先富起来，也带来了新的情况：贫富差距拉开，分配矛盾突出。其表现是：

首先，反映贫富差距的指标上升较快，贫富差距拉大。

衡量贫富差别，国内外通常使用两个指标系统来测定。一是五等分测量方法，即欧希玛指数测量法。一是基尼系数测量方法。欧希玛指数是把人口按收入高低分成五等份，然后分析每个1/5层人口收入占全部总收入的比例，从而表明贫富差距。基尼系数是一个0到1之间的数值，其数值越高表明贫富差距越大。近几年，我国有些社会学家运用这两个指标系统对我国贫富差距状况进行过多方面、多层次的多次统计，他们的调查表明反映贫富差距的指标上升较快，差距逐渐拉大。

据专家研究表明：1997 年，按我国城乡居民家庭人均收入欧希玛指数计算，收入最高的 1/5 人口收入占有全部收入的 51.4%，次高的 1/5 人口占有 8.63%，收入最低的 1/5 人口占有 4.06%，高收入层占有总收入的比例是低收入层的 12.7 倍。根据基尼系数计算，我国贫富差距 1979 年为 0.31，1988 年为 0.38，1994 年为 0.434，1997 年为 0.455。当然，目前我国的贫富差距低于国际上南美、南亚、非洲的一些国家，这些国家最高收入 1/5 的人口在总收入中占有比例一般超过 60%，而最低收入的 1/5 人口在总收入中所占比例一般仅为 0.5%—0.6%。从国际范围来看，基尼系数在 0.3—0.4 之间居民收入差距为适度。据世界银行测定，1978 年我国城镇居民个人收入的基尼系数只有 0.16，这个指标在全世界是最低的，这说明当时我国基本处于平均主义的状态。但一些专家提供的目前欧希玛指数和基尼系数的计算都表明，我国居民收入差距已超过国际上一般认为适度的范围，收入差距比上升速度很快。

我国收入差距问题可以概括为以下几种类型：（1）城镇和乡村居民收入差距扩大。城镇居民与农村居民的收入差距在 1984 年是 1.7∶1，1993 年扩大到 2.54∶1，1994 年进一步扩大到 2.61∶1，1998 年为 2.51∶1。（2）城镇居民收入差距扩大。据国家统计局调查公布，城镇居民的收入差距从 1978 年的 1.8 倍扩大为 1994 年的 3 倍。1998 年占城镇居民 20% 的最高收入户年收入为 10926 元，占 20%

的最低收入户年收入只有 2447 元，相差 4.5 倍。占城镇居民 10% 最高收入者的收入增长率比 10% 最低收入者的收入增长率高 5 个百分点。（3）农村居民收入差距扩大。1978 年至 1994 年农民收入的高低倍数由 2.9 倍扩大到 6.6 倍。1998 年我国农民人均纯收入基尼系数达 0.34。（4）不同地区居民收入差距扩大。1980 年东、中、西部三大区域农民人均收入分别为 218 元、181 元和 121 元，东、中、西部收入基本接近。1992 年全国居民人均收入 1238 元，东部人均 1563 元，中部 1000 元，西部 983 元。1993 年，东、中、西部三大区域的农民收入为 1222 元、802 元和 670 元，东、西部收入差别为 552 元，逐渐拉大。1998 年，东、中、西部三大区域农村居民家庭人均收入分别为 3098 元、2354 元、1468 元。（5）脑体劳动者收入差距扩大。（6）不同所有制职工收入差距扩大。1994 年国有经济工资总额已达 5178 亿元，比上年增长 35.8%，城镇集体经济工资总额达 607 亿元，增长 135%。1998 年国有经济工资总额为 6812.5 亿元，城镇集体经济工资总额为 1021.6 亿元，其他经济类型工资总额为 1462.4 亿元。（7）不同行业职工收入差距扩大。1991 年职工年均工资收入最高行业与最低行业之比只有 1.24∶1，到 1997 年职工年均工资收入最高的金融、证券、保险、房地产、电力、邮电、旅游、煤气、水生产与供应、综合技术服务等行业工资，已是职工年均工资收入最低的农、林、牧、渔、批发零售、餐饮服务、制造等行业工资的两倍多。其中，收入最高是航空运输业，年均工资收入为 16865 元，国有经济的航空运输业年均工资收入为 15304 元；其次是邮电通信业，全行业年均工资收入为 12056 元，国有单位为 12065 元；计算机应用服务业年均工资收入为 17416 元，国有单位为 10528 元。收入最低的是林业，年均工资收入为 3918 元。（8）灰色和黑色行业造成的收入差距扩大。

其次，高收入层和贫困层开始形成。

10 来年，贫富差别逐渐拉开，社会上开始显现一个高收入层。据 1995 年《改革》第 2 期载文，目前在大城市 16.1% 的私营企业主年收入在 50 万元以上。中国目前亿万富翁已超过 1000 人，千万元户为数不少，百万富翁有 300 万人，年收入 5 万元以上者有 500 万户，约占全国总人数 2%。有关部门统计，占全国人口不到 3% 的高收入户存款达 2900 多亿元人民币。据统计，中国城镇居民中 10% 的最高收入户与 10% 的最低收入户收入的差距已由 1990 年的 2.9 倍，扩大到 1995 年的 3.8 倍。1998 年，城镇 10% 最高收入户与 5% 困难户平均每人年纯收入之比为 4.95∶1；农村居民平均每人年纯收入 5000 元以上的占 5.57%，而 800 元以下的占 6.63%。

高收入群体主要有：私营企业主，平均年收入 5 万，部分高达数百万，个别的上千万、上亿；"三资"企业和外国驻华机构的中方高级雇员，平均年收入已超过 6600 美元，高的可达数万美元；一些个体工商户，平均收入是全民所有制职工平均工资的 3.5 倍，少数年收入高达十几万、几十万元；少数企业经营承包者，年薪高达 100 多万元；部分股票证券经营者、房地产开发商，收入高达百万元、数百万元；某些人才紧缺、有特殊专业技术的特殊职业，以及流通行业、金融企业和一些垄断性行业的从业人员，如律师、会计师、美容师、高级厨师、按摩师、运动员、演员、歌星、舞星、著名节目主持人、时装模特、经纪人、设计师、美术广告人员等，年收入也相当可观，几万至几十万不等；收入畸高、来路不当的人，其中包括卖淫、贩毒、贩卖人口等非法行业者。

与高收入层相对照的是社会贫困层。据国务院扶贫开发领导小组统计，在农村尚未解决温饱的贫困人口至1999年止为3400万人。据国家统计局研究人员统计，1991年至1995年全国城市贫困居民的总体规模为：年平均户贫困率为4.26%，贫困户343.2万户；年平均人口贫困率为5.1%，贫困人口1326.8万人。1995年各级政府采取制定最低工资制和贫困线以下困难家庭补助制等措施，贫困状况有所改善，年平均户贫困率由上年的4.85%降为3.84%，降低1个百分点；贫困户比上年减少70.8万，为332.9万户；年人口贫困率为4.4%，比上年减少1.3个百分点；贫困人口1242万，减少284万人。近年来行业之间分配不公造成的居民家庭收入差距成为现阶段影响居民贫困分布的重要因素。1995年在国有、集体单位工作的贫困职工占全部贫困职工的55.5%，集中在政策性亏损和受产业结构调整影响较大的煤炭、机械、纺织等不景气行业，成为当前贫困家庭的主体。目前，城市贫困人口主要由7个社会群体构成：一是企业不景气，发不出工资或所发工资严重不足，只能用来维持基本需求的职工及家庭成员，约占贫困人口的30%；二是失业或待业人员，约占20%；三是部分离退休职工，约占17%；四是长期从事低收入工作的居民，约占10%；五是社会救济和优抚对象，约占5%；六是因物价上涨导致收入实际下降而低于贫困线的居民，约占10%；七是因其他因素导致贫困，约占8%。另据调查，城市贫困户人均收入为1059元，比全国平均收入水平低54.7%。贫困家庭用于食品支出占全部消费支出的比例约为59.2%，处于仅能维持生存的状态。据全国残联调查，我国现有贫困残疾人500万人，其中有300万人由于重度残疾而处于特困状态。

最后，社会分配秩序尚未理顺，社会保障制度不健全，某些分配不公现象出现。

改革开放十几年来，实行按劳分配为主、多种分配形式并存的政策，打破了平均主义大锅饭，极大地调动了群众的积极性，这是成功的。然而，由于新旧体制转换，分配结构的变动，新的分配体制尚未完全建立起来，存在分配不公现象，群众心理尚不平衡。首先，在收入分配制度上，除了占主体地位的按劳分配收入外，还有资产收入、投资收入、风险收入、股息收入、地区级差收入、资源配置不同的收入等，这些不同形式的分配格局尚未有效地形成一种合理配置、公开透明、公平合理、相互补充制约的分配体制，显得无序，造成分配上的漏洞较多。其次，对由于地区差别、资源配置不同、工作岗位不同而造成的并非劳动者素质能力因素导致的分配收入差别，群众反响较大。比如，同一个大学毕业生，在党的机关部门工作和在银行工作收入差别就很大。再次，由于市场机制不健全，各种调控监察体制尚未建立，使得有些人通过走私贩毒、偷税漏税、制造贩卖假冒伪劣产品、欺行霸市、炒卖股票、房地产等途径而非法致富。还有，极少数人利用权力、地位或官商结合，搞钱权交易，贪污受贿等，造成大量的灰色和黑色收入，造成不合理的贫富差距。最后，社会保障和社会救济体系尚未完全建立，城市居民的贫困问题主要靠工作单位来解决，占人口74%的农民家庭主要靠自己来解决，对贫困层没有有效的社会保障与救济体系支持。群众对劳动致富造成的收入差距，是理解赞同的，有一定承受力，但对由于不正当的高收入、不公正的分配，甚至违法、犯法致富的现象十分不满，心理不平衡。

第二，非公有经济特别是私营经济发展很快，私营企业主群体和雇员群体的对峙、业主与雇员的雇佣关系和矛盾客观存在。

我国现阶段是以公有制为主体、多种经济成分并存的经济格局，也可以说我国现阶段的经济是由公有制经济和非公有制经济两大部分组成，公有制经济处于主体地位，非公有制经济是社会主义市场经济的重要组成部分。

有关部门根据国家统计局的数据，测算出1978年以来国有经济、集体经济、非公有制经济（主要包括个体、私营经济和外商、港澳台经济）在国内生产总值的比重，同时测算了2010年我国各种所有制经济在国内生产总值中的比重变化（见下表）。

	国有经济	集体经济	非公有制经济
1978 年	56.0%	43.0%	1.0%
1993 年	42.9%	44.8%	12.3%
1995 年	41.5%	43.9%	14.6%
2000 年	35.8%	41.3%	20.2%
2010 年（预计）	34.7%	34.5%	30.8%

　　从我国所有制结构的上述变化及其发展预测，可以看出：目前以公有制为主体、多种经济成分共同发展的所有制格局已在我国形成；非公有制经济发展速度快于公有制经济，公有制经济的总量增加，但比重下降，这是所有制政策调整的预期结果。今后至 2010 年公有制经济的比重还将继续下降，但仍将在整个国民经济中占主体地位，非公有制经济还有较大的发展空间，在国民经济中所占比重将会进一步增加。目前，经过十几年的发展，尽管私营企业主人数不多，私营企业产值在我国社会总产值中只占一定份额，在资产、技术、经营、管理、产品数量、质量等方面与公有制经济相比还处于辅助地位，但是非公有制经济、特别是私营经济在我国已经形成一定的经济实力和社会影响，在解决剩余劳动力、发展经济方面发挥了一定作用，在社会经济的比重中所占份额逐步加大，增加较快。与此同时，私营企业主群体作为一个正在形成和不断发展的社会阶层，作为一个拥有相当财富的高收入层确实存

在。既然有私营企业和业主，那么就必须有雇主和雇员，存在着雇佣关系。另外，因有些法制尚未建立健全，一些私营企业存在着劳动条件差，劳动保护措施不全，工资欠缺，随意加班、克扣工资，甚至侮辱工友、雇佣童工等现象，致使业主与工人之间矛盾紧张。

第三，工人阶级的内部结构和组成、作用和地位发生了深刻的变化，我国社会结构重组，社会矛盾关系复杂化。

改革开放以来，我国工人阶级的内部构成、特点、作用和地位都发生了深刻的变化。譬如，（1）以公有制为主、多种经济并存，特别是非公有制经济的发展，对工人阶级的地位、作用产生了深刻的影响。既存在整个社会主义国家制度中的工人阶级的领导地位问题，又存在非公有制经济企业内部工人阶级的雇员地位问题。（2）在社会主义市场经济条件下，国有企业走向市场，建立现代企业制度，成为相对独立的经济实体，实行厂长经理负责制，经营者与生产者存在一定矛盾；随着市场机制的引入，逐步推行劳动合同制，工人原有的铁饭碗被打破，企业不景气，存在工人失业、就业不充分的问题，一部分工人感到领导阶级地位丧失，产生主人翁失落感。（3）随着按劳分配和多种分配形式的落实，不同地区、不同企业、不同行业、不同岗位、不同年龄的工人个人收入差距拉开，造成工人因收入不同而分成为不同的收入群体。（4）改革开放的深入，社会经济的发展，生产力的发展，高科技的发展，使得工人阶级队伍内部结构也发生了变化。工人中的脑力劳动者的比重越来越大，脑力劳动者的收入也逐步提高，在生产中的作用也越来越大。例如，国有企业的工人、城镇农村集体企业和非公有制企业的工人各占不同的比例，到1998年底，国有经济工人占15%，城镇集体经济工人占5%，其他所有制经济工人占7%，农村乡镇企业工人占73%。国有大中型企业工人阶级比重下降。第二产业工人占24%，第三产业工人占27%。工人阶级的组成既有国有经济工人队伍，又有集体经济工人队伍，还有非公有制经济的工人队伍，同时又分布在不同的产业、行业，结构呈多样化。（5）非公有制经济中、特别是私营经济中，工人与业主的矛盾和对立明显存在。

第四，一些领导干部腐败、官僚主义现象严重，引起了广大人民群众不满，一些地方、一些单位干群关系、干群矛盾紧张。

在我们党成为执政党的条件下，特别是在改革开放、建立社会主义市场经济的新形势下，领导和群众的矛盾成为社会主义新时期社会矛盾的主线索。造成领导和群众矛盾紧张主要有三个重要原因：一是少数领导干部在生活待遇、利益享受上严重脱离群众，甚至贪污腐化，从根本上损害了群众的切身利益；二是有些领导干部在思想作风、工作作风上严重脱离群众，官僚主义、主观主义、命令主义严重，决策失误，不代表甚至违背群众的利益；三是正确的领导同某些落后群众也存在矛盾。如一部分落后群众因自己眼前利益不能满足，或因思想认识问题没有解决，也可能会同坚持群众根本利益、坚持正确意见的领导发生矛盾。这些年干群关系之所以紧张，前两个原因起很大作用。比如，一些干部利用特权，以权谋私、搞权钱交易、利用职位敲诈勒索、贪污受贿、执法犯法、损公肥私、铺张浪费、任人唯亲、拉帮结派等等。这些虽然发生在少数干部身上，但影响恶劣，危害极大，严重损害领导形象和威信，腐蚀社会风气，败坏干群关系。再比如，一些干部高高在上、滥用权力、官气十足、强迫命令、脱离实际、脱离群众、思想僵化、墨守成规、办事拖拉、好大喜功、打击报复、压制民主、吹牛皮讲大话、欺上瞒下、报喜不报忧、打击群众、跑官要官、买官卖官等等，也严重伤害干群关系。这些年，干群关系紧张，城市有，农村也有，农村尤为严重。

第五，由于社会主义市场经济体制改革、社会主义市场经济的形成，以及由此而引起的经济、政治、文化以及更广泛的社会关系的大变化，我国社会的生产关系、上层建筑诸方面、诸环节、诸因素的大变动，使得我国社会在主体阶级、阶层仍然存在的前提下，阶级、阶层和利益群体发生新的组合、产生和分化。

在我国社会目前阶段，工人阶级、农民阶级、知识分子阶层仍然是我国社会的主体阶级、阶层。但是，由于社会主义改革开放，社会主义市场经济体制的逐步形成，由于社会主义以公有制为主体多种所有制经济并存、以按劳分配为主多种分配方式并存的经济格局的逐步形成，由于社会主义初级阶段复杂的社会历史因素、政治因素、文化人文因素，特别是生产关系和上层建筑领域诸因素的作用，决定了在社会主义初级阶段改革开放的新条件下，我国社会的阶级、阶层、利益群体发生新的分化、组合，产生许多新的阶层和利益群体。

改革本身就是利益格局的新调整，原有的利益格局被打破了，新的利益格局形成了，这种利益格局的调整必将使原有社会阶级、阶层、利益群体发生结构性变化，阶级、阶层之间的关系与阶级、阶层内部结构都会发生变化，一些新的阶层和利益群体形成，一些老的阶层和利益群体发生分化和新的组合。

以公有制为主体的经济成分的多样化，以按劳分配为主的分配方式的多样化，使人们之间的收入分配逐步拉开差距，使人们的经济状况、政治地位和思想态度多样化，人们之间的利益差别状况和矛盾客观存在，利益取向大体一致的人们形成一定的利益共同体，从而分化为不同的阶层和利益群体。

在社会主义初级阶段市场经济条件下，人民内部的利益关系是由不同的利益群体之间的群际关系构成的，在人民内部，在工人阶级、农民阶级、工人阶级中的知识分子阶层存在的大前提下，存在着有一定利益差异和价值评价差异的不同的阶层和利益群体，他们之间存在一定的差别、矛盾、摩擦和冲突，存在着由各类不同阶层和利益群体构成的复杂的利益结构。

（二）人民内部矛盾的新问题

以上分析了在新的形势下，人民内部矛盾出现的一些新情况，围绕这些新的情况，方方面面有些议论和看法，理论界、学术界也展开一些争论。比如：（1）对于我国业已出现的个人收入差距过大的趋势问题，社会各界议论较多，有的认为"收入差距尚处于合理之中"，有的认为"贫富差别过于悬殊"，甚至还有的认为"收入分配严重不公，已达两极分化"。一方面打破了平均主义大锅饭，实行按劳分配为主多种分配方式并存的局面；另一方面还不同程度地存在平均主义大锅饭的现象。一方面，分配上已拉开一定的差距，有利于调动劳动者的积极性，另一方面，又存在分配不公、差距过大的现象。总体上看，目前收入分配不能说已达"两极分化"，我们总的原则是先使一部分人、一部分地区富起来，反对两极分化，走共同富裕之路。共同富裕，这一条不能改变，也不容怀疑。当然，分配不合理现象也存在，且有收入差距扩大的趋势，这是社会矛盾发展的潜在因素，必须重视。（2）对于私营企业家阶层崛起的现象，有一种观点认为，现在形成了新的资产阶级。应该说这种观点夸大了分配不甚合理的现象，不能把私营企业家阶层的产生说成是剥削阶级形成，不能把企业家与雇员的关系说成是两极分化。当然，对于私营企业的发展及其带来的社会效应，应当高度重视。（3）对于工人阶级的内部结构和组成、作用和地位的变化，有些人误以为在国有经济企业中，厂长经理作为法人代表权力大了，他们才是企业的主人，工人无足轻重，不是真正的主人了。在非公有制经济中，工人处于被雇佣的被动地位，他们更不是主人了，对工人阶级的领导地位产生怀疑。因此，必须正确看待工人阶级的主体地位、作用和构成变化，坚持工人阶级的领导地位和作用。在建设中国特色社会主义事业中，必须坚定不移地依靠工人阶级，坚持工人阶级领导地位，充分发挥工人阶级领导阶级的作用。（4）对于少数领导干部腐败，官僚主义突出，严重脱离群众的现象，群众意见很大，舆论很多。甚至有的人打问号：是不是有特权利益集团？肯定地说，党的革命斗争历史、社会主义建设历史、社会主义改革开放的历史充分证明：我们党无愧是正确的、光荣的、伟大的党，我们的党员和干部绝大多数是经得起考验的，是诚心诚意为人民谋利益的。我们共产党没有自己的私利，也不是什么特权利益集团。至于个别人的腐败问题，并不代表党，也不代表全党绝大多数干部。（5）关于社会主义初级阶段不同阶层和利益群体的问题。一种意见认为，原有的阶级、阶层都不存在了，代之以新的利益群体，马克思主义的阶级分析方法也不适用今天的情况了，应当引用西方资产阶级理论家的社会阶层分析方法。另一种意见则无视在社会主义改革开放的新的历史条件下，现有阶级、阶层重新组合和分化，以及新的利益群体产生的现实，仍然坚持用老眼光来看待今天的新变化，仍然套用阶级斗争的方法，去分析、处理今天的利益群体及其群际矛盾。以上两种意见都失于偏颇，离开了历史唯物主义的基本原则，离开了我国社会主义初级阶段的现实国情。应当在坚持马克思主义阶级理论和阶级分析方法科学原则的前提下，在承认工人阶级、农民阶级、知识分子阶层仍然是我国社会现阶段的主体阶级的前提下，运用马克思主义阶级分析的观点，运用马克思主义的利益理论和利益群体方法，借鉴社会学阶层分析方法，科学划分社会主义初级阶段的阶层和利益群体，正确认识和处理好社会主义初级阶段人民内部阶级、阶层矛盾，调动各方面的积极性。可以说，在我国社会主义的初级阶段，剥削阶级和阶级剥削的社会整体现象已经不存在了，作为社会整体现象的阶级斗争也不再是社会的主要矛盾了，但阶级差别仍然存在，阶级斗争仍然存在；同时，由于社会经济、政治各方面的原因，又形成了许多新的阶层和利益群体。如何运用历史唯物主义关于阶级和阶级斗争的理论，运用历史唯物主义关于利益和利益分析的理论，正确分析和认识社会主义初级阶段的阶级、阶层和利益群体及其关系，正确处理好社会主义初级阶段的阶级、阶层和利益群体的关系及矛盾，是一个十分重大的现实课题。

总之，我们应当运用邓小平理论的立场、观点、方法，对这些问题进行认真的调查研究、分析论证，要有明确的认识、肯定的说明、正确的回答，要讲出有说服力的道理。只有科学地说明这些问题，并且在实际工作中有效地解决这些问题，对这些问题既不要大惊小怪，看不到主流，又要切实重视这些问题，把一些苗头解决在萌芽状态，才能正确处理好新形势下的人民内部矛盾。

（三）人民内部矛盾的新特点

当前我国人民内部矛盾的新特点是：

第一，物质利益矛盾大量化。

过去，在旧的高度集中的计划经济体制下，人民内部的物质利益矛盾也是存在的，但被平均主义的分配方式，被过度紧张的以阶级斗争为纲的政治氛围所掩盖了。改革开放以来，特别是实行了允许一部分人一部分地区先富起来的政策，在分配领域打破了平均主义大锅饭，激发了多种利益主体的竞争力和活力，人们在收入分配方面逐步拉开了距离，使得人民之间的物质利益矛盾突出出来，日益增多。从根本原因上来说，社会主义初级阶段生产力落后，商品经济不发达，物质财富不丰富，用于满足人民需求的物质生活资料显得极为紧张，这样在分配领域内人们的需求关系就显得十分紧张，物质利益矛盾就显得十分突出。同时，再加上客观存在的多种经济成分、多样化的分配方式以及现行体制尚不完善，具体的配套政策和措施如社会保障制度、税收制度等尚不健全，这就致使人民内部的物质利益矛盾显得格外突出。一般来说，人民内部的物质利益矛盾大量地、经常地发生于分配领域，当前突出反映在群众收入水平的差距上。我国改革开放以来，社会分配格局发生了新的分化和组合。一方面，分配上的平均主义尚未完全打破，分配的合理格局尚未完全形成；另一方面，又出现了收入差距过大和分配不公、悬殊过大的现象。尽管群众的收入总体上增加了，但许多群众心理不平衡，引起群众新的不满情绪，加剧了群众之间在物质利益上的摩擦和矛盾。

第二，群际矛盾明显化。

在社会主义初级阶段，由于多种所有制形式、多种分配方式并存，人民群众在分配收入上又不同程度地拉开了档次，致使人民内部形成明确分野的多种利益群体。如在工人阶级内部形成国有企业工人群体、混合所有制企业工人群体、乡镇企业工人群体、外资企业工人群体、私营企业工人群体；同一工人群体内部又存在脑力劳动者群体和体力劳动者群体，经营者、管理者群体及物质生产者群体；在私营企业内部存在业主群体和雇员群体，还产生了外商经济的高级代理人和管理者群体及职工群体、个体工商业者群体和个体劳动者群体等等。人民内部的利益群体呈多元化的格局，群体之间界限分明，群体利益要求明确，群际矛盾明朗化。

第三，干群矛盾突出化。

在我们党成为执政党的条件下，特别是改革开放和发展社会主义市场经济的新形势下，领导和群众的矛盾在内容上和表现形式上有许多新的特点。比如，少数领导干部的腐败行为，官僚主义的广泛存在，已经引起人民群众强烈不满，严重地影响了干群关系，激化了干群矛盾。现在看来，人民内部矛盾往往会集中地通过干群关系而表现出来，又集中表现为群众同干部中的官僚主义、腐败现象的矛盾。党群关系、干群关系成为人民群众议论的中心课题，成为人民内部矛盾汇集的一个焦点。

第四，思想政治矛盾多样化。

人民内部矛盾不仅大量存在于经济生活领域，而且还存在于政治生活领域、文化生活领域和精神生活领域等更为广泛的社会生活领域。社会主义市场经济体制改革同时提出了政治体制改革的任务，使政治生活的各种关系和矛盾多样化。比如，党政关系和矛盾、执政党同民主党派的关系和矛盾，中央政府同地方政府的关系和矛盾，党内的关系和矛盾，等等。

在我国社会主义发展的初级阶段，反映在思想领域的矛盾，表现为敌我和人民内部两种不同性质的思想矛盾。敌我性质的思想矛盾是对抗性的、阶级斗争性质的思想矛盾。人民内部的思想矛盾一般来说是非对抗性的矛盾，是我国社会目前阶段意识形态领域内的主要矛盾。人民内部的思想战线上的矛盾同时表现为两种类型的矛盾：一种是带有阶级斗争性质的人民内部的思想斗争和矛盾，一种是不带有阶级斗争性质的人民内部的思想斗争和矛盾。后者又在我国社会目前阶段意识形态领域内人民内部思想矛盾中居主导地位。

在社会主义初级阶段，剥削阶级思想残余还会大量存在。封建主义的思想残余、资本主义的腐朽思想还会顽固地在思想领域内拼命地表现自己。因此，在社会主义发展的初级阶段，社会主义思想和剥削阶级的残余思想，尤其是同封建主义残余思想、资产阶级腐朽思想的矛盾还是很尖锐的。我国社会主义初级阶段人民内部思想矛盾的复杂性就在于，社会主义思想同旧社会剥削阶级残余思想的矛盾，渗透到人民内部的正确与错误、先进与落后、革新与保守、科学与迷信的思想矛盾中来，并占有很大的比重。这个特点决定了社会主义初级阶段思想领域内人民内部的是非问题，在许多方面还带有对抗的属性，带有阶级斗争的性质。如果我们处理不好，这些带有对抗属性、带有阶级斗争性质的思想是非矛盾，就会转化为思想领域内的敌我对抗性质的矛盾。

在我国社会主义现阶段，在思想战线上，大量地、经常地、反复地表现出来的是不带有阶级斗争性质的人民内部的思想矛盾，这类思想矛盾构成了我国社会现阶段意识形态领域内的主导性矛盾。人民内部在根本利益一致基础上的思想矛盾，表现为人民内部的正确与错误、新的与旧的、先进与落后、科学与迷信、革新与保守的矛盾，即表现为人民内部的思想是非矛盾。

当前，我国正处在深化改革开放、新旧体制加速转型的过渡时期，上层建筑和观念形态也经历着深刻的变化，从而使得人们的思想观念出现异常复杂的情况。特别是市场经济观念深入人心，会使人们的心理结构和交往方式发生深刻的变化，引起人们在思想观念、价值取向、生活方式上的冲突和矛盾。比如，利己主义、拜金主义和集体主义、社会主义思想、道德、价值观念的矛盾，享乐思想、腐朽落后思想同艰苦奋斗精神的矛盾，等等。还有，改革开放过程中会出现许多新的问题，会触动每一个人的利益神经，并且最终要从每个人的切身利益上反映出来，从而在人们的思想上、心理上、情绪上也容易造成某种程度的波动、失衡和冲突，使得人民内部的思想矛盾更加复杂。

第五，民族宗教矛盾复杂化。

一般来说，我国社会主义现阶段的民族、宗教矛盾属于人民内部矛盾。但是，近几年来，由于西方敌对势力对苏联、东欧推行"和平演变"战略得手后，把渗透、分裂、破坏、颠覆的重点转向中国，利用民族、宗教问题大做文章，同时国际上民族分裂、民族独立等极端民族主义思潮泛滥，国内外民族分裂主义分子相互勾结，兴风作浪，加之我们在主观上对有些民族、宗教问题处理不当，工作上有失误，致使近些年来我国民族宗教问题错综复杂，两类不同性质的矛盾交叉在一起，各类突发事件屡屡发生，严重影响我国民族聚居地区和边疆少数民族地区的稳定。从我国近些年发生的民族宗教事件来看，绝大多数参与各类突发事件的群众都属于人民内部矛盾。

第六，经济矛盾尖锐化。

我国正在进行的社会主义市场经济体制的改革是一场深刻的革命。改革既然是一场革命，就必然在各个方面、各个层次上触及人们的利益，打破旧的平衡，引起人们利益关系的新变化和利益格局的新调整。在这个改革、调整的过程中，人民内部的各类经济矛盾必然会格外突出、尖锐，同时会产生新的经济矛盾。改革一方面繁荣了社会主义经济，另一方面又使人民内部的经济利益矛盾更加普遍和明显。如，中央和地方的经济利益关系，地方政府和企业的经济利益关系，不同所有制企业之间、同一种所有制的企业与企业之间的经济利益关系，企业与职工之间的经济利益关系，不同所有制企业、不同行业企业的职工之间、同一企业内部职工之间的经济利益关系等等，都会有新的变化，形成新的经济利益矛盾格局。又如，以建立现代企业制度与增强企业活力为重点的城市经济体制改革，既增强了企业的积极性，使企业之间发生了广泛的横向经济联系，同时又使得社会主义的经济关系趋于复杂化，有可能促使企业更多地注重自身效益，使生产和分配领域内的经济利益矛盾更突出、更复杂。再如，由于发展市场经济，逐步培育了各类市场，利用市场机制进行经济调节，一方面搞活了社会主义经济；另一方面又使得社会主义的市场关系复杂化、矛盾多重化，如生产者、销售者和消费者之间的矛盾，统一市场与市场分割的矛盾，合法经营与非法经营的矛盾，正当竞争和不正当竞争的矛盾等等。还如，我国是在国民经济高速运行中推进经济体制改革的，在新旧体制转换过程中还要保持经济的高速增长，因此整个经济环境相对紧张，这就必然带来改革、发展与稳定的矛盾，生产与消费的矛盾，加快发展与提高效益的矛盾，东部沿海地区和中西部地区的差距和矛盾等等。当然，总的来说，市场经济的改革会逐步使各方面的经济利益趋于合理化，但由于方方面面都有各自的经济利益追求，所以围绕着经济利益问题，各方面的经济矛盾也会显著化、突出化、复杂化和尖锐化。

第七，矛盾冲突激烈化。

在社会主义初级阶段，由于复杂的国际国内原因，人民内部存在着某些矛盾冲突、对抗和激化现象，弄不好甚至可能会引发政治冲突和社会动乱。对有些乱子处理不好，有可能还会转化为敌我矛盾。改革开放以来，人民内部的各类矛盾冲突、对抗激化现象逐渐增多。比如，一些群众会因为对收入、住房、工资、物价等各方面的福利待遇不满，而采取停工、罢课、集体上访、游行示威、冲击政府等直接形式的对抗；一些群众之间会因为财产纠纷、资产分配、土地使用等问题，爆发激烈的纠纷和暴力冲突。如果对这类问题缺乏警惕，处理不当，就有可能酿成更大的社会动乱，影响社会主义的政治稳定。

搞改革、搞开放、搞建设，根本目的是为人民群众谋利益，当然首先要保证推进社会主义现代化建设的主体的工人、农民、知识分子的利益。但随着改革的深化，也会在相当广泛的方面，触及到人民内部各个利益群体的利益，涉及各个地区、各个方面，涉及每一个人，由此就会使人民内部的各种矛盾扭结、碰撞、摩擦，形成错综复杂的矛盾局面。这就需要我们的干部审时度势，头脑清醒，认清新时期人民内部矛盾的新情况、新问题、新特点，牢牢掌握新时期人民内部矛盾的发展及变化规律，尽可能地化消极因素为积极因素。

二、新形势下人民内部矛盾的几个理论问题

在新的形势下，提高正确对待人民内部矛盾的政策观念和处理能力，必须结合新的实际，研究新时期人民内部矛盾的新情况、新问题、新特点，进一步丰富新时期人民内部矛盾理论。

（一）人民内部矛盾是我国社会现阶段人际关系上的主要矛盾

目前，在我国社会发展的现阶段仍然存在着两类不同性质的社会矛盾：一类是人民内部矛盾，一类是敌我矛

盾。人民内部矛盾是在人民范围内发生的、根本利益一致基础上的、非对抗性的社会矛盾。敌我矛盾是人民和敌人这两大社会势力、社会因素之间，在根本利益对立基础上产生的对抗性、阶级性的社会矛盾。由于复杂的国内、国际因素，复杂的经济、政治、思想、文化等社会历史原因，在我国社会主义发展的初级阶段，在改革开放的新时期，两种不同性质的社会矛盾还将长期存在，甚至在某些特定条件下，敌我矛盾还有可能激化，存在着两类不同性质的矛盾交叉在一起的错综复杂的政治局面。尽管如此，在大量的社会矛盾中，突出地、大量地、经常地表现出来的仍然是人民内部矛盾，人民内部矛盾是我国社会现阶段人际关系上的主要矛盾。正确处理人民内部矛盾，是我国改革开放新形势下国家政治生活的主题。

第一，社会主义制度的性质，决定人民内部矛盾是我国社会主义现阶段人际关系上的主要矛盾。

在我国，社会主义制度确立以后，社会关系发生了根本变化，人民内部矛盾代替了阶级矛盾，成为社会主义国家内部人际关系上的主要矛盾。在阶级社会里，人际关系本质上表现为阶级关系、阶级矛盾，阶级斗争便成为阶级社会国家政治生活的主题，成为人际关系上的主要矛盾。社会主义制度确立之后，剥削制度作为一个完整的社会制度已经不存在了，剥削阶级作为一个完整的阶级也不存在了，社会主义国家内部的人际关系性质发生了根本的转变，国家政治生活的主题也发生了根本的变化，尽管阶级差别和阶级矛盾仍然在一个相当长的历史时期内存在，但阶级斗争已经不是国家政治生活的主题了，阶级矛盾已经不是人际关系上的主要矛盾了。由于目前我国正处于社会主义发展的初级阶段，社会生产力相对落后，物质财富和精神财富相对缺乏，还不能满足人民不断增长的物质文化需求；由于我国社会目前阶段还保留旧式分工的特点，还存在重大的阶级差别和社会差别；由于还存在以公有制为主体的多种经济成分；由于还存在以按劳分配为主体的多种分配形式；由于社会主义市场经济存在着种种矛盾；由于社会主义初级阶段上层建筑及其政治体制还不完善、不成熟，民主和法制还不健全；由于社会主义国家在政治上、思想上、文化上、道德上还带有旧社会的胎记等等，致使在我国社会主义发展的初级阶段，在人民内部还不可避免地存在着大量的矛盾，这些矛盾构成了我国社会现阶段人际关系上的主要矛盾，正确处理这些矛盾便成为我国现阶段政治生活的主题。

第二，我国社会主义现阶段基本矛盾的性质和特点，决定人民内部矛盾在我国各类社会矛盾中居主要地位。

在现实社会中，生产力与生产关系、经济基础与上层建筑的社会基本矛盾一定要通过人与人之间的交往关系而表现出来，也就是说，社会基本矛盾一定要表现为人际矛盾。在阶级社会中，社会基本矛盾大量地、主要地通过人们之间的阶级关系表现出来，表现为占主要地位的阶级矛盾和阶级斗争。我国社会主义制度确立以后，生产关系基本适合生产力的发展，上层建筑基本适合经济基础的需要，当然在基本适合的前提下，生产关系还存在不适应生产力的方面和环节，上层建筑还存在不适合经济基础的方面和环节，这些不适合的方面和环节往往通过体制而表现出来。在我国社会目前阶段，社会基本矛盾具体表现为：原有的生产关系的具体形式即经济体制存在不适合生产力发展的情况；原有的上层建筑的具体形式即政治体制存在不适合经济基础需要的情况。我国社会基本矛盾既相适应又相矛盾，基本相适应前提下存在一定的非对抗性矛盾的性质和特点，决定了在我国劳动人民内部不存在根本对立的利益矛盾和利益冲突，社会基本矛盾在人际关系上大量地、主要地表现为人民内部的矛盾关系。

第三，我国社会目前阶段生产与需要的主要矛盾的性质和特点，决定在人际关系上大量地、经常地、主要地表现为人民内部矛盾。

目前阶段我国所要解决的主要矛盾是：人民日益增长的物质文化需要同相对落后的社会生产之间的矛盾。在人与人的具体关系上，初级阶段的这个主要矛盾集中表现为人民内部在利益分配上的矛盾：一方面是相对落后的社会生产，生产出有限的社会物质和精神财富，而另一方面又是不断增长的人民群众的物质文化需要；群众的日益增长的物质文化需求面对着有限的、还不能满足人民需要的社会物质和精神产品，致使人民内部在消费品分配方面的矛盾格外突出。

第四，改革开放、建立社会主义市场经济体制的新变化，更使人民内部矛盾在我国社会人际关系上居主导地位。

在社会主义改革开放和发展经济的新形势下，在社会主义市场经济的形成过程中，新旧体制的转换，利益分配格局的变化，致使人民内部矛盾更加突出。改革开放一方面繁荣了经济，提高了人民生活水平；另一方面又使人民内部利益矛盾更加普遍和明显。经济成分、分配方式的多样化，使人民内部不同利益群体的收入差别拉大，加大了不同利益群体之间的差别和矛盾。社会主义市场经济的发展，使经济关系复杂化、分配格局多样化、矛盾多重化。经济领域的矛盾引发了政治领域、思想领域的矛盾。经济、政治、思想文化的变化，又使得人民内部的人际矛盾关系更为复杂化、多样化、突出化，成为新时期人际关系上的主导因素。

（二）利益矛盾、特别是不同利益群体之间的矛盾是人民内部各类矛盾的集中表现

毛泽东同志在《关于正确处理人民内部矛盾的问题》一文中，除了着重谈到人民内部在政治思想上的矛盾，以及解决这些矛盾的办法以外，还特别谈到人民内部的利益矛盾，强调从生产和分配上来处理好人民内部的各种利益矛盾。但是由于当时历史条件的局限，在论述人民内部矛盾时，他对着重从经济根源上分析人民内部矛盾产生的社会原因重视不够。社会主义的改革实践证明，只有从经济根源上对人民内部矛盾进行深刻的、正确的分析，才能正确认识和处理人民内部矛盾问题。

人民内部矛盾是一个由许多矛盾构成的复杂系统；有工人阶级、农民阶级和其他群众之间的矛盾，各民族之间的矛盾，地方和地方之间、集体与集体之间的矛盾；工人阶级内部的矛盾，农民阶级内部的矛盾，知识分子内部的矛盾，个体劳动者内部的矛盾，私营经济经营者内部的矛盾；工人阶级、农民阶级和其他劳动群众同私营经济经营者之间的矛盾；执政党、人民政府同人民群众之间的矛盾，领导同群众之间的矛盾，上级同下级之间的矛盾，党与非党之间的矛盾，党内的各种矛盾；以及国家、集体、个人之间的利益矛盾，个人之间、各个阶层和利益群体之间的利益矛盾……这些矛盾分别在经济、政治、意识形态等领域表现出来。其中人民内部的物质利益矛盾，是一切人民内部矛盾产生的物质经济根源，是制约其他各类矛盾发展的主导性矛盾。在人民内部矛盾体系中，利益矛盾具有根源性、主导性、群体性、非对抗性的特点。

在我国社会主义初级阶段，第一，社会生产力相对落后是人民内部利益矛盾存在变化的物质原因，初级阶段生产力发展相对落后，造成人们生活资料相对匮乏，在分配问题上的各方关系会相对紧张。如果分配不合理，就会使分配领域人民内部的矛盾更加尖锐。第二，旧式分工、旧的社会差别是社会主义初级阶段人民内部利益矛盾存在变化的社会历史原因。第三，我国现阶段不同的经济成分与不同的分配方式，是人民内部利益矛盾存在变化的生产关系上的原因。社会主义初级阶段不同性质的经济成分、多样化的分配方式决定人民内部利益矛盾的复杂性。例如，在社会主义初级阶段，不仅有公有制的国有经济、集体经济成分、混合经济成分，还有个体经济和私营经济成分，这使得人民内部的利益矛盾就会表现为：公有制单位劳动群众同个体劳动者以及私有经济经营者、雇主之间的利益矛盾；私营企业雇主同雇员的利益矛盾；个体经济经营者、私有经济经营者同广大消费群众之间的利益矛盾。第四，社会主义市场经济是人民内部利益矛盾存在变化的经济原因。在社会主义初级阶段市场经济复杂的经济关系背后，在人民内部隐藏着各种错综复杂的经济利益矛盾。第五，我国社会现阶段不成熟、不完善的经济政治体制是人民内部利益矛盾存在变化的体制上的原因。社会主义初级阶段不成熟、不完善的经济基础具体体制，不完善、存在某种弊端的上层建筑具体体制，致使人民内部矛盾更为复杂，更为突出，有时还可能会表现为激烈的利益冲突。第六，带有旧社会痕迹的初级阶段的思想、文化、道德状况是人民内部利益矛盾存在变化的思想原因。初级阶段思想、文化、道德发展的相对落后，使得社会主义初级阶段本来就存在的人民内部利益矛盾更加突出。

所有这些深刻的历史、经济、政治、文化等社会原因，决定了在我国社会现阶段现时期各个利益主体之间，还存在个别、特殊利益之间的矛盾，还存在个别利益、特殊利益同集体利益、社会共同利益之间的矛盾。人民内部的利益矛盾是人民内部矛盾产生和发展变化的根源，它能够影响、导向其他各类矛盾的发展变化。

人民内部的利益矛盾和冲突具有横向和纵向两个基本形式。在横向方面，表现为个人之间，各个利益群体、阶层、阶级之间，甚至民族与民族之间的利益矛盾和冲突。

在纵向方面，表现为个人、群体和国家三者之间的利益矛盾和冲突，而这三者的矛盾冲突又是通过劳动者个人同（国家或群体）企业的领导者和管理者，同国家机关的领导干部之间的矛盾关系表现出来，具体来说表现为领导同群众之间的利益矛盾和利益冲突。譬如，反映整体利益、长远利益的领导人员的决策和措施同群众中某些只顾眼前利益、过分追求个人利益的不良倾向之间的矛盾和冲突；领导中间不关心群众痛痒的官僚主义作风同群众的正当合理的利益要求之间的矛盾和冲突；个别领导的贪污腐败现象同人民群众维护自身利益斗争之间的矛盾和冲突；领导主观犯错误而带来的对群众利益的损害同人民群众的不满情绪的矛盾和冲突；国家机关领导者和企业领导者、中央同地方、上级同下级之间的矛盾和冲突。

人民内部的利益矛盾主要通过人民内部不同利益群体之间的群际矛盾而表现出来。在阶级社会中，利益群体集中表现为阶级性群体。在社会主义制度的国家，剥削阶级和被剥削阶级的阶级群体的对立已经消灭了，但阶级群体之间还存在一定的差别，比如工人阶级同农民阶级之间，劳动群众同私营企业主阶层之间都有重大的利益差别。特别是在工人阶级、农民阶级内部，还因收入不同、经济地位不同，而形成存在一定差别的多种利益群体。不同利益群体之间的矛盾是人民内部矛盾的集中表现。

一般来说，人民内部利益矛盾是非对抗性的，但弄不好，也可能转化成对抗性矛盾。目前我国正处于新旧体制交替的改革新时期，为了适应我国生产力发展现状的要求，我们正在进行经济和政治体制改革。随着我国经济结构和政治结构的变化，原有的利益群体结构也发生了相应的变化，冲破了原来不合理的利益格局。我国目前的利益群体结构正处于一个急剧变化、重新组合的新时期，利益格局的变化必然决定利益群体组织和群体行为的多层次性和多样性。一定的利益意识必然导致一定的利益行为趋向，一定的利益趋向使存在一定差异的利益群体之间进一步产生群际间的摩擦、冲突和矛盾，甚至造成对抗性的矛盾，从而影响群际间利益关系分配的不平衡，形成复杂的群际关系和群际矛盾。譬如，工农产品差别引起的工农两大群体之间的利益矛盾，私营性质的所有制引起的私营企业中的雇主和雇员两个群体的利益矛盾，等等。在社会主义市场经济的转换和形成过程中，我国人民内部的不同利益群体之间的利益矛盾显得格外突出和复杂。

（三）领导与群众的矛盾是新时期人民内部矛盾的重要表现

在整个人民内部矛盾中，在一般情况下，领导和群众的矛盾是人民内部矛盾的一个重要表现，是人民内部矛盾存在、发展和变化的主线。这是因为：

第一，在国家政治生活当中，我们党是执政党，我们党的各级领导干部在政治、经济、文化等社会生活领域中处于领导者的地位。整个社会主义事业的成败与领导有关，一切问题和一切失误同领导的工作和责任也有关。领导者的工作对象就是广大人民群众，一方面，领导肩负着领导群众、教育群众、组织群众、动员群众的职责；另一方面，领导又必须依靠群众，服务于群众，接受群众的监督，不脱离群众。这样，领导和群众关系就构成了社会主义人际关系的主线，他们之间的矛盾就构成了人民内部矛盾的重要表现。

第二，社会主义国家最主要的一些社会矛盾，在许多情况下往往会通过人民群众同领导之间的矛盾关系而表现出来。例如，社会基本矛盾在领导与群众之间的关系上具体表现为，作为生产力要素的劳动群众同作为国家经济职能和政治职能的管理者、执行者的领导人员之间的矛盾；在社会主义初级阶段，相对落后的社会生产同人民群众不断提高的物质文化需要之间的矛盾，突出表现为社会消费品供应满足不了人们的需要，解决消费品短缺现象是各级领导不可推卸的责任，尤其是当经济出现严重困难，处于消费品奇缺的状态下，领导便成为一切社会矛盾的焦点，领导同群众的矛盾便成为一切社会矛盾的一个集中表现。有些矛盾虽然并不直接表现为领导与群众的矛盾，但这些矛盾经常需要由领导来处理，如果处理不当，便转而表现为领导与群众的矛盾。

一般来说，领导同群众的矛盾是非对抗性矛盾。但是，当领导重大决策失误损害人民群众的根本利益，当领导严重的官僚主义危害人民群众的正当利益要求，当领导中的变质分子侵吞人民财产，当群众提出不合理的要求，同时又受到坏人挑拨起来闹事时，如果领导处理不及时、不果断、不正确，就会使矛盾激化，出现对抗甚至有可能转变成对抗性矛盾。领导和群众的矛盾其主导方面在于领导。刘少奇同志说过："社会上一切不合理的现象，一切没有办好的事情，领导上都有责任。人民会来责问我们国家、党、政府、经济机关的领导人，而我们对这些问题应该负责任。"① 在领导和群众的矛盾中，如果领导方面是错误的，群众方面是正确的，那么矛盾的主导方面毫无疑问是在于领导，在于领导是否能够改正自己的错误，求得群众的谅解。如果领导方面是正确的，群众方面是错误的；如果领导上没有官僚主义，问题也会容易解决。即使这种情况，一般来说，就领导的任务和职责来说，矛盾的主导方面也在于领导，在于领导对群众的说服教育工作，在于领导是否采取正确的处理措施。例如，当群众对分配问题提出不合理要求而闹事时，关键还在于领导及时对群众进行说服、教育和疏导工作。当然，我们也不能因此把群众中出现的一切矛盾和问题都归咎于领导，我们说领导处于矛盾的主导方面，是指领导的责任、领导的工作，不单就领导的是非问题而言。刘少奇同志还指出，人民内部矛盾大量地表现在人民群众同领导者之间的矛盾问题上，"更确切地讲，是表现在领导上的官僚主义与人民群众的矛盾这个问题上"。② 领导中的官僚主义、腐败现象和不正之风同群众的矛盾，构成了领导与群众矛盾的一个重要方面。我们党的根本宗旨是为人民谋利益。解决好领导同群众的矛盾，必须搞好党和政府的廉政建设，保证社会主

---

① 《刘少奇选集》下卷，人民出版社1985年版，第303页。
② 《刘少奇选集》下卷，人民出版社1985年版，第303页。

义建设的主体力量——工人、农民、知识分子的利益，使全体人民生活水平普遍提高。

（四）人民内部矛盾的对抗和激化现象

从总体上看，人民内部矛盾是非对抗性矛盾，敌我矛盾是对抗性矛盾。但是如果混淆了两类不同性质的矛盾，失去警惕，处理不当，人民内部矛盾就有可能会激化或转化，出现严重的对抗现象和社会冲突。其原因在于：

第一，在人民内部还存在某些对抗性的矛盾。

在我国现实社会中，由于内部在经济上、政治上、思想上，还带有旧社会遗留下来的残余，外部还存在反社会主义势力的影响和破坏，这不仅会使社会主义存在一定数量的敌我矛盾，而且还会使人民内部存在某些个别的对抗性矛盾。比如，在经济上，从本质上来说，私有经济和公有经济是根本对立的两种经济成分，剥削和被剥削是根本对立的社会现象，但是在社会主义初级阶段，还要允许一定的私有经济存在，允许一定的剥削存在。于是，在一定条件下，本质上具有对抗性质的矛盾就采取了非对抗的存在形式。领导同群众的矛盾是非对抗性的矛盾，但领导中的严重的官僚主义和腐败现象同人民群众的矛盾，则是本质上具有对抗性质的矛盾。领导当中的一些官僚主义者虽然没有触犯社会主义法律，没有构成敌我矛盾，但在性质上却同人民群众构成了对抗性的矛盾。在思想领域，社会主义的思想体系同封建主义、资本主义的思想体系是根本对立的意识形态，是属于对抗性的矛盾，但具体到分别带有这两种思想意识的人来说，他们之间的矛盾一般是属于人民内部矛盾。人民内部对抗性矛盾的存在是人民内部矛盾可能激化的必要原因。

第二，人民内部还存在一部分带有阶级斗争性质的矛盾。

由于国内因素和国际环境的影响，阶级斗争还在社会主义国家的一定范围内存在，这就不可能不影响和反映到人民内部，使得人民内部存在一部分具有阶级斗争因素的矛盾，即带有阶级斗争性质的矛盾。比如，人民内部的反对资产阶级自由化，反对资产阶级思想腐蚀，反对封建主义的斗争；人民群众同受剥削阶级思想影响，或受坏人诱骗、利用，而犯有轻微罪行的危害社会治安、影响社会秩序的一部分人之间的矛盾。这些矛盾显然带有阶级斗争性质，但仍然属于人民内部矛盾。带有阶级斗争性质的矛盾也是人民内部矛盾可能激化的深层原因。

第三，人民内部的非对抗性矛盾有可能转化成对抗性矛盾，人民内部不带有阶级斗争性质的矛盾，有可能转化为带有阶级斗争性质的矛盾，人民内部矛盾有可能转化成敌我矛盾。

矛盾是可以转化的。由于矛盾存在的主客观条件的变化，矛盾的性质有可能发生转化，而且这种转化是相互的。人民内部的非对抗性矛盾可能会转化成对抗性矛盾，对抗性矛盾可能会转化成非对抗性矛盾。人民内部不带阶级斗争性质的矛盾可能会转化成带阶级斗争性质的矛盾，带阶级斗争性质的矛盾可能会转化为不带阶级斗争性质的矛盾。人民内部矛盾可能会转化为敌我矛盾，敌我矛盾可能会转化为人民内部矛盾。譬如，如果矛盾处理失误，就有可能使本来是非对抗性的人民内部矛盾激化，转化成对抗性的人民内部矛盾。矛盾会发生转化是人民内部矛盾可能激化的重要原因。

第四，不同性质的矛盾错综复杂地交叉在一起，构成复杂的矛盾局面。

在我国社会复杂的现实生活中，一定范围内的阶级斗争同人民内部的非阶级斗争性质的矛盾，一定数量的敌我矛盾同大量表现出来的人民内部矛盾，不占主导地位的对抗性矛盾同占主导地位的非对抗性矛盾，并不是泾渭分明、清清楚楚地呈现在人们面前，而往往交织在一起，难分难解，构成错综复杂的社会矛盾局面。在社会主义初级阶段，这种复杂的社会矛盾现象尤为突出。例如，学生上街游行事件，一般来说，学生群体中的绝大部分人主观上是爱国的，属于人民内部矛盾，但究其事件的起因来讲却又十分复杂，有敌对势力从中破坏的原因，也有我们工作中的失误和缺点引起学生群体不满的因素……其中隐蔽起来的、蓄意煽动破坏的极少数坏人则属于敌我矛盾。这种错综复杂的矛盾局面是人民内部矛盾可能激化的客观原因。

第五，面对复杂的社会矛盾状况，领导者在主观认识和实际处理方面的失误，有可能导致矛盾激化。

面对复杂的国内外因素的综合作用，面对着交错复杂的社会矛盾局面，如果我们丧失警惕，混淆矛盾，政策不当，处理不妥，解决不及时，人民内部的非对抗性矛盾就可能转化为对抗性矛盾，人民内部的一些矛盾就可能激化，以至产生对抗现象，甚至可能会转化为敌我矛盾。比如工人罢工、群众性的暴力冲突和流血事件，其中有些因生活消费品供应不足或涨价，开始只是引起群众的不满，但后来处理不当，使得矛盾积累激化，最后才导致成为对抗性的冲突。在对抗性冲突中，除个别少数坏人之外，大多数参与事件的人民群众，还是属于人民内部矛盾。失去警惕，混淆矛盾，政策不当，处理不妥，是人民内部矛盾可能激化的主观原因。

人民内部的矛盾对抗现象可以引起更广泛的社会冲突，这种社会冲突同社会主义初级阶段的阶级斗争、敌我矛盾交叉在一起，纠合在一起，再加上我们主观上处理失策，就会进一步激化、白热化，酿成社会动乱，严重破坏社会正常秩序，危害社会主义的政治稳定。因此，必须对人民内部矛盾可能出现的对抗和激化现象有高度的警惕性。

三、解决新时期人民内部矛盾的基本方法

"不同质的矛盾，只有用不同质的方法才能解决"。①解决人民内部矛盾，必须使用不同于解决敌我矛盾的办法。新形势下的人民内部矛盾，总的来说，是在建设中国特色社会主义这个共同目标下，人民根本利益一致基础上

---

① 《毛泽东选集》第 1 卷，人民出版社 1991 年版，第 311 页。

的非对抗性矛盾，尽管还存在一定的对抗性矛盾，有时呈现出复杂的情况，但只要工作做好了，还是能够解决的，关键在于我们的工作。

第一，主要用经济办法，来解决人民内部的得失矛盾。

利益矛盾就是得失矛盾。毛泽东同志在谈到人民内部利益矛盾时，强调"必须经常注意从生产问题和分配问题上处理上述矛盾"，[1] 提出要用经济方法处理人民内部利益矛盾的思想。邓小平同志在 1979 年提出："我们必须按照统筹兼顾的原则来调节各种利益的相互关系。如果相反，违反集体利益而追求个人利益，违反整体利益而追求局部利益，违反长远利益而追求暂时利益，那末，结果势必两头都受损失。"[2] 经济方法是解决人民内部利益（主要指物质、经济利益）矛盾的最主要、最基本的方法，"统筹兼顾、全面安排"是解决人民内部利益矛盾的经济方法的基本原则。

如何贯彻统筹兼顾全面安排的原则，用经济方法来解决人民内部的利益矛盾呢？首先，必须建立有利于协调人民内部利益矛盾的、适合社会主义市场经济的经济、政治体制。只有兼顾到各方面的利益需要，调整好人民内部的利益矛盾，才能调动起人民群众的积极性，而这一切又必须有一个适当的体制来保证它的贯彻和实施。目前我国正

---

① 《毛泽东文集》第 7 卷，人民出版社 1999 年版，第 221 页。
② 《邓小平文选》第 2 卷，人民出版社 1994 年版，第 175—176 页。

在进行社会主义改革，目的就是要建立社会主义的市场经济体制，运用市场经济的规律和机制的作用，通过经济政策和经济立法的实施，从制度上协调利益矛盾。其次，建立合理的分配体制，实施允许一部分人先富起来，最终走共同富裕道路的政策，协调好各方面的利益关系。社会主义市场经济体制是按照市场经济发展的规律进行消费品的分配。在社会主义初级阶段，存在着不同的利益群体，这些利益群体之间存在着重大的利益差别，这就要求我们建立适合市场经济的，适合不同利益群体的，以按劳分配为主的，按需分配、按资分配等多种分配形式并存的分配体制，既要反对平均主义、允许一定的利益差别存在，让一部分人先富起来，又要反对分配悬殊过大，两极分化，以引导大家走共同富裕的道路。还有，采取正确的经济政策、经济办法，通过经济手段来解决人民内部的利益矛盾。我国农村实行家庭联产承包责任制以后，之所以能够极大地调动起广大农民的积极性，就在于它通过正确的经济政策和经济措施，比较好地把个人、集体、国家三者利益结合起来了。市场经济体制改革的重要环节，也是要通过正确的经济政策和经济措施，处理好国家、企业和职工的三者利益关系。如果我们能做到保证企业相对独立的经济利益，建立多种形式的经济责任制，保证职工合理的个人收益，那就可以调动起企业和职工的积极性。再有，解决人民内部的利益矛盾，还需要进行必要的思想政治工作。必要的思想政治工作和正确的经济方法是相辅相成的。正确的经济方法是解决人民内部利益矛盾的前提和基础，必要的思想政治工作是解决人民内部利益矛盾必不可少的辅助条件。

第二，必须用民主的方法，来解决人民内部是非矛盾。

人民内部在思想政治上的矛盾就是一个是与非的问题，即是非矛盾。毛泽东同志指出：凡属于思想性质的问题，凡属于人民内部争论的问题，只能用民主方法来解决，只能用讨论的方法、批评的方法、说服教育的方法来解决，而不能用强制的方法、压服的方法来解决。他还把民主的方法概括为一个公式，叫做"团结——批评——团结"。邓小平同志也说，在党内和人民内部的政治生活中，只能采取民主的手段，不能采取压制、打击的手段。民主的方法，不仅是解决人民内部思想是非问题的基本方法，而且是解决人民内部政治生活领域的矛盾的基本原则。民主的方法主要包括两个方面，一是建立民主法制的政体，通过健全的民主法制制度来解决矛盾；二是采取民主的、说服的、教育的手段和办法来解决矛盾。

第三，必须根据具体情况，采取多种具体的、综合的方法来解决人民内部各类矛盾。

在我国目前阶段：人民内部矛盾并不是简单、孤立的矛盾，而是一个复杂的、与外部因素相互联系的，内部各类矛盾相互作用的矛盾系统。因此，在解决人民内部矛盾的时候，所采取的方法也不可能是单一的、永久不变的。必须根据矛盾的具体情况和变化，采取综合性的、多种多样的办法来解决。在这里，没有一成不变的公式，也没有包治百病的处方，不同性质的矛盾只能用不同的办法来解决。同一性质的矛盾因其表现不同，也必须用不同的方法，通过综合协调来解决。

　　各级领导机关、各级领导干部要敢于负责任，认认真真，兢兢业业，善于调查研究，针对新形势下人民内部矛盾的具体实际，做好各类矛盾的化解工作。现实生活中的各类人民内部矛盾是十分复杂的，各类矛盾也绝对不是孤立的，必须采取综合措施来解决。首先，必须大力加强思想政治工作，立足于理顺情绪，增进理解，调动积极因素。新形势下出现的各类矛盾，多属于利益分配上的矛盾，或者是思想认识上的问题，要多做说服、调解、协调、疏通工作，使矛盾的各方互谅互让，顾全大局，求同存异，切不可等矛盾成了堆，结了疙瘩，再动手去解决。其次，要注意工作方法，关心群众生活，少说空话、官话、套话、废话，少搞形式主义，为群众排忧解难，多办实事。还有，必须大力开展反腐倡廉斗争，努力克服官僚主义，这是理顺群众情绪，缓和、解决人民内部矛盾的一个极其重要的方面。今天，人民内部的各类矛盾相当复杂，必须认真对待，不得有丝毫的懈怠。要动员各方面的力量，采取综合的办法，共同做好工作，通过思想政治工作，通过深化改革，通过民主和法制化的途径，调整好人民内部矛盾，最大限度地调动起人民群众改革的热情和建设的积极性。

　　第四，深化改革，发展社会主义生产力，发展社会主义市场经济，建立社会主义民主和法制，是解决人民内部矛盾的根本性办法。

　　解决好新形势下人民内部矛盾，最根本的还是要靠进一步深化改革、发展社会主义生产力，发展社会主义市场经济，引导人民逐步走上共同富裕的道路。同时必须加强社会主义民主和法制建设，推进政治体制改革，从根本上建立协调人民内部各类矛盾的制度和机制。必须坚持社会主义精神文明建设，提高全体国民的素质，只有在这个基础上，才能按照统筹兼顾的原则，调节好方方面面的利益关系，建立起有效的利益调整机制，才能在利益协调过程中，把广大群众凝集在党的周围，真正把群众团结起来，调动起来。

弘扬马克思主义学风[*]

最近，《中共中央关于在全党深入学习邓小平理论的通知》着重论述了坚持和发扬理论联系实际的马克思主义学风的极端重要性。

一、理论武装与弘扬学风是两位一体的战略任务

高举邓小平理论伟大旗帜，把中国特色社会主义伟大事业全面推向 21 世纪，必须解决好用邓小平理论武装全党和弘扬理论联系实际的马克思主义学风问题。这是当前深入学习邓小平理论，把理论学习提高到新水平而需要解决的重大问题。

近 20 年改革开放和社会主义现代化建设的实践充分证明，邓小平理论是正确的，是实现我国跨世纪发展目标的根本保证。为此，必须用科学理论武装全党，系统地掌

---

* 本文发表于 1998 年 10 月 29 日《人民日报》。

握马列主义、毛泽东思想，尤其要全面正确地掌握邓小平理论，用马克思主义的立场、观点、方法研究和解决当代中国的实际问题。只有这样，我们才能高举邓小平理论伟大旗帜不动摇，才能坚持党的基本路线不动摇。新的形势、新的任务对领导干部的学习提出了新的要求，抓好理论武装工作，更为重要和紧迫。

抓好理论武装工作必须解决好学风问题，学风问题对我们党、我们的事业具有极端的重要性。毛泽东同志在领导中国革命的斗争中，反复强调学风问题，强调理论联系实际，有的放矢，学以致用。学习邓小平理论，也必须发扬良好学风，做到学以致用，有的放矢。学以致用，就要明确学习的目的。学习邓小平理论，是为了说明和解决当前中国社会主义现代化建设的实际问题，说明和解决的问题越多，表明邓小平理论学得越好。有的放矢，就是用邓小平理论之箭，射中国社会主义现代化建设实际问题之的。为了把中国特色社会主义事业全面推向前进，领导干部必须自觉地学习邓小平理论，理论联系实际，以邓小平理论为指导，解决好改革开放和社会主义现代化建设中的现实问题。理论武装和弘扬学风是不可分离的、两位一体的战略任务。

二、学风问题是第一个重要的问题

学风问题，即对待马克思主义的根本态度问题，马克思主义的一个基本原则问题。用马克思主义立场、观点和方法来研究和解决中国的现实问题，这是对待马克思主义的正确态度，是我们必须坚持和弘扬的马克思主义学风。中国共产党人历来十分重视学风问题。为了取得抗日战争的伟大胜利，毛泽东同志亲自领导整风运动。他深刻指出："学风问题就是一个非常重要的问题，就是第一个重要的问题。"邓小平同志在批评"两个凡是"观点时也突出地强调了学风问题，他反复要求我们要完整、准确地掌握毛泽东思想，要一切从实际出发，实事求是。他尖锐指出："一个党，一个国家，一个民族，如果一切从本本出发，思想僵化，迷信盛行，那它就不能前进，它的生机就停止了，就要亡党亡国。"① 为什么说学风问题是第一个重要的问题呢？

　　第一，学风问题是由马克思主义理论的指导地位所决定的。我们党是马克思主义的政党，马克思主义是党的指导思想，这就决定了我们党必须重视理论问题，必须重视理论对实践的指导意义。毛泽东同志讲过，马克思主义、列宁主义，我们正是靠着这样一个理论武器，才找到了中国解放的道路。如果对待马克思主义的根本态度出了问题，如果把马克思主义变成教条，脱离了本国的实际，就会给党的事业造成极大的危害，出现灾难性的后果。在党的历史上，王明机会主义就是一个典型的例子。

　　第二，学风问题是关系到党的事业兴衰成败的重要问题。从中国革命和社会主义建设的历史以及国际共产主义

---

　　① 《邓小平文选》第2卷，人民出版社1994年版，第143页。

运动的历史可以看出，如果学风不正，会给党的事业带来巨大的损失！民主革命时期，毛泽东同志把马克思主义基本原理同中国革命实际结合起来，开创了井冈山革命根据地，这是中国化的马克思主义。但是，王明从本本出发，否定了毛泽东同志的正确主张，给党和革命造成了重大损失。经过遵义会议，我们党从实际出发，实事求是，扭转了败局，使中国革命重新走向胜利。1956 年，我们党的八大从中国实际出发，得出了一条正确的路线，但这一正确的路线未能贯彻下去。其中一个重要原因，就是脱离了我国社会主义初级阶段的实际，坚持以阶级斗争为纲，使我国社会主义建设走了一大段弯路。粉碎"四人帮"之后的 1976 年到 1978 年，我们徘徊了两年，其中一个重要的原因，就是党内一些人坚持"两个凡是"。党的十一届三中全会恢复理论联系实际的马克思主义的优良学风，一切从中国实际出发，这才有了改革开放和社会主义现代化建设的新局面。党的十五大坚持和发扬马克思主义学风，创造性地运用邓小平理论解决了改革开放和社会主义现代化建设中的一系列问题，有效地促进国民经济持续快速健康发展。

第三，学风问题是衡量政党是否成熟的一个重要标志。一个党成熟不成熟，学风正不正是一个重要的标准。学风正，学风问题解决得好，则表明党是成熟的，反之，则表明党是不成熟的。我们党从幼稚逐步走向成熟的过程，也是学风逐步得到解决的过程。经过延安整风，经过对遵义会议之前失败教训的总结，我们党把马克思主义和中国革命实际相结合，确立了毛泽东思想在我们党的指导地位，形成了新民主主义革命的路线和纲领，取得了新民主主义革命的胜利。通过实践是检验真理的唯一标准的大讨论，我们党坚持解放思想、实事求是，一切从实际出发，从而开创了中国特色社会主义的新时期，从而逐步形成和确立邓小平理论在我们党的指导地位。

第四，学风问题说到底是世界观问题。在对待马克思主义这一问题上，存在着两种不同的观点：一种是以实践的、发展的、创新的观点来对待马克思主义；一种是以教条的、静止的、僵化的观点来对待马克思主义。这两种态度的分歧，关键是一个世界观问题，也就是说，是从本本出发，还是从实际出发。从实际出发，就是坚持从实践到认识，坚持实践是检验真理的唯一标准这样一种哲学世界观。我们党正是依靠和运用正确的世界观和方法论，才有了毛泽东思想的创立和发展，才有了邓小平理论的创立和发展。所以，没有实事求是，没有一切从实际出发的辩证唯物主义世界观，就不会用科学的态度来对待马克思主义，就不会有科学的学风。

第五，学风问题是党风问题。毛泽东同志在《整顿党的作风》中指出："我们要完成打倒敌人的任务，必须完成这个整顿党内作风的任务。学风和文风也都是党的作风，都是党风。只要我们党的作风完全正派了，全国人民就会跟我们学……只要我们共产党的队伍是整齐的，步调是一致的，兵是精兵，武器是好武器，那末，任何强大的

敌人都是能被我们打倒的。"① 陈云同志说，党风问题是
关系到党的生死存亡的大问题。学风问题是党风问题，是
关系到党的生死存亡的根本问题。学风不正，是最大的党
风不正，只有学风正，党风正，我们的事业才会前进。

三、学风问题的关键是理论联系实际

　　学风问题的关键是理论联系实际。理论联系实际，就
是运用马克思主义的立场、观点和方法来说明和解决实际
问题。这就是通常讲的，把马克思主义基本原理同本国实
际相结合。强调马克思主义理论必须联系实际，这是由马
克思主义的科学性所决定的。马克思主义科学性在于实践
性、发展性和创造性，因而决定了理论联系实际的必要
性。

　　马克思主义之所以永不枯竭，具有蓬勃的生命力，首
先在于它的实践性。马克思主义始终是与社会实践相结合
的，始终是同各国的实际相结合的。实践的观点是马克思
主义的根本的首要的观点，是马克思主义科学性的根本所
在。正因为马克思主义有这样一个根本特性，从而决定了
我们党必须按照马克思主义基本原理，高度重视科学理
论，高度重视理论和实际相结合。以邓小平同志为代表的
中国共产党人，把马列主义、毛泽东思想同当代中国社会
主义现代化建设实际相结合，找到了实现中国社会主义现

---

① 《毛泽东选集》第 3 卷，人民出版社 1991 年版，第 812 页。

代化的正确道路，创立了实现中国社会主义现代化的正确道路，创立了具有生命力的邓小平理论。如果离开实践，理论与实际相脱离，那么，马克思主义就会变成空洞的、无用的教条。只有坚持理论和实际相结合，马克思主义才能永葆蓬勃的生机和活力。

马克思主义之所以是真理，在于它永远不会停留在同一个水平上，永远向更高的水平发展。这种发展性，是由实践性带来的。马克思主义需要实践、实践、再实践，同时也就需要对实践认识、认识、再认识。因此，马克思主义必然随着实践的发展而发展。恩格斯讲过，我们的理论是发展的理论，而不是必须背得滚瓜烂熟并机械地加以重复的教条。只有运用马克思主义的立场、观点和方法不断地解决新的问题，马克思主义才具有蓬勃的生命力，才会不断地向前发展。邓小平同志讲过，科学社会主义是在实际斗争中发展着，马列主义、毛泽东思想是在实际斗争中发展着，我们不会由科学社会主义退回到空想社会主义，也不会让马克思主义停留在几十年或一百多年前的个别论断的水平上。任何孤立地、静止地研究马克思主义，把马克思主义同它在现实生活中的生动发展割裂开来、对立起来，是毫无出路的。

马克思主义理论的创造性来源于实践的创造性，来源于不断地联系实际、解决实际问题的实践。运用马克思主义理论解决实际问题，主要是联系两个实际，一个是工作实际，一个是思想实际。马克思讲，无产阶级在改造客观世界的同时也要改造自己的主观世界，要联系和解决好客观世界和主观世界这两个实际。客观世界的实际，就是工作实际，包括国内外大局的实际、本地区本单位的实际、个人具体工作的实际。主观世界的实际，包括个人的思想实际，如个人的世界观、人生观、价值观、道德作风情操、政治思想状况等；党内和社会上带有普遍性的思想实际，如社会风气、干部群众的思想状况等。要运用马克思主义的立场、观点和方法来认识、分析和解决工作实际和思想实际两方面的问题，在改造客观世界的同时改造主观世界。

做好这项工作也主要应当解决两个实际问题，一是解决能力问题，即提高运用马克思主义立场、观点和方法分析和解决实际问题的能力；一是解决品德问题，即提高思想政治素质、道德作风素质。归到一点，就是要解决树立马克思主义的世界观、方法论问题，解决立场、观点、方法问题，解决学风问题。

四、坚持解放思想、实事求是的思想路线，反对教条主义

坚持和发扬良好的学风，必须反对教条主义，这是与中国的国情有关系的。一方面，中国长期以来是一个封建落后的国家，小农生产方式，生产力落后，容易产生保守、僵化的思想，这是教条主义赖以产生的社会土壤。另一方面，教条主义往往打着马克思主义的招牌，装出马克思主义的面孔，容易唬人，容易骗人，从而离开实践，走

向马克思主义的反面。坚持和发展马克思主义，反对教条主义，树立一个良好的学风，说到底就是坚持解放思想、实事求是的思想路线。

邓小平同志是运用马列主义、毛泽东思想研究和解决新情况、新问题的典范，是坚持和发展马克思主义的典范。邓小平同志坚持一切从实际出发、实事求是的思想路线，对于毛泽东同志说对了的就坚持，说错了的就纠正，没有说清楚的根据新的实践新的发展说清楚。毛泽东同志说了没有做的正确想法，邓小平同志努力把它做好。例如，在生产力落后的中国，如何建设社会主义？毛泽东同志提出了这一问题，并有过探索，有过经验，但更多的是教训。邓小平同志在总结经验教训的基础上，对这个问题给予了系统的初步的回答。这就是从实际出发，走自己的路，建设中国特色社会主义。

总之，邓小平同志坚持理论联系实际，运用马克思主义的立场、观点和方法解决当代中国的现实问题，是坚持马克思主义学风的光辉典范。党的十五大坚持和发扬理论联系实际的马克思主义学风，运用邓小平理论创造性地解决了改革和发展中的一系列新问题。当前，全党深入学习邓小平理论，必须大力弘扬理论联系实际的马克思主义学风，创造性地将邓小平理论运用于实际工作中去，在实践中继续丰富和创造性地发展邓小平理论。

加强党的执政能力建设是一个
重大的历史性课题[*]

加强党的执政能力建设，是一项重大的理论和现实问题，是党的十六大提出的战略任务，也是新形势下加强和改进党的建设的重大历史性课题。

一、全面加强党的建设,是党面临
的最迫切的历史性课题

自中国共产党成立以来，我们党始终就面临着三大问题："什么是社会主义，怎样建设社会主义"，"建设一个什么样的党，怎样建设党"，"什么是马克思主义，怎样坚持和发展马克思主义"。在不同的历史阶段，对这三个问题，中国共产党人有不同的回答侧重点。我们党的第一

---

* 本文是作者 2004 年 4 月 24 日在"全国党校系统党建座谈研讨会上"的发言，根据录音整理，发表于《党史与党建》2004 年第 8—9 期。

代领导集体、第二代领导集体、第三代领导集体在不同的历史阶段分别对三大课题加以回答，坚持和发展了马克思主义。

第一个问题，什么是社会主义，怎样建设社会主义。对于中国共产党来说，这个问题实质上是"在落后的中国，什么是社会主义，怎样建设社会主义"。对于领导中国革命夺取政权的工人阶级政党来说，要回答这个问题，首先必须回答旧中国的社会性质是什么，怎样进行中国革命。毛泽东同志回答了这个问题，他认为中国是半殖民地半封建社会，在这样的国家进行社会主义革命，必须分两步走，第一步进行工人阶级领导的新民主主义革命，选择了农村包围城市，武装夺取政权的井冈山道路；第二步不间断地进行社会主义革命，选择了通过社会主义"三大改造"，建立社会主义制度的正确途径。

第二个问题，建设一个什么样的党，怎样建设党。在半殖民地半封建的旧中国，毛泽东同志回答了在落后的中国，在农民、小资产阶级占多数的国家里，建设一个什么样的工人阶级政党，怎样建设党的问题，提出了从思想上建党的重要思想。

第三个问题，什么是马克思主义，怎样坚持和发展马克思主义。毛泽东同志在领导中国革命的过程中，在解决前两个问题过程中，创造性地把马克思主义与中国革命实际相结合，创立了马克思主义中国化的第一个理论成果——毛泽东思想。回答了在中国，什么是马克思主义，怎样坚持和发展马克思主义的问题。

对于夺取了全国政权，建立了社会主义制度的执政党来说，面临的问题是："在落后的中国，建设什么样的社会主义，怎样建设社会主义。"毛泽东同志领导中国共产党人进行了艰苦的探索，取得了一些成功的经验，但也遇到了巨大的挫折，没有回答好这个问题。邓小平同志回答了中国是处于初级阶段的社会主义，必须一切从实际出发，走自己的道路，建设中国特色的社会主义，创造性地回答了"什么是社会主义，怎样建设社会主义"的历史课题。在回答"什么是社会主义，怎样建设社会主义"的过程中，邓小平同志提出执政党建设的问题，要求回答："执政党是一个什么样的党"这个重大问题，提出了新时期的党建思想。邓小平同志正是在回答中国特色社会主义主题的过程中，创造性发展了马克思列宁主义、毛泽东思想，形成了马克思主义中国化的第二个理论成果——邓小平理论，出色地回答了"什么是马克思主义，怎样坚持和发展马克思主义"。

我在调查中碰到一个农民。我问，你知道谁叫毛泽东吗？他回答，我知道。我问，你知道谁是邓小平吗？他回答，是邓大人。我又问，两个伟人有何区别？他想了一下说，毛泽东让富人变成穷人，这是革命。邓小平是让穷人再变成富人，让中国致富。我听了以后，感触很深，什么是社会主义？邓小平同志讲，贫穷不是社会主义，发展太慢也不是社会主义，计划经济还不是社会主义。什么是社会主义？邓小平同志回答，就是"解放生产力，发展生产力，消灭剥削，消除两极分化，最终达到共同富裕"①。毛泽东同志解决了在中国这样落后的条件下怎样进行新民主主义革命的问题，怎样进行社会主义革命的问题。毛泽东同志回答的是革命问题，把剥削阶级的命革掉，把反动政权推翻，把"三座大山"推翻。但怎样使全体人民富裕，毛泽东同志没有很好地回答。邓小平同志把这个问题回答了。老农民虽然是放羊的，回答得简单却非常深刻。

邓小平同志科学地回答了"在落后的中国，什么是社会主义，怎样建设社会主义"，当然这个问题还没回答完结。他把第二个问题，"建设一个什么样的党，怎样建设党"的问题，特别地提出来了，也给予了一定的回答。他出色地回答了第三个问题，"什么是马克思主义，怎样坚持和发展马克思主义"，当然这个问题还需要继续回答。今天，这三大课题仍然是我们中国共产党人要回答的基本问题。

要回答以上三个问题，必须不断深化对社会主义发展规律、共产党执政规律、人类社会发展规律的认识。什么是社会主义，怎样建设社会主义？是对社会主义发展规律的认识。建设一个什么样的党，怎样建设党？是对共产党执政规律的认识。什么是马克思主义，怎样坚持和发展马克思主义？是从世界观、方法论的高度对人类社会发展规律的认识。进一步回答什么是社会主义，怎样建设社会主义，创造性地回答建设一个什么样的党，怎样建设党，在

---

① 《邓小平文选》第3卷，人民出版社1993年版，第373页。

新的历史条件下回答什么是马克思主义，怎样坚持和发展马克思主义，历史地落在了党的第三代领导集体的肩上。我们党今天仍然面临着三大历史课题，其中党的建设问题已经提到最紧迫的议事日程上来了。"进入21世纪，建设一个什么样的党，怎么样建设党"，这是全党面临的最迫切的历史性课题。

回顾20世纪最后10年，对中国社会主义现代化进程发展影响最大的有两件重大的事件。一件重大政治事件是在我国发生的"6·4政治风波"，一件重大政治事件是苏东剧变解体。这是世界形势发生的自二战以来最为重大的变化转折点。随着这个历史性转折，我国及国际环境发生了一系列的新情况、新问题。这两个重大历史事件及相应的一系列新情况对中国20世纪的最后10年乃至今后一段很长的时期都发生着深远的影响。

在我国发生的"6·4政治风波"和苏东剧变是密切相联构成一个整体事件的带有世界性的历史事变。苏共是列宁亲手缔造的第一个社会主义国家的执政党，执政70多年，在戈尔巴乔夫"新思维"的错误思想指导下，不久就土崩瓦解。紧接着所有的东欧社会主义国家，所有的东欧执政党都先后垮台了。

中国共产党在"6·4政治风波"中，在苏东剧变的过程中受到了巨大的政治冲击。"6·4政治风波"结束后，邓小平同志在《第三代领导集体的当务之急》这篇重要讲话中说："常委会的同志要聚精会神地抓党的建设，这个党该抓了，不抓不行了。"这段话是接见以江泽民同志为首的第三代领导集体的同志们时讲的，是非常重要的政治交代，也是邓小平同志对"6·4政治风波"和苏东变化的深刻思考的科学结论。

按照邓小平同志的深入思索，"6·4政治风波"也好，还是苏东剧变也好，这些问题集中到一点，其根本问题就是党自身的建设出了问题！戈尔巴乔夫的"新思维"使苏联共产党陷入困境，戈尔巴乔夫一个人就宣布了苏联共产党的解散，曾几何时，一个上千万人的大党就瓦解了，其中一个重要原因就乱在党内。"6·4"这场政治风波，我们党没有垮，主要是由于我们进行了社会主义的改革开放，人民得到了实惠，人民是相信邓小平理论、相信党的，相信社会主义的。但国际国内的政治事件给我们带来了深刻的警醒：如果党的建设抓不好，最后仍会出大问题。

江泽民同志围绕邓小平同志的警语讲了两句十分精辟的话："中国的事情关键在党"，"要把中国的事情办好，关键取决于我们的党"。以江泽民同志为核心的第三代领导集体按照邓小平同志的政治交代，认真思索怎样加强党的建设问题。江泽民同志在深刻分析国内外的新情况、新变化时认为，有几件事引起深思：第一件事是1989年动乱，第二件事是苏东剧变，第三件事是法轮功事件，第四件事是台湾国民党下台。国民党败退到台湾，特别是经过蒋经国的努力，台湾的经济发展很快。但是，在台湾经济发展的同时，国民党进一步腐败，搞黑金政治，被陈水扁搞下台。台湾的经济上去了，作为执政党的国民党却下台了。深思这4件事，特别是联系我们党内的腐败问题，如陈希同案件、成克杰案件、胡长清案件，直至一系列省部级高官出问题，使人们感到触目惊心。把所有这些问题集中在一起，归结起来就是：建设一个什么样的党，怎样建设党，这个问题不解决是不行的，否则，会把政权丢掉。按照邓小平同志的指示，以江泽民同志为代表的第三代领导集体致力于聚精会神地解决党的建设问题。党的十三届四中全会上提出要特别注意抓好的四件大事之一是，大力加强党的建设。之后不久，中共中央又专门下发了《关于加强党的建设的通知》；十四届四中全会就党的建设若干问题又做了专门决定；十五大提出了全面推进党的建设新的伟大工程的总体目标；十六大对党的建设提出了全面的要求，把"三个代表"重要思想确定为党的指导思想。以胡锦涛同志为总书记的党中央按照"三个代表"重要思想的要求，根据十六大的战略部署，扎扎实实地、兢兢业业地抓党的建设，取得了很大的进展。总之，我们党的一系列思索和措施，都是要集中解决党的建设的问题，把党的建设问题突出出来了。

进入21世纪后，能不能高举邓小平理论和"三个代表"重要思想的伟大旗帜，坚定不移地推进中国特色社会主义事业，要靠中国共产党。关键在于建设一个什么样的党，怎样建设党。这是摆在全党面前的最重大和最迫切的理论和现实问题。为什么会这么说，有几个理由。

（1）政治路线确定之后，关键在党的自身建设。毛泽东同志说，"政治路线确定之后，干部就是决定的因素"，①"如果我们党有一百个至二百个系统地而不是零碎地、实际地而不是空洞地学会了马克思列宁主义的同志，就会大大地提高我们党的战斗力量，并加速我们战胜日本帝国主义的工作。"② 抗日战争时期，政治路线确定之后，能不能加快战胜日本帝国主义，有没有一批系统地而不是零碎地，实际地而不是空洞地学会了马克思主义的领导干部去执行，这是关键。今天，能不能把党在社会主义初级阶段的基本理论、基本路线、基本纲领、基本经验坚持下去，把党的路线、方针、政策贯彻下去，关键在党的建设，在党的干部队伍的建设。所以党的问题、党的建设问题、党的领导干部队伍建设的问题，提到了重要的议事日程。

（2）应对新的挑战与机遇，关键在党的自身建设。在新的条件下，我们党面临许多新的有利因素，同时也面临不少挑战。如何应付新的挑战和机遇，可以说是我们党面临的严峻考验。回顾一下 20 世纪 80 年代末 90 年代初，国际国内发生的一系列政治、经济、军事、科技、金融事件……我们党面临着多少政治风险、经济风险、自然风险、军事风险和金融风险，在这么多风险面前，党怎么办？这是对党的巨大挑战，特别是伴随着风险事件的发生，美国等西方国家加快了对我国进行西化、分化的图

---

① 《毛泽东选集》第 2 卷，人民出版社 1991 年版，第 526 页。
② 《毛泽东选集》第 2 卷，人民出版社 1991 年版，第 533 页。

谋，仍然不放弃和平演变的政策。面对新的挑战和机遇，党自身建设格外重要。

（3）社会主义在曲折中发展，关键在党的自身建设。20世纪80年代末到90年代初，整个国际共产主义运动处于低潮。列宁亲手缔造的有70多年执政历史的苏联共产党垮台了，东欧社会主义国家不复存在了，共产党执政的社会主义国家只剩下中国、越南、朝鲜、古巴、老挝，社会主义运动处于低潮。我们中国高举社会主义大旗，高举马克思主义大旗，世界上都在看我们，到底中国特色社会主义现代化建设能不能取得最后的胜利，这不仅是事关中华民族强盛的重大问题，也是事关证明社会主义在世界上必然胜利的重大问题。社会主义在曲折中能不能坚持，能不能发展，中国已经做出榜样。能不能继续坚持，继续发展，党的自身建设十分关键。

（4）全面实现小康社会的伟大目标，实现中华民族伟大复兴，关键在党的自身建设。党在21世纪面临三大任务：继续推进社会主义现代化建设，完成祖国统一，维护世界和平与促进共同发展。党的十六大提出了全面建设小康社会的宏伟目标。要完成三大任务和宏伟目标，党的自身建设极端重要。

总之，能否经受住世情、国情、党情大变化的严峻考验，关键在党的自身建设。我们党面临着三大方面的考验：一是世界大变化的考验。现在整个世界处于大动荡、大变化、大改组的局面。特别是高科技的发展，信息时代、知识经济时代的到来，整个社会发生了翻天覆地的变化，现代化战争已经没有前线后方之分了。到底如何应付世界性的大变化，这对我们党是一个重大考验。二是执政的考验。党在夺取政权后，先后经过过渡时期、和平建设时期、经过"文化大革命"的挫折时期和改革开放20多年新时期的发展，经受住了执政的考验。特别是经过1989年国内政治风波，20世纪90年代初苏东共产党执政相继垮台，我们没有垮台，经受住了执政的考验。那么我们还能不能继续经受住执政的考验，这是十分关键的。三是改革开放市场经济的考验。在改革开放，开展市场经济建设过程中，党面临着战争年代所没有遇到过的考验。在发展市场经济的过程中，一方面经济上去了，但另一方面党的干部队伍的腐败现象越来越严重。一些大案要案情况已经到了触目惊心的地步。说明党在改革开放、市场经济条件下，面临着新形势下的糖衣炮弹的考验。从历史上来看，我们党经历了"两大转折"，从领导革命夺取政权到执政搞建设，从计划经济条件下的执政到市场经济条件下的执政，情况发生了很大变化。在新历史条件下，党要着重解决"两个水平、两个能力"这两大历史性课题。"两个水平"，一是执政水平，二是领导水平；"两个能力"，一是抵御风险的能力，二是拒腐防变的能力。所以说，今天我们党的自身建设所面临的最重大课题是建设一个什么样的党，怎样建设党的问题。这是党能不能始终保持先进性，能不能立于不败之地的关键所在。

二、党的执政能力的建设,是新时期
党的建设伟大工程的重点

"进入新世纪,建设一个什么样的党,怎样建设党?"这个新的伟大工程迫切地摆在了全党面前。一定要从全党工作大局的高度来认识执政能力建设问题的极端重要性和必要性。毛泽东同志在延安时期曾形象地把党的建设比拟为一个伟大的工程。在新时期,要解决"什么是社会主义?怎么建设社会主义?"解决中国特色社会主义建设问题,就必须要解决好新时期党的建设伟大工程中的重点工程。重点工程是什么?重点工程就是执政能力建设问题。所谓重点,就是关键环节,就是在诸多矛盾中起决定性作用的主要矛盾,就是在主要矛盾中起决定作用的矛盾的主要方面。抓执政党建设,首先而且关键和重点就是要抓执政能力建设。我们党经历了"两个转变",由领导中国革命的、夺取政权的党转变成在执政条件下领导建设的党;由在计划经济条件下执政、领导建设的党转变成在市场经济条件下执政、领导建设的党。"两个转变"说明了我们党现在的历史定位,我们是在社会主义初级阶段的具体情况下,在社会主义市场经济的特殊条件下的执政党,这就必须要解决好三个基本问题:

第一是先进性。作为一个执政党,能否执好政,并保持长期执政,核心在于始终保持执政党的先进性。党的十六大关于党的建设有三句话很重要,"关键在坚持与时俱进，核心在坚持党的先进性，本质在坚持执政为民"①。
一个执政党要巩固自己的执政地位，首先取决于这个党有
没有先进性、能不能始终保持先进性。先进性，首先体现
为党的工人阶级的阶级性。中国共产党是工人阶级的先锋
队，中国共产党的先进性首先应当体现为工人阶级的阶级
性，中国共产党应该是始终保持工人阶级阶级性的执政
党。同时，先进性还必须体现时代性，即中国共产党始终
走在时代的前列，具体来说，就是按"三个代表"重要
思想的要求必须始终代表中国先进生产力、代表中国先进
文化、代表中国人民的根本利益。在今天执政的条件下，
先进性就具体体现在执政党善于执政问题上。要掌好权、
执好政，必须解决好党的执政能力问题。所以，执政党的
先进性，最终要体现在执政党有没有执政能力，使我们党
能始终代表先进生产力、先进文化，代表人民群众的根本
利益，能不能真正做到立党为公，执政为民。

第二是长期性。即作为执政党能不能保持长期执政的
问题。关于执政能力问题，实际上可以分解为两个问题，
第一是善于执政，执好政，第二是长期执政，始终执政。
我们中国共产党作为执政党不仅要善于执政，还要长期执
政，要掌好权、执好政，这就是中国共产党"立党为公，
执政为民"的基本要求。善于执政、长期执政，这是中
国共产党的先进性所决定的。按照马克思唯物史观关于阶
级的观点，工人阶级是人类社会最后一个阶级，是人类历

---

① 《江泽民文选》第 3 卷，人民出版社 2006 年版，第 537 页。

史上最先进的、最大公无私的阶级。工人阶级政党一定要保持长期执政，才能最终消灭阶级，实现共产主义的远大理想。因此，工人阶级政党能不能保持长期执政，必须解决好执政能力问题。

第三是认同性。中国共产党执政，最根本的，是否取得最广大人民群众的认同，即人民赞成不赞成，人民拥护不拥护，人民同意不同意。当然，共产党执政还要依法执政。最近有人提出执政的合法性问题。如果讲合法性，我认为合法性是有条件的、历史的、具体的。相对战争年代，相对掌权的国民党来说，共产党当时闹革命不合乎国民党政权的法。在国民党统治时期，无论是搞地下工作，还是搞武装起义，按国民党政权的法来讲，我们党领导人民闹革命是不合法的，但人民是认同的。夺取了政权，建立了社会主义国家和法制，我们共产党人在取得人民认同的同时，当然要讲法制、要依法执政。不依法执政，人民也不会认同。中国共产党执政的认同性，是符合人民意愿，符合历史发展趋势。不用暴力来反对反革命的暴力，不用武装斗争来夺取政权，就取得不了执政的认同性，人民就不会拥护。中国共产党在战争年代之所以领导人民推翻了国民党的反动统治，把国民党反动派赶到台湾岛上，是因为代表了人民的根本利益。从根本上说，执政党的认同性是因为代表先进生产力，代表先进文化，代表人民利益。取得政权以后，党长期执政的认同性从何而来呢？还是要以是不是代表先进生产力、先进文化，代表人民的利益来衡量。当然，在今天执政的条件下，执政的认同性还必须要依法执政。所以，一定要从先进性、长期性、认同性上来通盘考虑执政能力建设问题。

三、关于党执政能力建设问题的几点思考

关于执政能力建设问题，要研究党的执政能力建设的必要性和重要性；党在执政能力建设上存在的主要问题；执政能力建设的重点和主要任务；加强执政能力建设的基本要求；如何从体制和机制上采取改革的措施，加强党的执政能力建设，等等一系列问题。

究竟从哪些方面来考虑执政能力建设这个总的课题呢？首先，一定要不断地深化对共产党执政规律的认识。执政能力从哪里来？按照哲学的观点，从实践中来，从对实践规律的认识和把握中来。执政能力如何，要看执政党的主观认识和实际行动符合不符合客观规律，符合客观规律能力就强，不符合客观规律能力就弱。能力就是主观认识和实际行动要符合客观规律，要按照客观规律去办事。所以，人的能力最终体现在人的主观认识和实际行动是否符合和尊重客观规律上。作为执政党，党的主观认识和实际行动一定要符合今天中国共产党执政的规律，符合中国社会主义初级阶段国情的基本规律。只有对共产党执政的规律有深刻的认识，按照客观规律办事，才能执好政，才能长期执政。执政与不执政，条件情况不一样，规律也不一样。比如说，在战争年代考察干部和在和平年代考察干部，就大不一样。在战争年代在军队提拔军事干部，就要

看是否能打仗，能打胜仗。但是，在今天怎样考察使用干部，恐怕要有不同于战争年代的特殊规律了。如果对这个特殊规律不认识，仍然把在战争年代考核提拔干部的具体办法原封不动地搬过来，解决和平年代考核提拔干部问题，就会出问题。树立和落实科学发展观，要求我们的干部要解决好正确的政绩观问题。政绩观是发展观的指挥棒。改革开放以来，考察提拔干部，要看该地区 GDP 的指标状况。但如果对 GDP 没有全面的、辩证的认识，GDP 的指挥棒效应产生误导，就会导致一个地区畸形的发展。在新的历史条件下，提拔干部、使用干部、考察干部要有新的办法。对干部的考察、提拔与使用也是对执政规律的一个认识。战争年代的办法与和平时期、建设时期、市场经济条件下的办法是不一样的。

当然，对执政规律的认识，还要与对另外两个规律的认识结合在一起。对执政规律的认识是新时期党建理论探索的主要问题，对社会主义发展规律的认识就是科学社会主义理论探索的主要问题，对人类社会发展规律的认识则是更高层次上的马克思主义唯物史观所探索的主要问题。所以，解决好对"三个规律"的认识，对此有深刻认识，才能解决好执政能力建设问题。比如，关于人类社会发展规律问题，为什么社会主义必须要搞市场经济，这就要从宏观上对整个人类社会历史发展规律有一个认识，即市场经济是人类社会发展所不可逾越的阶段。必须有这样的科学认识，才有胆量去发展市场经济。有了对人类社会发展规律的清醒的认识，对社会主义发展规律的认识才更加清楚。社会主义要发展市场经济，至少现在应当这样看。这样一来，对于中国社会主义初级阶段市场经济条件下执政问题，也就容易找到规律了。所以，研究党的执政能力建设问题，必须研究"三大规律"，必须研究执政规律，才能解决好执政能力建设问题。

第二，要以改革创新、与时俱进的精神状态积极推进党的执政能力建设。时代变了，条件变了，一切传统思维、传统办法都应该重新来考虑和衡量。当然，党的基本原则，光荣传统是不能丢的。比如，艰苦奋斗的老传统不能丢，执政为民的本质不能丢，实事求是，解放思想，与时俱进的思想路线不能丢。加强党的执政能力建设，最根本的要解决实事求是的思想路线问题，以改革创新、与时俱进的精神状态积极推进党的执政能力建设。

第三，要借鉴中外政党执政的经验教训。认真总结各国执政党执政的经验教训，要看看人家怎么执政的，有什么样成功的经验，有什么样失败的教训。比如，看看墨西哥革命制度党，看看新加坡的人民行动党，看看印尼专业集团。最近，泰国新建起来的一个党叫泰爱泰党，副主席到党校来访问，党员比例据说很高。从交谈中，我发现他们有许多新的执政的经验。德国社会民主党很重视本党的建设，施罗德当党主席时，每周五上午在社民党总部召开一次党建联席会，研究党的建设问题，研究如何执政的问题。

四、关于执政能力建设问题的若干理论思考

执政能力建设，有广义和狭义之说。从狭义上来说，应当是党自身的素质、自身的水平，因此，狭义的能力主要是指党作为社会主体的自身状况。从广义上来说，执政能力建设，应当从党的自身，即执政素质、执政理论等主体要素的研究，扩大到执政基础、执政方式、执政体制等等的研究，凡涉及执政问题，都应在执政能力研究的范围。加强执政能力建设，可以从广义的角度进行科学的认识和研究。

第一，执政意识。首先要强化党员和各级领导干部的执政意识。全党要树立四种执政意识，即公仆意识、法治意识、发展意识、忧患意识。树立执政意识，就要解决好责任感、使命感和自觉性问题。全党必须要树立执政的忧患意识。要解决全党的忧患意识问题，就要时刻想着我们党作为执政党，如果不解决执政能力问题，就时刻有丧失执政地位的可能，要树立这样的危机感。要全面加强全党的执政意识教育，增强执政使命感、执政责任感，牢固树立执政意识。

第二，执政理念。执政的理论、路线、纲领、策略都是十分重要的执政理念。理念对不对，理论对不对，纲领对不对，路线对不对，对于一个执政党能否长期执政、执好政来说，在一定的客观条件下，是起决定作用的。我们党在确立指导全党的理论方面，治国的理念方面，是一个

善于创新的党。我们党产生了毛泽东思想、邓小平理论和"三个代表"重要思想。在党的十六大以来，我们党又提出了以人为本的、全面的、协调的、可持续的科学发展观，科学发展观是我们党执政治国理念的具体化。

第三，执政目的。中国共产党执政的根本目的是为民，即执政为民、立党为公。我们党执政的一切出发点和落脚点都是为了人民的利益。具体来说，执政目的可以化解为执政的根本任务，就是解决发展问题，首先是发展生产力，当然在这个基础上要追求社会和人的全面发展，追求公正公平、共同富裕。执政的目的和任务决定了共产党人执政的价值取向，就是一切为了人民的利益，这是执政的价值目标。

第四，执政方式。我们党历经革命、建设和改革，已经并且正在实现"两个转变"，成为领导人民掌握全国政权并长期执政的党，成为改革开放和社会主义市场经济条件下领导建设的党。与此相适应，我们党今天的执政方式不仅同战争年代的领导方式不同，而且也同计划经济条件下的执政方式不同。应当依据新形势的需要，按照新任务的要求，不断改进和完善党的执政方式。党的十六届四中全会第一次把科学执政、民主执政、依法执政作为基本的执政方式明确下来，这是改进和完善党的执政方式的主要内容，是加强党的执政能力建设的基本要求。科学执政，就是以科学的思想、科学的理论、科学的制度、科学的方法进行执政，把党的执政能力建立在更加自觉地运用客观规律的基础上。民主执政，就是坚持为人民执政，靠人民执政，坚持人民民主专政，坚持和完善民主集中制，以发展党内民主带动人民民主，支持人民当家做主，扩大人民群众对国家和社会事务的知情权、参与权、选举权和监督权等民主权利。依法执政，就是党必须在宪法和法律的范围内活动，通过完备的法律体系来治理国家，坚持依法治国，领导立法，带头守法，保证执法，不断推动国家政治、经济、文化、社会生活的法制化、规范化。

第五，执政体制。执政体制是执政能力建设的重要方面。执政体制虽然不是执政能力本身，但执政体制是否科学合理却直接影响着执政能力，关系到能不能长期执政和能不能提高执政效率，执好政。健全执政体制，一方面应健全党的领导制度、体制和机制。比如，建立和完善党内情况通报制度、情况反映制度、重大决策征求意见制度；建立健全常委会向全委会负责、报告工作和接受监督的制度；积极探索党的代表大会闭会期间发挥代表作用的途径和形式，等等。另一方面应正确处理党和政府、党和人大、党和政协、党和人民团体的关系，以及党和企业的关系。党的领导主要是政治、思想和组织领导。党应当集中精力抓大事，按照总揽全局、协调各方的原则，支持人大、政府、政协和审判机关、检察机关等各方依照法律和章程独立负责、协调一致地开展工作；同时，通过这些组织中的党组织和党员干部贯彻党的路线和方针政策，贯彻党委的重大决策和工作部署。

第六，执政基础。党的执政基础包括阶级基础和群众基础。必须坚定不移地依靠工人阶级，巩固工人阶级在国家生活中的主体地位和作用，巩固党执政的阶级基础。同时，团结一切可以团结的力量，调动一切可以调动的积极因素，不断扩大和巩固党执政的群众基础。巩固党的执政基础，一方面应坚持立党为公、执政为民，做到权为民所用、情为民所系、利为民所谋，高度重视和维护人民群众最现实、最关心、最直接的利益，坚决纠正各种损害群众利益的行为。同时，妥善协调好方方面面的利益关系，处理好人民内部矛盾，努力形成全体人民各尽其能、各得其所而又和谐相处的社会。

第七，执政组织。从党自身建设的角度来看，还应当特别强调加强党的基层组织建设和党员队伍建设。应根据基层党组织建设面临的新情况新问题，调整组织设置，改进工作方式，创新活动内容，扩大覆盖面，增强凝聚力，使其真正成为贯彻落实党的路线、方针、政策和措施的组织者、推动者、实践者。同时，还要积极探索党员教育管理工作的新机制，严肃处置不合格党员，促进广大党员发挥先锋模范作用。

第八，执政制度。制度建设是根本。保证我们党作为执政党长期执政、依法执政，执好政，就必须建立好的制度。如何把好的执政制度建立起来，固定下来，这是保持长期执政的关键。执政制度建设是一个根本性的问题。加强执政的制度建设，必须建立健全人民对党的民主监督制度。要进一步加强党风廉政建设，坚决反对权力腐败。拓宽和健全监督渠道，把权力运行置于有效的制度制约和监督之下，使各级党组织和干部自觉接受党员和人民群众的监督。

全面落实科学发展观[*]

关于这个题目，讲三个问题。第一，提出问题。把当前我国经济社会发展所存在的诸多矛盾和问题，充分地摆出来，使同志们高度认识全面落实科学发展观的必要性和迫切性。第二，分析问题。对当前我国经济社会发展过程中所产生的诸多矛盾和问题，从哲学世界观和方法论的高度加以分析，使同志们深刻理解科学发展观的实质和科学内涵，提高全面落实科学发展观的坚定性和自觉性。最后，解决问题。提出解决问题的思路，使同志们更加重视运用科学发展观统领经济社会发展的极端重要性。

---

* 本文是在2004年2月省部级主要领导干部"树立和落实科学发展观"专题研讨班讲稿的基础上，经过2005—2006年在一些省市委和部委、部队中心组学习会和干部学习报告会的多次讲课的讲义。主要内容已在《人民日报》、《光明日报》、《求是》、《学习时报》、《理论动态》等报刊上发表。

一、我国当前经济社会发展暴露出诸多矛盾和问题,迫切要求必须全面落实科学发展观,实现"五个统筹"发展

对当前我国经济社会发展存在的矛盾和问题进行分析,首先要树立观察形势、分析问题的正确的指导思想和科学方法,这就是毛泽东同志所教导我们的,观察形势、分析问题要讲两点论,要讲辩证法的思想。一是要肯定成绩、肯定主流。在分析当前我国经济社会发展过程中所存在的问题时,首先要分清成绩和缺点、主流和支流,要看到成绩是主要的。如果只讲问题,不肯定成绩,不肯定主流,实际上是否定自己。在分析当前经济发展的矛盾和问题时,首先要肯定一个前提,那就是,我们是在取得重大发展、重大成绩、重大成功的前提下,来正视问题的。二是在充分肯定成绩的基础上,以彻底的唯物主义态度揭露矛盾,揭露问题。如果只讲成绩,只讲好的方面,看不到问题,不承认问题,实际上无助于问题的解决,不能更好地在已有成绩的基础上,大踏步地前进。三是要正确看待发展中的问题。有人提出,为什么发展这么快,成绩这么大,反而问题越来越多。这里就有一个辩证地看待发展中问题的认识问题。邓小平讲:"现在看,发展起来以后的问题不比不发展时少。"发展了,问题反而多了,这就是辩证法。比如说,过去我们的问题是穷,一切问题归结于穷,大家遇到的一个共同问题就是肚子饿得难受。但现在

发展起来了，生活好了，吃的、住的、穿的、行的，全都好了，人的毛病也多了，什么脂肪肝、高血压全都冒出来。发展起来、反而遇到的问题多了，这是发展中的问题。蛋糕做大了，分蛋糕就会遇到问题，分蛋糕的问题就会突出出来。今天观察分析我国经济社会发展过程中存在的矛盾和问题，要在科学态度的指导下，实事求是地分析当前我国经济社会发展不协调的问题。

应该充分肯定我国改革开放以来所取得的重大成绩。从1979—2005年的27年间，我国国内生产总值平均增长9.4％以上，由1978年的3624.1亿元，到2005年突破了18万亿元大关，达到182321亿元，比上年增长9.9％。人均GDP已达到1700美元。经济总量2004年居世界第6位，2005年超过法国，赶上英国，上升到世界第4位。财政收入2005年突破3万亿元大关，比2004年增长5232亿元。

成绩越好，形势越好，越应该看到所存在的问题，越应该清醒地看到当前我国经济社会发展出现一系列新矛盾、新问题、新情况。党的十六届三中全会分析了我国社会发展中存在的突出矛盾和问题，提出了"五个统筹"的战略思想，即统筹城乡发展、统筹区域发展、统筹经济和社会发展、统筹人和自然协调发展、统筹国内改革和对外发展。"五个统筹"实际上就是"五对矛盾"、"五大问题"，是我国当前经济社会发展所存在的突出矛盾和问题。

胡锦涛同志在"省部级主要领导干部提高构建社会

主义和谐社会能力"专题研讨班开班式的讲话中指出，地区发展的不平衡、城乡发展的不平衡、部分社会成员收入差距不平衡的问题更为突出。在这里使用了"更为突出"一句话。我们共产党人所追求的一个重要的目标，就是要消灭三大差别，消灭城乡差别、消灭脑体差别、消灭工农差别。当然消灭三大差别，不是一下子能办得到的，需要一个相当长的历史过程。消灭三大差别既然是我们共产党人为之奋斗的目标，就应该积极创造条件，采取措施，向着缩小三大差别的方向努力，而不是把差别越搞越大。中央采取了一系列措施支持农村和落后地区发展，旨在缩小城乡和区域差别，虽然取得了很大进展，但城乡发展不平衡、区域发展不平衡、经济社会发展不平衡的矛盾仍很突出，缩小发展差距，促进城乡、区域和经济社会协调发展的任务还很艰巨。全面落实科学发展观，坚持"五个统筹"，就要正确认识好、协调好、处理好我国经济社会发展过程中的诸多矛盾和问题，这"五对矛盾"如果解决不好，将会影响我国经济社会的又好又快发展。

第一个问题，城乡发展相对失衡，一定要统筹好城乡发展。

统筹城乡发展，就是说，改革与发展，不仅要着眼于城市，更要着眼于城乡协调，更多地关注农业，更多地关注农村的发展和农民利益的维护和提高。能否实现城乡统筹发展，既关系到社会稳定和整个国民经济的协调发展，也关系到实现全面建设小康社会和社会主义现代化目标的问题。现在城乡差距持续拉大，矛盾较为尖锐。"三农"

问题是制约我国经济社会发展的瓶颈，实现全面小康的关键在农村，关键在农民，关键在农业。

我国城乡发展的各项指标差距越拉越大。13亿人口62.3%在农村，全国35%的县为财政赤字县。按现金来算赤字县每个乡镇平均负债400多万元，每个村负债20多万元。农村人均收入增长率1996年达到9%以上，从1997年到2000年逐年递减，1997年增幅为4.6%，1998年为4.2%，1999年为3.8%，2000年农民收入增幅跌至2.1%，跌到改革开放20年的谷底。从2001年起中央采取了一些措施，农民收入出现恢复性增长，2001年增长到4.2%，2002年为4.8%，2003年增长4.2%。农民收入增长难。

现在我国一些地方滥占土地现象严重，耕地日益减少，粮食减产，农民利益受到很大损害。很多农民变成"没有土地，没有职业，没有保障"的"三无"农民，估计大概有3400多万。有人讲，"过去是种地的农民，现在变成无地的游民，为了找饭吃变成进城打工的流民。"

城乡居民收入差距持续拉大。城市和农村居民的收入之比，1978年为2.47：1，1984年为1.7：1，到1994年为2.6：1，到了1997年扩大到2.74：1，2003年扩大到3.2：1。这是统计数字。如果除去福利、实物、成本等因素，只算纯收入，实际收入相差5—6倍。

城乡差距拉大，严重影响了农村经济社会全面发展，一个重要原因在于体制问题，是城乡二元结构造成的。所谓城乡二元结构，就是城乡发展存在着一种不对称的组织形式和生产形式，这就是落后的传统农业部门和现代化的经济部门并存。解决"三农"问题从根本上说，必须解决城乡二元结构问题。出路在哪里？就是根据中国的国情特点，逐步实现工业化和城镇化。我国现在工业化和城镇化的程度还是比较低的，2002年城镇化水平由18%上升到39.1%。比世界平均水平还低10%，更低于发达国家的水平。到2020年我国可能达到55%，但是到那个时候我国农业人口仍然占全国人口的将近一半。现在我国农业比重比较高，从1978年到2002年在国民生产总值比重中由28.1%降到15.4%，但总的来讲比重还是过高。当然在城镇化和工业化的过程中，一定要按照比例来推进发展，不能无偿地占有土地，不尊重客观规律地推进发展。解决"三农"问题，必须逐步加大对农业的投入、对农村的投入、对农民的投入，逐步缩小城乡差距。

第二个问题，区域发展相对失衡，一定要统筹区域协调发展。

统筹区域发展，就是要按照中央关于区域发展的战略布局，解决好东、中、西部三大区域的协调发展问题。目前，东部经济发达地区与中西部特别是西部经济落后地区的差距仍呈继续扩大之势。当然绝不能用压低发达地区的发展速度的办法，来改变中西部，特别是西部发展相对落后的状况，但又必须更多地关注和支持经济落后地区的发展，加快实施西部大开发战略、振兴东北等老工业基地战略。实现区域之间的统筹发展，不仅有利于各民族各地区的团结和稳定，而且对于实现中华民族的伟大复兴也是至关重要的。

区域经济发展不平衡是大国经济发展的普遍规律。发达国家在发展过程中都有过区域发展不平衡的问题，许多国家现在区域发展也不平衡。中国自古以来地区发展就不平衡，发展的重心是不固定的。古代的区域差距，在很大程度上是由自然条件和区位差异决定的，往往同战争和民族迁徙有关。现在我们面临的是工业化和现代化进程中的区域差距问题。改革开放以来，纵向比较，各个地区都有很大发展；横向比较，地区差距明显拉大。

1. 经济总量的差距。1980—2003 年，东部地区在全国经济总量的比重从 50% 增加到 58.5%，上升近 9 个百分点，中西部地区所占比重相应下降。这种趋势 20 世纪 90 年代以来明显加剧。

2. 人均 GDP 的差距。1980 年东部地区比全国平均数高 34%，2002 年高 53%；同期，中部地区从相当于全国平均水平的 88% 下降到 75%，西部地区从 70% 下降到 59%。

3. 人均 GDP 相对差距。1980—2003 年，西部和东部由 1∶1.92 扩大为 1∶2.59，中部和东部由 1∶1.53 扩大为 1∶2.03，西部和中部由 1∶1.25 扩大为 1∶1.27。

区域差距的形成，既有自然地理条件、原有经济基础、历史文化传统和市场潜力等方面的客观原因，也有经济体制、政策选择和发展战略等方面的主观原因。

统筹区域发展的实质是实现区域共同发展。实现区域共同发展战略要讲两个大局。鼓励沿海地区先发展起来并继续发挥优势，这是一个大局。东部沿海地区率先发展，各省、区内部也都有一部分市、县率先发展，带动全面发展，是当前和今后相当长时期全国经济增长的重要战略支撑，这个战略方向要坚持。支持和帮助中、西部欠发达地区、落后地区的发展，实现区域协调发展和共同富裕，这也是一个大局。现在提出统筹区域发展，就是突出地提出和解决区域共同发展、共同富裕这个问题。随着国家经济实力增强，现在有可能用更大力量支持落后地区发展，突出地提出统筹区域发展的问题，加大对落后地区扶持的力度，促进共同发展、共同富裕。

第三个问题，经济增长和社会与人的全面发展相对失衡，一定要统筹经济社会的协调发展。

从 1978 年到 2003 年 25 年间我国经济连续高速增长，增长率是非常高的，但相比之下，社会发展、人的全面发展相对滞后。形象地讲，经济增长和社会发展、人的全面发展相比是"一条腿长一条腿短"，发展不协调，主要表现在以下几个方面：

1. 经济增长与社会事业发展相对失衡。

经济增长与社会事业发展"一条腿长，一条腿短"，是当前我国经济社会发展不协调的一个突出问题。改革开放以来，我国逐步加大了对科教文卫等社会事业的整体投入，使各项社会事业有了长足的进步。但是，有些地方在积极推进经济增长的同时，一定程度上忽视了对社会事业的投入和发展，教育、科技、卫生、文化等社会事业发展相对落后。公共卫生体系、文化事业体系以及社会救助体系、社会保障体系、社会危机处理体系、社会管理体系等各项社会事业体系没有相应建立和发展，有的甚至很不完善，非常滞后。

2. 社会公平分配与经济增长相对失衡。

部分社会成员分配差距持续拉大是我国当前经济社会发展不协调的一个重要问题。社会进步要求经济增长和财富增长的最大化一定要与社会财富的分配公平化相统一，经济增长一定要与社会公正、公平相协调，这是保持社会稳定的基本要求。保持社会稳定一定程度上取决于该社会保持适当的社会差距，而保持适当的社会差距又取决于分配的合理性。

在分配方面没有差距是不行的，没有差距，搞平均主义，社会发展就没有动力和活力。把差距拉得过大，就会出现分配不公正，带来贫富悬殊，带来社会严重的矛盾。在中国历史上就存在"不患寡而患不均"之说，就是说不怕东西少，就是怕分得不均。中国历史上曾经因两极分化，引起大规模的农民起义，有文字记载的达几百起，严重的可以造成封建王朝更迭。温家宝总理在专题研讨班的总结报告中用了"居民收入差距持续扩大"的说法，在十届全国人大二次会议上的政府报告中用了"部分社会成员收入差距过大"的说法，这是客观的说法。

目前，社会分配大体保持在什么程度的差距比较合适呢？没有差距，社会发展就没有动力，没有差距，"干多干少一个样，干好干坏一个样，干和不干一个样"，就调动不了人的积极性，就缺乏竞争，社会发展就失去活力。

差距过大，两极分化，群众心理失衡、不满，社会矛盾就激化，社会就会陷入不稳定、动乱之中。因此，社会要发展、要稳定，就要保持合理的差距。根据国外多年经验，差距大致在 0.3—0.4 的基尼系数之间比较合理，超过 0.4，就是过警戒线了。据国家统计局调查，我国城乡居民收入差距逐年上升，1988 年基尼系数为 0.341，1990 年为 0.343，1995 年为 0.389，1999 年为 0.397，2000 年已达到 0.417。韩国经济起飞的 1965 年为 0.34，1970 年为 0.33。日本 1999 年为 0.332。发达国家 1990 年的平均数是 0.338。我国现在已经到了 0.417，超过警戒线了。中国人民大学和中国社科院的学者统计的系数更高，已达到 0.445 以上。

除了基尼系数测量法外，还有一个五等分测量方法，也叫做欧希玛指数测量方法。这个方法把全国的人口分为五等份，五分之一是最贫穷的，五分之一是次穷的，五分之一是中等的，五分之一是次富的，五分之一是最富的，分析这五等人的收入在全国总收入中所占的比重，据此来衡量贫富差距。据专家统计，我国最穷的 1/5 家庭收入占全国收入的 4.27%，次贫穷的 1/5 占 9.12%，中间的 1/5 占 14.35%，次富有的 1/5 占 21.13%，最富的 1/5 占 50.13%，最富的人占全国总收入的一半。以上这两种统计方法提供的数据已经说明我国已经开始出贫富悬殊的明显现象了，贫富差距现象的显现已经带来了部分老百姓社会心理失衡的问题了。

贫富差距出现，造成城乡贫困人口大量出现，社会公正问题凸现。据专家统计，农村贫困人口达 3400 万。城市贫困人口达 1200 万。

　　3. 经济增长和就业相对失衡。

　　就业不充分，是我国经济社会发展不平衡的又一个突出问题。几年来，我国就业形势十分严峻，就业压力很大。国家统计局统计的登记失业率 2003 年是 4.3%。国家民政部《2001 年白皮书》认为，实际失业人口达到 10%。我国 13 亿人口，年龄 15—64 岁的劳动力就有 9.09 亿，比整个发达国家还多 3 亿以上。农村劳动力是 4.9 亿，现有土地能容纳 1 个亿左右，乡镇企业能容纳 1 个亿左右，到城市打工近 1 个亿左右，农村还有 1.5 亿富余劳动力没事干，就业压力很大。现在社会的很多问题和失业是有关系的。就业问题是政治问题，国际上很多执政党都为就业问题所困扰。保持稳定发展的一个重要问题，是保证充分就业。

　　4. 经济增长和人的发展相对失衡。

　　人的全面发展与经济快速增长相比，相对迟缓，是经济社会发展不协调的一个基本问题。在改革开放和现代化建设进程中，我们对人的全面发展问题有了进一步认识和重视。但是，一些地方在一定程度上忽视了人的全面发展。例如，对人的心理身体健康素质的提高、人的思想道德水准的培育、人的教育文化水平的提升、人的安全稳定有序的社会环境的维护、人的生存环境的保护和改善、人的物质文化生活水平的提高、人的全面发展需求的满足等方面，重视和落实不够。特别是有些个别企业，置员工的生命安全于不顾，必要的劳动保护措施不到位，甚至违章生产，致使重大生产安全事故频频发生，严重危害人民的生命财产安全。

经济增长与人的全面发展相对失衡，一个重要表现是，有些地方一定程度上忽视精神文明建设，忽视人的思想、道德教育，忽视人的思想工作，忽视人的精神文化需要，人的思想道德精神状况与经济增长不相称；西方资本主义的意识形态消极影响在我国已经产生了一些消极作用；非马克思主义意识形态有所增长，封建残余的思想观念、资产阶级腐朽的思想观念，对人民群众产生极大的腐蚀作用；公民公共道德体系尚未建立起来，有些地方公民思想道德水准下降，社会风气不健康，甚至个别地区出现"经济形势好起来，社会风气坏下去"的现象，种种社会不良行为和丑恶现象时有发生，有些方面的社会生活和伦理行为失范；迷信思想严重，宗教信仰失控，非法宗教活动猖獗，法轮功阴魂不散；农村家长制、宗族势力等封建倾向抬头等等。

人的需要是多方面的，人除了吃饱之外还有民主权利的需要、追求正义的需要、精神生活的需要、健康的生活环境的需要等等，精神文明建设、思想建设比较薄弱，人的精神需求就得不到满足。对人身安全，也没有引起一些领导干部的足够重视。

第四个问题，人的发展和自然环境相对失衡，一定要统筹人与自然协调发展。

统筹人与自然的发展，就是要正确认识和处理人与自然的关系。人的发展是与自然诸多因素相互联系的，在人的发展过程中，人与自然和谐发展尤为重要，不能为了今天的发展而影响明天的发展。目前我国在经济社会发展中，存在着资源浪费、环境恶化，人口数量失控、质量下降等严重问题。必须处理好人口、资源、环境和经济增长的关系，把经济增长建立在生态良性循环上，实现人与自然的统筹发展，既要保持人的可持续发展，又要保持自然界的可持续发展，还要保持社会的可持续发展。

第五个问题，国内改革和对外开放相对失衡，一定要统筹国内改革和对外开放的协调发展。

统筹国内改革和对外开放，就是要处理好国内发展和国外环境的关系。实现国内改革和对外开放的统筹发展，这对于我们抓住机遇，发展自己，是十分重要的。我国对外开放的成绩是不小的，进出口贸易总额已经达到8000多亿美元，但在另一方面，也说明我国对外的依存度提高了。

首先，对外资源依赖度越来越大。比如能源，我国从1993年开始成为石油进口国家，1999年石油总消耗的22%依靠进口，2001年达到40%，2002年接近60%。我国进口石油的一半来自动荡不安的中东地区，大约4/5的石油进口要经过马六甲海峡，石油是战略性物资，依存度越高，对我国经济安全和国家安全影响就越大。另外我国很多矿产资源也要依靠出口，比如，我国铁矿砂、氧化铝依赖度高达36%—48%。

我国产品出口对外市场依赖度很大。我国对国外资本的依赖度也非常大。如何解决好国内发展和国外发展的矛盾，保证我国的发展，一定要利用"两个市场"和"两种资源"，开拓国外市场同时要开拓国内市场，要尽可能节约资源和降低消耗，在充分利用国内资源的同时还要进口资源。

以上五个方面的问题严重制约和影响了我国的发展，如果处理不好的话，会影响经济社会进一步发展和人的全面发展。

二、从马克思主义世界观和方法论的高度，深刻理解和把握科学发展观的精神实质和科学内涵

什么叫发展观？发展观就是对发展的本质、内涵和要求的总的看法。发展观要解决三个问题，为什么发展，发展什么，怎么发展。有什么样的发展观就有什么样的发展道路、发展模式和发展战略，会对发展实践产生根本性、全面性的影响。一个国家要保持持续健康协调发展，需要正确发展理论的指导。

在发展观问题上，我们有些同志产生了一些偏误，在发展实践中只讲经济增长，不顾资源消耗、环境保护和发展代价；只重视经济增长，忽视政治文明和精神文明建设，忽视科学、教育、文化、卫生等社会事业的发展；只重物不重人，轻视人的全面发展等等，这些认识上和实践上问题的出现，主要有以下四个原因。

第一是客观原因。我国当前存在的一些问题是发展过

程中必然产生出来的问题，是在发展到一定阶段突出出来的问题。例如就业，发展过程中要走新型的工业化道路，就要大力发展高科技企业，发展资本密集型企业，这就必然要降低人力成本，减少人工岗位，会带来一定的失业；保持有竞争性的劳动力市场，就需要保持一定的失业率，没有一定的失业率就不能保证劳动力市场的竞争性。所以经济增长不一定就必然而然地带来就业率的提高。然而，就业岗位不增加，就会大量失业，社会就不会稳定。既要保持高速增长，发展新型的、高科技的、资本密集型的企业，又要保持一定的就业率，这就是一个两难问题。没有蛋糕的时候，先得解决把蛋糕做大的问题。把蛋糕做大后，就要求解决分配问题。没有蛋糕谈分配问题是无稽之谈，蛋糕做大，如果分配不均，问题就出来了。

第二是领导个人思想作风上的原因。领导个人不正确的人生观导致错误的政绩观，错误的政绩观会导致错误的发展观，造成在发展中的失误。发展观在某种程度上是受政绩观引导的，政绩观是指挥棒，对发展观有指挥棒效应。有些领导干部个人主义严重，把搞政绩看做是为自己升官发展扫清道路，在这种人生观、政绩观指挥下，大搞"形象工程"、"政绩工程"，"官员出数字，数字出官员"，在数字里面掺假注水。在错误政绩观下所导致的盲目发展，最终造成老百姓受苦受穷。

第三是体制上的原因。有些事明明知道不对，但是个人左右不了，这跟体制和机制有一定关系。从体制上看，目前，改革已经进入完善社会主义市场经济体制的新阶段，这既是通过改革促进发展的关键时期，也是深化改革的攻坚时期，要求政府职能进一步转变，体制进一步完善。

第四是理论认识上的原因。在经济增长过程中不注意人的发展，不注意社会事业发展，不注意种种社会问题，忽视了精神文明和政治文明建设，这些都表现为"一边重一边轻"，"一手硬一手软"，"一头热一头冷"，"一腿长一腿短"，这就是经济社会发展不协调五大矛盾的形象表述。从哲学世界观上来讲，这叫绝对化和片面性，陷入了形而上学和唯心主义的泥坑。

片面的发展观念首先违背了马克思主义唯物辩证法的观点。唯物主义辩证法讲全面、讲协调、讲两点。毛泽东同志在《论十大关系》中提出统筹兼顾的方法。什么叫统筹兼顾，就是讲两点而不只讲一点，只讲一点不讲两点不叫辩证法。统筹兼顾就是把能照顾到的因素都要考虑到，都要照顾到，都要统筹到。经济社会发展中一定要讲全面、讲协调，用全面的、协调的发展观来处理发展中的问题。

片面的发展观念只见物不见人，忽视人的全面发展，违背了以人为本的马克思主义唯物史观的观点。科学发展观，一定要树立以人为本的观念，这是符合马克思主义唯物史观的观点。

片面的发展观念还违背了马克思主义认识论观点。马克思主义认识论最重视实事求是，最重视客观规律。以人为本，全面的、协调的、可持续的发展观实际上反映了社会发展的客观规律，揭示了社会发展的客观规律，科学发展观要求我们一定要按规律办事，不能违背规律，这就要讲马克思主义认识论了。

不同的发展观，对经济社会发展会产生不同的导向作用。当前我国经济社会发展出现的不协调问题，有些是我国社会发展现阶段难以完全避免的，有些则和我们领导干部头脑中发展观念的导向作用是有关联的。有些领导干部把"发展也是硬道理"误解为"只有经济增长才是硬道理"，把"发展是执政兴国第一要务"误解为"经济增长是执政兴国唯一要务"，把"以经济建设为中心"误解为"以GDP为中心"，把发展的最终目的误解为追求单一的经济目标，把发展误解为短期的、一时的经济增长。人们头脑中这些片面的发展观念是有其深刻的理论认识原因的。马克思主义哲学是观察和解决一切问题的科学的世界观和方法论，是科学发展观的哲学依据。只有从哲学世界观和方法论的理论高度，才能解决好对科学发展观的科学认识和实际把握。

一定要从马克思主义的哲学世界观方法论的高度，从马克思主义的辩证法、历史观、认识论的高度来认识发展问题，来澄清对发展的模糊认识。

第一，没有经济增长不行，但是没有人和社会的全面发展也不行。在发展理论中，发展和增长是两个不同的概念，经济增长只是讲物质财富的增加、经济总量的增大，发展是指除了经济增长之外，还有经济社会的全面发展，比如说教育、科学、技术、文化等的全面发展，公正、正义、公平、平等等社会目标的实现。

在西方资本主义国家发展进程中，人们对发展问题有一个认识过程。在资本主义工业化初期，人们认为，要推动工业化必须加快经济增长，把蛋糕做大。他们的头脑中的发展观念的公式就是：发展＝经济增长。而在经济增长，蛋糕做大的同时，也带来了两极分化、社会贫困、社会失业、社会动荡等一系列资本主义工业化发展过程中出现的社会问题。发展等于经济增长，这是人的发展观念的第一阶段，即单一经济增长观阶段。单纯地追求经济增长，一方面带来了财富的增长，另一方面也带来了大量的社会矛盾，虽然物质财富增加了，但是社会矛盾也增加了，资本主义陷入不可解脱的经济危机，引起第一次世界大战、第二次世界大战。在这个发展过程中，资本主义的一些有识之士开始认识到，发展不等于单纯的经济增长，发展观念的新公式就是：发展＝经济增长＋社会进步。发展不仅要解决蛋糕要做大的问题，还要解决蛋糕如何合理分配的问题。在资本主义发展过程中，不仅要解决经济增长问题，当然这是首要的，还要解决好分配问题、就业问题、贫困问题、两极分化问题，这就形成了发展观念的第二个阶段，即综合发展观阶段。

到了20世纪70年代以后，发达资本主义国家形成了比较稳定的分配结构体系，社会矛盾缓和了，像马克思恩格斯时期、列宁斯大林时期那种风起云涌的工人运动在发达国家已经很难见到了，当然矛盾依然存在，但暂时得到了缓和。人的全面发展问题突出了，人的权利、人的民主、人的需求全面问题突现出来了。也就是说，不仅要解决蛋糕做大的问题，要解决公平分配蛋糕问题，还要解决人的全面发展问题。20 世纪 70 年代有人提出了更新的全面的发展观念，公式就是发展＝经济增长＋社会进步＋人的全面发展。我国在发展过程中要吸取国际上其他国家发展的经验教训，避免它们所走的弯路，要走一个经济增长＋社会进步＋人的全面发展的道路，避免再走先增长后治理，先发展经济后发展民主政治，先经济增长后推进社会和人的发展的弯路。

第二，没有 GDP 不行，没有社会发展的综合指标也不行。现在衡量经济增长的指标体系叫 GDP，有总的 GDP，还有人均 GDP。美国一个著名经济学家认为，GDP 是人类 20 世纪最重大的发明。首先 GDP 是有功劳和政绩的，有了 GDP，才能计算一个国家的经济增长形势。但是 GDP 在发展过程中也暴露出一些局限性，比如说没有人文指标和社会指标、环保指标，关于发展的社会成本和代价也衡量不了，它是有局限性的。既要重视 GDP，同时也要看到它的局限性，要进一步完善它。

第三，既要坚持经济建设为中心，又不能忽视社会和人的全面发展。每一个发展阶段都有每一个发展阶段的突出问题。1978 年拨乱反正，当时对我国来讲，最重要的是经济总量的增加。今天，经济增长到一定阶段，其他社会问题也随之出来了。要防止两种倾向。经济增长是前提，没有经济增长是不行的，发展的中心任务和前提基础还是经济增长，但如果只讲经济增长不要其他方面发展，同样也是错误的。

三、统筹兼顾,全面落实科学发展观, 推进经济社会又好又快发展

一定要统筹兼顾,全面落实科学发展观,才能推进经济社会又好又快发展。

1. 坚持以人为本是科学发展观的最终目的。科学发展观一定要把实现人的共同富裕、自由全面发展作为发展的最终目的。人是发展的根本目的,体现在党的路线上,就是一切依靠人民,一切为了人民。人民是发展的根本出发点和落脚点。

2. 促进全面发展是科学发展观的主要内容。发展一定要全面发展。物质文明、精神文明、政治文明三大文明必须协调发展。在经济增长的同时,要加大对社会事业如公共教育、公共卫生、科教文化和思想道德水准提高的全面投入。必须注意发展的全面性。

3. 保持协调发展是科学发展观的基本原则。保持协调发展是科学发展观的基本原则。全面和协调这两个概念,是有区别的。一个人两条腿,缺一条腿叫片面,不全面。 ·条腿长 ·条腿短叫不够全面,有些片面。两条腿都有,一样长,才叫全面。社会发展,经济要增长,教育、文化等事业也要发展,少一个都叫不全面。协调是指什么呢?两条腿都有,一般齐,但一条腿向前迈,一条腿向后迈,一条腿向左走,一条腿向右走,叫不协调。从发展观

上来说，协调是指发展中各个要素的比例安排，要按照发展的客观规律加以兼顾和统筹。比如说，经济发展投多少钱比较好，教育投多少钱比较好，科技投多少钱比较好，卫生投多少钱比较好，这叫协调。如何处理好发展中各个要素的比例，这是政府的宏观调控职能。全面和协调不一样，全面是哪个都不能少，协调必须照顾各个方面的比例。毛泽东同志称之为统筹兼顾和综合平衡。

4. 实现可持续发展是科学发展观的综合要求。发展一定要有可持续性。发展一定要解决好资源的可持续问题，这就必须要解决好发展的代价问题。在增长过程中有两种模式，一种叫高代价增长，还有一种叫低代价增长。所谓高代价增长，就是指经济虽然增长但代价很高，自然资源消耗高，资金代价高，人文投入不够，政治动荡，失业人口增多，社会矛盾尖锐，使得发展的经济代价和社会代价非常高。所谓低代价增长，注意资源保护、注意环境保护、注意社会事业发展，发展代价很低。要提倡低代价的增长、低代价的发展，这是可持续发展应注重的一个重大问题。降低发展的代价，要注意两个成本，一是经济成本，一是非经济成本，即社会成本。不注意经济社会协调发展，社会问题多，造成社会动荡，社会成本就会加大。比如，我国现在的安全事故每年给发展带来的代价就相当大，一年4000多亿元的安全事故代价，使我国的实际GDP降低。发展不但要注意降低经济成本，还要注意降低社会成本。

5. 实现经济社会又好又快地发展是科学发展观的实

质。发展观的第一要义是发展，离开发展，就无所谓发展观。坚持科学发展观，其根本着眼点是要用新的发展思路实现更好更快地发展。发展才是硬道理，这是我们必须始终坚持的基本战略方针。中国解决一切问题的关键在发展。改革开放25年来，我们党的路线方针政策之所以得到全体人民的拥护，我们之所以经得起国际国内各种风浪的考验，国际地位和影响之所以不断提高，归根到底是由于我国经济持续快速发展，各项社会事业取得巨大发展，综合国力显著增强。不断提高人民的生活水平和质量，解决经济和社会生活中的矛盾，维护社会稳定，增强国防实力，实现祖国的安全统一，要靠发展；履行维护世界和平与促进共同发展的责任，反对霸权主义和强权政治，在风云变幻的国际局势中立于不败之地，也要靠发展。现在世界各国都在发展，形势逼人，不进则退。如果我们不加快发展，就会落后，甚至会处于被动挨打地位。因此，必须聚精会神搞建设，一心一意谋发展。

6. 统筹兼顾是树立和落实科学发展观的根本方法。统筹兼顾，就是总览全局，科学规划，协调发展，兼顾各方。随着我国社会主义改革的深化和结构的调整，各种矛盾相互交织，必须从现代化建设的全局出发，做好"五个统筹"，即统筹城乡发展，统筹区域发展，统筹经济社会发展，统筹人与自然和谐发展，统筹国内发展和对外开放。

统筹兼顾，就是要充分调动一切积极因素。统筹兼顾，就是要妥善处理各种利益关系。统筹兼顾，就是要注重实现城乡、区域、经济社会、人与自然、国内与国外的良性互动。统筹兼顾，要着力加强经济社会发展的薄弱环节。搞好统筹兼顾，要考虑方方面面，但在实际工作中一定要突出重点。当前，在政策与资金投入上，要向农业、农村、农民倾斜，向西部大开发、加快中西部地区发展和振兴东北地区等老工业基地倾斜，向科技、教育、卫生等社会事业倾斜，向生态环境保护倾斜。

统筹兼顾是毛泽东同志首先提出来的，但毛泽东同志讲统筹兼顾是针对计划经济条件而言，我们今天讲统筹兼顾是针对市场经济条件而言。市场经济是"双刃剑"，一方面，它可以最大限度地调动人的积极性，最大化地配置资源；另一方面，它又有负面的、消极的影响。在市场经济条件下，坚持统筹兼顾，就要注意消除市场经济的消极影响。资本主义的一个大功劳就是创造了市场经济，近几百年的历史中，资本主义饱尝到市场经济的甜头，同时又吃透了市场经济的苦头，积累了发展市场经济的经验，也积累了一些消除市场经济负面影响的经验。这些历史经验，我们必须汲取。

资本主义曾在推进市场经济的发展进程中带来了经济的增长，财富的积累，同时也带来了传统社会阶级、阶层结构的变化，带来了两极分化，人的异化，大量的社会问题，造成严重的社会冲突、阶级对立和矛盾激化。资本主义在发展历史中出现了一系列社会矛盾和社会失衡，曾经爆发了四次大的、集中的、严重的社会危机，险些葬送资本主义制度。

　　第一次是资本主义自由竞争时期。从 1825 年，每隔 10 年，就要爆发一次经济危机，使社会生产力遭到破坏，工人大量失业，工资下降，绝对贫困，社会矛盾激化，造成工人阶级队伍壮大，阶级斗争愈演愈烈，致使 1873 年爆发了一次空前深刻的资本主义世界危机，延续 5 年之久。1871 年巴黎公社起义以及前后激烈的工人运动就是当时社会矛盾的总爆发。第二次是 19 世纪末 20 世纪初资本主义发展到垄断时期。资本主义经济增长与高度垄断发展使社会矛盾更加尖锐，爆发了第一次世界大战，经济社会遭到巨大的破坏。俄国十月革命就是当时资本主义矛盾总积累、总危机和俄国特殊国情的结果。第三次是1929—1933 年爆发了第一次资本主义世界性的总经济危机时期。资本主义社会矛盾的再一次总积累、总爆发，诱发了第二次世界大战，中国革命成功和一系列社会主义阵营出现，又是当时社会矛盾的产物。资本主义在运用市场经济的力量推进经济高速增长过程中，如何处理两极分化的社会对立、社会贫困和社会矛盾，这对资本主义是一个生死存亡的考验。以凯恩斯为代表的资产阶级经济学家提出的"政府干预"理论，主张运用国家的力量协调、干预、统筹市场经济，是在第三次资本主义危机形势下应运而生的。第四次是现代资本主义发展时期。第二次世界大战结束以后 20 世纪下半叶以来，世界经济在高速增长的同时，又出现了许多新问题。西方国家资本主义在实现现代化的同时，"失业病""污染病""社会病"日趋严重；经济全球化推动了全球经济的发展，但南北国家贫富差距进一步拉大，南北国家之间矛盾进一步加深；信息化和高科技的发展推动了产业革命，但造成了穷国与富国巨大的"技术差距"和"数字鸿沟"；经济飞快增长，但人们思想上、文化上、道德上的贫乏更加突出。针对现代资本主义的发展"病"，西方许多思想家、科学家进一步提出了经济社会全面发展的发展理论，以消减市场经济的消极作用。历史的经验表明，在利用市场经济推动经济增长的同时，如果不对市场经济的消极方面加以宏观控制、统筹兼顾，将导致严重社会危机后果，这是深刻的历史教训。

　　科学发展观把发展看做是全面的、系统的、协调的、可持续的过程，其内涵十分丰富，需要用马克思主义哲学认识论的、辩证的、历史的和实践的观点全面把握和深入研究。概括地说，科学发展观作为发展的指导思想具有以下特点：一是更加注重发展的人文本质。强调发展的宗旨和目的是一切为了人民群众的根本利益，不断满足人的全面发展的需要。二是更加注重发展的全面协调。强调调动发展主体的积极性，加强各种发展要素的内在联系和有效整合，实现各方面发展的良性互动。三是更加注重发展的持久永续。强调人口增长、生产扩大、消费升级都要适应资源和环境的承载能力，发展要泽被子孙，建立长效机制，注重人文资源、政治资源的可持续性。四是更加注重发展的多样性。强调一切从实际出发，因时制宜，因地制宜，突出重点，不搞单一的发展模式。科学发展观来源于理论和实践的探索，又要在新阶段的发展实践中进一步丰富和发展，以更好地指导实践。

正确处理人民内部矛盾，
构建社会主义和谐社会[*]

根据党的十六大和三中、四中全会精神，根据胡锦涛同志在"省部级主要领导干部提高构建社会主义和谐社会能力"专题研讨班开班式上的讲话精神，围绕"构建社会主义和谐社会"的主题，我就关于"妥善协调各方面利益关系，正确处理人民内部矛盾，构建社会主义和谐社会"问题作一发言。

主要讲三个问题。第一，提出问题。把当前我国社会人民内部矛盾，以及构建社会主义和谐社会实践中的一些突出的新情况、新问题充分地摆出来。因为主要是提出问题，所以，对我国社会稳定和谐的一些新的气象和好的形势，就不展开介绍了。第二，分析问题。从马克思主义哲

---

　　* 本文是根据作者 2005 年 3—12 月在中央党校进修一班 A 班、二班 A 班，以及在北京、上海、浙江、黑龙江、陕西等地以及一些部委党委中心组学习报告会和干部学习报告会的讲课录音整理。主要内容分别在《人民日报》、《光明日报》、《学习时报》、《求是》杂志上发表，《新华文摘》2005 年第 10 期转载。

学世界观和方法论的高度，对人民内部矛盾，以及构建社会主义和谐社会实践中的新动向、新特点、新情况加以理论上的分析。第三，解决问题。对当前人民内部矛盾，以及构建社会主义和谐社会实践中的突出、紧迫问题，提出解决的基本思路。

一、当前我国人民内部矛盾现实中，以及构建社会主义和谐社会实践中出现一些值得重视的新问题

关于当前我国人民内部矛盾及其他社会问题基本状况的概括，是"三个基本，一句话"，就是我国各种关系基本协调，政局基本稳定，社会基本和谐；但是，应当清醒地看到，在基本协调、基本稳定、基本和谐的情况下，人民内部的各类关系和矛盾出现了一些值得高度警惕的新问题，这些问题集中到一点就是，在经济持续增长、人民生活水平不断提高，群众普遍地、不同程度地得到实惠的情况下，人民内部的一些关系与矛盾趋于复杂和紧张，存在一些不安定的隐患和不和谐的因素，影响社会协调健康、稳定和谐的发展，影响社会主义和谐社会的建设。具体概括为九个问题：社会差别问题，贫富差距和社会贫困问题，社会成员分化和流动问题，社会就业问题，群体性事件问题，少数干部腐败和官僚主义问题，市场经济运行中的问题，政治、思想、文化相互激荡问题，民族宗教冲突问题，这九个问题既是人民内部矛盾趋于紧张与复杂，社

会主义社会存在不和谐因素的表现，又是人民内部矛盾趋于复杂与紧张，社会主义社会存在不和谐因素的原因。下面只对前五个问题展开分析，对后四个问题不深入展开了。

（一）　社会差别问题

部分社会成员的收入分配差别，以及城乡差别、区域差别等社会差别呈继续拉大的趋势，是当前人民内部矛盾的深层表现，也是当前我国社会存在不和谐因素的深层原因。下面分几个层次深入分析一下社会差别问题。

第一个层次，部分社会成员收入差别持续拉大。

温家宝总理在2004年《政府工作报告》中，把部分社会成员收入分配差别拉大的问题，摆到了一个很突出的地位，作为当前存在的三个重大问题中的一个问题。从长远来看，实现财富增长的最大化和分配的公平化这两个原则的结合，才构成社会和谐与进步的标志。

改革开放打破了平均主义、"大锅饭"，收入拉开了差距，激发了人的积极性，这是好事。有了差距，才有竞争；有了竞争，才有动力；有了动力，才能发展。消灭差距，搞"一平二调"，那是万万要不得的。当前在打破"大锅饭"的同时，又出现了部分社会成员收入差别持续拉大的问题。特别是城乡居民收入分配差别持续扩大。

1978年城乡居民收入分配差别是2.47∶1，到了1984年，变为1.7∶1，缩小了。为什么？因为农村实行了联产承包责任制，农民增收了。我们可以回忆一下，20世纪80年代农村改革以后，农民的积极性非常高，那时农村居民万元户很多，城市居民很羡慕，农民的收入明显提高。从1984年以后，特别是从90年代以来，城乡收入分配差别逐步在拉大，一直到2003年，达到3.2:1，这说明城乡居民收入分配差别在持续拉大。相当多的专家学者认为，考虑到福利、生产成本的支出、实物的估价等因素，城乡居民的实际差别已达到5到6倍。

城乡居民收入分配差别拉大的主要原因是，与城镇居民收入增幅较快相比，农民增收缓慢，增收困难，甚至一些地区农民负担过重。从1997年到2003年，全国农民人均纯收入的增长，连续7年没有超过5%，2002年最高增长4.8%，2000年最低只增长了2.1%，相当于同期城镇居民年均增幅的一半。2004年，由于党和政府采取了一系列措施，农民增收了，是6.8%，这是非常可喜的，是八年以来增幅最高的一年，所以两会期间的一个热点就是农民增收了，粮食增产了，农村形势好了。但即使如此，农民收入增加额和实际增长速度仍然低于城镇居民，城镇居民收入2004年增长7.7%，说明城市增幅比农村要大，可见，城乡居民收入分配差别扩大趋势还没有完全扭转。

除城乡居民收入分配差别持续拉大之外，城镇居民、农村居民、不同地区居民、脑体劳动者、不同所有制企业职工、不同行业员工的收入分配差别都在持续拉大。

第二个层次，区域差别、城乡差别、脑体差别、行业差别等社会差别也在拉大，明显体现在区域差别，特别是城乡差别上。

胡锦涛同志在"省部级主要领导干部提高构建社会主义和谐社会能力"专题研讨班开班式的讲话中指出，

地区发展的不平衡、城乡发展不平衡、部分社会成员收入差距不平衡的问题更为突出。在这里用了"更为突出"一句话。我们共产党人所追求的一个重要的目标,就是要消灭三大差别,消灭城乡差别、消灭脑体差别、消灭工农差别。当然消灭三大差别,不是一下子能办得到的,需要一个相当长的历史时期。既然是我们共产党人为之奋斗所追求的目标,就应该积极创造条件,采取措施,向着缩小三大差别的方向努力,而不是将差别越搞越大。中央采取了一系列措施支持农村和落后地区发展,旨在缩小城乡和区域差别,虽然取得了很大进展,但城乡发展、区域发展、经济社会发展不平衡的矛盾仍很突出,缩小发展差距,促进城乡、区域和经济社会协调发展的任务还很艰巨。

首先是区域差别。1980 年,我国东部地区在全国经济总量的比重是 50%,中部是 30%,西部是 20%。2004 年,东部比重加大了,变成了 58.5%,中西部缩小了,中部变成了 24.7%,西部变成了 16.8%,发展差别不是在缩小,而是在拉大。东中西部人均 GDP 的差别实际上也在扩大,1980 年,东部与中部的差别是 1.51:1,到了 2002 年是 2.1:1。东部与西部 1980 年是 1.91:1,到了 2002 年是 2.61:1。目前西部地区人口占全国人口的近 30%,但人均 GDP 仅占东部的 40%。去年我同 97 个中青年领导干部到日本去考察学习,对日本的地区差别我们做了一个分析比较,日本最富的东京地区与最不发达的北海道地区的差距仅为 1:0.7,日本这样的发达国家的地区之间的差距已缩小到一定的程度。

区域差别问题说到底，还是城乡差别问题。全国农村60％以上的贫困人口主要集中在西部，约 2000 万人还没有解决温饱，区域差别主要还是由城乡差别引起的。

其次是城乡差别。城乡差别主要体现在两个方面：一是城乡居民的收入差距以及经济总量差别在拉大。2002年，仅占全国人口 25％ 的地级城市（不含辖县）实现的GDP 占全国 63％，而占全国人口 60％ 以上的农村实现的农业增加值仅占全国 GDP 的 15％。城市规模急剧扩张，房地产快速开发，使一些农民失去了赖以生存的生产资料。农村出现土地抛荒，地力衰竭，生态退化，劳动力素质下降等现象，财富迅速向城市集中。二是城乡二元结构矛盾越发明显。所谓"城乡二元结构"，就是在城乡发展过程中，存在一种不对称的组织形式和社会存在形式，也就是说，农村是相对落后的生产和生活方式，城市是不断发展的现代化的生产和生活方式，形成了鲜明的对比。我国城乡二元结构是比较突出的。农村居民在就业、社保、教育、卫生、文化、福利、环保等公共事业方面与城市居民差别日益明显，社会事业及其基础设施落后于城市。

部分社会成员收入分配差别，以及城乡差别、区域差别等社会差别程度不同地在拉大，已经成为影响发展的全局性的重大问题。合理协调分配城乡、区域等社会差别，是正确处理人民内部矛盾，构建社会主义和谐社会的紧要问题。

（二）贫富差距和社会贫困问题

部分社会成员贫富差距趋于扩大，社会贫困凸现，是当前人民内部矛盾的突出表现，也是当前我国社会存在不和谐因素的突出原因。

　　社会公平是社会进步与和谐的重要标志。衡量一个社会进步与否，不仅仅有财富最大化的标准，还要有公平、平等、正义等标准。分配合理是社会公平的重要内容，贫富悬殊是最大的不公。在一定历史发展阶段，把贫富差距保持在合理范围，对一个国家的和谐发展至关重要。贫富差距太大，会导致两极分化，社会动荡，执政党会失去人心，丧失政权。以印度政局的变化来看一看贫富差距过大带来的社会恶果。印度国大党是 1885 年成立的百年老党，在印度执政 45 年，印度的甘地家族是国大党的核心，在印度历史上，国大党解决了印度的独立问题，带来了印度一定的经济发展。但是，在它执政期间，存在分配不公，两极分化，经济发展缓慢的严重问题，近 50% 的人口生活在贫困线以下，失业人口 7000 万，童工达 1 亿多，引起人民强烈不满，执政 45 年后为印度人民党所取代。这是印度政局的一次重大变化。印度人民党执政六年，GDP 年均增长 6%，特别是 IT 产业发展更快，印度成为世界软件生产大国，在 IT 产业方面，印度夸下海口，说比中国要强，仅次于美国，当然这也包含一定的水分在里面，但至少说明，印度人民党领导发展经济是有一定政绩的。但是，在公平分配问题上，印度人民党没有处理好，分配不公，贫富差距继续拉大，占人口 65% 的农民被忽略，80% 的民众未得到实惠，3.5 亿人仍生活在贫困线以下，存在严重的两极分化。国大党吸取了失败的教训，打出社会公正的旗号，提出"改善民生"和"解决贫困"的口号，展示出一副"面向穷人"的形象，获得穷人、农村选民的支持，又打败了印度人民党，国大党又上台了。这就是外电报道评论的印度政局又一次重大变化，国大党"用'泥块'打败'鼠标'"的典型事例。问题就出在公平公正问题上。所以，就一定历史阶段来说，没有贫富差距，是不现实的，关键是要把贫富差距控制在一定限度内。衡量贫富差距是否合理，我们通常参考三个指标对比系统。

首先是基尼系数。基尼系数是从 0 到 1 的一组数据，其数据越高表明贫富差距越大。0 意味着社会完全平等。完全平等的社会，一是从来没有过。有人说，原始共产主义社会是完全平等的，实际上，原始共产主义也不是完全平等的，前方打猎的壮劳力与家里的老人孩子所分得的食物是不一样的。二是如果出现趋向完全平等的状况，则干多干少一个样，干好干坏一个样，干和不干一个样，谁还干活，社会发展就没有动力。完全平等的社会从来没有过，趋向于完全平等的社会是没有发展动力的。1 意味着社会极端不平等，极端不平等社会的结果就是两极分化，动荡不已，老百姓就要造反。目前国际通行的标准是，基尼系数 0.3 以下为"好"，该社会既有动力，还不会有麻烦。0.3 到 0.4 之间为"正常"，超过了 0.4，就超过了稳定和谐的警戒线了。一旦超过 0.6，就为"两极分化"，处于可能发生动乱的"危险"状态。按照国家统计局统计，我国的基尼系数在 1988 年是 0.341，在警戒线以内。

2000 年是 0.417。中国人民大学、社会科学院等单位的专家学者估计，1997 年达到 0.455，2003 年达到 0.5 以上，甚至有的说达到 0.552。当然，这些统计数据仅可以作为参考，不以它为准。但是即使 2000 年的 0.417，也进入警戒线了。世界银行测算，我国近 15 年来贫富差距拉大的速度是比较快的，高于欧美发达国家。

其次是欧希玛指数，即五等分法。就是把一个国家的老百姓分成 5 等份，1/5 最贫穷的，1/5 次贫穷的，1/5 中间的，1/5 次富的，1/5 最富的。然后看每一组老百姓的收入在全国总收入中所占的比例。根据有关方面的抽样调查，我国 1/5 最穷的收入占全国总收入的 4.27%，1/5 最富的收入占全国总收入的 50.13%，这说明我国的贫富差距也在向两个相反的方向移动。

最后是高收入层和低收入层对比的数据。各抽样 10% 的最高收入户和 10% 的最低收入户进行比较。城镇 1998 年为 3.9 倍，到 2000 年，达到 5.02 倍；农村，1998 年是 4.8 倍，到 2000 年，达到 6.5 倍。劳动和社会保障部 2002 年调查显示，我国占全国人口大多数的是低收入和中等偏下收入人群。全国城镇居民低收入户占 31.79%，中等偏下收入户占 32.36%，也就是说 64.15% 的人是中低收入水平。

贫富差距拉开的直接后果是两个问题：一是社会贫困问题突出。改革开放 26 年了，我国贫困人口大幅度下降，贫困发生率从 30% 下降到 1.8%。既然贫困人口总数在下降，为什么贫困问题突出呢？因为贫富差距拉开了，富者愈富，穷者愈穷，使得贫困问题特别明显，贫困人数不多，但极为突出。与高收入层相对照的社会贫困层客观存在。我国城镇中仍有1200万人处于相对贫困中，人均年收入1059元，一个月才100块钱不到，可以想象，在城市里每个月不到100块钱，生活是什么状况呢？在农村，2003年按人均年纯收入882元的"低收入人口"标准，农村为5617万人，占农村人口比重6%。年收入882元，按照10个月计算，每个月才88块钱。按人均年纯收入637元，农村为2900万人，每天生活费不足2元钱。

再一个是社会公平问题凸显。现在公平问题成为一个热点了，成为一个关键词了，为什么呢？大家都关注它。中央党校调研组对学员问卷调研显示：在学员心目中，2004年最为严重的三个问题依次是"收入差距"为第一，是43.9%，"社会治安"为第二，是24.3%，"腐败"为第三，是8.4%。对2005年的改革，72.9%的学员关注分配制度改革。可见，社会公平问题已经提上了议事日程，解决贫富差距和贫困问题，是正确处理人民内部矛盾，构建社会主义和谐社会的紧迫问题。

（三）社会成员分化和流动问题

阶级、阶层发生了分化，一些新的阶层和利益群体产生了，社会成员流动性加大，构成结构重组，呈多元化利益格局，利益关系更加复杂，是当前人民内部矛盾的重要表现，也是当前我国社会存在不和谐因素的重要原因。

我们上学的时候，经常看到我国工农兵形象的宣传画，宣传画上的工人老大哥，是炼钢工人炉前工打扮，头带鸭舌帽，上面挂一个墨镜，手拿大钢钎，气势昂昂地站在那儿；农民老大姐，头戴白手巾，一手拿镰刀，一手抱着稻子或者麦子；外加知识分子，戴眼镜，夹着一本书，穿着中山服；还有解放军战士，挎把枪。这就是我国工农兵主体阶级的形象。但是现在，这种宣传画看不到了，工人阶级不一定戴眼镜，知识分子也不一定只夹本书，农民也不一定戴条白手巾了。宣传画形象的转变告诉我们什么呢？主体阶级的形象不那么好描述了，模糊了。为什么呢？因为所有制结构、分配方式、产业结构、就业结构都变化了，在主体阶级仍然存在的大前提下，阶级、阶层发生了新的组合、分化，有一些新的阶层和利益群体出现了。可以从四个方面加以分析。

首先，工人阶级内部结构和组成发生深刻变化，作为领导阶级的工人阶级内部关系多样化。由于工人阶级的各个成员所处的所有制不同，分配方式不同，经济、政治、文化等社会待遇不同。不同地区、不同行业、不同企业、不同岗位的职工的流动不断加大，在收入上拉开了差距，形成了一定差别，工人阶级内部分成不同状况的工人群体。前几年，我到一个地区的一个工厂去调查，这个工厂实行"一厂两制"，是个生产搪瓷盆的，20世纪50年代建厂的老厂子。父子两人参加座谈会，父亲在原来的公有制车间，儿子分到中外合资的车间。父亲讲他是50年代入厂的老工人，他参加厂庆的时候，只发给他一个印着"艰苦奋斗"的水杯，儿子参加改制庆祝大会的时候，一人发了2000块钱。回家后，老伴对他和儿子就是两个待遇。这说明因为所有制不同，分配不同，工人阶级内部关系复杂了。特别是一部分直接从事物质生产的产业工人的生产和生活状况，很值得我们高度关注。就拿煤矿工人来说，中国的煤产量占世界 1/4，居世界第一，是第一产煤大国，但煤炭工业死亡人数占世界的 4/5，是世界上安全记录最差的国家。中国每万吨煤死亡率比俄罗斯高 11 倍，比印度高 15 倍，比美国高 100 多倍，每年死亡 6000 多人。

其次，农民阶级发生了新的分化和组合，农村居民内部关系复杂化。农民原来是挣工分的实行集体劳动的农业劳动者，现在成为实行土地个人承包的农业劳动者。同时，出现了一个新的庞大的农民工群体，估计有一亿人左右，充实到工人阶级队伍中。一方面，他们成为工人阶级的新鲜血液，是我国社会主义现代化建设的重要力量。现在的建筑、采掘、纺织等行业，80% 职工都是农民工。另一方面，他们又处于城市生活的下层，他们的生产生活状况应当引起我们高度重视。新华社记者最近有个抽样调查表明，80% 的农民工主要靠睡觉和闲聊打发剩余的时间，有一个公式叫做劳动加睡觉等于农民工全部生活。60% 的农民工对文化生活状况表示不满。有一个工地 1000 多人，只有一台黑白电视机，几百人的工棚只有一本翻烂了的《射雕英雄传》。报纸是有的，都是多少年以前的，糊在工棚上。40% 以上的农民工只有一个行李卷，有的老农民工一个行李卷伴随自己十几年。72.5% 受访农民工表示，不同程度被拖欠工资。现在，工会和劳动保障部门积极采取措施，解决农民工的生产和生活保障问题，情况较以前有很大改善。

第三，在非公有制经济，特别是私营经济中，形成拥有相当财富的高收入的企业主阶层。他们作为雇主和雇员的矛盾客观存在，经营管理人员与员工的矛盾客观存在。有的非公有制企业存在劳动条件、劳动保护差，拖欠克扣工资，随意加班，侮辱工友，雇佣童工等，业主同员工之间关系紧张。

第四，出现了民营科技企业的创业人员和技术人员、受聘于外资企业的管理技术人员、中介组织的从业人员、自由职业者等新的社会阶层。一般来说，这些社会阶层大多属于中等以上收入层。他们是社会主义建设者，同工人、农民、知识分子、干部、解放军指战员也有一定差别和矛盾。

毛泽东同志在《中国社会各阶级的分析》一文中指出："谁是我们的敌人，谁是我们的朋友，这是革命的首要问题。"毛泽东同志解决中国革命的正确的政治路线，首先是建立在对中国社会各阶级及其矛盾的科学分析基础上的。《毛泽东选集》第一篇，开宗明义解决了革命的首要问题。今天，在社会主义建设时期、在社会主义改革开放时期，科学地分析我国当前社会成员构成结构，正确认识阶级、阶层和利益群体的新变化、新分化、新组合，坚持工人阶级领导地位，巩固工农联盟，团结一切可以团结的力量，正确处理各阶级、阶层和利益群体之间关系，是正确处理人民内部矛盾，构建社会主义和谐社会的首要问题。

(四) 社会就业问题

就业形势严峻，劳动力供求矛盾紧张，是当前人民内部矛盾的直接表现，也是当前我国社会存在不和谐因素的直接原因。

第一，就业压力增大。我国13亿人口，年龄15到64岁的劳动力是9.09亿，超过发达国家总劳力3亿以上。"十五"期间，每年新增劳动力1000万，下岗失业人员还有1300多万人，总的有2300多万人需要就业，压力是很大的。复员退伍军人、大中专毕业生、残疾人等就业安置也很突出，特别是大中专毕业生，2004年，全国280万高校毕业生，到9月份就业率达73%，仍有74万大学生找不到合适的工作。劳动力供大于求的局面短期内难以改变。

第二，失业问题比较严重。城市登记失业率2003年是4.3%，2004年预计为4.7%，经过努力，实现4.2%，比预计降低了0.5%。2005年预计控制在4.6%。登记失业率和城市实际失业率是有一定实际差别的。去年，我到东北的一个城市调查，市长告诉我，100万人口的城市，6个部门统计失业率，有6个不同的数据。工会有工会的数据，妇联有妇联的数据，劳动保障部门有劳动保障部门的数据，统计局有统计局的数据，口径不一致。民政部《2001年社会保障白皮书》披露，1993年城市实际失业率是5%，1998年是8%—9%，2000年接近10%。专家学者估计，目前已接近12%左右。人民大学一位教授的德尔菲失业风险调查认为，7.03％标志着我国已经进入失业警戒线，9.73％标志着我国进入社会发展风险期。从就业角度来看，我国也正处于社会发展的风险期。

第三，农村富余劳动力转移困难。我国农村青壮劳动力4.9亿。现有耕地只能容纳1个亿左右的劳动力，乡镇企业可以安排1.33亿，到城市打工9900万，还有1.5亿的人没事干。那就进城吧，城里还有4.2％的失业人口，进了城以后，对城市造成巨大的压力。2000年到2030年，我国计划占用耕地将超过5450万亩，意味着1亿多农村劳动力需要转移，这就是2.5亿人。目前全国约有3400多万左右农民失去土地或减少耕地。有的失地农民讲，我们成为"种田无地、就业无岗、低保无份"的"三无"农民。有的个别农民讲，土地拆迁，是"富人得票子，农民得条子，官员得帽子。""过去是种地的农民，现在土地被征用后，成了无地的流民，到了城市，成了到处游逛的游民。"

就业压力对执政党来讲，是个巨大的考验。理论界有种说法，认为提高就业率是最大的社会和谐与社会稳定。当然话有些过头，但是至少说明社会就业问题对社会和谐的极端重要性。降低失业率，提高就业率，是正确处理人民内部矛盾，构建社会主义和谐社会的紧迫问题。

（五）群体性事件问题

近些年突发的群体性事件，是当前人民内部矛盾的集中表现，也是当前我国社会存在不和谐因素的集中原因。

近几年我们中央党校积极地推进教学改革，开展研究式教学，很多学员课题组都选择"群体性事件"作为研究课题。他们的研究表明当前群体性事件有五个特点：

一是群众信访和上访大幅上升。目前我国正处在信访上访的高发期。信访上访增多警示社会矛盾日益积累。全国信访上访总量逐年增加，其中群体上访的比例大幅上升。信访上访升级也是一个特点。近几年，越级上访（省、中央）数量上升很快，县级反而下降，矛盾焦点向中央机关聚集。

二是群体性事件数量增多，规模扩大。群体性事件呈高发态势，数量不断上升，规模不断扩大。1994 年至2003 年 10 年间，群体性事件数量急剧上升，参与群体性事件的人数也大幅增长。有的城市有时同一天发生多起规模较大的群体性事件。群体性事件的规模从 1998 年起逐年扩大，百人以上的群体性事件由一千多起增加到几千起，聚集人数最多时达万人以上。

三是参与主体趋于多元化，组织化倾向趋于提高，行为方式趋于激烈。2001 年参与的 256. 4 万人中，第一位的是工人，占 37. 7%；第二位的是农民，占 28. 2%；第三位的是城镇居民，占 11. 8%；第四位是离退休人员，占 8. 2%；第五位的是个体户，占 3. 9%。工农群众是主体。组织化倾向趋于提高，行为方式趋于激烈。参与人员趋于复杂广泛，扩大到多行业、多系统、多地区，城乡均有。有些群体性事件形成了自发组织，出现了幕后指挥和挑头人物，呈现跨区域串联和联动特点。聚众堵公路、卧轨、拦火车等阻塞交通的群体性事件不断增加，2000 年占群体性事件的 6.3%，2001 年占 6.6%。暴力抗法，武装械斗时有发生，人员伤亡时有发生。冲击党政机关事件逐年递增，2000 年发生 2700 起，2003 年达到 3900 起。

四是引起原因大多是物质经济利益问题。居第一位的，是生活待遇问题。属于政治性问题的不多，物质利益诉求是主要的。参与群体性事件的，大多数是普通群众，有老工人、老教师、老战士、老干部，其他为教师、学生、复转军人、公务人员等。以 2001 年为例，因工资、福利、社保问题的，占 28.1%；因企业改制、破产待遇下降的，占 19.5%；因征地拆迁的，占 13.5%；因民间纠纷的，占 45%。

五是引发、激化群体性事件的政治性因素增多。境内外敌对势力同"民运"、"法轮功"、"东突"、"藏独"、"疆独"、"台独"等敌对势力进一步勾结合流，利用、策划、挑动群体性事件，插手群体性事件，借机搞什么"工运"、"农运"，是引发、激化群体性事件的政治因素，这必须引起我们高度重视。

群体性事件在增加，势头在发展，可资境内外敌对势力利用的机会在增多，对稳定和谐的危害在加重，成为影响社会稳定和谐的隐患。积极预防、妥善处理群体性事件，是正确处理人民内部矛盾，构建社会主义和谐社会的严峻问题。

除以上五个问题外，还有少数领导干部的腐败和官僚主义问题，市场经济运行中的问题，政治、思想、文化相互激荡问题，民族宗教冲突问题等四个方面的问题，既引

起复杂紧张的人民内部矛盾，也是当前人民内部矛盾的诸
多表现。正确处理领导与群众的关系，处理经济运行中的
诸多矛盾，处理政治、思想、文化、民族、宗教冲突，也
是正确处理人民内部矛盾，构建社会主义和谐社会的一系
列重大问题。

二、从马克思主义理论的高度,科学认识人民内部矛盾和构建社会主义和谐社会问题

　　为什么强调构建社会主义和谐社会？因为我们面对着
错综复杂的人民内部矛盾和诸多社会矛盾，需要我们解
决，需要我们协调。正因为有矛盾，才要和谐，正因为要
和谐，才要协调矛盾。构建社会主义和谐社会，关键是有
效地协调各方利益关系，化解人民内部矛盾，才能赢得全
社会的稳定与和谐。怎样才能协调人民内部矛盾，构建社
会主义和谐社会呢？从理论上把握其发展变化的规律，是
十分必要的。

　　**（一）正确处理人民内部矛盾，是构建社会主义和谐
社会，建设中国特色社会主义的必然要求**

　　我们知道，现实世界是充满矛盾的，充满辩证法的，
矛盾和辩证法就是一切事物，包括人类社会的客观存在，
包括人类社会的本来面貌。马克思主义的辩证唯物主义世
界观和方法论，科学地反映了客观世界的规律和本来面
貌。面对今天错综复杂的矛盾局面和局势，我们一定要学

会运用马克思主义的辩证唯物主义世界观和方法论，观察分析处理人民内部矛盾和诸多社会矛盾。辩证唯物主义世界观和方法论的核心和实质是什么呢？列宁说："对立统一规律是辩证法的核心和实质"。对立统一规律，也就是矛盾规律，是宇宙间的根本规律，对立统一观点，即矛盾观点，是马克思主义辩证唯物主义的基本观点。什么叫对立呢？对立就是矛盾，什么叫统一？统一就是和谐。对立统一，要求在矛盾的化解中求得社会的和谐。我们运用对立统一的观点来观察世界，就叫世界观，运用对立统一的观点来解决现实矛盾，就叫方法论。毛泽东同志是正确灵活运用马克思主义辩证唯物主义世界观和方法论的典范。我们都知道，毛泽东同志有两部重要的著作，一部是《矛盾论》，是在战争年代写的。在中国革命和战争的关键时刻，他运用辩证唯物主义的世界观和方法论，分析了中国社会的矛盾，得出了中国革命的正确的战略和策略，巧妙地处理了中国革命的矛盾和问题，赢得了人民战争的胜利，建立了新中国。《矛盾论》是马克思主义辩证唯物主义的光辉的经典著作。在和平建设时期，毛泽东同志又写了一部《关于正确处理人民内部矛盾的问题》，是在社会主义建设时期用对立统一观点观察和分析问题，解决人民内部矛盾的理论指南。今天构建和谐社会，一定要深刻理解这两部著作的精神，学会运用马克思主义辩证唯物主义的世界观和方法论解决现实矛盾和问题。在这两部著作中，毛泽东同志把对立统一规律概括为三个重要的观点：第一，矛盾无处不在，无时不有；第二，矛盾是事物存在的普遍规律和根本法则，是一切事物发展的内在源泉和动力；第三，要运用对立统一的观点，即矛盾的观点看待和处理人民内部矛盾和诸多社会矛盾。用这三个观点来看待我们今天的社会，不存在有还是没有矛盾的问题；也不存在好矛盾坏矛盾的问题，因为矛盾的存在是客观的，始终的，是不以人的意志为转移的。无所谓有矛盾无矛盾，也无所谓好矛盾坏矛盾。矛盾不解决是坏事，矛盾解决了是好事。旧矛盾解决了，新矛盾又产生了，事物就是在不断地解决矛盾中发展的。所谓和谐社会，不是否定矛盾，而是强调社会在解决矛盾的过程中求得统一、求得和谐、求得前进。在妥善处理各类矛盾，构建和谐社会的问题上，中外社会主义国家和其他一些发展中国家，有着深刻的经验教训值得我们汲取。

第一，苏联斯大林时期的经验教训表明：正确区别和处理两类不同性质的矛盾，是构建社会主义和谐社会的前提。苏联是在 1936 年宣布进入社会主义的，承认不承认社会主义国家内部存在矛盾，存在什么性质的矛盾，怎样区别和处理矛盾，是摆在当时苏联共产党人面前的重大的现实和理论问题。但是，当时在苏联存在两种根本对立的错误观点：一是根本不承认社会主义国家内部有矛盾，不承认人民内部有矛盾；二是把矛盾扩大化，把一切矛盾都夸大为敌我矛盾和阶级斗争，搞阶级斗争扩大化。斯大林有两个著名观点，一个叫做苏联的"生产关系同生产力状况完全适合"，我们把它概括为"完全适合论"，既然完全适应，就不改革了，使得苏联经济政治体制趋于僵化;另一个,斯大林提出苏联各族人民"道义上和政治上的一致"是社会主义的发展动力的论点,一致成了动力了,矛盾没有了。"完全适合"论和"一致动力"论是违反对立统一规律的形而上学观点。理论上不承认苏联国内有矛盾,又怎样解释苏联大量的现实矛盾呢?斯大林在理论上不得不把苏联国内的各类矛盾都说成是外部原因造成的敌我矛盾和阶级斗争,提出著名的"左"的观点:社会主义进展越大,剥削阶级残余进行斗争就越尖锐;阶级斗争一端在苏联,另一端则在资产阶级国家。把国内的矛盾统统说成是阶级斗争性质的敌我矛盾,把产生矛盾的原因归结为外部原因,归结为资本主义包围,归结为敌对阶级的破坏作用。他从不承认矛盾,走到另一个极端,就是把阶级矛盾扩大化。结果是,混淆了两类不同性质的矛盾。既然矛盾是阶级斗争性质的,斯大林就采取了极端的肉体消灭的办法来处理。1936—1939年,斯大林发动了一场大清洗运动,当然不可否认被肃反的人中是有一些间谍特务,但是,大多数人是党内持不同意见的同志和人民内部矛盾。根据历史学家统计,大清洗被捕和被处决的人数有几百万人。严重破坏了社会主义民主和法制,逐步形成了苏联僵化的经济政治体制,这是苏联解体的一个深层原因。

　　第二,我国的经验教训表明:正确认识和处理人民内部矛盾,是构建社会主义和谐社会的主题。我国是在1956年完成社会主义"三大改造"的,在社会主义制度下,人民内部有没有矛盾,怎样认识和处理这些矛盾也就成为我国社会的一个全局性问题。特别是当时苏东和国际上发生的问题，也促使我们党对人民内部矛盾进行研究和思考。1956年苏共二十大批判斯大林以后，在国际共产主义运动中引起极大的思想混乱和激烈动荡，在波兰和匈牙利爆发了全国性的动乱。1956年冬到1957年春，苏东动荡波及我国，引起一些思想混乱，加之我国新制度刚刚建立，新的矛盾不断产生，问题不少，像分配、生活待遇、住房、物价、学生升学、就业以及国家机关中的官僚主义问题等等，引起了群众一定程度的不满，发生了一系列群体性事件，大约有一万多名工人罢工，一万多名学生罢课。这些新情况引起了毛泽东同志和我们党的高度重视，总结经验、借鉴教训、正确处理人民内部矛盾，鲜明地提到全党面前。1957年2月，毛泽东同志发表了《关于正确处理人民内部矛盾的问题》，标志人民内部矛盾理论的形成。这是创造性的马克思主义理论。然而，在后来的实践中逐渐偏离了正确的理论。1957年犯了反右斗争扩大化的错误，1959年错误地开展了所谓"反右倾"斗争，到60年代在"左"的路线指导下进行了社会主义教育运动，一直到"文化大革命"，严重混淆两类不同性质矛盾，一步一步走向阶级斗争扩大化的泥坑，造成全国性内乱，国家经济到了崩溃的边缘。十一届三中全会拨乱反正，以邓小平同志为核心的党中央果断地停止了以阶级斗争为纲的错误路线，恢复和发展了人民内部矛盾理论，走上了稳定、和谐、发展的中国特色社会主义道路。

第三，处于社会发展风险期的一些国家的经验教训表

明：高度重视协调各类社会矛盾，保持社会的相对和谐与
稳定，至关重要。从各国现代化进程来看，当一个国家处
于人均 GDP1000 美元至 3000 美元时，增长与问题、发展
与矛盾往往就会交织在一起，成为社会结构深刻变动、社
会矛盾最易激化的高风险期。发展必然带来利益格局的变
化，一些人利益满足了，一些人利益受损了，矛盾加剧；
经济高速增长，同时衍生一些社会问题，如分配不公，贫
富悬殊，矛盾激化，再遇到经济滑坡、金融风险等突发情
况，就会发生社会动乱，影响政局稳定。被称之为"拉
美陷阱"或"拉美病"的"拉美化"现象就是例证，其
含义主要是指拉美国家在经济增长过程中因贫困化和两极
分化导致社会动荡。20 世纪 80 年代起，拉美各国相继推
行新自由主义改革，短期内和局部上取得了经济增长的一
些成效，如阿根廷在 1991 年与 1992 年，分别实现 10.6%
和 9.6% 的高增长。2001 年巴西人均 GDP 是 2957 美元，
委内瑞拉是 4877 美元，墨西哥是 6200 美元，阿根廷是
7416 美元，阿根廷因经济危机，2002 年又跌至 2912 美
元。拉美一些国家在强调经济增长时忽视了社会公正，失
业率持续攀升，2002 年拉美地区失业率高达 9.6%。贫富
悬殊，2004 年拉美贫困人口已达 2.27 亿，百万富翁增长
率却居全球之首。以巴西为例，收入最高的 10% 居民拥
有全国财富的 40%，收入最低的 10% 居民拥有财富却不
足 3%。两极分化的结果是，社会出现动荡，群众抗争运
动此起彼伏，如墨西哥的萨帕塔农民起义，巴西的无地农
民运动，阿根廷的拦路者运动、敲锅运动，秘鲁、危地马

拉、玻利维亚等国的反私有化运动等等。这里尤其值得一提的是墨西哥革命制度党，该党从 1929 年到 2000 年连续执政 71 年，使墨西哥从一个封闭的农业国，发展为一个对外开放的工业化国家，2000 年国民生产总值达到 6700 亿美元，在世界上排名第 13，经济增长率达到 7％。20 世纪 80 年代，长期执政的墨西哥革命制度党用西方的"新自由主义"取代"革命民族主义"，全面推行私有化，开放国内市场。在社会政策上，削减教育、医疗和保险等公共开支，以促进经济增长。但由于没有妥善处理好转轨过程中的社会矛盾，很多中小企业破产，大量工人失业，大批农民失地，普通民众生活水平大幅度下降，贫富分化日趋严重。可以说是，一方面在积累亿万富翁，另一方面又在积累贫困。全国 9700 万人口，其中贫困人口达到 4600 万，约占总人口 45％，赤贫为 2400 万。墨西哥 300 个家族拥有全国 50％的财富。中下层民众对革命制度党不满，严重动摇了革命制度党执政基础。1994 年初，墨南部贫苦山区的印第安农民揭竿而起，爆发了该党执政以来规模最大的农民武装起义。2000 年大选该党丧失长达 71 年的执政地位。

总而言之，一定要高度重视正确处理人民内部矛盾，对于构建社会主义和谐社会的极端重要性。由于复杂的国内国际因素，两种不同性质的矛盾在我国长期存在，一定范围的阶级斗争在特定条件下还有可能激化，但突出地、大量地、经常地表现出来的是人民内部矛盾。人民内部矛盾是我国社会现阶段人际关系上的主要矛盾，是政治生活的主题。正反经验表明，坚持正确处理人民内部矛盾的主题，抛弃以阶级斗争为纲的错误做法，始终把发展作为执政兴国的第一要务，社会就和谐，事业就发展；否则，社会就动荡，现代化建设事业就受挫折。

（二）妥善协调各方利益关系，是正确处理人民内部矛盾，构建社会主义和谐社会的关键

毛泽东同志除了着重阐述人民内部在政治思想上的矛盾之外，还论及人民内部的利益矛盾，强调从分配上处理好利益矛盾，主张要从经济利益上对人民内部矛盾进行分析，加以协调。从物质经济利益上协调好人民内部矛盾，就能为社会主义和谐社会奠定坚实的物质条件。

1. 马克思主义与利益问题。

正确认识和处理好人民内部利益矛盾，是正确认识和处理人民内部矛盾的关键，利益矛盾解决好了，给人以看得见的物质利益，人民内部矛盾就好解决了。正确认识人民内部利益矛盾，就要从马克思主义基本理论出发，搞清楚什么是需要？什么是利益？什么是利益矛盾？怎么去协调利益矛盾？利益问题是一个重大的现实问题，同时也是一个严肃的理论问题。马克思有句名言，"人们奋斗所争取的一切，都同他们的利益有关"[1]。利益是重要的社会现象，是唯物史观的基本范畴。利益分析是观察、分析社会问题的重要眼光和角度，利益协调是马克思主义处理利益问题的重要方法。

---

[1] 《马克思恩格斯全集》第 1 卷，人民出版社 1956 年版，第 82 页。

搞清利益，必须先搞清需要。什么叫需要？需要是人的生命活动的表现，凡是人，都有人生需要，要吃饭，要穿衣，要有房子住，出门还要坐车。物质需要解决了，还要精神需要，要爱情，要幸福。需要在马克思主义理论中，是概括人对物及其派生物的一种直接依赖关系的范畴。比如，人要吃饭，人对食品就产生了依赖关系。

什么叫利益？利益是在需要基础上产生的，是对需求对象的一种分配关系。比如吃面包，一人吃一个面包，就直接同面包发生关系。而几个人同时吃一个面包，首先要解决的是对面包的分配，然后才能吃。如何分配呢？就要有一个分配的原则，是一个人吃其余人饿死，还是按需，按劳，按要素分配，总之首先要解决分配问题。所以，利益实际是一个关系范畴，是人与人之间的利害关系。现实生活中不是一个人对着面包，而是一群人对着面包。所以，先要解决对面包的分配问题，才能解决吃面包的问题，利益实际上就是人与人之间对需求对象的分配关系，是人们之间的经济关系，社会关系。

什么叫利益矛盾？有了分配关系，就会有利益分配上的差别，有差别，就会有竞争、有矛盾，利益差别就是利益矛盾。从哲学上看，利益矛盾无所谓好坏，是客观存在。处理好了是好事，处理不好是坏事。把利益竞争和矛盾控制在一定程度，是社会发展的动力，协调得不好，就可能是破坏力。社会革命、社会变革，归根到底就是调整处理利益矛盾。人民内部矛盾，说到底，就是人民内部利益矛盾。

2. 人民内部利益矛盾及其特点。

人民内部矛盾是一个由许多矛盾构成的多层次、多领域、多类型的纵横交错的复杂系统。横向的有：工人阶级、农民阶级和其他社会阶层、利益群体之间的矛盾；各民族之间的矛盾；执政党与他党、非党的矛盾，党内矛盾；地方之间、企业之间、群体之间的矛盾；工人阶级内部的矛盾，农民阶级内部的矛盾，知识分子内部的矛盾，非公有经济经营者内部的矛盾；市场经济的生产者之间、经营者之间、销售者之间、消费者之间的矛盾；工人阶级、农民阶级同非公有制经营者之间的矛盾，等等。纵向的有：执政党、政府同人民群众之间的矛盾；领导者同群众之间的矛盾；上级同下级之间的矛盾；国家、集体（企业、地方、单位）、个人之间的矛盾；市场经济的生产者、经营者、销售者、消费者之间的矛盾。这些矛盾分别在经济、政治、意识形态等领域表现出来，其总根源是人民内部的利益矛盾。

人民内部利益矛盾有五个特点：第一个特点是根源性。人民内部的利益矛盾是一切人民内部矛盾产生、发展和变化的总根源，是根本原因。一切矛盾都可以在利益这个问题上找到它的发生根源。第二个特点是主导性。利益矛盾制约、影响着人民内部其他各类矛盾，是起主导作用的矛盾。第三个特点是群体性。人民内部不同阶级、阶层、利益群体的利益要求，往往是以利益共同体的形式表现出来，人民内部利益矛盾具有群体性。第四个特点是非对抗性。人民内部利益矛盾是非对抗性的。第五个特点是转化性。也就是说，在一定条件下，人民内部非对抗性利益矛盾可以转化成对抗性。

3. 妥善协调人民内部各类利益矛盾关系。

在不同的历史条件下，处理不同性质的矛盾，所采用的方法是不一样的。在革命战争年代，解决中国革命问题的办法，就是拿起枪杆子推翻三座大山。在今天社会主义条件下，在人民内部不同社会成员之间，在个体利益、群体利益之间，在个人利益、集体利益和国家利益之间，在眼前利益和长远利益之间，在局部利益和整体利益之间，在暂时利益与根本利益之间，存在着复杂的矛盾。受相对滞后的社会生产和社会发展的制约，不断提高并趋多样化的群众的物质文化利益要求难以得到完全满足，利益矛盾关系日趋复杂，统筹兼顾各方利益关系，协调解决各种利益矛盾的难度加大。但是，人民内部利益矛盾是非对抗性的，解决这些矛盾，只能经过社会主义制度本身的自我完善和自我改革，只能用利益协调、统筹兼顾的办法来解决。所以，妥善协调人民内部利益矛盾关系，是构建社会主义和谐社会的关键环节。一定要学会用利益协调的办法来解决人民内部利益矛盾。

（三）领导与群众的矛盾是人民内部矛盾的重要方面，领导与群众的关系协调是构建社会主义和谐社会的重要条件

人民内部矛盾是多种多样的，其中，领导和群众的矛盾是人民内部矛盾的焦点所在。刘少奇同志有句话："社会上一切不合理的现象，一切没有办好的事情，领导上都有责任。人民会来责问我们国家、党、政府、经济机关的领导人，而我们对这些问题应该负责任"①。因为我们党是执政党，党的各级领导干部在经济、政治、文化等社会生活领域中处于领导者的地位。从一定意义上说，社会主义事业的成败，出现问题和工作失误或多或少都同领导的工作和责任有一定的关系。

领导和群众的矛盾，主导方面在于领导。在领导和群众的矛盾中，如果领导方面是错误的，群众方面是正确的，那么矛盾的主导方面毫无疑问是在于领导，比如领导中间的腐败和官僚主义，领导应当改正自己的错误，坚决开展反对腐败和官僚主义的斗争，赢得群众的拥护。如果领导方面是正确的，群众方面是错误的，矛盾的主导方面也在于领导。为什么呢？因为领导应对群众做说服教育工作，领导应采取正确的处理措施。当然，也不能把一切错误和问题都归咎于领导，说领导处于矛盾的主导方面，是指领导的责任、领导的工作，不是就领导的是非而言。现在社会上出了不好的问题，很容易归结到领导身上，比如市场经济中的一些问题，像猪肉注水问题，群众买的肉被注了水，就会骂政府，说政府腐败。实际上政府什么时候也没有主张猪肉要注水，政府是禁止类似违法行为的，但是群众就骂政府，因为政府有管理社会的责任，是社会生活的主导方面。当前，领导与群众的矛盾特别突出地表现在个别领导干部的腐败和官僚主义上。

---

① 《刘少奇选集》下卷，人民出版社1985年版，第303页。

（四）人民内部矛盾的对抗和激化与构建社会主义和谐社会

1. 人民内部矛盾虽然是非对抗性的，但有可能发生对抗和激化现象，对这个问题，应当引起我们的高度警惕。

首先，从历史和现实来看，人民内部不仅存在矛盾，矛盾还有可能对抗化和激化，甚至出现动乱。

关于人民内部矛盾的对抗与激化，人们经历了一个很长的认识过程。列宁认为，在社会主义条件下，"对抗消灭了，矛盾还存在。"什么意思呢？也就是说，在社会主义条件下，矛盾有，但是没有对抗了。斯大林干脆不承认人民内部有矛盾，认为如果有，就是外部带来的，就是阶级斗争，敌我矛盾。当然到了晚年，他也隐隐约约地感到，在苏联内部是有矛盾的，这反映在他晚年于1953年写的《苏联社会主义经济问题》这本书中，但是他还来不及认识这个问题，就去世了。毛泽东同志于1957年总结苏联的教训，总结中国当时的状况，提出了人民内部矛盾的正确理论。对人民内部矛盾理论，当时僵化的苏联理论界是不接受的，横加批判，认为是反马克思主义的，认为在社会主义人民内部怎么能有矛盾呢？直到六七十年代，苏东社会内部矛盾激化，苏东理论界才开始讨论社会主义内部矛盾及其对抗、激化、动乱和危机等问题，认为不仅在资本主义国家能出现矛盾对抗，在社会主义国家也有可能出现矛盾对抗。我国"6·4"政治风波和苏东剧变之后，我国理论界对这个问题持比较一致的看法，认为人民内部矛盾有可能发生对抗, 而且也可能激化, 造成重大的社会动荡。

社会主义国家几十年的发展历史严肃地告诉我们, 不仅存在着各种人民内部矛盾, 而且人民内部矛盾还有可能发生对抗和激化, 发生群体性事件, 甚至形成严重的社会动荡。譬如, 苏联国内长期积累起来的矛盾逐步激化, 在赫鲁晓夫执政期间, 1956 年 8 月, 格鲁吉亚第比利斯地区爆发大规模群众游行。1959 年、1962 年, 都发生过较大规模的工人群众罢工示威游行事件, 苏联当局出动了军队加以镇压, 死伤了许多人。据南斯拉夫学者的不完全统计, 从 1958 年到 1969 年 8 月, 南斯拉夫共发生了 1906 次工人罢工事件。1953 年夏, 东德几万名工人上街, 要求改善生活条件, 实行重大政治改革, 工人们与政府发生了暴力冲突。1956 年夏, 波兰波兹南地区发生了大规模的工人骚乱, 工人群众同军队发生了冲突, 造成了严重的流血事件, 波兹南骚乱导致了同年秋季的政治危机, 使波兰最高领导层发生了重大变化。1956 年秋, 匈牙利爆发了震动整个社会主义阵营的匈牙利事件, 20 世纪 60 年代末, 波兰又发生了多次社会危机。1968 年 8 月, 波兰发生大学生罢课, 国内发生了较大范围的骚乱。11 年后, 波兰著名工业城市格丁尼亚和什切青发生了大规模的工人骚乱, 再次出现了流血事件, 深刻的危机导致波兰党和政府最高领导易人。70 年代中期, 波兰再次发生了几次大的工人罢工。80 年代初, 波兰又爆发了波及全国的团结工会运动, 致使整个波兰处于严重的动荡状态。1968 年的捷克斯洛伐克"布拉格之春"事件，震惊了世界。在我国，史无前例的"文化大革命"使社会主义发展陷入了极度危机的境地。1989 年"6·4 政治风波"实质上也是各类矛盾激化的结果。由于苏联和东欧各国内部矛盾的积累，又得不到解决，致使各类矛盾逐步激化，再加上国际因素的影响和作用，最终酿成了苏联和东欧各国的剧变。

其次，从理论上说，从马克思主义对立统一观点来看，人民内部矛盾存在对抗和激化，对社会主义和谐社会构成严重的影响。

什么叫对抗？毛泽东同志讲："对抗是矛盾斗争的一种形式"①。对抗并不表明矛盾的性质，只表明矛盾的一种解决形式。毛泽东同志举炸弹为例，炸弹在没有爆炸的时候，矛盾的对立双方处于一个统一体之中，当击火装置被击着的时候，炸弹爆炸了，炸弹爆炸就是矛盾采取了外部对抗的解决形式。矛盾的对抗现象与对抗性矛盾不是一回事。对抗不是反映矛盾的性质，而只是反映矛盾的一种解决形式。什么是对抗性矛盾？什么是矛盾的对抗形式？应当把矛盾的对抗性质和矛盾的对抗形式作必要的区别。对抗是矛盾双方采取外部冲突的形式来解决矛盾的方式。矛盾的对抗性质，是指矛盾由于其双方在本质上根本对立具有的对抗性质。矛盾的对抗形式，是指由矛盾的对抗性质或者其所处的具体条件所决定的矛盾双方采取的外部冲

---

① 《毛泽东选集》第 1 卷，人民出版社 1991 年版，第 334 页。

突的解决形式。如果矛盾双方具有本质上根本对立的对抗关系，而又在最后不得不采取外部冲突的斗争形式，就是对抗性矛盾。比如，我们同日本帝国主义的矛盾，只有靠我们拿起枪杆子把它赶出去，这就是对抗性矛盾。什么叫矛盾的对抗形式呢？就是说，矛盾双方在本质上并不具有根本对立的性质，只是在一定条件下，矛盾双方采取了对抗的解决形式。非对抗性质的矛盾，有可能出现对抗的解决形式。人民内部矛盾不是对抗性矛盾，并不等于就不可能出现对抗现象，在一定条件下，人民内部矛盾也可能会出现外部对抗的解决形式。

2. 人民内部矛盾对抗和激化的原因。

人民内部矛盾对抗和激化的原因，分别是：

第一，必然原因。人民内部还存在某些对抗性的矛盾，可能会产生矛盾对抗现象，由于旧社会遗留的残余因素，敌对势力的影响和破坏，不仅会使我国存在一定数量的敌我矛盾，而且还会使人民内部产生某些矛盾对抗现象，存在某些对抗性矛盾。矛盾对抗现象和对抗性矛盾的存在是人民内部矛盾可能激化的必然原因。

第二，必要原因。人民内部还存在一部分带有阶级斗争性质的矛盾。阶级斗争还在一定范围内存在，这不可能不影响和反映到人民内部，使人民内部存在一部分带有阶级斗争性质的矛盾，这是人民内部矛盾可能激化的必要原因。

第三，重要原因。人民内部的非对抗性矛盾有可能转化成对抗性矛盾，不带有阶级斗争性质的矛盾有可能转化为带有阶级斗争性质的矛盾，人民内部矛盾有可能转化成敌我矛盾。矛盾转化是人民内部矛盾可能激化的重要原因。

第四，客观原因。不同性质的矛盾交叉在一起，构成复杂的矛盾局面。一定范围内的阶级斗争同人民内部的非阶级斗争性质的矛盾；一定数量的敌我矛盾同大量表现出来的人民内部矛盾；不占主导地位的对抗性矛盾同占主导地位的非对抗性矛盾，往往交织在一起，难分难解。错综复杂的矛盾局面，是人民内部矛盾可能激化的客观原因。

第五，主观原因。面对复杂的社会矛盾状况，领导者在主观认识和实际处理方面的失误，有可能导致矛盾激化。这是矛盾可能激化的主观原因。

矛盾对抗和激化表现为社会冲突，我国发生的社会冲突绝大部分是人民内部的矛盾冲突。人民内部矛盾冲突往往发端于经济领域，又有可能由经济利益冲突发展为思想政治冲突，由个别冲突发展为局部性、地区性冲突，乃至全国性冲突。如果人民内部矛盾冲突同阶级斗争、敌我矛盾纠缠在一起，处理失误，就有可能进一步转化，酿成社会动乱。

3. 正确认识和处理群体性事件问题。

毛泽东同志在《关于正确处理人民内部矛盾的问题》报告中，专门论述了群体性事件问题，当时他把群体性事件称为少数人闹事。毛泽东同志说："在我们的社会中，群众闹事是坏事，是我们不赞成的。但这种事情发生以后，可以促使我们接受教训，克服官僚主义，教育干部群众。"他对这类事件的产生原因和处理原则作了全面的科学的论述。

群体性事件,是指由人民内部矛盾引发的严重影响、干扰乃至破坏正常社会秩序的事件。既然群体性事件是人民内部矛盾,那么对群体性事件首先要给予严格的界定,要严格区别多数参与群众和少数坏人,多数参与者是群众,只有极少数是坏人。

要认真分析群体性事件产生的原因,主要有以下七个原因。群体性事件发生的直接原因,往往是由于出现比较严重的社会问题,或某些政策和措施损害群众切身利益,或群众生活水平相对下降,或群众一些物质上的和其他方面的要求得不到满足。出现群体性事件的另一个值得注意的原因,是领导上的官僚主义和腐败行为。由于某些领导的官僚主义态度,使得本来应当解决的群众的合理要求长期得不到解决,或者由于对一些群众不合理的要求,没有采取有效的措施及时地去做工作,使得本来可以解决的矛盾激化。群体性事件发生的又一个原因,是缺乏对落后群众的思想教育。有些群众往往注意当前的、局部的个人利益,甚至提出不切实际或不合理的要求,而思想工作又跟不上,使群众中的偏激情绪和错误思想占了上风,致使群众以不适当的方式向党和政府发泄不满。群体性事件发生还有一个原因,就是当群众产生不满情绪酝酿出事的过程中,有国际反动势力和国内少数坏人插手进来,传播敌对思想和错误主张,挑拨离间、散布谣言、制造事端。防止坏人破坏的关键,也在于领导的工作,在于是否能够把群众背后的少数坏人揭发出来。国内复杂的民族关系和宗教生活中的不安定因素，也是群体性事件发生的一个重要原因。群体性事件或多或少总是与经济政治体制上的弊端有关，与群众的要求缺乏畅通有效的合法诉求和合理解决途径有关。在改革进程中，由于新旧体制交替，利益分配结构调整，使社会矛盾相对集中地表现出来。如果出现方针政策措施不当，也会导致矛盾激化，是造成群体性事件的体制和政策原因。群体性事件总体上属于人民内部矛盾，但群众要求的合理性同反映形式的违法性相交织，现实问题同历史遗留问题相交织，同时还有一些群众提出不合理要求，少数人违法犯罪，以及敌对分子插手利用的问题，处置的政策性很强。处置不当是群体性事件发生的主观原因。

妥善处置群体性事件，一定要采取正确的处理原则和办法。坏事可以变成好事。事件发生后，必须认真总结经验教训，坚决克服官僚主义，不能"草率收兵"，要保持足够的冷静，绝不能掉以轻心。要分清不同性质的矛盾，反对两种错误倾向：一是不问青红皂白把一切错误归咎于群众，助长领导的官僚主义；二是看不到群众的错误倾向，对少数坏人失去警惕。要做好工作，依法办事，满足群众提出的可以解决的合理的要求，恰当地处理好各种问题。要把参与的群众引导到正确轨道上来，对少数触犯刑律的给予必要的制裁。要以事件作为改善工作、教育干部和群众的特殊手段，采取各种措施消除不安定因素。从长远看，要从体制上建立健全切实接纳群众诉求并及时给予解决或回应的畅通有效的机制。

三、正确处理人民内部矛盾,构建社会主义和谐社会的基本思路

构建社会主义和谐社会,关键是正确协调好人民内部利益关系,正确处理好人民内部矛盾。毛泽东同志认为,正确处理人民内部矛盾"是一门科学,值得好好研究"。什么叫科学?科学是对客观规律的正确的理性认识。对我国人民内部矛盾规律的正确理论认识,也是一门科学。同志们一定要把人民内部矛盾当做一门科学来研究,一定要采取正确的原则和方法,妥善协调各方利益关系,正确处理人民内部矛盾,才能切实构建社会主义和谐社会。

(一) 正确区分不同性质的矛盾,用不同质的方法解决不同质的矛盾,是正确处理人民内部矛盾,构建社会主义和谐社会的基本原则

正确区分两类不同性质的矛盾,是正确处理人民内部矛盾的前提。毛泽东同志说,"不同质的矛盾,只有用不同质的方法才能解决"[1]。从总体上说,人民内部矛盾是根本利益一致的非对抗性矛盾,不能用处理敌我矛盾的办法来处理人民内部矛盾。

第一,主要用经济的方法解决人民内部的得失矛盾。得失矛盾就是利益矛盾,得到一些,失掉一些,就是利益问题,就会产生利益矛盾。对得失矛盾,主要用经济方法

---

[1] 《毛泽东选集》第 1 卷,人民出版社 1991 年版,第 311 页。

来解决，叫做统筹兼顾，综合平衡，即利益协调的办法。毛泽东同志提出主要用经济方法处理得失矛盾的原则。邓小平同志提出按照统筹兼顾的原则调节得失矛盾的思想。运用经济方法，"统筹兼顾、全面安排"是解决人民内部得失矛盾的主要方法。

第二，主要用民主的方法解决人民内部的是非矛盾。是非矛盾就是人民内部在思想、政治、文化上的矛盾。毛泽东同志认为，凡属于思想性质的问题，凡属于人民内部争论的问题，不能用强制的、压服的方法来解决，只能用民主的、讨论的、批评的、说服教育的方法来解决，在今天，还要加上法制的办法来解决。毛泽东同志把民主的方法概括为"团结——批评——团结"公式。邓小平同志指出，在党内和人民内部政治生活中，只能采取民主的手段，不能采取强迫命令、压制打击的手段。民主的方法主要包括：一是法制的方法，一是思想教育的方法。

第三，采取综合的方法解决人民内部各类矛盾。解决人民内部矛盾，要根据具体情况，采取综合性的、多种多样的方法。因为，有些矛盾很难说是纯得失性质的，还是纯是非性质的，往往是得失与是非搅和在一起的。所以，必须具体分析矛盾的实际情况，用综合性的办法，来化解人民内部矛盾。比如，两口子离婚，很难说是感情问题，还是经济问题，还是什么问题，必须用综合的办法来解决。总之，多种多样的办法相结合，才能解决好错综复杂的人民内部矛盾。要针对矛盾的具体实际，动员各方力量，注意工作方法，立足于协调关系、理顺情绪，增进理解，调动积极因素。把人民调解、司法调解、行政调解结合起来，建立人民内部矛盾经常化、制度化的调处机制。依法及时处置群众的合理诉求，努力消除不和谐因素，从源头上解决矛盾，尽可能地把矛盾和隐患化解在基层，解决在萌芽。

　　第四，根本方法是深化改革，发展生产力，健全社会主义民主法制。建设社会主义物质文明、精神文明、政治文明，为解决人民内部矛盾奠定物质、精神和制度保障。

（二）把人民的根本利益作为党和国家机关一切工作的出发点和落脚点，是正确处理人民内部矛盾，构建社会主义和谐社会的总的方针

　　正确处理人民内部矛盾，必须始终保持同群众的血肉联系，坚持群众路线，把人民的根本利益作为制定路线、方针、政策，采取各种措施的根本出发点和最终落脚点。重视和维护人民群众最现实、最关心、最直接的利益，正确反映和兼顾各方群众的利益要求，坚决纠正损害群众利益的行为，抓紧解决群众生产生活中的突出问题和困难。

　　当前要着重解决分配差别、区域差别、城乡差别、就业、贫困、"三农"、少数干部腐败等突出问题。要针对企业改制、城市拆迁、农村征地、司法不公等，抓紧制定相关法律，加以解决。

（三）正确处理效率与公平的关系，在坚持效率的前提下，注意维护和实现社会公平，是目前正确处理人民内部矛盾，构建社会主义和谐社会的突出任务

　　邓小平同志在提出让一部分人、一部分地区先富起来

的同时，极为重视贫富差距过大和分配不公的问题，20世纪90年代初，就设想在20世纪末达到初步小康水平的时候，要利用各种手段、各种方法、各种方案突出地提出和解决这个问题。

早在1993年他就指出，"少部分人获得那么多财富，大多数人没有，这样发展下去总有一天会出问题。分配不公，会导致两极分化，到一定时候问题就会出来。这个问题要解决。过去我们讲先发展起来。现在看，发展起来以后的问题不比不发展时少。"① "要利用各种手段、各种方法、各种方案来解决这些问题。"② "什么时候突出地提出和解决这个问题，在什么基础上提出和解决这个问题，要研究。可以设想，在本世纪末达到小康水平的时候，就要突出地提出和解决这个问题。"③ 现在是突出地提出和解决这个问题的时候了。

1. 关于效率与公平的关系，资本主义在发展市场经济的长期过程中积累了值得我们借鉴的经验教训。

当然，资本主义制度不可能从根本上解决好效率与公平的关系，即使一段时期内能够处理好，但也不能根本克服最终导致资本主义必然灭亡的内在矛盾。

如何认识效率和公平问题？要从市场经济的特性来认识。市场经济有两重性，是一把双刃剑：积极的一面，能

---

① 《邓小平年谱》，人民出版社2004年版，第1364页。
② 《邓小平年谱》，人民出版社2004年版，第1364页。
③ 《邓小平文选》第3卷，人民出版社1993年版，第374页。

较大限度地优化资源配置,调动人的积极性,实现效率;消极的一面,能带来分配不公,两极分化,带来其他一些社会问题。同志们读世界资本主义发展史可以知道,在资本主义几百年发展市场经济的过程中,既尝到了市场经济的甜头,也充分尝到了两极分化、矛盾激化引起社会动荡的苦头。较大的有四次。第一次是资本主义自由竞争时期。重视效率,重视经济增长,但忽视了公平分配,导致工人阶级和资产阶级两极分化,工人工资下降,绝对贫困,阶级矛盾和斗争愈演愈烈。造成 1825 年开始,每隔 10 年爆发一次经济危机。1873 年爆发了资本主义空前激烈的世界性危机,持续了五年。危机往往伴随着革命,爆发了 1871 年的巴黎公社革命和风起云涌的工人运动。第二次是帝国主义时期。资本主义通过第一次世界大战,通过帝国主义国与国之间的战争转移国内矛盾。企图用垄断来克服自由竞争资本主义的内在矛盾,发展到了垄断资本主义,即帝国主义。垄断进一步加剧了两极分化和阶级矛盾,爆发了俄国十月革命。第三次是 1929—1933 年的资本主义世界性的总经济危机。这次危机对资本主义造成致命打击,阶级对立和矛盾相当激化,国内矛盾转移到国外,爆发了第二次世界大战,结果出现了一系列社会主义阵营。第四次是二战以后的资本主义的国家垄断时期。资本主义内在矛盾进一步激化,两极急剧分化,陷入了空前的社会危机,20 世纪五六十年代,资本主义国家的工人运动风起云涌。一些有远见的资产阶级政治家,着手对资本主义内在矛盾进行调和,对资本主义制度进行改良,关注公平，用高额利润的一部分，采取高额累进税、遗产继承税等措施进行再次分配，建立健全社会保障体制，缓和阶级矛盾，形成庞大的中等收入阶层，构建橄榄型社会结构，资本主义进入相对稳定的发展阶段。可以看出，资本主义在发展历程中，推进了经济的迅速增长，但前期过分偏重效率，忽视公平，两极分化，矛盾激化，社会激烈震荡。初期的工人运动，一次大战、二次大战，以及战后的工人运动，几乎颠覆资本主义制度。所以，马克思讲，资本主义在发展的同时，也生产了自己的掘墓人。《资本论》就是对自由竞争阶段资本主义社会内部矛盾的集中反映。资本主义经过一次、二次世界大战，以及战后的工人运动，才认识到必须处理好社会公平问题，注重效率的同时，关注公平，用高额利润的一部分来解决二次分配，采取一系列社会保障措施，培育相对庞大的中等收入阶层，缓和阶级矛盾，使社会进入了相对稳定的发展时期。当然，公平问题解决到一定程度，效率问题又重新提出来了，当前西方国家的"高福利"政策又引出了效率问题。我去年到日本考察，日本一些有识之士对此深感忧虑，因为现在日本的收入差距很小了，日本首相与普通公务员的收入差距并不大，差距缩小带来新问题，日本年轻人不愿干活了。瑞典是典型的福利型国家，实行"三高"政策，就是"高税收、高工资、高福利"，是"从摇篮到坟墓，一生都有保障"的"高福利"国家，现在，也出现社会发展动力不足、政府财政负担过重的现实问题。

2. 效率与公平的关系是具体的、历史的、相对的。

在不同的历史条件下，效率与公平的具体内容是不同的。在这个国家公平，到另一个国家可能就不公平，这个时期公平，到另一个时期可能就不公平。每一个阶段都有突出问题，老问题解决了，新问题又出现了。效率与公平虽然存在矛盾，但在一定条件下又可以统一。一定的收入差别是实现效率的必要代价，有时为了追求效率还不得不牺牲一些公平，但到一定程度，又要回过头来解决公平，过分不公终将损害效率。在社会主义条件下，效率与公平的矛盾是可以协调的，实现效率与公平的统一，是社会主义发展的内在需要。注重效率，努力争取用较少的投入最大限度地发展生产力，符合人民的根本利益，是实现公平的前提和基础。有了效率，经济持续稳定增长，才有高水平的公平。不公平也制约和影响效率，只有实现公平，才有利于争取更大效率。效率与公平，既要讲重点论，又要讲两点论。所谓重点论，就是坚持效率优先，所谓两点论，就是既要注重效率，又要兼顾公平；市场注重效率，主要考虑如何把蛋糕做大，政府注重公平，主要考虑将蛋糕分公平；初次分配注重效率，再次分配注重公平；原则是"效率优先，兼顾公平"。

3."效率优先，兼顾公平"是重要的一般原则，在不同时期，对其理解和运用，要从实际出发，追求效率与公平的最优结合。

就我国的实际来说，改革之初，首要问题是发展经济，解决效率，解决温饱，把蛋糕做大，当然也不能忽视公平，但发展到一定阶段，公平问题突出了，就要在发展经济的前提下集中解决一下公平问题。平均主义是一种不公平，差距过大也是一种不公平，当前平均主义与差距过大同时存在，在一定程度上，一定范围内，部分社会成员收入差距过大突出了。发展是硬道理，发展需要效率，但为了保持健康持续发展，必须在实现效率，推进经济增长的前提下，实现承认一定差距的相对公平。实现和维护公平，不仅仅是财富分配等经济问题，是个全方位的问题，涉及政治、经济，涉及公民权利、社会地位、民主施政、自由平等、公共服务、司法公正等政治和社会内容。所以，公平是个大概念，不仅仅是个收入问题，当前应该集中解决收入分配问题。应该说，我们国家大公平已经具备了。什么叫大公平？就是以公有制为主体所决定的，以按劳分配为主体，按要素分配等多种分配形式并存的分配方式所决定的，人民当家做主的政治制度所决定的，在人民群众的根本利益上是基本公平的。在大公平的前提下，要在促进效率的前提下，把维护和实现公平放到更加突出的地位，从社会全方位出发长远地考虑公平问题，依法逐步建立以权利公平、机会公平、规则公平、分配公平为主要内容的社会公平保障体系，从制度、政策、法律上营造公平的社会环境。讲公平必然涉及分配，这就要在坚持效率前提下，高度重视分配公平对推进社会全面进步的作用。要关注收入分配的公平问题，合理的收入分配制度的建立问题。

4. 当前收入分配上的主要问题是，非常态收入突出，保障性收入不到位。

　　具体来说，第一，在初次分配领域，非常态收入突出，造成初次分配不公平。初次分配注重效率，一定要落实按劳分配、按要素分配原则。落实按劳分配，就能较大限度调动人的积极性，真正实现激励性的收入分配。落实按要素分配，就能够让一切劳动、知识、技术、管理和资本的活力竞相迸发。目前我国由于市场秩序不规范，起跑线不一样，在初次分配中，垄断收入和非常态收入比较突出，所谓"垄断收入"，就是有些行业，没有完全进入市场，形成垄断收入，造成了不合理收入差距。再一个是黑色收入、腐败收入和灰色收入，比如说走私贩私，钻各种政策空子，特别是贪污所得的收入，造成很大的收入差距，老百姓十分不满。真正实现按劳分配、按要素分配，才能切实保证效率。

　　第二，在再次分配领域中，社会保障性收入不到位，没有建立长效机制。我参加全国人大会议时，有的代表发言认为，我国的社会保障一定要长效化、制度化。有些地方搞救济，逢年过节，或遇到灾害，干部去慰问困难群众，今年送些面粉和油，明年送些钱，这些都不是社会保障的制度化办法、根本性办法，根本性解决办法是要有制度化、长效化的社会保障体制。

　　5. 解决收入分配问题的出路是，在坚持效率优先，放手让一切劳动、知识、技术、管理和资本的活力竞相迸发的同时，努力注重和兼顾公平，理顺分配关系，规范分配秩序，既要着重解决初次分配非正常收入造成的差距，又要着重解决再分配的社会公平保障，建立公正的收入分配体制。

第一，保证社会成员机会平等，解决好初次分配合理问题。初次分配拉开差距，一般来说是正常的，有利于效率提高。问题在于由于不合理、不平等的竞争条件，如市场垄断、贪污腐败、制假售假、走私贩私、偷税漏税等造成大量非正常收入，导致初次分配有些收入差距拉大的不合理。这就需要解决初次分配机会条件不均等所带来的不公。坚持公有制为主的经济制度，保证生产条件和经济关系平等，逐步规范市场经济秩序，保证市场竞争平等，才能保证初次分配的条件和机会公平。在初次分配中，要建立健全市场机制，辅以必要的行政手段，以效率为前提，贯彻按劳分配和按生产要素分配原则，让激励性和效率性收入分配确实到位，控制垄断收入，取缔非法收入，实现合理的初次分配。

第二，保证保障性收入分配到位，解决好再次分配公平。初次分配通过市场机制实现效率，会带来收入差距拉大，这就需要政府通过再次分配加以调整。目前再次分配体制不健全，保障性收入分配不到位，低收入层与高收入层的差距日益拉大。需要以公平为原则，加大政府调控力度，通过经济政策、经济立法，运用税收、金融、行政等调节干预手段，合理调整国民收入分配格局，采取切实措施保证低收入居民的保障性收入，解决城乡之间、区域之间和部分成员之间收入差距拉大的问题。例如，进行税赋改革，加大对各类收入的税收调节；加大转移支付力度，增加公共开支，统筹城乡、区域发展，着力解决城乡二元结构问题，工业反哺农业，城市支持农村，支持落后地区和农村发展，提高落后地区居民和农村居民的收入水平；着力解决城乡居民贫困层的生活困难，严格执行最低工资制度，采取提高低收入者收入、扩大中等收入者数量的办法逐步缩小贫富差距。

第三，建立健全社会保障制度，解决好保障性分配问题。政府要建立健全以社会保险、社会救助、社会福利、慈善事业为主要内容的社会保障体系，向低收入层倾斜，确保低收入层的最低生活保障，突出解决失业、医疗、养老保障，加大社会救助和社会福利投入，保证保障性收入分配到位。

（四）形成相对均衡的利益分配格局，合理的社会成员构成结构，构建有利于社会和谐稳定发展的经济——政治体制，是正确处理人民内部矛盾，构建社会主义和谐社会的长效机制

和谐社会要有两个层次合理的社会结构：

一是相对均衡的利益分配结构。有两种利益格局是不利于社会稳定和谐发展的。一种是平均主义的利益格局，一种是贫富悬殊的利益格局。要构建既有一定差别，又保持一定公平的相对均衡的利益分配结构。首先，保证社会成员利益竞争的条件和机会平等。既要关注公平的结果，也要关注公平的起点、条件、环境和过程。要建立良好的市场经济秩序和分配秩序，保证竞争机会均等，彻底实施义务教育，实施农民和城市失业人员免费技能培训，为一切社会成员提供平等的竞争起跑线和公正的竞争环境。其

次，保证社会成员利益分配相对均衡。要建立与市场经济体制相适应，以按劳分配为主体多种分配方式并存，激励性、效率性、保障性收入分配有机结合，社会保障制度健全的利益分配格局，保证社会成员利益相对均衡。

二是形成与相对均衡的利益分配结构相一致的、合理的社会成员构成结构。可以形象地比喻，两极分化的社会成员构成结构，就像个葫芦，称它为"葫芦型"的社会成员构成结构。这种结构，两极分化，穷人很多，富人很少，唯独中间收入的人少，社会不稳定，容易出问题。与此相反，有一种社会成员结构，中等收入的人居多数，穷人和富人都不多，像个橄榄，称它为"橄榄型"社会成员构成结构。这种结构有利于社会的稳定、和谐发展。所以，要提高低收入者收入水平，扩大中等收入者比重，形成中等收入层为大多数的"橄榄型"社会成员构成结构，把社会分化、社会差别控制在适度的范围，使各个社会成员都能享受到改革和发展的成果。

与合理的利益结构和社会结构相适应，要构建有利于协调各方利益关系，有利于调动各方积极性，有利于社会和谐稳定发展的社会主义初级阶段的经济政治体制，从制度上、体制上保证合理的结构保持长期稳定。

（五）提高领导干部正确处理人民内部矛盾，构建和谐社会，实现社会协调发展和全面进步的能力，是正确处理人民内部矛盾，构建社会主义和谐社会的关键环节

在我们国家，共产党是执政党，党和党的领导干部在国家政治生活中的作用是至关重要的，这就向党和党的领导干部提出了执政能力建设的问题。正确处理人民内部矛盾，构建和谐社会，实现社会协调发展和全面进步的能力，是执政能力的重要组成部分，因此，必须引起全党的高度重视。具体地说，领导干部要加强调查研究，深入探索新的历史条件下人民内部矛盾的规律与特点，努力探索正确处理人民内部矛盾的新思路、新方法，为防范、应对、化解各类矛盾提供理论和对策支持。要科学分析各阶级、阶层、利益群体的发展变化，充分把握各阶级、阶层和利益群体分化与组合的原因、条件以及他们的利益关系与利益要求，以便制定协调各类矛盾的有效对策。要学会在市场经济条件下进行社会管理，建立健全社会协商对话制度，完善信访体制和机制，建立一套反应灵敏、指挥得力、协调有序、运转高效的应对突发事件的预警机制和处理机制。要积极研究和掌握新时期群众工作的规律特点，把解决群众关心的热点和难点问题作为群众工作的重点，综合运用思想、道德和法制的力量，善于处理与群众利益密切相关的复杂棘手问题。

最后，以苏轼的一句话作为结束语。苏轼在《晁错论》中开篇就说："天下之患，最不可为者，名为治平无事，而其实有不测之忧。坐观其变而不为之所，则恐至于不可救。"意思是说：天下的祸患，最不好处理的，是表面上太平无事，而其实却有不可预测的隐忧。坐着观看它的变化而不想办法解决，恐怕就会发展到不可挽救的地步。我们全党时时刻刻要树立这样的忧患意识。

坚持用科学发展观统领
社会主义新农村建设[*]

全面建设小康社会，实现中国特色社会主义现代化，最艰巨、最繁重，也是最关键的任务是解决农村、农业、农民问题。党的十六届五中全会基于这一基本国情，从中国特色社会主义现代化的全局出发，明确提出继续把解决"三农"问题作为全党工作的重中之重，明确提出推进社会主义新农村建设的重大战略任务，具有重大的理论创新和实践指导意义。

一、充分认识建设社会主义新农村的重大意义，把解决"三农"问题始终不渝地作为全党工作的重中之重

目前，我国在总体上已经进入以工促农、以城带乡的

---

* 本文是作者为中共中央党校出版社 2006 年 2 月出版的《建设社会主义新农村的理论与实践》一书所作的序。主要内容发表于《新华文摘》2006 年第 9 期。

发展阶段。推进社会主义新农村建设，是党中央适应经济社会发展新阶段的要求，实行工业反哺农业、城市支持农村方针，实施统筹城乡协调发展方略，实现经济社会又好又快发展，让广大人民群众共享经济发展成果，如期实现全面建设小康社会和社会主义现代化宏伟目标的重大战略决策。一定要从中国特色社会主义现代化建设事业的全局出发，深刻认识建设社会主义新农村的重要性、必要性和紧迫性，提高建设社会主义新农村的自觉性和坚定性。

　　党的十六大提出了全面建设小康社会的宏伟战略目标。全面建设小康社会，关键在农村、在农业、在农民。全国要实现全面小康社会的各项指标，在 21 世纪的头 20 年达到预定的战略目标，到 21 世纪中叶达到中等发达国家的水平，有可能拖后腿的就是"三农"问题。全面实现小康，在某种意义上取决于农村全面实现小康，关键是解决好"三农"问题。我国有 13 亿人口，农村人口占大多数，农业和农村发展不上去，农民生活得不到明显提高，就无法实现全面建设小康社会的目标，无法实现中国特色社会主义的现代化，无法实现全国人民的共同富裕，无法实现国家的长治久安和中华民族的伟大复兴。三中全会提出了以人为本，全面、协调、可持续的科学发展观。按照科学发展观的要求，当前要集中解决好城乡、区域、经济社会、人与自然、国内改革与对外开放五个方面的统筹发展问题。"五统筹"是针对我国经济社会发展过程中所存在的诸多矛盾与问题所提出来的战略对策。所谓"五统筹"就是解决好城乡发展不平衡、区域发展不平

衡、经济社会发展不平衡、人与自然不和谐、国内改革与
对外开放不平衡所引发的"五大矛盾"。"五统筹"其中
一个重要问题是统筹城乡发展，解决我国在城乡发展中存
在的严重不平衡。所谓城乡发展不平衡，也就是说，与城
市发展相比，农村发展相对滞后，农业、农村、农民问题
突出、矛盾凸现，"三农"工作仍面临一系列矛盾和问
题，需要解决。科学发展观的一个重要着眼点是在农业、
农村、农民问题上。如果农业、农村、农民问题解决不
好，科学发展观也不能全面落实。四中全会从巩固党执政
的社会基础，实现党执政的历史任务的高度，提出了构建
社会主义和谐社会的科学命题。构建社会主义和谐农村，
是构建社会主义和谐社会的关键。五中全会通过的"十
一五"发展规划《建议》，提出全面落实科学发展观，推
进社会主义新农村建设的战略要求。加强社会主义新农村
建设，进一步做好"三农"工作，解决好"三农"问题，
不仅事关农业、农村的发展和农民生活的富裕，而且事关
全面建设小康社会和社会主义现代化建设的全局。

　　从十六大到十六届三中、四中、五中全会，党中央进
一步深化了新世纪中国特色社会主义现代化建设发展新阶
段的指导思想和基本思路，形成了解决"三农"问题的
总的思路、措施、目标和要求。建设社会主义新农村，是
十六大以来党中央全面落实科学发展观，解决"三农"
问题的基本思想和思路的集中体现，是解决好"三农"
问题的新理念。解决"三农"问题，关键是站在全局的
高度，吃透中央精神，掌握科学发展观的实质，始终不渝

地把解决"三农"问题作为全党工作的重中之重，把建设社会主义新农村作为中国特色社会主义建设的重大战略任务，切实取得实实在在的进展，真正使社会主义新农村建设成为惠及广大农民的民心工程。

马克思主义经典作家十分重视农业、农村和农民问题。马克思、恩格斯、列宁都曾从农业发展的一般规律出发，强调农业在国民经济发展中的基础地位和作用，注意对资本主义时代工农关系和城乡关系及其发展趋势的分析。特别是，他们首先把农民问题作为无产阶级革命和社会主义建设的重大问题提出来，从无产阶级革命的需要出发研究工农联盟问题，突出强调在农民占人口多数的国度建立和巩固工农联盟对于无产阶级革命和社会主义建设的重要性。他们还从社会主义建设角度考虑如何解决农业、农村、农民问题，并且对未来社会农业、农村和农民发展的前景进行了科学预测。

《法德农民问题》是比较系统地阐述农业、农村、农民问题的马克思主义的经典著述。在资本主义工业化发展进程中，英国走在前面，法国跟在后面，德国最落后。德国当时还是一个分散的、封建的、很多小的封建领邦松散地联合在一起的，资本主义刚刚起步的国家。德国的农业、农村、农民问题非常突出，其次是法国。如何对待和处理农业、农村、农民问题，是当时社会主义工人运动面临的重大实际课题。当时，马克思主义的经典作家提出要解决工人阶级革命和社会主义问题，必须要重视农民问题，要解决农民问题，特别强调工农联盟在无产阶级夺取政权过程中和建立工人阶级国家过程中的极端重要性。当然最后怎么解决农业、农村、农民问题,经典作家不可能论述得太具体。真正通过无产阶级革命建立社会主义制度,开始进行社会主义建设,当时只有苏联。俄国十月革命的道路,先通过布尔什维克领导的工人、士兵和城市知识分子在城市起义,成功以后,回过头来再解决农村问题,这就是俄国十月革命先武装起义夺取中心城市,然后再占领农村的道路。俄国资本主义当时已经发展了,但是,还保留大量封建的东西,如农村还保持相当程度的封建土地所有制度。在这种状况下,俄国革命是先进行城市暴动,再解决农村问题。俄国在社会主义建设实践中,如何解决农业、农村、农民问题,一开始也走了弯路。实践一段时间以后,列宁从社会主义建设的高度认识到巩固工农联盟的重要性,认识到必须重新探讨解决农民问题的社会主义建设道路,制定了新经济政策,包括在农村发展商品经济,鼓励农民进一步发展农业生产力,组织自愿结合的合作社。斯大林在领导苏联社会主义建设过程中没有解决好农业、农村、农民问题,在某种程度上采取剥夺农民的办法来实现苏联的工业化。当然采取这个办法,也由于当时战争的需要和冷战的影响,有一定的历史必然。然而第二次世界大战以后,苏联社会主义建设存在剥夺农民的问题并没有得到纠正,这也是导致苏联社会主义建设模式失败的一个原因。国外历史教训告诉我们,在社会主义建设过程中,一定要解决好"三农"问题。

中国革命和建设的实践也说明,根本问题还是如何解决农业、农村和农民问题。第一次鸦片战争以来，中国沦为半封建半殖民地社会，多少仁人志士为了中华民族的独立和振兴，前仆后继，流血牺牲，但是都没有找到解决中国振兴的正确道路。十月革命的成功，给了中华民族以启迪，"只有马克思主义，只有社会主义，才能救中国"。"十月革命一声炮响，给我们送来了马克思列宁主义。"坚信马克思列宁主义，走俄国十月革命的道路，搞社会主义，这就是中国的出路。当时，只知道走俄国人的道路，搞社会主义，是中国摆脱受列强凌辱的出路。但是俄国革命模式是不是要原封不动地照搬过来呢？马克思主义老祖宗的话是不是作为教条照抄到中国来呢？当时并没有考虑成熟，一开始搞中国革命，在一定程度上照抄了马克思主义的原有结论，照搬了俄国十月革命的模式。几次"左"的错误，都是先搞中心城市暴动，忽视农民问题的极端重要性，结果失败了。只有毛泽东把马克思主义普遍原理同中国的具体国情相结合，把俄国十月革命所体现的武装夺取政权的普遍原理同中国的具体国情相结合，开辟了一条正确的道路，这就是由农村包围城市的井冈山道路。中国是一个半封建半殖民地的农业大国，不解决农村问题、不解决农民问题就无法成功地进行革命，所以毛泽东把中国革命称之为新民主主义革命。新民主主义革命是既有别于资产阶级政党所领导的旧的资产阶级民主主义革命，同时又有别于社会主义革命性质的俄国十月革命。向俄国人学习，走社会主义道路，没有错。但如何走，要结合中国国情，根本问题是如何解决农村和农民问题。实践表明，只有正确认识中国半殖民地半封建国情的性质，正确认识中国农村、农民问题，才能制定中国革命正确的战略和策略问题。我们党正是在错误与挫折中总结教训，重视农村、农民问题，走出了一条中国革命的正确道路。

在中国这样一个落后的农业国，一个半殖民地半封建的国家里，如何进行社会主义革命和社会主义建设，是一个重大的理论和现实问题。在中国革命的过程中，"左"和右都脱离了中国是一个落后的、半殖民地半封建的农业国的特殊国情。右主张"两次间断性"的革命，先搞资产阶级领导的资产阶级民主革命，放弃无产阶级领导权。血的教训告诉我们，此路不通。"左"否认中国革命的特殊性，主张"一次"革命，企图通过武装起义一举夺取大城市，期望社会主义革命一举成功，失败的教训告诉我们，这条路也不通。毛泽东把马克思主义与中国实际相结合，主张先进行中国共产党领导的新民主主义革命，然后不间断地进行社会主义革命，解决了中国农村和农民问题，开创了农村包围城市的井冈山道路，选择了一条正确的中国革命道路。中国共产党的建党思想、建军思想，实际上也都是围绕农民问题找出正确思路的。为什么提出要从思想上建党，因为中国工人阶级仅有200万左右，很弱小，又大部分在城市，中国共产党要建立工人阶级政党，必须吸收农民及大量非工人阶级的先进分子入党，这就必须解决好思想建党的问题。要建立中国共产党领导的革命军队，必须解决从思想上建军、党指挥枪、支部建在连队上等问题。总之，中国革命战争是新型的农民战争，是中国共产党所领导的不同于一切过去旧式农民起义的农民革命战争。

新中国成立以后，毛泽东同志总结苏联社会主义建设经验，指出苏联社会主义建设，有一条教训就是对农民剥夺太多，过少地考虑到农民的利益。当然，毛泽东同志在解决中国社会主义建设过程中，后来又恰恰离开了中国农村生产力发展的实际，离开了中国落后的农业现状的实际，离开了中国农民的实际，希望通过"一大二公"的人民公社，希望通过阶级斗争，来解决农业、农村和农民问题，实践证明是错误的。离开中国农村落后生产力发展的现状，离开中国落后农业的现状，离开中国农民的现状，是行不通的，解决不了"三农"问题。"三农"问题解决不好，社会主义建设问题也解决不好。在解决"三农"问题上，实际上在"文化大革命"前是有一定教训的，拖了中国社会主义建设的后腿。改革开放之所以开局取得成功，关键是实行了家庭联产承包责任制，解放了农村生产力，打开了新的局面，农民开始富起来了。实践雄辩地证明，中国特色社会主义现代化建设能否成功，关键看"三农"问题解决的如何。建设中国特色社会主义，实现社会主义现代化，关键是解决好"三农"问题。实现社会主义现代化，"工作重点在'三农'，难点在'三农'，关键在'三农'，突破点也在'三农'，出路还在'三农'"。

二、建设社会主义新农村,是中国特色 社会主义现代化建设的必然要求, 是解决"三农"问题的新理念

现代化是包括农业现代化的全面的现代化。没有农业的现代化,就没有全面的现代化。没有社会主义农业现代化,也没有中国特色社会主义的全面的现代化。从唯物史观的角度,剖析人类社会现代化发展的纵向历程和横断面,可以清楚地认识到建设社会主义新农村,是实现中国特色社会主义农业现代化,进而实现中国特色社会主义现代化的历史必然。

第一,关于现代化。什么是现代化?现代化就是对人类社会发展到今天,所创造的以现代工业文明、现代市场经济文明为突出特征的现代物质文明、精神文明、政治文明的总概括,是对世界历史进程进入经济社会快速发展时代的总概括。现代化是世界历史发展不可抗拒的历史潮流。进入 20 世纪下半叶,人们可以更明显地感到现代化发展进程的加快。从世界历史发展进程来看,人类社会的现代化大体上有两种根本不同的道路:一条道路是资本主义道路。英国资产阶级工业革命拉开了世界现代化进程的序幕,开拓了初创现代化的资本主义道路。资本主义现代化发展很快,到今天,资本主义在现代化的发展道路上,创造了市场经济,创造了世界经济发展的奇迹,创造了经济全球化。当然,资本主义现代化道路的具体发展模式多

种多样，各国因历史条件、国情的不同，具体发展模式也不同。但是几百年的历史表明，资本主义现代化走的是一条阶级较量异常激烈、人民群众忍受极大痛苦的道路，其间充满了血与火的阶级剥削、阶级压迫、阶级对立和阶级斗争，经过世界大战的空前浩劫，人民群众损失惨重，资本主义在发展过程中引发了严重的两极分化、阶级斗争、世界性战争。特别是在资本主义现代化发展的初始时期，有一个重要的特点，就是靠残酷剥夺农民，通过原始积累来实现现代化，农民吃的苦头是很大的。经过资本主义的自由竞争时期、资本主义的私人垄断时期、国家垄断时期，到今天的现代资本主义发展阶段，资本主义才摸索出如何解决农业、农村和农民问题的值得借鉴的一些经验和做法，摸索出相对缓和、相对稳定的发展模式。

再一条道路就是社会主义道路。马克思、恩格斯深刻分析了资本主义不可克服的内在矛盾及其所引起的激烈的阶级斗争，得出关于资本主义必然灭亡，社会主义必然胜利的科学结论，提出了社会主义发展道路。关于社会主义道路，苏联走了，东欧走了，但是经过艰难的尝试，他们的社会主义现代化建设的具体模式都失败了。在如何解决农民问题上，他们多取少予的教训是有必要汲取的。

中国革命的根本问题是农村、农民问题，社会主义建设也是如此。走轻视农业、农村、农民的道路来实现现代化，最后的结果是农民不满意，农村发展滞后，农业发展落后，拖社会主义现代化建设的后腿。新中国成立以后，毛泽东同志和党中央提出了社会主义现代化建设的战略任务，但解决中国农业现代化的实践教训也是值得我们汲取的。1978 年，十一届三中全会以来，邓小平同志领导全党开辟了中国特色社会主义现代化建设的道路，就是要走一条让中国农民，让中国人民都受惠的道路，就是要在具有众多的农民、落后的农业、贫穷的农村的国家，实现社会主义现代化和人民共同富裕。实践已经证明并将进一步证明，这条道路是正确的。

第二，关于社会化。所谓现代化最根本的是生产力现代化，而生产力现代化的核心问题就是实现社会化的大生产，也就是生产力的社会化。农业现代化的核心就是实现农业生产力的社会化，实现农业的社会化大生产。资本主义社会之前是封建社会，封建社会是小农的、自给自足的、分割的自然经济。封建的小农经济在中国延续了几千年，在世界上延续的时间也很长。从小农经济的发展历史来看，小农的自然经济，虽然自给自足，但是发展相当缓慢。资本主义短短几百年，带来了巨大的发展，创造了美国这样的超级经济、军事和政治大国，创造了经济全球化的奇迹，这都是社会化大生产作用的结果。封建的、小农的自然经济发展缓慢，土地财富有限。有限的土地财富集中到少数人手里，必然引起两极分化，引起农民不断造反。中国封建社会的历史，就是一部农民起义的历史，农民起义实质上是农民阶级反对封建地主阶级压迫的阶级斗争，是对旧的生产关系的冲击，是对小农的自然经济的冲击。

社会化大生产的突出特点是专业化、协作化，同时要求高新技术不断渗透到生产力中去，转化为现实生产力。社会化大生产的发展使分工越来越精细，越来越科学，越来越专业，形成产业的专业化。封建社会的自然经济，特点是自给自足。一个小村庄，自己能种粮、能酿酒、能种菜、能养猪，"鸡犬之声相闻，老死不相往来"，只靠自己，不靠别人。社会化大生产突破自然经济的局限，要求生产的专业化、产业化。一方面，社会分工越来越专业，而另一方面，要求各专业化的产业之间的联系与协作越来越密切，要求专业化的产业之间形成科学协作的社会化的大生产链。就拿做衣服来说，封建社会是裁缝作坊，一个师傅，一个徒弟，一件衣服，从裁到缝，全都做了。但现代化的服装生产，生产纽扣的就生产纽扣，织布的就织布，最后到总成车间成衣。社会化的大生产要求高度专业化，要求高度协作化。高度专业化和协作化的社会化大生产的发展，要求不断推进生产力诸要素的优化与科学组合，这就促使高科技不断渗透到生产力诸要素中去，迅速转化为现实生产力。资本主义创造了社会化大生产，发展了现代化生产力，但是它同时造成了资本主义必然灭亡的内在矛盾，因为社会化大生产与资本主义财产的私人性质是相互矛盾的。社会主义占主体地位的公有制从生产关系方面充分保证社会化大生产的发展。农业现代化必然要走社会化大生产的发展道路，实现农业产业化、专业化、协作化，用高科技武装农业，摆脱农村自给自足的、传统的、封闭的、落后的小农经济。

　　第三，关于市场化。生产力的社会化必然要求高度的市场化。马克思、恩格斯认为，农业现代化的过程，同时就是农业中的商品经济代替自然经济的过程，就是农业商品化、市场化的过程。发展现代化农业，就是要使农业变成为经过市场和交换而进行生产的商品化、市场化的农业，就是不断提高农业的商品率和农村的市场化程度。什么叫"市场化"？就是用市场来配置资源，通过市场来调动人的积极性，通过市场把整个经济、整个世界、整个社会连在一起，建立广泛的联系，只有这样才能发展社会化大生产。农业市场化，就是通过市场经济把整个农村、农业、农民联系在一起，把城乡、工农联系在一起，使农村、农业和农民融入整个社会，建立广泛完善的市场体系。

中国特色社会主义的改革开放，一是体制要改革；二是对外要开放；三是培育发达完善的市场经济体系；四是形成适应市场经济的现代企业制度的生产组织形式。市场经济要求高效率的、规模化的、集约型的生产组织形式。农业现代化要求不断提高农村的市场化程度，提高农产品的商品率，要求农民由传统的自给自足的个体劳动者变成从事企业化、规模化、集约化经营和劳动的现代农业的经营者和生产者。

第四，关于工业化。马克思、恩格斯认为，工业化进程首先发端于城市和工业领域，但农业的现代化发展引起了农业企业化、资本化的发展，从而导致了一场农业革命，引起了农业机械化、良种化和化肥化，使得农业用工业的技术和组织形式进行生产，农业革命引起了农业工业化的进程。社会化大生产一定要走工业化的发展道路。资本主义发展初期，走的是高成本高污染高消耗的传统工业化道路。资本主义的传统工业化道路带来的是高污染，带来的是严重的两极分化和一系列的社会问题。经过一段痛苦的经历，现代资本主义国家摸索出低成本低污染低消耗的资源节约型、环境友好型的新型工业化道路。中国特色社会主义现代化，必须走新型工业化道路。农业也要走现代的新型工业化的道路。所谓农业工业化，就是农业要用工业化的办法、用社会化大生产的模式组织起来。农业要办产业，要有生产规模化和土地集约化的经营效益，这就是工业化的办法。现在用大棚生产蔬菜、水果，这些都是工业化的办法。农业要集约化生产，规模化生产，土地要集中经营，要形成新型的农村经济合作组织。概言之，就是农业一定要走社会化大生产道路，用新型工业化的办法来发展农业。

　　第五，关于企业化。马克思研究英国资本原始积累过程时发现，农业商品化的过程必然会产生一个新的经营农业的"农业企业家阶级"，这些企业家把农业产业当做工业来办，采取企业化的方式加以经营，促进了农业的企业化、资本化的发展，这是现代化农业在市场经济中的发展方向和趋势。现代化也好，社会化也好，新型工业化也好，最后落实到社会化大生产组织形式上，一定有适应市场化、社会化的现代企业制度的生产组织形式，这就是现代企业化。农业现代化必须要建立适合市场经济的，适合社会化大生产的现代化企业模式。封建社会的生产是小生产的生产方式和生产规模，也就是小作坊。比如打铁的作坊，一个人是师傅加老板，拿小锤，干技术活；再一个人是抢大锤的，干大工活；还有一个人是拉风箱的，干小工活；作坊老板的老婆又记账，又当出纳，记的是流水账。实行现代化的社会化大生产，传统自然经济的做法，像打铁作坊以及豆腐房、榨油房等组织形式都形成不了规模效益，必须有现代企业化的经营模式和生产组织形式，农业现代化一定要走农业企业化的发展道路。

第六，关于城镇化。实行农业生产的社会化、市场化、工业化、企业化，最终结果是大大节约了农业生产的成本，节约了劳动力，这样就会产生大量农村富余劳动力。农村富余劳动力往哪儿去？要靠工业化和城镇化来吸纳。共产主义的最高理想之一是消灭工农差别、城乡差别。工人农民都应当成为同等身份的社会成员，没有城市户口与农村户口之分，真正实现城乡一体化。从中国实际出发，不能简单地提倡城市化，提倡城镇化或城乡一体化更适当。因为，中国农民太多，富余劳动力太多，都进城市，城市容纳不了。一定要大力发展城镇化，发展小城镇，走城乡一体化的道路。当然城镇化要讲科学发展。推行城镇化，要加强县以下的城镇建设，使一部分农村富余劳动力就地转变成不直接从事农业，而是从事第二产业和第三产业的城镇居民。当然留在农业岗位上的农民，也不是原来的农民，而要变成农业产业的经营者、劳动者和农业企业的管理者，他们所赖以生存的农村城镇化了，这部分人也成为城镇居民。农业现代化的结果是，传统农业和自然经济条件下的农业脱胎换骨，变成现代化的、社会化的、市场化的农业。一部分农民成为新型的现代农业的经营者、劳动者，一部分农民成为工业和其他产业的经营者、劳动者，越来越多的农民成为现代城镇居民。农村成为现代化的社会主义新农村。

　　总之，马克思、恩格斯科学地预见了西方资本主义国家现代工业引起现代农业的变革，导致工业化、现代化，从而发展到更高级阶段的社会形态。他们坚信，在未来社会，工人阶级应当赢得政治统治，摆脱土地所有者和资本家阶级，由农业工人和工业工人的联合阶级来占有一切生产资料和控制生产过程，由农业工人利用大规模经营农业的一切优点在工人农场上进行耕种，将科学技术应用于大规模的农业生产过程中，从而实现"以自由的联合的劳动条件去代替劳动受奴役的经济条件"①。现代化就是要实现现代工业和现代农业的融合，工业工人与农业工人的融合，城市与乡村的融合，最终消灭城乡差别和工农差别。实现社会主义农业现代化，实际上就是要实现农村生产力发展的社会化、市场化，实现农业的新型工业化、产业化、企业化，实现农村的城镇化，农民成为与城市居民具有平等身份的社会成员，这些都应该包括在社会主义新农村的内涵中。因此，社会主义新农村应当是社会主义现代化的新农村。

　　有关资料记载，20 世纪 50 年代，我国制定国民经济

---

①《马克思恩格斯选集》第 3 卷，人民出版社 1995 年版，第 98 页。

发展"二五"、"三五"计划时，就提出建设社会主义新农村问题。改革开放以后，至少在 1982、1983、1984 年的三个中央 1 号文件，1987 年中央 5 号文件和 1991 年中央 1 号文件中都有基本相同的提法。可见，建设社会主义新农村是我们党的一贯提法。但是必须看到，这次五中全会提出建设社会主义新农村的背景、内涵与以前相比有很大的不同，有着鲜明的时代背景和重大的历史和现实意义。五中全会提出的社会主义新农村，首先不是小农的、自给自足的、自然经济的小康社会；同时又不是一些国家在工业化过程中所走的先剥夺农民，然后再反哺农业的发展模式，这个模式农民牺牲太大；又不是计划经济条件下农村"人民公社"的形式，而是在社会主义市场经济条件下的中国特色社会主义的现代化新农村。在建设社会主义新农村的过程中，一定要注意避免出于对政绩的追求，使社会主义新农村建设陷入形式主义的，劳民伤财的误区；一定要注意避免在农村落后经济的阻碍下，使社会主义新农村建设陷入自给自足小农经济的误区；一定要注意避免高成本高代价高污染的旧的工业化发展模式，使社会主义新农村建设陷入破坏生态、破坏文化、破坏环境的误区。

建设社会主义新农村，是党中央为进一步解决农业、农村、农民问题所提出的新理念，该理念包括 20 个字的基本要求："生产发展、生活宽裕、乡风文明、村容整洁、管理民主。"20 个字的要求是一个有机的整体，说到底，概括了社会主义新农村的基本内涵和要求。社会主义新农村是 21 世纪全面小康社会的农村，是实现现代化的农村。建设社会主义新农村既包括发展农村生产力，又包括调整完善农村的生产关系和上层建筑，包括全面加强农村的社会主义经济建设、政治建设、文化建设、和谐社会建设和党的建设，是党在农村工作的总体布局。

　　建设社会主义新农村，一定要以邓小平理论和"三个代表"重要思想为指导，以科学发展观为指针，切实把抓好"三农"工作提到重要议事日程。第一，要坚持以发展农村生产力为中心任务，协调推进农村经济建设，促进农村生产力的解放和发展，促进粮食增产和农民增收，着力解决广大农民生产生活中最迫切的实际问题，经过坚持不懈的努力，使农业生产力水平有较大提高，使广大农民的生活有明显改善，让农民得到实实在在的物质利益和各方面的实惠。第二，要认真贯彻党在农村的一系列方针政策，坚持农村基本经济制度，坚持土地基本经营制度不动摇，坚持"多予少取放活"，特别是在"多予"上下工夫，加强土地管理，切实保障广大农民的权益。第三，全面进行以乡镇机构、农村义务教育和县乡财政管理体制改革为主要内容的农村综合改革，巩固农村税费改革成果，积极推进农村各方面制度的创新发展，为社会主义新农村建设提供有力的制度保障。第四，切实加强农村基础设施建设，切实加强农村各项事业的全面发展。第五，全面推进农村的政治建设、文化建设、和谐社会建设和党的建设，特别是加强农村基层党支部和基层政权建设，切实保障农民的民主权利。第六，建设社会主义新农村，既是一个全面的目标，又是一项长期的任务。各级领导干部要深入实际，调查研究，认真听取群众意见，把握农业和农村发展的规律和特点，善于做为农民服务的工作。要坚持从实际出发，尊重农民意愿，加强民主决策、民主管理，立足科学规划，因地制宜，分类指导，不强求一律，不盲目攀比，不强调命令，更不能搞形式主义，着力解决农民生活中最迫切的实际问题，以让农民拥护、让农民满意、让农民受惠为最高标准。第七，要注重发挥农民的主体作用，调动农民的创造性和积极性。要注重发挥政府的主导作用，同时充分发挥各方面的积极性，引导社会各方面的力量共同参与，使社会主义新农村建设成为全党全国的共同行动。

建设社会主义现代化新农村，要做到四个"创新"。第一，不断进行思维和观念创新。在社会主义市场经济条件下走现代化农业的发展道路，一定要转变观念，创新思维，树立适合市场经济要求的，走社会化大生产道路的现代化农业的理念。第二，要进行体制和机制创新。辩证法告诉我们，世界的一切没有不能变的。即使过去适用的，随着形势的变化，也要改变。过去适用，不见得现在适用，更不见得永远适用。马克思主义辩证法，说到底就是一个"变"字，根据形势不断地改变。所以，在推进农业现代化的过程中，体制机制都要随之而发生变化。第三，加强组织创新。要按照现代企业的管理模式和土地集约化、经营规模化的要求，对农业的具体组织形式进行创新。要允许农民去创造，不要一创造出新的组织形式，就横加指责。只要管用就行，只要促进生产、农民喜欢、有用、有好处，就应该大力扶持，大力让它去发展。要鼓励各种各样的符合现代农业发展的组织形式，像雨后春笋似的产生出来。第四，实现工作方式方法的创新。包括对农业经济的领导方式，对农村、农民的领导方式，以及工作方式方法都要创新。

三、坚持以科学发展观统领社会主义新农村建设，积极促进农村经济社会全面协调可持续地发展

科学发展观是建设社会主义新农村的根本指导思想。能不能建设好社会主义新农村，关键是能不能全面地落实科学发展观，用科学发展观统领社会主义新农村建设，解决好"三农"问题。

"三农"问题是影响进一步发展和实现社会主义现代化的瓶颈，当前我国"三农"问题主要表现为两大难题：第一，城乡发展的不平衡。长期以来，我国的城乡经济发展很不平衡，城市发展很快，农村发展滞后。特别是近年来，我国国民经济持续增长，工业化、城市化步伐加快，但城乡之间的发展差距却越来越大。首先，我国城市和乡村经济发展生产力发展的差距越来越大，突出反映在粮食生产滑坡和经济发展滞后上。当然中央采取了一系列有效措施，从 2000 年开始到 2005 年，粮食生产和经济发展开始出现了良好的势头。其次，城市居民和农村居民收入差

距越来越大，城市居民和农村居民在就业保障上的差距也越来越大，突出表现为农民增收困难，农民贫困问题凸现，农村富余劳动力难以安排。再次，农村社会事业发展与社会保障和城市差距越来越大。农民看病难，上学难，社会保障难，文化享受难，这些都和城市居民差距越来越大。还有，在政治文明建设、精神文明建设、和谐社会建设方面同城市的差距也越来越大，这几大差距使得在社会主义现代化建设过程中，农村远远地落后于城市。

第二，农村本身发展的不平衡。除城市与乡村的发展差别以外，农村内在的差别也越来越大。农村的区域差别越来越大，中西部的农村和沿海发达地区的农村差别尤为明显。农村居民的贫富差距也越来越大，富的和穷的悬殊越来越大。农村本身社会事业的差距也越来越大，好的特别好，差的特别差。党的建设、文化建设、和谐社会建设差距越来越大。

从当前农村所存在问题来看，应当清醒地认识到，我国的农业仍然是国民经济发展的薄弱环节，投入不足，基础脆弱的状况没有根本改变，农村经济发展明显滞后的局面没有根本改观，农村改革和发展仍处于艰难的爬坡和攻坚阶段，农民仍然是社会的困难群体。因此，解决"三农"问题具有极端的紧迫性。

存在这些问题的一个根本原因是城乡存在的二元结构矛盾并没有根本改变。当然，城乡二元结构矛盾的存在，在很多国家的现代化发展进程中是不可避免的。所谓城乡二元结构矛盾，就是在城乡发展中存在一种不对称的生产和生活的存在形式，城市是现代化的生产和生活存在方式，农村是落后的生产和生活存在方式。彻底解决"三农"问题，必须解决好城乡二元结构矛盾，解决的根本出路就是全面落实科学发展观，逐步实现农村的现代化、市场化、工业化和城镇化，统筹城乡协调发展，积极推进社会主义新农村建设。

建设社会主义新农村，一定要在积极推进城乡统筹发展的前提下，实行"工业反哺农业、城市支持农村"的方针，要坚持"多予少取放活"，加大投入力度，扩大公共财政覆盖范围，强化政府对农村的公共服务，建立以工促农、以城带乡的长效机制，加快建设社会主义新农村的步伐。具体来说，一是要千方百计地发展农村生产力，推进现代农业建设，稳定粮食生产。农村生产力相对落后，建设社会主义新农村，根本任务是大力发展农村生产力，逐步实现农业现代化。目前我国粮食生产的基础并不巩固。粮食始终是经济发展、社会稳定和国家自主的基础，要认真落实最严格的耕地保护制度，切实保护好基本农田，稳定粮食播种面积，加强农田基本水利建设，推进科技进步，提高粮食生产能力。要认真落实扶持粮食生产的改革措施，保持合理粮价，保护粮农利益，调动粮农积极性。二是要千方百计地提高农民的收入，让农民增产增收。三是要千方百计地解决好农村富余劳动力的出路问题。四是要千方百计地解决好农村基础设施建设和社会事业建设的问题，夯实新农村建设的物质基础。长期以来，我国经济社会发展存在"一条腿长，一条腿短"的问题，而农村社会发展这条腿更短。如，道路问题、吃水问题、卫生问题、电网问题、电信问题、看电视问题、医疗问题、教育问题、社会保障和社会救济问题，这些关系到农民切身利益的基础设施建设和社会事业的发展严重滞后，是农村发展中最薄弱的环节，也是农民反映最强烈的问题，一定要逐项加以解决。要搞好村庄规划和治理，改善农村人居环境。五是要千方百计地加大对农业的投入。要下决心调整国民收入分配格局，建立支农资金稳定增长机制，财政性建设资金要向农村倾斜。在加大投入的同时，要注意重视发挥城市对农村的带动作用，形成城乡协调发展、共同繁荣的局面，要充分发挥农民和社会各方面的积极性，改善和改变农村落后的生产和生活状况。六是要千方百计解决好农民工问题。农民工已经成为我国工人阶级的一部分，是社会主义工业化、城镇化、现代化的重要推动力量，如何对待农民工问题，事关党执政的阶级基础和社会基础，要下决心改善农民进城务工环境，保护农民工权益，切实解决好农民工的切身利益问题。七是要千方百计地抓好农村党的建设、农村基础政权建设、文化建设和和谐社会建设。发展农村民主政治，加强农村精神文明建设，倡导农村健康文明新风尚。总之，一定要用科学发展观统领社会主义新农村建设，一定要以促进农村经济社会全面发展为目标，积极推进社会主义新农村建设。

四、建设社会主义新农村,关键是
抓好农村基层组织建设

中国革命取得胜利的一个重要经验，就是在农村基层建立和发展党的组织，建立和发展农村基层政权，建立和发展巩固的农村根据地，一句话，建立巩固的农村党的基层组织和基层政权。毛泽东同志说，"政治路线确定之后，干部就是决定的因素"①。今天社会主义改革开放，有正确的理论，有正确的路线，有正确的发展思路，有正确的政策措施，能不能在农村实现现代化的建设目标，关键在农村基层组织建设，关键在党的各级干部，其中基层党支部书记的责任重大。建设社会主义新农村，在一定意义上取决于农村基层党支部建设和农村基层政权建设。

基层组织是我们党全部工作和战斗力的基础，我们党的工作、政府工作，以及其他方面的工作，都要通过基层组织来落实。历史和现实表明，如果基层组织软弱、涣散，不牢靠、不得力，那么我们党的执政基础和政权基础就不牢靠，也不巩固。我国是个农业大国，农民占全国人口的绝大多数，无论是进行革命，还是搞改革开放和现代化建设，都不能离开这一基本国情。当前，"三农"问题是影响我国发展全局的重大现实课题，在"三农"问题的解决过程中，党的农村基层组织的作用是不可替代的。

---

① 《毛泽东选集》第2卷，人民出版社1991年版，第526页。

农村基层组织在第一线直接接触群众，联系群众，也直接体现着党在群众中的形象，影响与决定着党与群众的关系。在广大农村，要发展先进生产力，建设先进文化，维护广大人民群众的根本利益，都要靠基层组织。农村基层组织是社会主义新农村建设的组织保证。

建设社会主义新农村，关键是抓好农村党的基层组织建设和基层政权建设。农村基层组织建设，包括党的基层组织和政权基层组织建设，核心和关键还是农村党的基层组织建设。加强农村基层组织建设，对推动"三农"问题的解决，加快农村奔小康进程，构建农村和谐社会，建设社会主义新农村具有重要的作用和深远的影响。加强党的农村基层组织建设，是加强社会主义新农村建设的一项具体而有效的措施。

农村基层组织建设，是我们党的建设和政权建设的一项重要工作，加强农村基层组织建设，是一个带有全局性和战略性的问题。完成党的十六大以来提出的关于加强"三农"工作的新任务，必须要有与之相适应的、先进的、坚强的党的农村基层组织，否则，一切美好的愿望都可能落空。近年来，党的农村基层组织建设有了很大的进展，取得了丰硕的成果，为推动农村经济发展、社会稳定和各项事业进步提供了坚强的组织保证，党的农村基层干部队伍总体上是好的。但是，要清醒地看到，基层组织建设还存在不少问题，与建设社会主义新农村的重大历史任务的要求，还有不适应的地方。比如，在组织建设、制度建设、作风建设、干部的素质建设等方面，还需要进一步加强。

在长期的革命和建设实践中，我们党在基层组织建设方面积累了很多好的经验与做法，同时，在社会主义市场经济条件下，基层组织建设又面临着许多新情况新问题新课题，这就需要结合新的实际，以创新的精神推动基层组织建设，与时俱进，开拓创新，有所作为。农村基层组织建设，要服从和服务于社会主义新农村建设的大局，坚持以"三个代表"重要思想为指导，不断探索"干部受教育，群众得实惠"的机制，并使之制度化。要针对本地区所存在的问题，量体裁衣，对症下药，切实采取措施加以改进。具体地说，当前基层组织建设应重视以下五个方面：

其一，思想建设。要用邓小平理论、"三个代表"重要思想和科学发展观指导农村基层组织建设，武装农村基层干部的头脑，增强贯彻党的路线方针政策的坚定性、自觉性和主动性。马克思有句名言：理论一旦掌握群众，就会变成物质力量。学习邓小平理论和"三个代表"重要思想，学习十六大以来党中央提出的一系列重大战略思想，最根本的是要掌握其世界观和方法论，这样才能正确认识分析形势与任务，从而把科学理论变成农村基层干部队伍的自觉行动。

其二，组织建设。能不能在农村实现社会主义现代化新农村的建设目标，关键在于党的农村基层组织建设。基层组织建设的首要问题是解决好选人的问题。要以好的作风选作风好的人，特别是要选好配强村党支部书记，配好村支部班子。要做好农村党员的发展工作，扩大党的阶级基础。组织建设还要注意与制度建设结合起来，要注意总结农村基层组织建设的新鲜经验，探索新路子。

其三，作风建设。要通过作风建设，使农村基层干部做到公道正派，勤勉廉洁。做事公道，才能得到群众的拥护。还要务实，要为群众办实事，要廉洁自律。

其四，制度建设。要建章立制，按照制度办事，使农村工作规范化、制度化。比如村务公开制度、议事制度等，都需要建立起来。

最后，能力建设。农村基层组织的能力建设是党的执政能力建设的重要的有机组成部分，必须予以高度重视。发展是党执政兴国的第一要务，农村基层组织必须要有领导本地发展、带领农民共同致富奔小康的能力，必须要有贯彻落实科学发展观的能力，必须要有构建社会主义和谐农村和建设社会主义新农村的能力。具体来说，基层组织建设必须要与当地经济建设结合起来，与当地经济结构和产业结构的优化和调整结合起来，不断探索使农业增产、农民增收的新办法，并很好地配合有关部门做好维护一方稳定的工作。

把思想统一到马克思主义
中国化的最新成果上来[*]

党的十六大以来，以胡锦涛同志为总书记的党中央，以邓小平理论和"三个代表"重要思想为指导，提出了科学发展观，构建社会主义和谐社会等一系列重大战略思想。这些思想是新形势下我们党对中国特色社会主义伟大实践的新总结，也是马克思主义中国化的最新成果。

一、马克思主义中国化是把马克思
主义和中国实际相结合的产物

马克思主义揭示了人类社会发展的一般规律，但它没有也不可能指出每一个民族或国家的具体发展道路。一方面，马克思主义在不同时代、不同国家的实践中必然具有不同的形式。每个国家如何实现由资本主义向社会主义的

---

* 本文发表于 2007 年 1 月 16 日《光明日报》。

转变，如何建设社会主义，马克思主义经典作家不可能提供现成的答案。另一方面，形成于 19 世纪 40 年代的马克思主义，是自由竞争资本主义社会矛盾和当时无产阶级革命斗争经验的理论反映。20 世纪初，中国共产党人在接受马克思主义的时候，同时肩负起如何使马克思主义适合中国国情，与中国具体实际相结合，形成中国化的马克思主义的伟大历史任务。这就需要中国共产党人既要全面、系统地认识和理解马克思主义的立场、观点、方法和理论原则，又要结合中国的实际情况和时代需要加以灵活掌握与运用，把马克思主义与中国的实际相结合，实现马克思主义的中国化。

中国共产党把马克思主义作为自己的指导思想，也就提出了对待马克思主义的根本态度问题。对待马克思主义有两种错误态度：一是不要马克思主义的指导；一是教条主义地照搬马克思主义。中国革命和建设的实践充分证明，照抄照搬马克思主义的本本，照抄照搬别国革命和建设的具体模式，中国革命和建设就要受到挫折。解决中国的问题，离开了马克思主义不行，不把马克思主义中国化同样不行。这就决定了对待马克思主义唯一正确的态度是：一切从实际出发，实事求是，理论与实际相结合，不断实现马克思主义的中国化。所谓马克思主义中国化，就是运用马克思主义的立场、观点和方法说明和解决中国革命和建设的实际问题，由此形成的解决中国革命和建设问题、符合时代特征和中国实际的新的理论成果。实践不断发展，马克思主义中国化的理论成果必须不断创新。这就要求中国共产党人在中国具体革命和建设实践中坚持和发展马克思主义、不断推进马克思主义中国化的理论创新。

中国共产党人在实现并推进马克思主义中国化的过程中，形成了三大理论成果：这就是由毛泽东率先垂范、首开先河，创立的毛泽东思想；由邓小平承前启后、继往开来，形成的邓小平理论；由江泽民与时俱进、开拓创新，提出的"三个代表"重要思想。马克思主义中国化的历史经验告诉我们，实现马克思主义中国化，关键是要始终坚持解放思想、实事求是、与时俱进的思想路线，以创新的精神发展马克思主义；始终坚持一切从实际出发、理论联系实际的作风，不断推进马克思主义与中国实际相结合的进程；始终坚持用马克思主义的宽广眼界观察世界，把握时代，结合实际，不断深化马克思主义中国化的认识成果。

二、科学发展观与构建社会主义和谐社会等一系列战略思想,是马克思主义与中国现阶段具体实践相结合的新的认识成果

党的十六大以来，以胡锦涛同志为总书记的党中央以邓小平理论、"三个代表"重要思想为指导，提出了科学发展观、加强党的执政能力建设和先进性建设、构建社会主义和谐社会、建设社会主义新农村等一系列重大战略思想，进一步回答了社会主义建设和执政党建设等重大问题，这些思想是马克思主义中国化的理论创新成果。科学

发展观以马克思主义、毛泽东思想、邓小平理论和"三
个代表"重要思想为指导，站在历史和时代的高度，总
结国内外在发展问题上的经验教训，吸收人类文明进步的
新成果，进一步解决了新世纪新阶段我国为什么发展，怎
样发展和发展什么等一系列中国特色社会主义建设的重大
问题，在新的实践基础上，又进一步回答了"什么是社
会主义，怎样建设社会主义"的问题。科学发展观是与
时俱进的马克思主义发展观，是正确指导发展的马克思主
义世界观和方法论的集中体现，是我们党对社会主义现代
化建设理论和指导思想的新发展。在科学发展观的指导
下，我们党提出了构建社会主义和谐社会，建设社会主义
新农村的重要战略任务。党的十六届六中全会进一步明确
了构建社会主义和谐社会的指导思想、方针原则、目标任
务和工作要求，形成了系统的社会主义和谐社会理论。社
会主义和谐社会理论进一步回答了社会主义的本质及其主
要特征，拓宽了对"什么是社会主义，怎样建设社会主
义"的社会主义发展规律的认识视野；同建设社会主义
新农村战略思想一起，进一步明确了社会主义建设的理论
和指导思想，拓宽了对中国特色社会主义建设和发展规律
的认识视野；进一步论述了共产党的执政任务，同加强党
的执政能力和先进性建设战略思想一起，拓宽了对"建
设什么样的执政党，怎样建设执政党"的共产党执政规
律的认识视野。正是在进一步回答"什么是社会主义，
怎样建设社会主义"，"建设什么样的执政党，怎样加强
执政党建设"，"什么是马克思主义，怎样坚持和发展马

克思主义"的意义上来说，科学发展观和社会主义和谐社会理论等一系列战略思想，是对邓小平理论和"三个代表"重要思想的继承、丰富和发展，同邓小平理论和"三个代表"重要思想一样，也是马克思主义中国化的最新成果，开拓了中国特色社会主义的理论创新和实践创新的新境界。

三、用马克思主义中国化的最新成果武装头脑,指导实践

胡锦涛同志指出："干部教育培训工作必须把学习和传播马克思主义中国化的最新成果作为中心内容，着力引导广大干部准确把握当代中国马克思主义理论发展成果的科学内涵和精神实质，并用以武装头脑，指导实践，推进工作。"用马克思主义最新成果武装领导干部的头脑，指导实践，推进工作，是当前摆在全党面前的一项战略任务。我们要坚持以科学发展观为指导，提高领导干部构建社会主义和谐社会的能力，积极推进中国特色社会主义新的伟大实践，不断丰富和发展马克思主义中国化的理论成果。全面落实科学发展观，构建社会主义和谐社会，没有现成的经验可以借鉴，没有现成的模式可以套用，许多问题在马克思主义经典著作中也不可能找到明确的答案，要依靠中国共产党人创造性地运用马克思主义的世界观和方法论去探索、去实践、去创新。因此，一定要把思想统一到马克思主义中国化的最新成果，统一到党的十六大以及

十六届三中、四中、五中和六中全会精神上来，把推进经济社会科学发展与构建社会主义和谐社会紧密结合起来，以科学发展观统领社会主义和谐社会建设，统领社会主义新农村建设，统领党的执政能力和先进性建设，以发展促和谐，以和谐促发展，不断推进中国特色社会主义的伟大实践。同时，要注意总结落实科学发展观与构建和谐社会、建设社会主义新农村、加强党的执政能力和先进性建设实践的新鲜经验，进一步深化科学发展观、和谐社会理论、新农村建设理论以及党的执政能力和先进性建设理论的研究，不断推进理论创新，以更好地推进经济社会又好又快发展，推进构建社会主义和谐社会的伟大实践。

四、针对新的实际,以我们正在做的事情为中心,学习马克思主义中国化的最新成果

毛泽东同志在《整顿党的作风》中讲："我们党校的同志不应当把马克思主义的理论当成死的教条。对于马克思主义的理论，要能够精通它、应用它，精通的目的全在于应用。如果你能应用马克思列宁主义的观点，说明一个两个实际问题，那就要受到称赞，就算有了几分成绩。被你说明的东西越多，越普遍，越深刻，你的成绩就越大。现在我们的党校也要定这个规矩，看一个学生学了马克思列宁主义以后怎样看中国问题，有看得清楚的，有看不清

楚的，有会看的，有不会看的，这样来分优劣，分好坏。"① 能否运用马克思主义的最新成果，说明和解答中国特色社会主义建设中的重大理论和实际问题，是学习马克思主义中国化的最新成果，学习优劣和好坏的评价标准。

学习马克思主义中国化的最新成果，要坚持以提高领导干部运用马克思主义的立场、观点、方法解决实际问题的本领为教育目的，以提高领导干部的素质和能力为学习主题。提高领导干部的素质和能力最根本的就是掌握马克思主义的立场、观点、方法，学会用马克思主义的立场、观点、方法来观察问题、分析问题、解决问题。马克思主义的根本立场就是一切为了人民，一切从人民的利益出发；马克思主义的根本观点就是实事求是的观点；马克思主义的方法就是站在这样的立场上，运用辩证唯物主义和历史唯物主义的观点来分析问题和解决问题。当然，提高干部的素质和能力还要学习各种必备的文化知识、岗位知识和科学知识，提高他们的综合素质和能力。

学习马克思主义中国化的最新成果，要坚持以党的先进性建设和执政能力建设为主线，切实增强执政意识，把握执政规律，提高执政能力。党的干部教育一定要抓住党的建设这个主线，以解决先进性建设和执政能力建设为关键，引导干部掌握执政规律，提高执政能力。

学习马克思主义中国化的最新成果，要坚持贯彻理论

---

① 《毛泽东选集》第3卷，人民出版社1991年版，第815页。

联系实际的学风，倡导以我们正在做的事情为中心开展学习和研讨。学风就是党风。在干部教育中坚持理论联系实际的学风，要做到"一个中心，两个联系"。"一个中心"就是一定要以学习和传播马克思主义中国化的最新成果为中心内容。"两个联系"一要联系客观实际，即联系我们正在做的事情，也就是中国特色社会主义的实践；二要联系干部自身和群众普遍的思想实际。联系客观实际，是改造客观世界，联系主观实际，是改造主观世界，改造客观世界的同时必须要改造主观世界。

主观世界就是干部的世界观、人生观、价值观。改造主观世界的目的，就是在提高干部的政治和理论素质，以及文化科技素质的同时，解决好干部的世界观、人生观、价值观问题，提高干部的党性修养和思想道德修养。

图书在版编目（CIP）数据

王伟光自选集/王伟光著 . （"学习"理论文库）

－北京：学习出版社，2007.8

ISBN 978－7－80116－634－0

Ⅰ. 王… Ⅱ. 王… Ⅲ. ①王伟光－文集 ②社会科学－文集

Ⅳ. C53

中国版本图书馆 CIP 数据核字（2007）第 074211 号

王伟光自选集

WANG WEIGUANG ZIXUANJI

王伟光　著

责任编辑：边　极　李　岩
技术编辑：张培英

出版发行：学习出版社
　　　　　北京市西长安街 5 号（100806）
　　　　　010－66063020　　010－66061634

经　　销：新华书店
印　　刷：北京新丰印刷厂

开　　本：880 毫米×1230 毫米　1/32
印　　张：17.75
字　　数：353 千字
版次印次：2007 年 8 月第 1 版　2007 年 8 月第 1 次印刷

书　　号：ISBN 978－7－80116－634－0
定　　价：80.00 元

如有印装错误请与本社联系调换